Udo Tworuschka (Hrsg.) · Religionen heute

Udo Tworuschka (Hrsg.)

Religionen heute

Themen und Texte für
Unterricht und Studium

Verlag Moritz Diesterweg · Kösel-Verlag
Diesterweg 07697 Kösel 936017

CIP-Kurztitelaufnahme der Deutschen Bibliothek

Religionen heute: Themen u. Texte für Unterricht u. Studium / Udo Tworuschka (Hrsg.). – Frankfurt/Main: Diesterweg; München: Kösel, 1977. –

ISBN 3-425-07697-3 (Diesterweg)
ISBN 3-466-36017-x (Kösel)

NE: Tworuschka, Udo [Hrsg.]

ISBN 3-425-07697-3 (Diesterweg)
ISBN 3-466-36017-X (Kösel)

Gesamtherstellung: Kösel, Kempten. Umschlagentwurf: Günther Oberhauser, München.

Inhalt

Meiner Großmutter

0. Einleitung

0.1.
Die Sturm- und Drangphase in der religionspädagogischen Diskussion um Religionswissenschaft–Religionskunde–»Weltreligionen« im Unterricht, ist spürbar zu Ende gegangen. Viele Probleme sind gesichtet, diskutiert und abgeklärt worden; manchen einseitigen Argumenten wurde die Schärfe genommen. Die Religionswissenschaft ist von der Religionspädagogik als Partner anerkannt; alte, tiefsitzende Vorurteile sind ins Bewußtsein gehoben und weitgehend entkräftet worden.
Welche konkreten Auswirkungen hat diese »Welle« für die *Didaktik* nichtchristlicher Religionen (von jetzt an kurz: Religionen) gebracht? Die Zahl der *Nennungen* religionsgeschichtlicher Inhalte hat zugenommen. Die Altersfrage wurde diskutiert, und man tendiert heute bei der Einführung in die Religionen verschiedentlich zu den Primar- bzw. Orientierungsstufen. Unverkennbar ist im großen und ganzen auch die *Sachlichkeit* der Informationen gesteigert worden. Alles spricht dafür, daß die Religionen religionspädagogisch ernstgenommen werden.

0.2.
Innerhalb der Religionspädagogik hat sich seit etwa Beginn dieses Jahrzehntes eine allgemeine Wende von der traditionellen Stoffkonzentration zu einer Themen-/Problemorientierung vollzogen. Der einst verbindliche Stoffplan ist vielfach durch austauschbare Themen und Probleme ersetzt worden, welche individuelle/gesellschaftliche Konflikte, Situationen und Fragen aufzuarbeiten versuchen. Der Religionsunterricht ist interessanter und anspruchsvoller geworden.
Es stellt sich die Frage, ob in der Religionen-Didaktik diese Wende mitvollzogen wurde. Die Antwort muß zwei Komponenten berücksichtigen: *Theoretisch,* also in Aussagen der Lehrpläne, Projektentwürfe, Modelle usw. wird der thematisch-problemorientierte Zugang zu den Religionen empfohlen. *Praktisch* aber fehlt die geeignete Literatur dazu. Was das vorhandene religionspädagogische Schrifttum über Religionen im Unterricht betrifft, läßt sich feststellen, daß die Religionen zumeist unter denselben Gesichtspunkten und unter Zuhilfenahme gängiger (damit aber nicht notwendigerweise angemessener) Elementarisierungen vorgestellt werden. Es findet sich eine reichhaltige Grund- oder Basisliteratur, die einen raschen Überblick über zentrale Aspekte der Religionen ermöglicht. Der Nachteil dieser Literatur, die hier keinesfalls generell abqualifiziert werden soll, besteht in mindestens vier Faktoren:
1. Der Zugang zu den Religionen erfolgt gewöhnlich in stereotyper Weise: Stiftung (wenn vorhanden), Ausbreitung, wichtigste Grundlehren, hin und wieder einige Sonderausprägungen.
2. Die gebotenen Texte stammen größtenteils aus der »Klassik« der Religionen. Der »Ausblick auf die Moderne« erfüllt daher zumeist eine Alibi-Funktion. Man stelle sich aber vor: Das Wissen eines Nichtchristen von unserer Religion berücksichtige nur Jesus und die Urgemeinde, rudimentäre kirchengeschichtliche Fakten (eine Viertelseite mittelalterliches Papsttum, ebensoviel über Reformation). Abschließend folge dann ein kurzer Ausblick auf die Moderne, etwa ein- bis eineinhalb Seiten. Dies wäre zweifellos eine Karikatur.
3. Vielfach finden sich *abschließende* Gegenüberstellungen zum Christentum nach dem Muster: Was sagen wir als Christen dazu? Solche Kontrastierungen sind gewöhnlich klischeehaft und starr, weil sie *undialogisch* an dogmatischen Grundentscheidungen orientiert sind. Selbstverständlich ist für den Religionsunterricht die Auseinandersetzung, der Dialog mit nichtchristlichen Denkhaltun-

gen und Einstellungen unerläßlich. Fraglich ist nur, ob dies nach der oben skizzierten Methode geschehen soll. Ein christlich verantworteter, an »Kritik als Lernprozeß« ausgerichteter Religionsunterricht muß den Schüler freisetzen und seine »selbständige Auseinandersetzung mit ... Wertvorstellungen, Weltanschauungen und Verhaltensweisen auf der Basis von Information und Kritik ... ermöglichen«.[1]

4. Häufig wird in Textsammlungen ein Einstieg in die Religionen über hierzulande populäre, vom Selbstverständnis der Religionen her betrachtet dagegen oft nur sekundäre Erscheinungsformen versucht: heilige Kühe in Indien, Stellung der Frau im Islam. Dabei erhalten manche Informationen ein Gewicht, das ihnen – strenggenommen – überhaupt nicht zukommt. Statt zur »Lebensmitte« (Mensching) einer Religion vorzudringen, bleibt man an der Peripherie hängen. Auch stellt man einer Religion vielfach Fragen, die für diese (im Unterschied zu uns!) von geringer Relevanz sind.[2]

Vielen sogenannten »Informationen« sollte man mit gesundem Mißtrauen begegnen und sie kritisch hinterfragen. Was soll z. B. die Gegenüberstellung: Im Islam ist der Mensch unfrei, im Christentum dagegen frei? Solche Pauschalurteile verschleiern das Bild der Religionen eher, als daß sie es erhellen. Wem hilft es außerdem, wenn er erfährt, daß in Indien (nach uralter brahmanischer Anschauung) vier Kasten existieren, die dann – selbstverständlich! – den sozialen Aufstieg, die wirtschaftliche Entfaltung usw. blockieren? Längst hat die Religionssoziologie nachgewiesen, daß die vier Kasten nur *symbolische Ranganspruche* darstellen (Mühlmann), die das gesellschaftliche Leben zumindest nicht so determinieren, wie uns manche Darstellungen glauben machen. Dennoch wird solches Material in Büchern unablässig weiter tradiert, so daß sich vorgefaßte Meinungen verhärten und zum Rang wissenschaftlicher Aussagen aufsteigen. Sodann: Der Islam gilt üblicherweise als kriegerisch und aggressiv, der Buddhismus (und ebenso der Hinduismus) dagegen als friedliebend, tolerant usw. Auch solche Vorstellungen sind in dieser irreführenden Vereinfachung letztlich nur Klischees. Zwar werden sie durch Predigten friedliebender Buddhisten (vorwiegend auf internationalen Kongressen) und Aktionen einiger terroristischer Palästinenser genährt, doch müssen sie dessen ungeachtet kritisch hinterfragt werden. Die Liste entsprechender Klischeevorstellungen und Allgemeinplätze ließe sich noch fortsetzen. Nur soviel sollte hier deutlich werden: Das vorliegende Werk verfolgt eine *kritische* Absicht. Herausgeber und Verfasser haben sich das Ziel gesetzt, durch zuverlässige Informationen traditionell verfestigte Einstellungen zu verunsichern, um Denkanstöße zu eventueller Neubesinnung zu vermitteln. Diese Intention wurde auf folgende Weise angestrebt:

1. Die Verfasser sollten möglichst *moderne* Stellungnahmen berücksichtigen. »Klassische« Texte finden deshalb nur insoweit Aufnahme, wie sie auch heute noch von den jeweiligen Religionen als bedeutsam angesehen werden, oder wie sie fachwissenschaftlich zur Entwicklung einer Problemstellung notwendig sind.

2. Es wurden vorwiegend Textbeispiele zusammengestellt, die in keiner traditionellen Quellensammlung enthalten sind. Eine Reihe von Autoren mußte ihre Texte daher erst aus Originalen (arabisch, hebräisch sowie aus europäischen Sprachen) übersetzen. Das Prinzip »Modernität« ließ sich in wenigen Fällen nicht streng befolgen, da manche klassischen Texte auch und gerade heute in den betreffenden Religionen von Bedeutung sind. In aktuellen Situationen werden sie geradezu als Autoritäten wiederbelebt, erfahren dabei aber mancherlei Neuinterpretationen.

---

[1] Gerhard Brockmann / Dietrich Zilleßen, Kritik als Lernprozeß. In: D. Zilleßen (Hg.), Religionspädagogisches Praktikum, Frankfurt/München 1976, 8.

[2] Udo Tworuschka, Kann man Religionen bewerten? Probleme aus der Sicht der Religionswissenschaft. In: U. Tworuschka / D. Zilleßen (Hg.), Thema Weltreligionen. Ein Diskussions- und Arbeitsbuch für Religionspädagogen und -wissenschaftler, Frankfurt/München 1977, 43–53

3. Es wurde versucht, möglichst *pointierte Stellungnahmen* zu erhalten, die zur Diskussion herausfordern, die schlaglichtartig Einblick in bestimmte Denkhaltungen und Fragestellungen vermitteln. Die Texte sollten nicht nur die Funktion haben, bestimmte Ansichten und Vorstellungen wissenschaftlich zu »belegen« (obwohl sich dies aus der Sache heraus vielfach als schwierig, ja manchmal unmöglich erwies). Vielmehr sollten die Quellen auch die Möglichkeit schaffen, spontan emotionale Reaktionen hervorzurufen, Parteinahme zu fördern usw. (siehe später).
4. Es konnte nicht das Ziel sein, *den* Buddhismus, Hinduismus und Islam bzw. *das* Judentum darzustellen. Die einzelnen Religionen werden nicht als monolithische (idealtypische) Einheiten betrachtet, sondern gemäß ihrer kulturellen Differenzierungen teilweise anhand einzelner Länder behandelt. Man erfährt, wie sich der Buddhismus auf Ceylon, in Burma, Vietnam und Japan artikuliert und welche Probleme er dort hat. Auch der Islam begegnet vielfach in seiner nach einzelnen Ländern ausdifferenzierten Gestalt.

0.3.

Das vorliegende Werk – von Spezialisten (Religionswissenschaftlern, Islamkundlern, Judaisten) mit didaktischem Einfühlungsvermögen verfaßt – möchte den thematisch-problemorientierten Zugang zu den Religionen ermöglichen. Es richtet sich nicht nur an Schüler der Sekundarstufe II, sondern kann ebenso gut auch in religionspädagogischen Seminaren Verwendung finden. In zahlreichen Studienordnungen wird nämlich die exemplarische Bearbeitung von theologisch-aktuellen Themen unter interdisziplinärem Aspekt bzw. die Beschäftigung mit ausge wählten Themen religiöser Überlieferungen gefordert.

Dieser Intention entspricht die Anlage des Buches. Als Herausgeber war ich bemüht, theologisch relevante Themen aus der Sicht *ausgewählter* Religionen vorzuführen. Die Auswahl der jeweiligen religiösen Traditionen erfolgte nicht willkürlich. Ich war einerseits daran interessiert, möglichst solche Religionen zu Wort kommen zu lassen, die eine *markant andere* Position als das Christentum vertreten. Andererseits wollte ich das beliebte Vorurteil in Frage stellen, der Islam (bzw. das Judentum) gleiche dem Christentum sehr und weise nur geringfügige Unterschiede auf. Besonders auf den Primar- und Orientierungsstufen gilt es derzeit als unumstößliches (daher auch nie reflektiertes) Dogma, hauptsächlich der Islam sei aufgrund seiner angeblich leichteren Grundstruktur die zugänglichste aller Religionen. Eine solche Annahme verrät keine tiefgehende Kenntnis der Religion des Propheten, die keineswegs nur eine aus Judentum und Christentum zusammengesetzte Größe ist. Hier stellt sich im übrigen die hermeneutische Frage: Ist uns nicht häufig das völlig Entgegengesetzte, augenfällig Andere aufgrund der markanten Unterschiede leichter zugänglich, als das in Akzentverschiebungen, Zwischentönen (die aber entscheiden!) Auftretende?

Eine thematisch-problemorientierte Behandlung der Religionen verlangt auf seiten des Lehrers/Dozenten eine intensive Kenntnis der Religionen. Im Unterricht/Seminar wäre es jedoch didaktisch wenig sinnvoll, eine Religion sozusagen nach der anderen »durchzugehen«. Ermüdung und Interesselosigkeit würden sich bald einstellen. Die ursprünglich interessante »Sache« würde genauso langweilig werden wie der einstige Bibelunterricht. Daran änderte auch ein thematischer Zugang zu den Religionen nichts.

Sinnvoller ist es, *ausgewählte* Religionen zu Worte kommen zu lassen (Hauptprinzip dieses Buches). Entscheidend ist dabei nicht der Sachaspekt (Fachwissenschaft), sondern *der didaktische Gesichtspunkt*. Jeder Unterricht soll die Kreativität des Schülers fördern, d.h. ein Verhalten stimulieren, welches Neuem aufgeschlossen, dazu ideenreich und phantasievoll ist. Der problemorientierte Zugang zu den Religionen darf daher nicht ausschließlich an kognitiven Aspekten interessiert sein. Er hat zugleich die Funktion, auf die Betroffenheit und das Engagement der Lernenden abzuzielen. Es geht darum, eigene Probleme unter ungewohnten Perspektiven wahrzunehmen, Bekanntes und Gewohntes in Frage stellen zu lassen usw. Diesem, an der Förderung der Kreativität ausgerichteten Ziel, sollte auch der Unterricht über Religionen dienen. Die Thematisierung fremder Religionen darf keine didaktische Sonderwelt bleiben, in der andere Gesetze als im übrigen Religionsunterricht gelten. Vielmehr muß die Religionen-Didaktik voll in die allgemeine religionspädagogische Konzeption integriert sein.

0.4.

Alle Artikel sind nach dem gleichen Schema aufgebaut: Teil A bringt Darlegungen und expliziert das Thema, während B Texte enthält. Beide Teile sind eng miteinander gekoppelt, so daß die Ausführungen »belegt«, d.h. nachprüfbar werden. In Teil C wird ausgewählte Literatur vorgestellt. Hierbei stand das leitende Interesse im Vordergrund, nur deutschsprachige, wirklich *weiterführende* Literatur anzugeben. Basisliteratur wird als bekannt vorausgesetzt. Herausgeber und Verlag waren der Ansicht, fremdsprachige Titel prinzipiell nicht zu berücksichtigen. Dieser Entschluß ging weniger von der Sache als vom Leser aus, der wohl nur in Ausnahmefällen zu englischer, französischer usw. Literatur gegriffen hätte. Was die »Fachwissenschaft« anbelangt, so muß allerdings deutlich gesagt werden, daß der am Leser orientierte Gesichtspunkt von der Sache her teuer erkauft wurde. Denn – und diese Aussage ist nicht übertrieben – *wirklich weiterführende* Literatur ist heutzutage zum überwiegenden Teil *nicht deutschsprachig.* Daher enthalten einige C-Teile weniger bibliographische Angaben als andere. Demjenigen Leser, der noch stärker in die Problematik eindringen möchte, empfehle ich deshalb, anhand der Quellenangaben zu den Textbeispielen weitere Literatur zu erschließen.

Thema und Text sind, wie gesagt, eng miteinander verbunden. Damit verfolgte ich den Gedanken, der Interpretation von Texten gewisse *sachliche Leitlinien* anzubieten. Traditionelle Textsammlungen verfahren gewöhnlich anders: Sie reihen Texte aneinander, ohne daß größere Verstehens- und Interpretationshilfen geboten werden.

Die Texte (und Ausführungen) werden wohl im Unterricht/Seminar zunächst vorwiegend unter einem fachspezifischen Aspekt analysiert werden. Dieser sachliche Aspekt ist jedoch nicht der einzige, didaktisch zu rechtfertigende Ansatz (siehe 0.5.). Eine sachgemäße Interpretation, die zeigen möchte, was der Text »eigentlich« aussagt, ist und bleibt zweifellos ein wichtiges Anliegen jedes textorientierten Unterrichtes. Es gibt bestimmte Verfahren, die zeigen, »wie man es macht«. Solche Methoden sind in letzter Zeit unter dem Gesichtspunkt moderner Texttheorien zunehmend verfeinert worden.[3]

Es ist also *ein* Anliegen des vorliegenden Bandes, Hilfestellungen zum sachgemäßen Verstehen der fremden Texte zu bieten. (Daher auch die enge Verbindung der Teile A und B). Die Quellen hängen nicht in der Luft, und es wird verhindert, daß Lehrer/Schüler usw. frisch-fromm-fröhlich-frei etwas in den Text hineininterpretieren, was ihnen so gerade einfällt. Es bedarf im Unterricht und in Seminaren fraglos der sachgemäßen Interpretation von Texten. Dies aus mindestens zwei Gründen:

1. Zunächst ist es ein notwendiges *wissenschaftliches* Erfordernis – eine Notwendigkeit, die sich aber zur didaktischen Intention querstellen kann.
2. Eine saubere Interpretation von Texten ist in unserem Falle besonders nötig, da wir es mit Texten nichtchristlicher Religionen zu tun haben. Diese sind Ausdruck ihres

---

[3] Vgl. besonders Dieter-Olaf Schmalstieg, Religionsunterricht als Textunterricht. In: Ev. Erz. 28 (1976) 26–38. – Alex Stock, Umgang mit theologischen Texten. Methoden, Analysen, Vorschläge, Zürich/Einsiedeln/Köln 1974. – Ders., Theologie und Wissenschaftstheorie. In: Beiheft zu »Evangelische Theologie« 2/1975, 13–18

ureigenen Selbstverständnisses. Die Beziehungen der Religionen untereinander sind aber vielfach noch mit Mißverständnissen belastet. Unser Verhältnis zu den Religionen war häufig das eines »theologischen Kolonialismus« (Schlette). Die Beziehungen der Religionen untereinander sind aufgrund historischer, politischer, psychologischer, theologischer, sozio-kultureller Umstände daher nicht so, wie sie sein sollten. Konkret auf den Religionsunterricht bezogen bedeutet dies: In der Vergangenheit wurden Religionen häufig thematisiert, um *eigene Werte* zu stabilisieren, und um das Fremde abzuqualifizieren.[4] Daher ist nun eine faire, um größtmögliche Sachlichkeit bemühte Interpretation unabdingbar. Nuancen müssen beachtet werden, viele Begriffe sind vorbelastet (Thora = Gesetz), unvorsichtige Äußerungen können klimaverschlechternde Folgen haben und alte Empfindungen wecken. Die ständige Überprüfung theologischer und religionswissenschaftlicher Begriffe ist daher nachdrücklich zu empfehlen.

Bei der Interpretation der Texte muß darauf geachtet werden, daß *verschiedenartige Textsorten* in diesem Band vereinigt sind: politische Reden, Predigten, wissenschaftlich-diskursive Erörterungen, Gedichte, Texte aus heiligen Schriften usw. Mit diesen Textsorten verbinden sich unterschiedliche Intentionen: Informative Sprache möchte einen Sachverhalt klarlegen, appellativ-persuasive Sprache dagegen versucht, Einstellungen oder Handlungen hervorzurufen, kognitiv-problemerörternde Sprache erfaßt einen Sachverhalt durch Nachdenken und sprachliches Formulieren, um ihn sich und anderen klarzumachen. Das linguistische Niveau darf also bei der Behandlung der Religionen nicht unter dem des übrigen Religionsunterrichts liegen!

0.5.

In den Ohren der Vertreter eines *textkommunikativen Unterrichtes*[5] klingt die vorhin explizierte Idee einer um größtmögliche Sachlichkeit bemühten Textinterpretation vermutlich konservativ. Sie gilt als nicht auf der Höhe textunterrichtlicher Möglichkeiten liegend. Dieser Vorwurf trifft die Konzeption des vorliegenden Werkes freilich nur teilweise. Was ich bisher sagte, war sozusagen nur die eine Seite der Möglichkeiten. Das fachwissenschaftliche Verfahren bleibt sicherlich in Zukunft notwendig, wollen wir nicht »den Boden unter den Füßen verlieren« und in einen mutwilligen, beliebigen Umgang mit Texten verfallen. Im Religionsunterricht kann ebenfalls nicht auf die sachgemäße Interpretation von Texten verzichtet werden, da viele aktuelle Probleme geschichtlich verstanden und sachgemäß aufgearbeitet werden müssen. Würden wir nur noch beliebig mit Texten verfahren, dann wäre unsere Kommunikation gestört. Wir würden aneinander vorbei- und ins Leere reden!

Andererseits: Ein Unterricht, der kommunikativ und kreativ sein will, sollte den Schülern die Möglichkeit der Identifikation bieten. Themen müssen ansprechen, es müssen sich Ich-Bezüge herstellen lassen. Statt davor zu warnen, gegenüber dem Text zu opponieren (Röckel), sollte im Umgang mit Fremdem die Widersprüchlichkeit, das Andere, uns vielleicht negativ Berührende *didaktisch* genutzt werden. Die Arbeit am Text sollte der sozialen Interaktion dienen, Kommunikation, d.h. partnerschaftlichen Umgang fördern. Der fremdreligiöse Text kann nämlich durchaus losgelöst von seinem ursprünglichen thematischen Umfeld benutzt werden. Was gemeint ist, soll an zwei (leicht vermehrbaren) Beispielen aus diesem Buch verdeutlicht werden.

Unter der Rubrik »Geschichte im Islam« findet sich eine Rede des syrischen Staatspräsidenten Asad, in welcher dieser an die Emotionen seiner Hörer appelliert. Ein solcher Text könnte genauso gut in einem Unterricht zum Problem »Manipulation« (Sprach-

---

[4] Udo Tworuschka, Die Weltreligionen im Religionsunterricht. In: Theologia Practica XI (1976) 51–61

[5] Vgl. D.-O. Schmalstieg (Fußn. 3)

stil, Krisensituation) verwendet werden. Texte dieses Buches lassen sich also in zunächst überhaupt nicht vom Herausgeber intendierte *neue Verwendungssituationen* einbringen. Zweites Beispiel: In meinem eigenen Abschnitt über »Christus im Hinduismus« finden sich genügend Texte, die eine »Heimholung« Jesu in asiatische Traditionen vollziehen. Jesus wird zum Orientalen; allerdings nicht zum Vertreter nahöstlich-semitischer Mentalität, sondern zum indischen Weisheitslehrer (Guru). Ähnliche Interpretationsschemata lassen sich auch (man erschrecke nicht!) im amerikanischen Cowboy-Bild nachweisen. Hier wird der freie und individuelle, von der Yankeegesellschaft unverstandene und verachtete Cowboy in die eigene gut- bzw. spießbürgerliche Tradition hereingeholt. Ein international anerkannter Fachmann meint dazu: »Heute hat man in Literatur, Film und Fernsehen einen adäquaten Phantasie-Cowboytyp an die Stelle des historischen gesetzt, der nun allerdings maßstabgerecht der puritanischen Sexualethik entspricht. Die Symbolfigur der amerikanischen Unterhaltungsindustrie präsentiert sich denn auch als jemand, der am Kelche der Prostitution mannhaft vorüberschreitet, um die Mutter seiner Kinder zwischen Beichtstuhl und Kochtopf zu suchen, natürlich eine unschuldige Maid« (H.J. Stammel).

Womit haben wir es bei diesen Beispielen zu tun? Man könnte formelhaft von Versuchen der *Bewältigung unverstandener Tradition* sprechen. Was ist eigentlich anders bei den indischen Jesus-Interpretationen? Die revolutionären Impulse Jesu, die so gar nicht zur mystischen Introversion passen, werden gekappt. Man konstruiert eine Scheinfigur, die dem Inder auf diese Weise jedoch *verstehbar* wird. Es ließen sich noch mehrere Beispiele finden. Soviel dürfte klar sein: Indem Texte aus ihrem ursprünglichen Zusammenhang gelöst werden, können sie eine »andere Sprache« sprechen, provozieren. Indem man sie in einen völlig ungewohnten Zusammenhang einordnet (Vergleich mit Cowboy-Interpretation), setzen sie neue Problemstellungen frei und ermöglichen vielfältige Assoziationen, die bei einer rein immanenten Interpretation herkömmlichen Typs kaum zum Zuge gekommen wären.

Den Autoren sei an dieser Stelle herzlich dafür gedankt, daß sie ihre Artikel sowohl termingerecht als auch inhaltlich in meiner intendierten Absicht verfaßt haben. Mein Dank gilt besonders dem Kollegen Loth, der teilweise unter schwierigen Umständen seine Aufsätze beisteuern mußte. Die Arbeit am Register geht allein zu Lasten meiner Frau. Ebenso bin ich dem Kösel-Verlag für das Interesse an diesem Werk und für die vorzügliche Zusammenarbeit verbunden.

Köln-Weiden, im September 1976.

Udo Tworuschka

1. Gott

1.1. Gott im Buddhismus

GUSTAV MENSCHING

A Darlegung

1. Das Gottesbild im Theravada-Buddhismus

Der Indologe H. v. Glasenapp bezeichnete den frühen Buddhismus als »atheistische Religion«. Damit wollte er zum Ausdruck bringen, daß im Urbuddhismus keine *persönliche* Gottheit verehrt wird wie in polytheistischen und monotheistischen Religionen. Der Buddhismus entstand inmitten der indischen polytheistischen Volksreligion einerseits und der Mystik der Upanishaden andererseits. Buddha hat demgegenüber eine impersonale Mystik gelehrt, die, wie noch zu zeigen sein wird, eine numinose Größe, das Nirvana, als Ziel religiösen Strebens hat. Deshalb ist der Begriff »atheistische Religion« unangebracht; denn unter »Atheismus« versteht man herkömmlicherweise die Leugnung jeder Art göttlicher Wirklichkeit.

Nach den Texten des Theravada-Buddhismus (I) hat Buddha den zeitgenössischen Glauben an den Schöpfergott Brahma und die Brahmanen, die solchen Glauben predigen, verworfen, indem er darauf hinwies, daß niemand Brahma selbst je gesehen habe, daß die Brahmanen aber dennoch den Weg zu ihm mit absolutem Autoritätsanspruch verkündigen: »So sprechen diese in den drei Veden bewanderten Brahmanen: ›Was wir nicht kennen, was wir nicht sehen, zur Gemeinschaft mit diesem (Brahma) zeigen wir den Weg: dies ist der gerade Weg, dies ist der direkte Pfad, der Heilsweg, der den ihm gemäß Handelnden zur Gemeinschaft mit Brahma führt.‹ Was meinst du, Vasettha, wird es, da sich dies so verhält, nicht offenbar, daß die Worte der in den drei Veden bewanderten Brahmanen eitles Geschwätz sind?« Buddha hat, wie in diesem Wort, so auch sonst den Absolutheitsanspruch der Brahmanen und ihren intolerant verfochtenen Glauben entschieden abgelehnt. Diese brahmanischen Theologen lassen, wie es in den Texten heißt, »nur ihre eigene Lehre glänzen und leuchten«, »aber die Lehren anderer bekämpfen, verspotten und verachten sie«. Buddha hat diesen Traditionen gegenüber die Jünger aufgefordert: »Richtet euch nicht nach Hörensagen, nicht nach einer Überlieferung, nicht nach einer bloßen Behauptung, nicht nach der Mitteilung heiliger Schriften«. Das eigene Urteil soll für den Jünger maßgebend sein: »Wenn ihr selbst erkennt, daß diese oder jene Dinge schlecht und verwerflich sind, von Verständigen getadelt und, ausgeführt oder begonnen, zum Unheil und Leiden führen, so sollt ihr sie verwerfen.«

Fragen wir nach dem Numinosen im Frühbuddhismus (II), so ist das weder der Buddha noch sind es die zahlreichen Götter, die in den Texten oft erwähnt werden. Beginnen wir mit dem Selbstverständnis des historischen Buddha im Theravada (III), so berichten die Texte, daß sich Buddha als den allein Heiligen betrachtet hat innerhalb seiner Weltzeit: »In der Welt mit ihren Devas (Göttern) ist kein mir Ebenbürtiger. Ich bin der Welt ein Heiliger, ich bin der höchste Meister, ich bin der *eine* völlig Erwachte, bin kalt geworden, bin erlöst« (Majjhima-Nik. 26). Nach buddhistischer Auffassung gab es in früheren Zeitaltern schon Buddhas und wird es künftig Buddhas geben. So erhebt Buddha keinen für alle Zeiten geltenden Absolutheitsanspruch, sondern nur für die gegenwärtige Weltzeit, also einen relativen Absolutheitsanspruch.

Der Buddha versteht sich als ein Wesen, in dem durch die ihm zuteil gewordene Erleuchtung (bodhi) jene vier Grundübel (asavas) aufgehoben sind: Sinnenlust, Werdelust, Irrglaube und Unwissenheit. So versteht man folgendes Wort des Buddha: »Das, wodurch ich als ein Gott, ein in den Lüften lebender Gandharva wieder entstehen oder zu einem Yaksha (Geist) oder zu einem Menschen würde, nämlich die Grundübel, sind in mir vernichtet, zerstört, entwurzelt« (Anguttara Nik. IV,36). Dieses Wort enthüllt zugleich die Anschauung des Frühbuddhismus hinsichtlich des Verhältnisses des Buddha zu Göttern, Geistern und Menschen: Alle irdischen Wesen stehen grundsätzlich insofern auf gleicher Stufe als sie erlösungsbedürftig sind, da sie alle durch das Vorhandensein einzelner oder aller jener Grundübel entstanden sind. Also auch die Götter, deren Existenz im Buddhismus nicht geleugnet wird, sind in das Rad der Wiedergeburten einbezogen, haben folglich eine, wenngleich lange, so doch begrenzte Lebenszeit und bedürfen der Erlösung (IV und V).

Man unterscheidet zahlreiche Klassen von Göttern. So ist die Rede von dem Himmel der Dreiunddreißig, in dem Indra thront mit den übrigen zweiunddreißig Göttern. Ein anderer Himmel ist der Tushita-Himmel, in dem die mit ihrem Aufenthalt Zufriedenen sich befinden. Aus diesem Tushita-Himmel kam nach dem buddhistischen Mythos der künftige Buddha auf die Erde und wurde ein Mensch. In einem besonderen Bezirk eines Himmels haust Mara, der buddhistische Teufel, die Verkörperung des Urbösen im Buddhismus, des Lebensdurstes (tanha). In dem oben zitierten Wort, in dem Buddha bestreitet ein Gott, ein Gandharva, ein Yaksha zu sein, stellt er auch sein Menschsein in Abrede, um festzustellen: »Begreife, daß ich ein Buddha bin.« Der Buddha steht also über allen genannten Wesen, ohne doch ein Gott zu sein. Die Erlösung gewann er, der selbst aus der Götterwelt kam, in der Erleuchtung, die er als Mensch empfing, aber damit aufhörte, ein Mensch seinem inneren Wesen und seiner Existenz nach zu sein.

Das Numinose im Theravada-Buddhismus sind daher nicht die zahlreichen, aus der Hindu-Tradition übernommenen Götter, sondern *das impersonale Nirvana*. Die Dharma-Lehre besagt, daß es 169 in Abhängigkeit entstandene und vergängliche Dharmas gibt, aus denen die Erscheinungen der Welt in wechselnden Kombinationen bestehen. Daneben aber gibt es *ein* Dharma-Element, das unabhängig und unvergänglich ist, das Nirvana. Dieses entspricht genau dem, was die Mystik auch in anderen Religionen unter dem »Einen«, dem »Sein« versteht, worunter das eigentliche Heilsziel begriffen wird. Die buddhistischen Texte reden in ganz ähnlicher Weise wie andere Mystiker in der Ausdrucksweise der »negativen Theologie« von dem »schwer zu schauenden, unbeweglichen Standort«, dem »ruhigen Ort«, der »Sphäre der Unsterblichkeit«, der »Stätte des Friedens«. Es ist daher ganz deutlich, daß das Nirvana nicht nur eine psychologische Größe ist, sondern die einzige Realität schlechthin. So wird das Nirvana denn auch als das »Unendliche«, das »Ewige«, das »Ungeschaffene«, das »Höchste« bezeichnet. Ausgelöscht, wie das Wort Nirvana besagt, ist nicht die Existenz selbst, sondern die Individualität des Erlösten.

Es gibt nach buddhistischer Auffassung zwei Formen des Nirvana, nämlich das »Nirvana der diesseitigen Ordnung« und das jenseitige Nirvana (parinibbana): »Zwei Arten des Nirvana gibt es. Das eine ist noch mit einem Rest von Beilegungen, d.h. den Gruppen von Daseinsfaktoren (dharma) versehen, gehört dem gegenwärtigen Leben an und besteht in der Vernichtung der zu neuen Existenzen führenden Gier. Das andere ist frei von Beilegungen, tritt in Zukunft (also nach dem Tode) ein und besteht darin, daß alle Möglichkeiten für weiteres Werden gänzlich aufgehoben sind.« Es fällt auf, daß das Nirvana beider Formen dem Wortlaut der Texte nach negativ oder als Negation bestimmt wird. Das aber entspricht Buddhas Aussagestil. Seine Heilslehre bezieht sich auf die rational faßbare Erscheinungswelt. Über sie sind positive Aussagen möglich; das nichtweltliche Absolute (Nirvana) dagegen ist begrifflich unerfaßbar und daher nur durch die Negation des Endlichen andeutbar.

2. Das Gottesbild im Mahayana-Buddhismus

Im Mahayana wandelte sich die Buddhavorstellung vor allem in der Weise, daß von den vielen Buddhas eine beträchtliche Anzahl zu wirklichen Gottheiten wurde; nicht im Sinne des Theravada, wo Götter erlösungsbedürftige Wesen waren, sondern im Sinne echter numinoser hilfreicher Mächte. So ist von den fünf geistigen Buddhas der Meditation die Rede, den Dhyani-Buddhas, aus denen durch Emanation fünf Dhyani-Bodhisattvas hervorgegangen sind. Es wird weiter gelehrt, daß jedem historischen Buddha ein göttliches Urbild, ein Dhyani-Buddha nebst Dhyani-Bodhisattva entspricht. Der Dhyani-Buddha des historischen Buddha ist der Buddha Amitabha, der Buddha des grenzenlosen Lichtes, der in bestimmten Sekten Chinas und vor allem Japans eine besondere Bedeutung als Heilandgottheit hat. Sein Dhyani-Bodhisattva ist Avalokiteshvara (»der Herr des gnädigen Herabblickens auf die erlösungsbedürftige Welt«) (VI). In China und Japan erscheint dieser Bodhisattva in weiblicher Gestalt als Kannon (Japan) und als Kwanyin (China) (VII).

Wichtig ist weiter, daß im Mahayana eine neue Form der Beziehung des Menschen zur Buddhawelt erscheint. Der Urbuddhismus kannte, wie gezeigt wurde, Götter nur als erlösungsbedürftige Erscheinungs- und Daseinsformen neben anderen (Mensch, Tier, Geister), die alle der Erlösung bedürfen. Daher gab es hier *keine* persönliche Beziehung zu diesen Göttern. Im Mahayana wird das grundsätzlich anders. Es gibt heilbringende Buddhas und Bodhisattvas, die nicht als Lehrer und Wegweiser, wie der historische Buddha, sondern als *Heilande* wirken. Die Haltung des Menschen ihnen gegenüber ist Bhakti, d.h. liebevolle Glaubenshingabe.

Der historische Buddha wird in den Mahayana-Schulen in einen kosmischen Zusammenhang gestellt. Man könnte sagen, er wird hypostasiert, wie es manchen Religionsstiftern zuteil wurde. Buddha ist dieser Lehre zufolge in seiner irdischen Erscheinung die Verkörperung des ewigen Buddha, der mit der Wahrheit identisch ist. Der absolute Buddhageist verkörpert sich also einerseits als Heilandgottheit in der Sphäre der Seligkeit in einem sogenannten Genußleib, in dem er seine eigene Vollkommenheit als heilbringende Gottheit genießt, anderseits als irdische Gestalt in der Erscheinungswelt. Die Verkörperung der Buddha-Natur in der Erscheinungswelt beschränkt sich keineswegs nur auf die Lebewesen, sondern sie umschließt auch die leblose Welt; »denn alles Seiende ist Buddha-Natur. Einen Teil von allem Seienden nennen wir Lebewesen«.

3. Buddhistische Kritik am theistischen (christlichen) Gottesbild

Um die Idee des fehlenden buddhistischen Gottesbegriffes (VIII) abschließend noch näher zu charakterisieren, bietet sich ein Vergleich mit den theistischen Religionen an, vor allem mit dem Christentum.

Gegenstand buddhistischer Kritik am Christentum ist vielfach die christliche Gottesidee (IX). Christliche Bekenntnisse stimmen darin überein, daß Gott als Person vorgestellt werden müsse. Da jedoch der Buddhismus die Persönlichkeit schon im Bereich des Menschlichen als Realität leugnet, können zum Beispiel der Gott Brahma und andere aus dem indischen Pantheon stammende Götter nur durch Karma gewordene Wesen sein, die, wie alle erlösungsbedürftigen Wesen, dem Geburtenkreislauf unterworfen sind. Gott dagegen kann nicht Person sein, zumal der der christlichen Gottheit zugesprochene Wille gerade diejenige Unheilskraft ist, welche den Geburtenkreislauf in Bewegung setzt. Wie auf seiten des Menschen der Persönlichkeitswahn zum Unheilscharakter des Daseins gehört, so ist auch nicht anzunehmen, daß diese Existenzweise dem Numinosen angemessen ist. Daß Gott als Weltschöpfer und Weltrichter im Christentum angesehen wird, erscheint den Buddhisten als unverträglich mit der christlichen Idee eines allwissenden, allerbarmenden Gnadenspenders; denn der allmächtige Gott hätte eine leidvolle Welt weder entstehen noch fortbestehen lassen dürfen. Außerdem ist die Idee der Weltschöpfung selbst etwas, wogegen sich der Buddhismus wendet. Die Frage nach der Entstehung der Welt hat er nie ernsthaft gestellt. Sie gehört zu den Fragen, die der Buddha grundsätzlich nicht beantwortet hat, weil sie, wie andere theoretische Fragen, *nicht zum Heil* gehören. Die Welt ist Schein und unwirklich wie die Schaummasse auf dem Ganges. Während im Christentum Gott als Schöpfer einer realen und sinnvollen, einem Ziel zustrebenden Welt angesehen wird, sieht der Buddhismus in allem individuellen Weltdasein weder wandellose Wirklichkeit noch gottgesetzten Sinn. Hinsichtlich der theistischen Gottesvorstellung wird weiter beanstandet, daß, wie im Judentum, auch im Christentum von Gottes Zorn gesprochen wird, und daß man von ihm sagt, er hasse die Übeltäter (vgl. Psalm 31,7). Leidenschaften, wie Zorn und Haß, sind im Buddhismus die bevorzugten Objekte des Bemühens, sich von diesen niederen Fesseln an die Welt zu befreien. Was auf der Seite des Menschen jedoch mißbilligt wird, kann nicht auf der Seite Gottes gepriesen werden. Die im Textteil zusammengestellten Quellen setzen sich u.a. mit dem Problem von Buddhas angeblichem »Atheismus« auseinander. Darüber hinaus enthalten sie einen Vergleich zwischen der christlichen und buddhistischen »Gottes«-Idee (X).

B Texte

(I) »Wie verhält sich das, Vasettha: Hat auch nur ein einziger von den in den drei Veden bewanderten Brahmanen (Gott) Brahma von Angesicht zu Angesicht gesehen?«
»Das nicht, Herr Gotama.«

. . . .

»Was meinst du, Vasettha: Wird es, da sich dies so verhält, nicht offenbar, daß die Worte der in den drei Veden bewanderten Brahmanen eitles Geschwätz sind?« . . . .
»Wahrlich, Vasettha, diese in den drei Veden bewanderten Brahmanen sollten den Weg zur Gemeinschaft mit dem, das sie weder kennen noch sehen, zeigen können: ›Eben dies ist der gerade Weg, dies ist der direkte Pfad, der Heilsweg, der den ihm gemäß Handelnden zur Gemeinschaft mit Brahma führt?‹ Einen solchen Stand der Dinge gibt es nicht.«

Digha-Nikaya XII. Zitiert bei: Karl Seidenstücker, Pali-Buddhismus in Übersetzungen, München 1923², 228

(II) Gesagt wurde dies vom Erhabenen, gesagt von dem Heiligen, so habe ich gehört:
»Es gibt, ihr Mönche, ein Ungeborenes, Ungewordenes, Ungeschaffenes, Ungestaltetes. Wenn es, ihr Mönche, dieses Ungeborene, Ungewordene, Ungeschaffene, Ungestaltete nicht gäbe, so wäre hier kein Ausweg aus dem Geborenen, Gewordenen, Geschaffenen, Gestalteten zu erkennen...«
Dies sprach der Erhabene, daher heißt es mit Bezug hierauf folgendermaßen:

»Das Geborene, Gewordene, Entstandene,
Geschaffene, Gestaltete, Unbeständige,
Das mit Alter und Tod Behaftete,
Das Nest des Siechtums, das Gebrechliche:
Es reicht nicht hin, um daran Wohlgefallen zu finden.
Der Ausweg aus ihm ist der Friede,
Das dem Sinnen Unzugängliche, Beständige,
Die ungeborene, unentstandene Stätte,
Frei von Kummer und Leidenschaft,
Die Aufhebung der Leidenserscheinungen,
Das Zur-Ruhe-Kommen der Prozesse.«

Itivuttaka 43. Seidenstücker, a. a. O. 125

(III) Wie der Vollendete spricht, ihr Mönche, so handelt er, und wie der Vollendete handelt, so spricht er; somit handelt er so, wie er spricht, und spricht so, wie er handelt; deshalb wird er der Vollendete genannt.
In der Welt mit ihren Devas (Göttern), Maras (Teufeln) und Brahmas, unter den lebenden Wesen samt Devas und Menschen einschließlich der Asketen und Brahmanen ist der Vollendete der Überwinder, der Nicht-

überwundene, der Allseher, der seinen Willen walten läßt; deshalb wird er der Vollendete genannt...
Weil er (Buddha) in der ganzen Welt die ganze Welt erkannt hat so wie sie ist, ist er von der ganzen Welt völlig befreit, der Unvergleichliche in allen Welten. Der alle und alles überwindende Held ist von allen Fesseln befreit; der höchste Friede ist ihm eigen, der das mit Schrecken nicht behaftete Nibbana (Sanskrit: Nirvana) erreicht hat. Dies ist der Buddha, von den Einflüssen frei, der Leidlose, der den Zweifel brach; die Vernichtung allen Wirkens hat er erreicht und ist zugleich mit der Zerstörung der Beilegungen frei geworden.

Itivuttaka 112. Seidenstücker, a. a. O. 326

(IV) Die Dreiunddreißig und die Yamagötter, die zufriedenen Götter, die Götter, die am Erschaffenen ihre Freude haben und die Götter, die das von anderen Geschaffene beherrschen – sie sind in der Fessel der Lust verstrickt und gelangen wieder in Maras Gewalt (des Todes und der Sinnenlust, sind also erlösungsbedürftig).

Samyutta-Nikaya V,7. Zitiert aus: Religionsgeschichtliches Lesebuch (RGL), 2., erweiterte Auflage, Heft 11, Tübingen 1929, 44

Es gibt drei Welten nach buddhistischer Überzeugung: die Sinnenwelt (kamabhava), die Formenwelt (rupabhava) und die Welt des Formlosen (arupabhava). In der Sinnenwelt leben die niedrigen Wesen: Tiere, Menschen, bis zu den niedrigeren Gottheiten; in der Formenwelt leben die mit Körperformen ausgestatteten höheren Götter; in der Welt des Formlosen oder Immateriellen befinden sich die höchsten Gottheiten. Alle aber sind erlösungsbedürftig.

Digha-Nikaya XXXIII, 1, 10. Seidenstücker, a. a. O. 109

(V) Wenn da die Götter, ihr Mönche, sie, die langlebig, mit Schönheit ausgestattet, Glück genießend in hohen Götterpalästen wohnen, die Predigt des Tathagata (des Buddha) hören, ergreift sie schier alle Furcht, Zittern und Beben (und sie rufen aus:) »Ach, wir, die wir vergänglich sind, hielten uns für unvergänglich: o, wir, die wir unbeständig sind, hielten uns für beständig; o, wir, die wir nicht ewig sind, hielten uns für ewig. Ach, wir sind in der Tat vergänglich, unbeständig, nicht ewig, dem individuellen Dasein verfallen.«

Anguttara-Nik. IV,33. RGL², 11, 30

(VI) Höret, ihr Söhne aus edlem Geschlecht, der Bodhisattva Mahasattva Avalokiteshvara ist eine Lampe für die Blinden, ein Sonnenschirm für die von Sonnenglut Verbrannten, ein Fluß für die Verdurstenden; er schafft denen, die in Furcht vor Gefahren sind, Furchtlosigkeit; er ist ein Arzt für die von Krankheit Gequälten, den Unglücklichen ist er Mutter und Vater, den in die Hölle Gestürzten weist er den Weg zum Nirvana. Solcher Art sind die Eigenschaften dieses Erhabenen. Glücklich sind die Wesen in der Welt, die seines Namens gedenken. Sie entrinnen allem und jedem Leiden des Samsara (Geburtenkreislaufes) ganz und gar. Gar klug sind die Menschen, die dem Avalokiteshvara stets Ehrengeschenke von Blumen und Weihrauch darbringen.

Karandavhuha 48 f. Zitiert aus: RGL² 15, Tübingen 1930, 43

(VII) In Ehrerbietung und Demut liege ich vor dir auf den Knien; Tag und Nacht hängen meine Gedanken an deinem heiligen Angesicht. Ich klammere mich an deinen heiligen Namen und werfe mich zur Erde nieder vor deinem heiligen Bilde. Neige, o Pusa, dein himmlisches Ohr, auf mich zu hören; in deiner göttlichen Liebe erlöse mich vom Unglück; leihe mir dein Erbarmen und deinen Schutz; laß scheinen auf mich dein geistiges Licht und erleuchte das Herz mir! Taufe mich mit deinem Tau, dem süßen, daß er abwasche von mir alle Befleckung des Hasses und bösen Willens, läutere mich von aller

Sünde und Bosheit und mache rein mich im Denken und Tun! Behüte mich vor allem Übel bei Nacht wie bei Tage! Sei bei mir immerdar, o Pusa, wenn ich wache und wenn ich schlafe! ... Gib, daß ich zunehme in geistlicher Einsicht und Erkenntnis! Gib, daß, wenn ich die (heilige) Schrift lese, ihre Worte mir im Gedächtnis bleiben, und daß, wenn die heiligen Wahrheiten ausgelegt werden, ich Weisheit habe, sie zu verstehen! ... Daß mir langes Leben zuteil werde und Glück und Friede! ... Daß ich mich dankbar erweise für alles Erbarmen, das mir zuteil geworden! Daß ich mein Vertrauen setze auf Buddha, das Gesetz (Lehre) und die Gemeinschaft der Heiligen (Gemeinde).

Aus einem in den Klöstern der Dhyana-Schule gebrauchten Gebetbuch. Zitiert aus: Edward Lehmann und Hans Haas, Textbuch zur Religionsgeschichte, Leipzig und Erlangen 1922, 38 f.

(VIII) Ich habe unzählige Male behaupten hören und habe es auch in Büchern, die den wahren Geist des Buddhismus bieten wollten, gelesen, daß Buddha nicht an Gott glaubte. Meiner unmaßgeblichen Meinung nach widerspricht eine solche Auffassung dem zentralen Anliegen der Lehre Buddhas. Es entstand Verwirrung über seine Ablehnung Gottes, während er in Wirklichkeit nur Dinge ablehnte, die zu seiner Zeit unter dem Namen Gottes liefen. Ohne Zweifel lehnte er die Vorstellung ab, daß ein Wesen namens Gott durch Zorn und Groll zum Handeln bewegt werden könne, daß er es sich seiner Taten gereuen ließe und daß er wie die Könige dieser Erde Versuchungen zugänglich wäre und eine Günstlingswirtschaft betriebe. Gottes Gesetze sind ewig und unabänderlich und nicht von Gott selbst ablösbar. Das ist eine unabdingbare Bedingung seiner wahren Vollkommenheit. Daher auch die große Verwirrung darüber, daß Buddha nicht an Gott, sondern einfach an das moralische Gesetz glaubte.

Mahatma Gandhi. Zitiert bei: Ernst Benz, Buddhas Wiederkehr und die Zukunft Asiens, München 1963, 33 f.

(IX) Indem Buddha Gott als einen Mythus entthronte, die Seele als ein Phantom und die Sündhaftigkeit als eine Halluzination erwies und indem er den Menschen die unwiderstehliche Logik seiner Lehre und die Kraft seines eigenen beispielhaften Lebens vor Augen stellte, zerstörte er die Macht der Priester. Indem er die Lehre verkündete, daß jeder Mensch seine Erlösung für sich selbst und durch sich selbst ohne Vermittlung von Priestern und ohne Inanspruchnahme von Göttern wirken kann, verstärkte er die Achtung vor der menschlichen Natur und hob den Rang der Sittlichkeit.

D. C. Vijyavardhana, The Revolt in the Temple, Colombo 1953. Zitiert bei: Ebd. 118 f.

Wenn es einen Gott gibt, dessen Wille absolut ist, kann es für den menschlichen Willen keine Freiheit geben... Diktatur bedeutet, ob sie nun von Gott oder von Menschen stammt, Totalitarismus, mit all den Folgeerscheinungen, die aus einem derartigen System erwachsen... Buddha sah klar, daß Diktatur im Kern Tyrannei ist. Indem er die Existenz des Großen Diktators leugnete, befreite er die Menschheit von der Knechtschaft der Diktatur in jeder Form und rottete die Wurzeln menschlicher Tyrannei aus. Buddha gab der Menschheit die Magna Charta der Gleichheit und Freiheit von Angst und legte die Fundamente zur Errichtung einer wirklich weltweiten Demokratie.
In allem und jedem muß der Mensch mit Gott rechnen... Diese Sklavenmentalität entwickelt sich zu einem Ausmaß, daß er sogar einen irdischen Diktator, einen Repräsentanten des großen Diktators braucht, um sein Leben zu regeln. Hitler konnte nur auf seine Weise hochkommen, weil der Boden der Christenheit für das Aufkommen von Diktaturen bereitet war...
Lenin glaubte, daß er die Quelle menschlicher Habgier und Eigensucht gewaltsam austrocknen könnte, doch zu seinem Leidwesen mußte er feststellen, daß er sich im Irrtum befand und der einzige Weg, um Habgier und Selbstsucht auszurotten, von Buddha

stammt, ... ein Weg, der zwar langsam, aber absolut sicher zum Ziele führt...

U ba Yin, Buddha's way to democracy ... In: The Burman vom 26. 4. 1954, 5–8, übersetzt nach Emanuel Sarkisyanz, Rußland und der Messianismus des Orients, Tübingen 1955, 364

(X) Gott als *Schöpfer* heißt im Buddhismus »avijja«. Dies bedeutet Mangel an Wissen, Unwissenheit. Unwissenheit ist die Naturkraft und Ursache aller existierenden Dinge; als solche ist sie auch Ursache des Leidens. Demjenigen Gott, der bedauert, daß er die Welt geschaffen hatte (vgl. Gen 6,6.7), entspricht im Buddhismus »vijja«, d.h. Wissen. Ihr entgegengesetzt ist die Unwissenheit oder das Nicht-Erkennen, daß die Schöpfung aller Dinge eine Schöpfung des Leidens selbst ist. Gott als *Regierer* der Welt, der die Geschöpfe bestraft oder belohnt, heißt im Buddhismus Karma (oder Kamma). Das Karma-Gesetz herrscht über alle Lebewesen dieser Welt. Gott als *Zerstörer* der Welt heißt im Buddhismus »vijja«. Gemeint ist das Wissen, alles Leiden zu einem endgültigen Ende zu bringen. Gott als *Allgegenwärtiger* weiß über alles Bescheid, was der Mensch tut. Er entspricht im Buddhismus wiederum dem Karma. Alle vorgenannten Begriffe: Unwissenheit, Wissen und Karma kann man jedoch in einem einzigen Begriff zusammenfassen: Dhamma. Darüber hinaus können Freundlichkeit, Schönheit, Gerechtigkeit, Wahrheit usw. als Teile Gottes bzw. als zu ihm gehörig betrachtet werden. Dhamma umfaßt alle diese Komponenten. Es gibt vier Dhamma-Aspekte:

1. Dhamma als Natur bzw. Wesen der Dinge
2. Dhamma als Naturgesetz
3. Dhamma als Pflicht, die dem Naturgesetz entsprechend ausgeführt wird, und
4. Dhamma als »Früchte« der Tat, d.h. ihre Verwirklichung.

Diese vier Bereiche werden zusammen Dhamma genannt. Der zweite Dhamma-Aspekt steht, wie leicht zu erkennen ist, unmittelbar für Gott. Aber auch die anderen drei können für Gott stehen...
Dhamma als »Natur« ist dasjenige, was Gott erschuf, das Ergebnis des göttlichen Willens... Die göttliche Natur in der Verkleidung verschiedener natürlicher Phänomene manifestiert den göttlichen Willen besser als alles andere und *tatsächlich konstituieren alle natürlichen Phänomene zusammen erst Gott.* Was Dhamma als »Pflicht« betrifft, so sollten wir sie anerkennen und genau ausführen... Der Versuch, seine Pflicht genauestens zu erfüllen, stellt das wahre Bittgesuch gegenüber einem Gott dar, der keine Person ist; aber selbst, wenn Gott Person wäre, würde er sicherlich Pflichterfüllung bloßen Lippenbekenntnissen vorziehen. Das Dhamma der »Resultate« bzw. der guten Früchte, die der Mensch erhalten soll, muß auf eine Weise aufgefaßt werden, die im Christentum dem Danksagen für die Gnade Gottes entspricht...
Einige werden sich wundern, wie man eine Sache, die doch keine menschlichen Gefühle aufweist, überhaupt Gott nennen kann. Wenn man aber sorgfältig nachdenkt, wird man einsehen, daß diese Sache weit eher Gott genannt werden kann als eine solche mit menschlichen Gefühlen. Wenn Gott nämlich Gefühle hätte, bedeutete dies, daß er Gefühle der Liebe, des Zorns usw. kennen würde. Ein solcher Gott stünde unter der menschlichen Autorität, die ihn zornig machen könnte. Er ist nicht beständig. Er hat Gestalt und unterliegt der Macht der Zeitlichkeit und Räumlichkeit. Solche Eigenschaften würden Gott zu einem gewöhnlichen Wesen degradieren.

The Venerable Bhikkhu Buddhadasa Indapanno, Christianity and Buddhism, Bangkok 1968, 66–69 mit Auslassungen

C Ausgewählte Literatur

1. Karlfried Graf Dürckheim, Zen und wir, Frankfurt 1974 (Fischer-Taschenbuch 1539)

2. Heinrich Dumoulin (Hg.), Buddhismus der Gegenwart, Freiburg 1970

3. Helmuth von Glasenapp, Buddhismus und Gottesidee (Akademie der Wissenschaft u. der Lit. Abh. d. Geistes- u. Sozialwiss. Klasse 1954, 8), Mainz 1954. Erneut erschienen Stuttgart 1960

4. Ders., Buddhistische Mysterien, Stuttgart 1940

5. Trevor Ling, Buddha, Marx und Gott, München 1972 (List-Taschenbuch 382)

6. Heinz-Jürgen Loth / Michael Mildenberger / Udo Tworuschka (Hg.), Wie sehen die Weltreligionen heute das Christentum? (Arbeitstitel) Stuttgart 1977 (hier: Texte zum buddh. Gottesbild) (d. Hg.)

1.2. Gott im Islam

TILMAN NAGEL

A Darlegung

1. Geschichtlicher Rückblick

Die vorislamischen Araber kannten einen Polytheismus, bei dem ursprünglich wohl jeder Stamm seine eigene Gottheit besessen hat. Durch Wanderungen sowie durch Umschichtungen der alten genealogischen Einheiten kam es allerdings zu einer Vermischung der einzelnen Stammesgötter, die dadurch ihre individuellen Züge allmählich verloren. Die Vorstellung von der einen über all diesen Göttern stehenden Gottheit (Allah = der Gott) ist schon aus vorislamischer Zeit belegt, wenn sie auch nicht näher umrissen war. Auch der Kultus der an verschiedenen Orten der arabischen Halbinsel lokalisierten alten Götter war im 6. Jhd. n. Chr. bereits in Auflösung begriffen. Die Wallfahrten hatten sich weitgehend zu profanen Marktveranstaltungen entwickelt. Eine tiefe religiöse Krise hatte also das Arabertum ergriffen, als um 610 n. Chr. Muhammad in Mekka, einem alten Handels- und Wallfahrtszentrum, auftrat.

Zwei nicht unbedingt miteinander harmonisierende Züge sind es, die das Gottesbild seiner frühen Verkündigungen bestimmen: Allah ist der Herr des Gerichts, der die Menschen dereinst persönlich zur Rechenschaft ziehen wird (I); Allah ist der gütige Schöpfergott, der die Menschen mit seinen Gaben reich beschenkt (II). Schon bald – noch vor der Übersiedlung Muhammads nach Yatrib/Medina – trat ein neues Element hinzu: Allah ist der Gott, der sich bereits mehrfach in der Geschichte den Menschen zu erkennen gegeben hat. Im Koran finden wir die Schicksale von Propheten des AT erzählt. Gott hat sie zu ihren Völkern gesandt; sie sollen die Ungläubigen vor der Strafe des Schöpfers warnen. Die unbequemen Mahner werden aber von ihren Landsleuten verlacht, worauf Gott schwere Strafen verhängt (III).

Die Wirkung dieser Straflegenden, mit denen Muhammad seine eigenen Zuhörer aufrütteln wollte, war zunächst jedoch enttäuschend für ihn. Seine Bekehrungsversuche fruchteten nicht viel. In dieser Lage tritt im Koran ein weiterer Charakterzug Gottes hervor: Er verdammt schon von vornherein einen Teil der Menschheit; nie werden diese Verstockten fähig sein, dem Ruf eines Propheten zu folgen (IV). Gott bestimmt also das Schicksal der Menschen voraus, eine Auffassung, die mit derjenigen, daß Gott den Sünder strafe und den Guten belohne, in einem krassen Widerspruch steht. Hier liegt eines der Hauptprobleme der späteren islamischen Theologie: Inwieweit ist der Mensch in seinen Taten frei? Oder auf Gott bezogen: Beurteilt Gott die Menschen gerecht?

Bereits im 7. Jhd. beginnt diese Frage die Muslime zu beschäftigen, und zwar um so eindringlicher, als mit ihr zugleich ein wichtiges politisches Problem gekoppelt ist: Inwiefern ist der Herrscher für die ihm anvertraute Gemeinschaft vor Gott verantwortlich? Es ist leicht einzusehen, daß bei dieser Problemstellung die meisten Herrscher eher zum Determinismus neigten als diejenigen, die sich von den Herrschern bedrängt fühlten. Es ist hier nicht möglich, die zahlreichen Lösungsversuche nachzuzeichnen, die im Laufe der Geschichte der islamischen Theologie für diesen letztlich unüberbrückbaren Widerspruch ersonnen wurden. Nur so viel sei allgemein gesagt, daß sich die Waagschale im Laufe der Jahrhunderte zugunsten des Determinismus zu senken begann. Natürlich wurde nie die Idee fallengelassen, Gott sei gerecht; doch alle Kompromisse, die man fand, bestanden im Grunde nur aus harmonisierenden Formulierungen.

Das zweite Hauptproblem der islamischen Theologie, das ebenfalls in Ansätzen bereits am Ende des ersten Jahrhunderts nach der Hidjra greifbar wird, ist die Frage nach dem Wesen Gottes und der Möglichkeit des Menschen, es zu erfassen. Während das Gottesbild der großen Masse der gläubigen Muslime anthropomorphistische Züge aufwies, argumentierten rationalistische Strömungen, alle Beinamen, mit denen der Mensch Gott belege, seien eben menschlichen Ursprungs und könnten mithin nichts über Gott aussagen.

Diese Betonung der totalen Andersheit Gottes führte rasch zur Entwicklung einer rein negativen Theologie, die durch die Problematik der göttlichen Attribute noch weiter gefestigt wurde. Sagt man beispielsweise: »Gott ist mächtig«, so wird dieses Attribut »mächtig« notwendig zu einer Wesenheit, die genau wie Gott selbst ewig ist, da man sich andererseits nicht vorstellen kann, daß Gott zu einem gewissen Zeitpunkt nicht mächtig sei. Gott mit einem solchen – notwendig ewig geltenden – Attribut zu bezeichnen, verstößt darum gegen den ersten Satz des islamischen Bekenntnisses, daß Gott Einer ist – und folglich keine Wesenheiten ähnlicher oder gar gleicher Natur neben ihm existieren.

Zwischen dieser aus formalistischen Überlegungen gewonnenen negativen Theologie und den eher anthropomorphistischen Gottesvorstellungen des islamischen Volksglaubens konnte wiederum kein fruchtbarer Ausgleich geschaffen werden. Die Möglichkeit zu einem persönlichen Gotteserlebnis, frei von den Schranken der formalistischen Ratio, entwickelte sich dagegen in der islamischen Mystik. Ausgehend von der Vorstellung, alle Geschöpfe hätten bereits vor dem Akt der Schöpfung zeitlos bei und in Gott existiert, lehrte beispielsweise der berühmte Bagdader Mystiker Djunaid (gest. ca. 296/908), der Gläubige könne durch Abstreifen all dessen, was ihn an das diesseitige Leben fessele, jener überzeitlichen Existenz in Gott wieder nahekommen; nicht, daß der Mensch auf diese Weise eine Teilhaberschaft an göttlichen Eigenschaften erwerben könne. Das Endziel des Mystikers bestehe vielmehr darin, »daß er seinen eigenen Willen, der ihm von Gott geschenkt wurde, verläßt und sich in den Willen Gottes ergibt im vollen Bewußtsein, daß Gott ihm den Willen verliehen hat und daß der Gläubige gerade durch diese Gabe imstande ist, nicht mehr sich selbst zu sehen, sondern völlig Gott hingegeben zu sein«. Seit dem 11. Jhd. begannen mystische Ideen fast die ganze muslimische Religiosität zu durchdringen und auch mit verschiedenen Formen der Volksreligion (etwa Heiligenkult) zu verschmelzen, eine Entwicklung, deren Gründe und Verlauf noch kaum erforscht sind. Auf alle Fälle wurde so ein Gegengewicht zur strengen, sehr abstrakten Gottesvorstellung der islamischen Theologie geschaffen.

2. Die Begegnung mit Europa

Im 19. Jhd. schickte sich Europa an, fast die gesamte islamische Welt politisch zu unterwerfen. Waren Ohnmacht und Lethargie der Muslime nicht auch der Tatsache zuzuschreiben, daß sie ihr ganzes Leben von einem allmächtigen, tyrannischen Gott vorherbestimmt sahen? – So jedenfalls erklärten viele Europäer die Geschehnisse. Auf islamischer Seite verwahrte man sich gegen diese Unterstellung. Die alte Frage der islamischen Theologie, wie sich der göttliche Wille zum menschlichen verhalte, mußte freilich neu überdacht werden. Muhammad Abduh (gest. 1905) hatte in seiner »Abhandlung über die Einheit Gottes« (entstanden ungefähr 1885), die noch weitgehend der klassischen rationalistischen Theologie verhaftet blieb, klargemacht, daß es einen breiten Bereich gebe, in dem Gott seinen Geschöpfen volle Handlungsfreiheit gewährt habe. Es sei allerdings vermessen, ergründen zu wollen, wo dieser Bereich ende und die göttliche Vorherbestimmung beginne. Auf alle Fälle sei im reinen Monotheismus – d.h. im Islam – das Verhältnis von göttlicher Macht und menschlicher Entfaltungsmöglichkeit am ausgewogensten; denn der Glaube an den einen Gott schenke dem Gläubigen die Gewißheit, nur von diesem Einen abhängig zu sein, nicht aber von verschiedenen – in Wirklichkeit nicht vorhandenen – »überirdischen« Kräften und Mächten (V). Muslimische Denker des 20. Jahrhunderts haben versucht, diese Ideen Abduhs, des Anführers der ägyptischen Reformbewegung, weiter zu vertiefen.

So tauglich diese Versuche, die Entwicklungsmöglichkeiten des Menschen zuungunsten der Allmacht Gottes hervorzuheben, auch sein mögen, sie konnten sich trotz allem nicht von der Denkart der alten islamischen Theologie lösen. Den Weg scheint hier ein Gedanke zu weisen, der gleichfalls von muslimischer Seite in die Debatte geworfen wurde, als es galt, die Behauptung zu widerlegen, der Gott des Islam sei ein allmächtiger Willkürherrscher. Gerade der Islam ist doch die Religion, in der Gott unmittelbar dem Menschen gegenübertritt und ihn zu verantwortungsvollem Tun ermahnt, so antwortet man. Denn im Islam gibt es keine Priesterschaft, die ein Heil verwaltet, ein Argument, das in der modernen islamischen Polemik gegen das Christentum stets wiederkehrt. Sir Muhammad Iqbal (gest. 1938), einer der bedeutendsten islamischen Denker der Neuzeit, der zugleich mit der europäischen Geistesgeschichte völlig vertraut war, hat nun diese Idee, daß der Mensch im Islam seinem Schöpfer als Einzelner gegenübertrete, fortentwickelt. Er hat klar erkannt, daß der gläubige Muslim die Möglichkeit, in eigener Verantwortung und auf sich selbst gestellt Gott zu erfahren, nur dann nutzen kann, wenn er sich von dem rationalistischen Formalismus frei macht; von all diesen Spitzfindigkeiten, die eine verknöcherte Theologie in Jahrhunderten aufgehäuft hat und die nun den Blick auf das Wesentliche verstellen. Iqbal möchte zurück zur ursprünglichen Erfahrung Gottes als des Herrn des Gerichts und des gütigen Schöpfers, wie sie sich im Koran niedergeschlagen hat. Auch das mystische Gotteserlebnis, wie es am Beispiel Djunaids kurz angedeutet wurde, klingt bei Iqbal nicht selten an. Das für den Islam vollkommen Neue besteht bei ihm aber darin, daß der Mensch in eigener Verantwortung Gott suchen und dabei sogar bis zu dem Bekenntnis in die Irre gehen kann: »Es gibt keinen Gott!« Dies ist die Stufe, auf der der Mensch der materialistischen Ideologien stehengeblieben ist; die Stufe der Erkenntnis, bei der Nietzsche, der Prototyp des auf eigene Faust suchenden Menschen, in Verzweiflung fiel (VI). Der Mensch ist aber aufgerufen, bei diesem Stadium nicht zu verharren, sondern die letzte Einsicht zu gewinnen, die da lautet: »Außer Gott!« So erfüllt sich die Aussage des islamischen Glaubensbekenntnisses »Es gibt keinen Gott, außer Gott!« für Iqbal nicht im bloßen Nachsprechen dieser Formel, sondern stellt eine Aufforderung an jedermann dar, im Ringen mit den finsteren Mächten der Gottesverleugnung, mit dem Satan, zum einen Schöpfer zu finden (VII).

B Texte

(I) Im Namen des barmherzigen und gütigen Gottes.

1: Wenn (dereinst) die Erde von ihrem Beben erschüttert wird 2: und ihre Lasten (an

Toten) von sich gibt 3: und der Mensch sagt: ›Was ist mit ihr?‹, 4: an jenem Tag wird sie aussagen, was sie zu berichten hat, 5: da ihr Herr (es) ihr (dann) eingegeben hat. 6: An jenem Tag werden die Menschen (voneinander) getrennt hervorkommen, um ihre Werke zu sehen. 7: Wenn dann einer das Gewicht eines Stäubchens an Gutem getan hat, wird er es zu sehen bekommen. 8: Und wenn einer das Gewicht eines Stäubchens an Bösem getan hat, wird er es zu sehen bekommen.

Sure IC. Zitiert aus: Der Koran. Übersetzung von Rudi Paret, Stuttgart 1962

(II) 6: Haben wir nicht die Erde zu einem Lager gemacht, 7: und die Berge zu Pflökken? 8: Und wir haben euch als Paare geschaffen 9: und euren Schlaf zum Ausruhen gemacht, 10: die Nacht zu einem Gewand (in das ihr euch einhüllen könnt) 11: und den Tag, damit ihr euch den Lebensunterhalt beschafft. 12: Und wir haben über euch sechs feste (Himmelsgewölbe) aufgebaut 13: und eine hell brennende Leuchte gemacht 14: und von den Regenwolken Wasser in Strömen herabkommen lassen, 15: um dadurch Korn und (andere) Pflanzen hervorzubringen, 16: und Gärten mit dichtem Baumbestand.

(Sure LXXVIII, 6–16)

(III) Im Namen des barmherzigen und gütigen Gottes.
1: Den Noah haben wir zu seinem Volk gesandt (mit der Aufforderung): »Warne deine Volksgenossen, bevor eine schmerzhafte Strafe über sie kommt!« 2: Er sagte: »Leute! Ich bin ein deutlicher Warner: 3: Dienet Gott (allein), fürchtet ihn und gehorchet mir, 4: dann wird er euch (etwas) von eurer Schuld vergeben und euch auf eine bestimmte Frist Aufschub gewähren! Wenn aber die von Gott gesetzte Frist gekommen ist, wird sie nicht (weiter) aufgeschoben. Wenn ihr (es) doch wüßtet!« 5: Er sagte: »Herr! Ich habe meine Volksgenossen Tag und Nacht (zur Rechtleitung) gerufen. 6: Aber das hat sie nur noch darin bestärkt, (mich) zu fliehen. 7: Sooft ich sie (zur Rechtleitung) rief, damit du ihnen vergeben würdest, steckten sie sich die Finger in die Ohren, zogen ihr Gewand (über den Kopf) hoch und verharrten in starrem Hochmut (auf ihrem Standpunkt)«... 25: Auf Grund ihrer Sünden wurden sie (schließlich) ertränkt. Und dann ließ man sie (zur weiteren Bestrafung) in ein Feuer eingehen. Und sie fanden für sich außer Gott keine Helfer. 26: Noah sagte: »Herr! Laß auf der Erde niemand von den Ungläubigen (am Leben)! 27: Wenn du sie (am Leben) läßt, führen sie deine Diener in die Irre und setzen nichts als Sünder und Ungläubige in die Welt. 28: Herr! Vergib mir und meinen Eltern und einem (jeden), der als Glaubender mein Haus betritt, und (all) den gläubigen Männern und Frauen! Die Frevler stürze aber um so mehr ins Verderben!«

(Sure LXXI, 1–7.25–28)

(IV) 125: Und wenn Gott einen rechtleiten will, weitet er ihm die Brust für den Islam. Wenn er aber einen irreführen will, macht er ihm die Brust eng und bedrückt (so daß es ihm ist) wie wenn er in den Himmel hochsteigen würde (und keine Luft bekommt?). So legt Gott die Unreinheit auf diejenigen, die nicht glauben (so daß sie verstockt bleiben).

(Sure VI, 125)

(V) Die Behauptung, der Glaube, man könne eigene Taten vollbringen, führe zu einem Verstoß gegen den Glauben an die Einheit Gottes – was ja ein schwerwiegendes Verbrechen wäre –, ist die Behauptung von Leuten, die den Verstoß gegen das Einheitsbekenntnis nicht so verstehen, wie der Koran und die Sunna (über diesen Begriff vgl. → »Tradition und Moderne im Islam«) ihn gebrauchen. Ein Verstoß gegen das Einheitsbekenntnis ist doch der Glaube, jemand anders als Gott übe Kräfte aus, die über den von Ihm gesetzten offenkundigen Ursachen stehen...

Es ist der Glaube von Leuten, die zusätzlich zu Gott andere (Kräfte) verehren und sie bei Dingen zu Hilfe rufen, über die der Mensch keine Macht hat, ... etwa wie man Heilung von Krankheiten erfleht ohne die Heilmittel, die Gott uns gelehrt hat... Dies ist genau der Polytheismus der Götzenanbeter und ihresgleichen. Es kam aber das islamische Gesetz und löschte ihn aus; es stellte alle dem Menschen überlegene Kraft und alle (nicht verstandesgemäßen) übernatürlichen Ursachen allein Gott anheim; es setzte zwei höchst bedeutsame Tatsachen fest, die Ecksteine des Glücks und Pfeiler des menschlichen Handelns: 1. Der Mensch erwirbt mit seinem Willen und seiner Kraft die Mittel seines Glücks. 2. Die Macht Gottes ist der Ursprung alles Seienden; zu ihren Wirkungen gehört es, daß sie (unter Umständen) den Menschen am Vollzug seiner Arbeit hindert und daß nichts und niemand außer Gott dem Menschen Hilfe gewähren kann, wenn sein Streben nicht zum Ziel führt...

Muhammad Abduh, Abhandlung über die Einheit Gottes (arab.), Kairo 1965, 32 f. mit Auslassungen

(VI) Ich sprach zu Rumi [1]: »Wer ist der Besess'ne?«
Er sprach zu mir: »Es ist ein deutscher Weiser;
Sein Standort ist inmitten beider Welten;
Ein langes Lied liegt noch in seinen Saiten.
Denn er ist Halladsch [2] ohn Strick und Galgen,
Hat neu gesprochen jene alten Worte!
Sein Wort ist ohne Fehl, tief sein Gedanke,
Sein Wortschwert spaltete entzwei die Westler.
Die Nachbarn wußten nicht, was ihn entrückte,
Und als Verrückter galt nun der Verzückte..

Nicht einer in Europa kannt' die Pfade,
Und lauter schwoll das Lied aus seinen Saiten . . .
Ein Liebender, in seinem Ach verwirrt!
Ein Wanderer, in seinem Weg verirrt!
In seinem Rausch zerschlug er jedes Glas,
Er trennte sich von Gott, zugleich vom Selbst...
Was er gesucht, war Ort der Gottesmacht,
Und dieser Ort liegt jenseits der Vernunft.
Das Leben kommentiert des Ich's Symbole –
›Keiner‹ – ›Als Er‹ sind nur des Ich's Stationen.
Er kam vom ›Kein Gott‹ nicht zum ›Außer Ihm‹
Und wußte nicht den Sinn des Worts ›Sein Diener‹.
So nah an seinem Glanz, doch ohne Kunde,
Noch ferner als die Frucht vom Wurzelgrunde.
Sein Auge wollte nur den Menschen schauen –
›Wo ist der Mensch?‹ so rief er unablässig.
Sonst hätte er die Irdischen verlassen,
Um, Mose gleich, die Schau des Herrn zu fassen!
Ach, hätte er in Ahmeds (d.i. Muhammads) Zeit gelebt,
Daß er gelangt zur ew'gen Freude wär!
Doch sein Verstand spricht immer nur mit sich –.
Geh deinen Weg, der besser ist für dich!
Vorwärts den Fuß! Wir nahen jenem Ort,
In welchem ohne Stimme wächst das Wort!«

Muhammad Ikbal, Buch der Ewigkeit. Aus dem Persischen übersetzt von Annemarie Schimmel. München 1957, 129 f. mit Auslassungen

(VII) Kommunismus und Imperialismus
Des »Kapitals« Verfasser, Abrahams
Geschlecht entsproßt, Prophet ohn' Gabriel [3]:
In seinem leeren Wort ist Wahres auch,
Sein Herz ist gläubig, heidnisch sein Gehirn!
Den Himmel haben sie im West vergessen;
Sie suchen nur im Bauch die reine Seele!
Die reine Seele nimmt vom Leib nicht Farbe;
Den Kommunismus kümmert nur der Leib.

---

1 Berühmter Mystiker (gest. 672/1273); erscheint in Iqbals Werken häufig als sein Lehrmeister.

2 Mystiker, 309/922 in Bagdad wegen angeblicher ketzerischer Aussprüche hingerichtet.

3 Gabriel ist nach islamischer Vorstellung der Überbringer der göttlichen Offenbarung an die Propheten.

Der Glaube des gottleugnenden Propheten
Stützt sich nur auf die Gleichheit aller
Bäuche!
Die wahre Brüderschaft ruht in den Herzen,
In Lehm und Wasser nicht – im Herz
entspringt sie!

Kapitalismus auch füllt nur den Körper,
Und seine Brust, lichtlos, entbehrt des
Herzens.
Wie eine Biene, die auf Rosen weidet,
Das schöne Blatt nicht sieht, nur Honig
raubt;
Doch Zweig und Blatt und Farb und Duft
der Rose –
Um ihre Schönheit weinen Nachtigallen!
Durchbrich den Zauber und verlaß die
Farbe,
Den Duft, die Form: und schau den innern
Sinn!
Ist es auch schwer, des Herzens Tod zu
sehen:
Nenn Rosen die nicht, die aus Lehm[4]
bestehen!

Unduldsam beide Wege, nichts ertragend –
Sie kennen Gott nicht, beten Menschen an!
Der lebt von Produktion, von Steuern jener:
Der Mensch zermalmt von diesen beiden
Steinen!

[4] Aus Lehm und Wasser ist der Leib des Menschen von Gott geschaffen worden.

Der eine Glaub und Wissen bricht, der andre
Brot aus der Hand, das Herz vom Leibe
reißt!
In Lehm und Wasser seh ich ihn ersticken,
Mit lichtem Körper und mit finsterm
Herzen.
Doch Leben heißt zu brennen und zu
handeln,
Des Herzens Saat in diesen Lehm zu werfen!

(Ebd. 62 f.)

C Ausgewählte Literatur

1. Walther Braune, Der islamische Orient zwischen Vergangenheit und Zukunft. Eine geschichtstheologische Analyse seiner Stellung in der Weltsituation, Bern/München 1960

2. A. Falaturi/J.J. Petuchowski/W. Strolz (Hg.), Drei Wege zu dem einen Gott, Freiburg 1976

3. Handwörterbuch des Islam, Leiden 1941

4. Rudi Paret, Mohammed und der Koran, Stuttgart 1972³ (Urban-Taschenbuch 32)

5. Rotraud Wielandt, Offenbarung und Geschichte im Denken moderner Muslime, Wiesbaden 1971

2. Christus

2.1. Christus im Hinduismus

UDO TWORUSCHKA

A Darlegung

1. Geschichtlicher Rückblick

Im Unterschied zu Judentum und Islam steht der Hinduismus nicht in einem offenbarungsgeschichtlichen Zusammenhang mit dem Christentum, sondern kam erst mit ihm durch kirchliche Missionen bzw. eigene Ausbreitung in Berührung.

Geschichtliche Begegnungen gab es bereits zu Beginn des 4. Jhds. (»Thomaschristen« im Südwesten Indiens) sowie durch römisch-katholische und protestantische Missionen im 16. bzw. 18. Jhd., die allerdings lokal beschränkt blieben.

Ein weitaus intensiverer Kontakt setzte erst mit der Wende zum 19. Jhd. ein, die eine Ausdehnung der christlichen Mission und zunehmende Kontakte mit westlicher Zivilisation einleitete. Das Resultat war eine *hinduistische Renaissance,* der sogenannte *Neuhinduismus.*

2. Neuhinduistische Reformbewegungen

Diese Reformbewegungen kritisierten weniger eigene religiöse Wahrheitsaussagen als vielmehr deren Konsequenzen im praktischen Bereich. Der Hinduismus bot zu jener Zeit einen durch die lange Periode inneren Kampfes bedingten Tiefstand: Entartung des Priesterstandes, Überhandnahme der Idolatrie, soziale Mißstände (z.B. Witwenverbrennung, Kinderaussetzung, Unterdrückung der Kastenlosen).

Der *Brahmo-Samaj* (Brahma-Vereinigung), dessen bedeutendste Vertreter Ram Mohan Roy, Debendranath Tagore und Keshab Chandra Sen waren, beabsichtigte, den (angeblich) ursprünglichen Monotheismus Indiens wiederherzustellen und propagierte zunehmend die Vereinigung aller Religionen.

Dieser pro-christlichen Haltung steht der radikal anti-christliche *Arya Samaj* (Arier-Vereinigung) gegenüber, dessen Hauptführer Dayananda Saraswati sich ebenfalls zu einem idolfreien und rigiden Monotheismus bekannte. Auch er bekämpfte soziale Mißstände, distanzierte sich jedoch vom Brahmo-Samaj, indem er jegliche religiöse Toleranz strikt ablehnte. Alle anderen Religionen (vornehmlich Christentum, Islam, aber auch hinduistische Sekten) wurden von ihm als falsch verworfen.

Die dritte maßgebende Bewegung ist die von *Ramakrishna* gegründete gleichnamige Mission, deren bedeutendste Gestalt der lange Zeit in Amerika wirkende Vivekananda war.

Neben diesen Gruppen gibt es noch bekannte Einzelpersönlichkeiten, die gleichfalls für die Renaissance des Hinduismus von Bedeutung sind und deren Jesus-Bild für uns von Interesse ist: Gandhi (VI), Aurobindo (III) und Radhakrishnan (V).

3. Das Jesus-Bild

3.1 Die »Entwestlichung« Jesu

Das wohl wichtigste gemeinsame Merkmal neuhinduistischer Christus-Anschauungen ist die *Entwestlichung* Jesu, also seine »Heimholung« in die Erfahrungs- und Ausdrucksformen des Orients. Jesus wird in bewußt anti-westlichen Konturen geschildert.

Vivekananda (1863–1902) z.B. teilt die Menschheit in zwei unvereinbare Hemisphären auf: Dem wissenschaftlich-rationalen, auf Theorie, Technik und Politik bedachten Westen stellt er den religiös-philosophischen, auf Lebenspraxis zielenden Orient gegenüber. Jesus ist für ihn »wahrer Sohn des Orients«, »Orientale unter Orientalen«. Zur Begründung seiner Ansicht verweist der berühmte Hindu auf Jesu Redeweise (Gleichnisse, Symbole, Bilder), seine Askese sowie grundsätzlich auf seine Praxisbezogenheit, der alles Spekulieren und Rationalisieren fremd ist. Dieselbe Orientalisierung Jesu findet sich auch bei Keshab Chandra Sen (1838–1884), für den Jesus »Asiate unter Asiaten« ist. Gerade auf dieser Tatsache gründet sich in erster Linie seine besondere Jesus-Liebe (I).

Nicht nur aus solchen nationalen Sympathien heraus wird Jesus orientalisiert. Vor allem ist es sein *Naturell,* das eine Reihe asiatischer Wesensmerkmale erkennen läßt. Sie reichen von der »lammgleichen Sanftmut und Schlichtheit« über seine Friedensliebe bis zu ganz konkreten religiösen Praktiken. In seiner Schrift »A Hindu View of Christ« bemüht sich der 1961 verstorbene Swami Akhilananda unter anderem nachzuweisen, daß Jesus »bestimmte Typen mystischer Praktiken und geistlicher Exercitien« gekannt haben mußte. Außerdem entspräche Jesus in vielem einem echten orientalischen Yogi; denn er kommt nach der Ansicht des Swami vier Yogi-Typen nahe: Als *Bhakta-Yogi* ist Jesus die Verkörperung der Liebe gegenüber Gott und seinen Jüngern. Als *Karma-Yogi* dient er der Welt und weist seine Zeitgenossen zur Tat an. Außerdem entspricht er dem *Raja-Yogi,* der durch Meditation zur »Gott-Realisation« gelangt. Schließlich ist Jesus auch ein *Jnana-Yogi,* da er die Heilserkenntnis um die Einheit von *atman-brahman* (in Jesu Worten: »Ich und der Vater sind eins«) inmitten der empirischen Vielfalt der Welt besitzt. Die Herkunft der jesuanischen Yoga-Praxis leitet Akhilananda aus der Umwelt ab, wo es angeblich buddhistische Klöster gegeben habe. Das vierzigtägige Fasten Jesu weise außerdem klar auf spezifische, dem Orient geläufige Frömmigkeitsübungen hin.

3.2 Die »Natur« Jesu

Verglichen mit Judentum und Islam, die eindeutig Jesu reine *Menschlichkeit* betonen, findet sich im Hinduismus hauptsächlich die Idee seiner *Göttlichkeit.*

Es ist hier der Begriff »avatara« (wörtl. Herabstieg), der vielfach zur Charakterisierung Jesu verwendet und im Westen oft leichtfertig mit »Inkarnation« wiedergegeben wird. Solange wir unter Inkarnation nur eine religionsphänomenologische Kategorie verstehen (d.h. ein Offenbarungsgeschehen, bei dem ein Numen in menschlicher oder tierischer Gestalt auf der Erde erscheint), ist der Terminus legitim. Auf seine theologische Bedenklichkeit dagegen haben z.B. Friso Melzer und Otto Wolff aufmerksam gemacht: Der Avatara ist eine mythische Gestalt, er tritt wiederholte Male auf, er ist kein wirklicher Mensch, sondern nur Erscheinung (Doketismus), er ist keine Heilandgestalt, sondern Richter usw.

Der Begriff Avatara und die damit verbundenen (in sich teilweise noch divergenten) Anschauungen entstammen der monotheistischen *Vishnu-Theologie,* einer um den Beginn der Zeitrechnung entstandenen *Gnaden*religion, die grundsätzlich *unzählige* »Herabstiege« Vishnus lehrt. Die klassische Belegstelle für die avatara-Vorstellung findet sich im 4. Buch der Bhagavadgita (II).

»Herabstiege« Vishnus sind immer dann notwendig, wenn auf Erden menschliche Ungerechtigkeit überhand nimmt und Spiritualität sowie Moral schwinden. Gewöhnlich spricht man von zehn Avataras: Fisch, Schildkröte, Wildschwein, Mannlöwe, Zwerg, Rama mit dem Beil, Ramacandra, Krishna, Buddha und Kalki –, doch läßt das *inklusivistische* Denken der Hindus letztlich eine unbegrenzte Anzahl solcher »Inkarnationen« zu, so daß z.B. Jesus, aber auch Karl Marx dem hinduistischen Pantheon integriert werden können. Zur Illustrierung der Avatara-Lehre findet sich im Anhang Text (III).

Im Neuhinduismus gibt es daneben auch Denker, die die Inkarnations- und Trinitäts-Idee bzw. die damit verbundene Opfertheologie energisch ablehnen, wie Ram Mohan Roy (1772–1833) oder Chandra Sen, weil sie darin einen Rückfall in den hinduistischen Polytheismus erblicken (IV). Mehrere Hindus haben sich mit dem *Leben* Jesu, also seiner *Geschichtlichkeit* befaßt. Unverkennbar ist dabei die Tendenz, die historischen Fakten in ihrer Bedeutung zu schmälern und symbolisch zu überhöhen. Dieser typische Vorgang wird gut in den Texten von Aurobindo (1872 bis 1950) (III) und Radhakrishnan (1888 bis 1975) (V) deutlich.

3.3 Der Tod Jesu

Jesu Kreuzigung und Tod finden unterschiedliche Bewertungen. Während für uns Christen das Kreuz Jesu eine Heilstatsache von eminenter Bedeutung ist, mißt ihr der Hinduismus *keinen besonderen Stellenwert* bei und interpretiert ihn spiritualisierend.
Das Kreuz Jesu hat für den Hindu *keinen absoluten Wert.* Das Geschehen von Golgatha wird vielmehr eingespannt in die pädagogische Absicht Jesu: Der Mensch soll erkennen, daß er selber *wesenhaft* Gott ist. Diese Auffassung erinnert sehr an Meister Eckhart und an die Mystiker überhaupt, die bekanntlich von der naturhaften Identität der menschlichen Seele (der »scintilla animae« Eckharts bzw. der »scintilla rationis« Augustins) sprachen.
In diesem Zusammenhang wird besonders häufig das Johannes-Wort »Ich und der Vater sind eins« von Hindu-Denkern als Belegstelle für ihre postulierte atman-brahman-unio verwendet. Auch wird die Vorstellung Jesu als *einzigem Sohn Gottes* entschränkt und auf *alle* Menschen übertragen: »Wer die vollkommene Vereinigung mit Gott erlangt hat, wird durch Gnade ebenso eins mit ihm, wie es Jesus von Natur aus mit Gott war«, sagt Sarvapalli Radhakrishnan. An anderer Stelle formuliert er sicherlich überpointiert: »Die Fleischwerdung Christi ist nicht ein historisches Ereignis, das vor zweitausend Jahren stattfand. Es ist ein Ereignis, das sich im Leben eines jeden wiederholt, der auf dem Wege der Erfüllung seiner Bestimmung ist.«
Der hinduistische Denker und Dichter Subba Rao, der stark vom Christentum geprägt ist, sieht die Bedeutung des Kreuzes Jesu in der hierin symbolisierten Gottwerdung des Menschen. Durch Selbstverleugnung und Leiden könne jeder einzelne zum Christus-Gott werden (VII).

B Texte

(I) Sagt mir, Brüder, ob ihr Jesus von Nazareth, den Sohn des Zimmermannes, als gewöhnlichen Menschen betrachtet. Gibt es irgendeinen in dieser großen Versammlung, der Bedenken hätte, Jesus außergewöhnliche Größe und übermenschlichen moralischen Mut zuzusprechen, der doch gekreuzigt wurde? ... Gesegneter Jesus, unsterbliches Kind Gottes! Er lebte und starb für die Welt. Daß doch die Welt ihn schätze und seinen Geboten folgen würde! ... Und war Jesus nicht zugleich Asiate? Es ist doch eine Tatsache, daß das Christentum gegründet und entwikkelt wurde von Asiaten und in Asien. Wenn ich darüber nachdenke, verstärkt sich meine Liebe zu Jesus um das Hundertfache. Ich fühle ihn meinem Herzen näher ... (Jesus) war nicht nur die Erhobenheit über das Menschliche, sondern auch die Hoheit, der die asiatische Natur fähig ist. Uns Asiaten ist daher Christus aus zwei Gründen interessant, und seine Religion hat nach unserer Auffassung (besonderen) Anspruch, eine ganz und gar orientalische Angelegenheit zu sein... Und so, in Christus, lernen vielleicht Europa und Asien, Ost und West, die Harmonie und Einheit zu finden.

Keshab Chandra Sen, Jesus Christ: Europe and Asia. Zitiert bei: Kaj Baago, Ram Mohan Roy's Christology. In: The Bangalore Theological Forum 1/1967, 44

(II) Gar viel Geburten hab ich schon durchlebt – du auch, o Arjuna! – Ich weiß von ihnen allen noch, doch du weißt nichts davon, o Held!
Zwar ungeboren, ewig auch und aller Wesen Herr bin ich, Und doch entsteh' ich oftmals neu durch meines Wesens Wunderkraft.
Denn immer, wenn die Frömmigkeit hinschwinden will, o Bharata, Ruchlosigkeit ihr Haupt erhebt, dann schaffe ich mich selber neu
Zum Schutz der guten Menschen hier und zu der Bösen Untergang.

Die Frömmigkeit zu fest'gen neu, entsteh' in jedem Alter (Weltalter) ich.
Und wer mein Werden und mein Tun, das göttliche, in Wahrheit kennt,
Erleidet keine Neugeburt, – er geht im Tode zu mir ein.
Von Neigung, Furcht und Zorn befreit, mir ähnlich und auf mich gestützt,
Durch der Erkenntnis Buße rein, gingen schon viele auf in mir.
Wie diese mir sich wenden zu, so liebe ich hinwiedrum sie.

Bhagavadgita IV, 5–10. Zitiert bei: Gustav Mensching, Die Söhne Gottes. Aus den heiligen Schriften der Menschheit, Wiesbaden 1958, 32

(III) Kontroversen wie die, die sich in Europa mit solcher Heftigkeit über die Geschichtlichkeit *Christi* entzündeten, erscheinen dem spirituell gesinnten Inder eigentlich nur als Zeitvergeudung. Er könnte dieser Frage eine beträchtliche historische, jedoch kaum religiöse Bedeutung beimessen. Denn was macht es schließlich aus, ob *Jesus,* der Sohn des Zimmermanns *Joseph,* tatsächlich in *Nazareth* oder *Bethlehem* geboren wurde, lebte und lehrte, und ob er aufgrund einer wirklich bewiesenen oder falschen Beschuldigung wegen Aufruhrs hingerichtet wurde, solange wir durch die spirituelle Erfahrung den inneren *Christus* kennen, im Lichte seiner Lehre ein emporgehobenes Leben führen und durch diese Versöhnung des Menschen mit Gott (wofür die Kreuzigung das Symbol ist) vom Joch des natürlichen Gesetzes befreit werden? Wenn Christus, der Mensch gewordene Gott, in unserem spirituellen Wesen lebt, dann scheint es doch wenig auszumachen, ob ein Sohn der *Maria* physisch in *Judäa* lebte, litt und starb oder nicht. So ist auch der Krishna, auf den es hier ankommt, die ewige Inkarnation des höchsten Wesens und nicht der historischen Lehrer und Führer der Menschen...
Wenn dieses Emporsteigen des Menschen in die Gottheit nicht durch das Herniedersteigen Gottes in die Menschheit seine Unterstützung fände, dann wäre die Manifestation des *Avatars,* allein um des *Dharmas* willen ein langweiliges Phänomen. Das Recht und die Gerechtigkeit allein oder die Maßstäbe für die Tugend können von der göttlichen Allmacht ja immer durch ihre gewöhnlichen Mittel aufrecht erhalten werden: durch große Menschen oder große Bewegungen, durch das Leben und Wirken von Weisen, Königen und religiösen Lehrern, ohne daß dazu eine wirkliche Inkarnation nötig ist. Der *Avatar* kommt als eine Manifestation der göttlichen Natur in der menschlichen Natur. Er soll für die Menschen das *Christus*-Wesen, das *Krishna*-Wesen, das *Buddha*-Wesen offenbar machen, damit die menschliche Natur dadurch ihr Prinzip, ihr Denken, Fühlen, Handeln und Sein nach den Grundlinien jenes *Christus*-Wesens, *Krishna*-Wesens, *Buddha*-Wesens umformt und sich selbst in das Höchste Wesen umgestaltet...
Darum stellt jede Inkarnation ihr eigenes Beispiel vor die Menschen hin und erklärt von sich selbst, daß er der Weg und das Tor ist. Ferner erklärt er auch das Eins-sein von seinem Menschen-Wesen mit dem göttlichen Wesen. Er verkündet, daß der Menschensohn und der Vater im Himmel, aus dem er herniedergekommen ist, Eines sind...
Aber dieses Herniederkommen geschieht (oder die menschliche Natur wird angenommen), um jenem Emporsteigen oder jener Evolution zu helfen...
Die Manifestation will eine geistige Gußform der göttlichen Menschlichkeit darstellen, in welcher die suchende Seele des menschlichen Wesens ausgeprägt werden kann. Dieses Herniederkommen soll ein *Dharma* geben, eine Religion (aber nicht nur einen Dogmenglauben, sondern eine Methode für das innere und äußere Leben), einen Weg, eine Ordnung und ein Gesetz der Selbst-Gestaltung, wodurch der Mensch zu seinem göttlichen Wesen emporwachsen kann. Dieses Wachsen, dieses Emporsteigen ist aber nicht nur eine isolierte individuelle Erscheinung. Es ist vielmehr wie alle göttlichen Wirksamkeiten in der Welt etwas Kollektives, ein Werk ... ja das eigentliche Werk für die Menschheit.

Es will das Vorwärtsschreiten der Menschheit unterstützen; es will sie in ihren großen Krisen zusammenhalten; es will die Gewalten, die mit ihrem Schwergewicht nach unten ziehen, dann brechen, wenn sie zu bedrohlich werden; es will das große Dharma des auf Gott hin ausgerichteten Gesetzes in der menschlichen Natur aufrecht erhalten oder wiederherstellen; schließlich will es das Reich Gottes vorbereiten, auch wenn es noch so ferne ist...

Der göttlichen Manifestation eines Christus, Krishna, Buddha im äußerlichen Menschsein liegt als innere Wahrheit dieselbe Manifestation des ewigen Avatars innerhalb unseres eigenen innerlichen Menschseins zugrunde. Was in dem äußerlichen menschlichen Leben auf der Erde vom Avatar getan worden ist, soll nun im inneren Leben aller menschlichen Wesen wiederholt werden.

Sri Aurobindo, Der Avatar (Gott in Menschengestalt). In: Integraler Yoga 1/1965, 7–26 mit Auslassungen

(IV) Hier ist eine Nation, die seit Jahrhunderten daran geglaubt hat, daß der Vater selbst Mensch wurde und sich in Heiligen und Propheten inkarnierte... Wenn man dieser Nation Christus als einen neuen *Avatar* anbietet, stürzt man ein Land, das ohnehin von Aberglauben umdunkelt ist, noch in einen Abgrund tieferer Finsternis.

Keshab Chandra Sen. Zitiert bei: Kaj Baago, a. a. O. 40

(V) Das persönliche Leben Jesu ist ein erhabenes Beispiel für unmittelbares Wissen. Seine Taten und Äußerungen sind durchdrungen von einem Gefühl des Sich-eins-Wissens mit Gott. ...Wenn Jesus von Johannes dem Täufer sagt, daß, obwohl dieser der größte unter den Menschen sei, dennoch der Geringste unter den Gesegneten im Himmel größer sei als der größte Mensch auf der Erde, so meint er damit, daß derjenige, der die Wahrheit gesehen hat, größer als der sei, der über sie spricht und nicht das unmittelbare innere Wissen von ihr hat. Wir müssen über den verstandesmäßigen Gesichtspunkt hinausgehen und die inneren, geistigen Wirklichkeiten erfühlen.

Jesus fordert eine innere Erneuerung, einen innerlichen Wandel. Das Himmelreich ist nicht ein Ort im Raum, sondern ein Zustand der Seele. Das Reich Gottes ist gegenwärtig, hier und jetzt. »Tuet Buße, das Himmelreich ist nahe herbeigekommen.« Das Erlangen der Wahrheit bringt Freiheit. Jesus spricht von der inneren Vervollkommnung, von der möglichen Entwicklung des Menschen. Wenn er uns ermahnt, »Buße« zu tun, so meint er nicht Reue, sondern innere Wandlung. Das griechische Wort für Buße, *meta-noia,* bedeutet Erhebung des Bewußtseins über seine normalen Grenzen hinaus; es bedeutet die Erneuerung des inneren Menschen. Wenn Jesus sagt: »Es sei denn, daß ihr euch umkehret und werdet wie die Kinder«, so meint er, daß wir aus der Welt der Objekte, aus dem Schlaf der Sinne erwachen sollen. Die Toten müssen wieder zum Leben auferstehen. Wir müssen zu uns selbst zurückkehren, befreit von unseren Begierden und unserem Haß. Wir müssen durch den Sieg über unsere niedere Natur eine höhere Seinsstufe erreichen.

Echte Religion bedeutet Neugestaltung der Seele durch kontemplatives Gebet und Askese. Die dreißig Jahre Schweigen und die vierzig Tage Schweigen in der Wüste sind Vorbereitung auf seine geistige Wandlung gewesen. Jesus war des Menschen Sohn und zugleich der Sohn Gottes. Er stand mit beiden Reichen in Verbindung, mit dem irdischen und dem himmlischen. Als menschliches Wesen war er jeder Versuchung ausgeliefert und wurde bis zum letzten Augenblick in Versuchung geführt. »Mein Gott, warum hast du mich verlassen?« Er litt Qualen. Jesus war ein Beispiel für die Menschheit, denn sein Aufstieg führte durch Kampf mit inneren Schwierigkeiten, mit Zweifeln und Versuchungen. Beim Emporsteigen auf der Leiter der inneren Entwicklung mußte er vieles erleiden.

Die Fleischwerdung Christi ist nicht ein historisches Ereignis, das vor zweitausend Jahren stattfand. Es ist ein Ereignis, das sich im Leben eines jeden wiederholt, der auf dem Wege der Erfüllung seiner Bestimmung ist. Meister Eckhart nennt als Ziel der Religion die Geburt Gottes in der Seele des Menschen. »Der Vater gebiert seinen Sohn in der Seele.«

Sarvapalli Radhakrishnan, Erneuerung des Glaubens aus dem Geist, Frankfurt 1959, 147

(VI) Es ist meine feste Überzeugung, daß das heutige Europa nicht den Geist Gottes und des Christentums verwirklicht, sondern den Geist Satans. Und Satan hat den größten Erfolg, wo er mit dem Namen Gottes auf den Lippen erscheint. Europa ist heute nur noch dem Namen nach christlich. In Wirklichkeit betet es den Mammon an... Ich halte dafür, daß das europäische Christentum eine Verleugnung des Christentums Jesu bedeutet. Ich kann nicht glauben, daß Jesus, wenn er in unserer Mitte erschiene, die heutigen christlichen Kirchen, den Gottesdienst und die Geistlichen anerkennen würde.

8. September 1920. In: Thomas Ohm, Asiens Nein und Ja zum westlichen Christentum, München 1960², 27 f.

Ich betrachte Jesus als einen großen Lehrer der Menschheit, aber ich sehe ihn nicht als den eingeborenen Sohn Gottes an... Jesus kam der Vollkommenheit so nahe wie möglich. Aber wer sagen wollte, er sei vollkommen, der leugnet, daß Gott höher steht als der Mensch.

Ich darf sagen, der historische Jesus hat mich nie beschäftigt. Es würde mich nicht einmal kümmern, wenn jemand nachgewiesen hätte, daß ein Mensch mit Namen Jesus nie gelebt habe, und daß das, was in den Evangelien erzählt wird, vom Schreiber kraft seiner Einbildung erdichtet worden sei. Die Bergpredigt bleibt für mich dennoch immer wahr.

Gespräch zwischen Frau Emily und Gandhi:

Frau E: Jesus Christus ist der Sohn Gottes.

Gandhi: Wir aber auch.

Frau E: Nein, er war der *einzige* Sohn Gottes.

Gandhi: Hier unterscheiden wir uns. Für Sie war Jesus der einzige Sohn Gottes. Für mich war er ein Sohn Gottes, wenn auch viel reiner als wir andern alle. Aber jeder von uns ist ein Sohn Gottes und fähig, das zu tun, was Jesus tat, wenn wir nur versuchen, das Göttliche in uns zum Ausdruck zu bringen.

Alle Texte bei Stanley J. Samartha, Hindus vor dem universalen Christus, Stuttgart 1970, 96

(VII)

1. Das Kreuz zeigt klar, wie der Mensch zum Gotte wird.

Dies ist die große Gestalt, die *māyā* auslöschen kann.

Dies ist die Gestalt, die ›Ich‹ und ›Mein‹ zerstört.

Dies ist die vollkommenste aller Gestalten.

Wenn du diese Gestalt im Gedächtnis bewahrst,

Dann werden alle deine Fragen gelöst.

Dies ist die Gestalt, welche die Schranke zerstört

Zwischen Vater und Sohn, zwischen Geist und Stoff,

Zwischen Gott und Mammon.

2. Es ist genug, daß ich, Dir gleich, nicht für mich selber sterbe;

Besser ist, wie Du Gott zu werden, indem man für andere stirbt.

Es ist genug, wenn ich, Dir gleich, mich selbst verleugne.

Besser ist es jedoch, wenn ich, wie Du am Kreuz,

zum *Christus-Gott* würde.

Zitiert bei: Stanley J. Samartha, a. a. O. 129

C Ausgewählte Literatur

1. Adelheid Krämer, Christus und Christentum im Denken des modernen Hinduismus. In: Untersuchungen zur allgemeinen Reli-

gionsgeschichte. Neue Folge Heft 2, hg. von Gustav Mensching, Bonn 1958

2. Friso Melzer, Christus und die indischen Erlösungswege, Tübingen 1949

3. Gustav Mensching, Der offene Tempel. Die Weltreligionen im Gespräch miteinander, Stuttgart 1974

4. Stanley J. Samartha, Hindus vor dem universalen Christus. Beiträge zu einer Christologie in Indien, Stuttgart 1970

2.2. Christus im Islam

MONIKA TWORUSCHKA

A Darlegung

1. Die klassische Deutung

Jesus besitzt einen festen Stellenwert im islamischen Heilssystem. Er ist ein Gesandter, der seinem Volk (Umma) eine Schrift brachte, ebenso wie vor ihm David den Psalter und Abraham die »Blätter«. Die Muslime glauben, daß diese Bücher mit einem himmlischen Urbuch identisch sind. Die Unterschiede, die zwischen diesen Schriften und dem Koran bestehen, werden dadurch erklärt, daß die Juden und Christen ihre Offenbarungen im Lauf der Zeit verfälschten.

Der Koran, in dem einige syrisch-christliche Quellen verarbeitet wurden, bestätigt die Jungfrauenschaft Marias (Sure III,42–47). Ferner berichtet er über einige Wunder Jesu, wie z.B. die Heilung von Aussätzigen und Blinden oder die Auferweckung von den Toten (Sure V,109f). Der Koran betont, daß Jesus ein Prophet ist, der von Gott mit einer besonderen Botschaft betraut wurde. Dabei wird vor allem die Menschlichkeit Jesu hervorgehoben; denn da Allah weder gezeugt wurde noch jemals gezeugt hat (CXII), ist eine *Gottessohnschaft* undenkbar. Die Trinitätslehre wird nicht akzeptiert, da der islamische Monotheismus sie als eine Form des Tritheismus begreift.

Weil Gottes Gerechtigkeit es nicht zulassen kann, daß sein Gesandter getötet wurde, glaubt man, daß an Jesu Stelle ein anderer gekreuzigt wurde. Für die Muslime ist die Kreuzigung entweder ein Zeichen der Ohnmacht Gottes, falls er seinen Gesandten nicht retten *konnte,* oder aber ein Beweis für seine Ungerechtigkeit, für den Fall, daß er ihn nicht retten *wollte.* Der Islam lehnt die Vorstellung eines Sühnopfers ab, da am Jüngsten Tag sich jeder Gläubige selbst für seine Taten verantworten soll. Obwohl die Muslime den theologischen Gehalt der Kreuzigung nicht anerkennen, glauben sie, daß Jesus von Gott zu sich erhoben wurde (IV, 158). Da im Islam eine enge Verbindung von Religion und Politik besteht (→ »Religion und Politik im Islam«) und der Prophet und seine Anhänger aktiv an Kämpfen teilnahmen, ist es für die Muslime unverständlich, daß die Jünger ihren Meister kampflos preisgaben.

In der sich vom 9. Jhd. ab entwickelnden islamischen Mystik, dem Sufitum, wird Jesus als asketischer Wanderprediger geschildert: »Jesus hat gesagt: die Frömmigkeit besteht aus zehn Teilen, von denen neun im Schweigen und einer in der Flucht vor den Menschen besteht« (al-Gazali).

2. Moderne Stellungnahmen

Auch moderne muslimische Denker beschäftigen sich mit der Gestalt Jesu. Dabei unterscheiden sich ihre Stellungnahmen zu Fragen der Gottessohnschaft, der Trinität und des Kreuzestodes nicht wesentlich von ihren klassischen Vorläufern. Abd al-Hamid Judah as-

Sahhar vertritt in seinem Buch »Jesus, Sohn der Maria« (1952) die Ansicht, daß die Verwandtschaft zwischen Christus und Gott geistlicher Natur sei, daß er aber nicht Gottes Sohn sein könne. In ähnlicher Weise lehnt Husain Haikal, der Vater des bekannten ehemaligen al-Ahram Chefredakteurs, die christliche Sündenidee und die Kreuzigung als unislamisch ab (I).

Einige Interpreten weisen jedoch auf neue Aspekte hin. Ein besonders interessantes Werk ist Muhammad Kamil Husains »Sündige Stadt« (gemeint ist Jerusalem). Husain, der mit diesem Roman 1957 einen ägyptischen Literaturpreis gewann, geht nicht von einer streng historischen sondern einer *psychologisierenden* Fragestellung aus. Er will die Atmosphäre in Jerusalem am Tag der Kreuzigung und die menschlichen Probleme und Schwächen der Bevölkerung beschreiben, sowie die Folgen untersuchen, die dieses Ereignis auf das christliche Bewußtsein hatte (II).

Er bezeichnet die Kreuzigung als eines der größten Verbrechen der Menschheit. Es ist also anzunehmen, daß er im Gegensatz zur klassischen Deutung glaubt, daß die Kreuzigung stattgefunden hat. Es ist aber auch denkbar, daß er an der Theorie festhält, daß ein anderer gekreuzigt wurde; denn für ihn steht die *Schuldfrage* im Vordergrund. Schon wenn die Römer und Juden nur glaubten, daß sie Jesus kreuzigten, luden sie damit unermeßliche Schuld auf sich, selbst dann, wenn ihr Opfer gar nicht Christus war.

Ebenso wie die klassischen Kommentatoren versteht der Verfasser nicht, daß die Jünger ihren Meister nicht zu retten versuchten. Andererseits vertritt er die Meinung, daß sie durch ihre unterlassene Hilfeleistung der christlichen Botschaft einen Dienst erwiesen hätten. Denn nur durch die Tatsache der Kreuzigung konnte das Christentum seine entscheidende Lehre von der Erlösung und Vergebung formulieren (III). Gleichzeitig hat das Christentum durch die Kreuzigung ein ausgeprägtes Sündenbewußtsein entwikkelt. Die Idee der Erbsünde ist für ihn letzten Endes Ausdruck des Schuldgefühls der Jünger, die ihrem Herrn nicht halfen. Seit jenem Tag hat sich im Christentum ein Gefühl der Traurigkeit entwickelt. Dieses Schuldgefühl hat zur Folge, daß die Christen eher darauf bedacht sind, Böses zu verhindern, als Gutes zu verwirklichen. Aus diesem Grund bewerten sie das irdische Leben so negativ, daß ihre Angst vor dem Höllenfeuer größer ist, als ihre Vorfreude auf das Paradies. Der Christ fühlt sich nach Husains Ansicht grundsätzlich schuldig, bis er erlöst wird. Dieses Schuldgefühl ist dadurch bedingt, daß die Jünger am Tag der Kreuzigung zur Untätigkeit verdammt waren (IV). Husain glaubt, daß durch die Kreuzigung symbolisch das Gewissen der gesamten Menschheit gekreuzigt wurde, da Jesu Lehre nichts anderes besagte, als daß der Mensch in seinen Taten und in seinem Denken vom Gewissen geleitet sein soll. Die Kreuzigung ist für ihn kein einmaliger Akt; sondern alle Menschen haben bis heute an den Folgen dieser Tat zu leiden.

Die jüdische Bevölkerung und die Römer werden zwar kritisiert, aber dennoch menschlich gezeichnet. Er betont, daß die Juden gottesfürchtige Menschen und ihrem Vaterland treu ergeben waren. Daß sie trotzdem ein Fehlurteil fällten, zeigt nur, wie leicht der Mensch unter den Einfluß des Bösen geraten kann. Es ist psychologisch verständlich, daß der Mensch sein eigenes Gewissen zum Schweigen bringt, wenn ein Verbrechen im Namen der ganzen Gesellschaft begangen wird. Da Jesu Botschaft die religiöse Autorität in Jerusalem untergräbt, befinden sich die Verantwortlichen in dem Konflikt, ihrer Bewunderung für Jesu Lehre oder dem Gebot der Staatsraison zu folgen.

Auch der mystische Schriftsteller Djibran Halil Djibran vertritt die These, daß die Kreuzigung ein Symbol für den Tod der Menschlichkeit ist. Er schrieb schon 1928 ein Buch mit dem Titel »Jesus Menschensohn«. Sein Begriff Menschensohn meint jedoch nur, daß Jesus Mensch war wie alle. Der Ausdruck wird nicht in seiner theologischen Bedeutung verwandt. Djibrans Schilderung von Jesu Leben stimmt in vielen Punkten mit dem Inhalt der Evangelien überein. Da er in der mystischen Tradition steht, sieht er besonders in der Liebe das geeignete Mittel, sich von Begierde, Hochmut und blindem Gehorsam zu befreien. Der zentrale Begriff »Liebe« spielt auch bei seiner Jesusdarstellung eine Rolle.

Der ägyptische Autor Abbas Mahmud al-Aqqad schildert vor allem Jesu Leben und Lehre. Aqqads (gest. 1964) Ansatz in seinem Buch »Die Genialität Jesu« ist, wie er selber sagt, von Thomas Carlyles Abhandlung »The Hero as Prophet« in dessen Werk »On Heroes and Hero-Worship and the Heroic in History« (1841) beeinflußt. Carlyle, der als einer der ersten Europäer ein positives Muhammad-Bild zeichnete, vertrat die Auffassung, daß Geschichte in erster Linie von großen Männern gemacht würde. Der Begriff des Genies von Carlyle gestattete es al-Aqqad, ihm bedeutsam erscheinende, religiöse Gestalten als Vorbilder für die heutige Zeit darzustellen, ohne das Verhältnis von Offenbarung und moderner Forschung zu erörtern. Al-Aqqad schrieb mehrere Bücher über Persönlichkeiten, die seiner Ansicht nach die Bezeichnung Genie verdienten: Abraham, Muhammad, Abu Bakr, Umar, Halid ibn al-Walid (die beiden ersten Kalifen und ein frühislamischer Feldherr) – und Jesus.

Für ihn ist die geschichtliche Existenz eines Propheten dadurch belegt, daß ein Bedürfnis nach einem Messias besteht, d. h. das Auftreten und die Lehre eines Propheten sind vollkommen durch die historischen Umstände bestimmt. Jede Epoche verlangt nach einem Propheten, der ihren Erfordernissen entspricht. Um den Bedarf nach einem Messias herauszustellen, schildert er das Judentum zur Zeit um Christi Geburt als veräußerlicht und entartet.

Während manche muslimische Kommentatoren keine europäischen Textanalysen verarbeiten, benutzt al-Aqqad durchaus westlich-theologische Literatur. Obschon die klassischen Denker beanstandet hatten, daß die Aussagen der Evangelisten nicht völlig übereinstimmten, hält al-Aqqad die Evangelien für durchaus zuverlässige Quellen und nimmt sie sogar vor europäischer Kritik in Schutz. Es ist al-Aqqads Ziel, durch historische Belege die Genialität seiner Propheten herauszustellen; denn in jedem Helden zeige sich ein Stück göttlicher Wirklichkeit. Den Tod Christi kommentiert er nicht, da dies für ihn eine Frage des Glaubens und nicht der Geschichtsschreibung ist (V). Jesu Lehre nennt er das »Gesetz der Liebe«, mit der dieser vor allem religiöse Heuchelei bekämpfte. Obgleich der Islam selbst eine Religion ist, die großen Wert auf Gesetzesgehorsam legt, bewertet al-Aqqad Christi Gebot der Liebe höher als das seiner Meinung nach alttestamentliche Gesetz der Pflicht (VI).

In Anlehnung an Dostojewskis Großinquisitor stellt er die Frage, was geschehen würde, wenn Jesus abermals auf die Erde käme. Er glaubt, daß die Menschen ihn auch dieses Mal verfolgen würden, weil sie sich nicht geändert hätten. Aber der Mensch soll sein Gewissen täglich neu befragen und sich um richtiges Handeln bemühen.

Halid Muhammad Halid hebt hingegen in seinem Buch »Zusammen auf dem Weg: Jesus und Muhammad« vor allem den *Sozialreformer* hervor. Er stellt ihn in dieser Hinsicht auf eine Stufe mit Muhammad und bezeichnet sie als Brüder. Beide versuchten, die Menschen von Tyrannei und Ungerechtigkeit zu befreien und zeichneten sich durch Liebe, Demut und Gnade aus.

Eine ähnliche Ansicht äußert schließlich ein wichtiger Denker des islamischen Sozialismus: Mustafa as-Sibai. Er versucht zu beweisen, daß Jesus vor allem Gebote zur Bekämpfung von Armut und sozialer Ungerechtigkeit aufstellte, eine These, die er mit Texten aus den Evangelien belegt. Das zeitgenössische Judentum stellt er als eine entartete materialistische Gesellschaft mit verschärften Klassengegensätzen dar (VII).

Die Betonung des Sozialreformers ist im Zusammenhang mit bestimmten islamischen Bemühungen zu sehen, den Sozialismus aus der eigenen Tradition zu beweisen (→ »Religion und Politik im Islam«). In den vergangenen Jahren entstanden zahlreiche Schriften über den Sozialismus Muhammads. Da Jesus eine bedeutsame Persönlichkeit in der islamischen Heilsgeschichte ist, will man auch in seiner Lehre den Sozialreformer herausstellen.

B Texte

(I) Obschon der Gedanke, daß Christus mit seinem Blut die Sünden seiner Brüder, der Menschen, sühnte, zweifellos sehr schön ist; und obgleich das, was darüber geschrieben wurde, auf seine dichterischen, philosophischen und ethischen Gesichtspunkte hin untersucht werden sollte, so macht doch der Grundsatz, den der Islam vertritt, daß keiner die Last eines anderen trägt (Sure VI, 164) und daß jedem Menschen am Tag der Auferstehung seinen Taten entsprechend vergolten wird – Gutes mit Gutem; Schlechtes mit Schlechtem – die logische Annäherung zwischen beiden Religionen unmöglich. Die Logik des Islam urteilt präzise, insofern als sie nicht versucht, den klaren Widerspruch zwischen dem Gedanken des Selbstopfers und dem Gedanken der persönlichen Buße (Strafe) einzuebnen.

Muhammad Husain Haikal, Das Leben Muhammads (arab.), Kairo o. J., 8 f.

(II) An jenem Tag war Freitag; aber er unterschied sich vollkommen von allen anderen Tagen. Es war ein Tag, an dem die Menschheit vom rechten Weg abkam, so weit in die Irre ging, daß sie das Höchstmaß der Verderbtheit erreichte. Das Böse gewann so Gewalt über sie, daß sie gegenüber der Wahrheit blind war, obwohl sie klar wie der Morgenhimmel leuchtete. Dennoch waren sie alle charaktervolle und religiöse Menschen, die im höchsten Maß darauf bedacht waren und gründlich darüber nachdachten, den richtigen Weg einzuschlagen und die Wahrheit zu befolgen. Es waren auch Menschen, die sehr gewissenhaft in ihrer Vaterlandsliebe und aufrichtig in ihrem religiösen Handeln waren. Dennoch bewahrte ihre tiefe Religiosität sie nicht vom Bösen und schützte ihren Geist nicht vor Irrtum. An jenem Tag entschloß sich das jüdische Volk, von den Römern die Kreuzigung Jesu zu verlangen, um über seine Botschaft ein Urteil zu fällen. Aber was besagte die Botschaft Christi anderes, als daß alle Menschen in ihrem Denken und Handeln vom Gewissen geleitet sein sollen? Als sie sich entschlossen, ihn zu kreuzigen, war es ein Entschluß, das menschliche Gewissen zu kreuzigen und sein Licht auszulöschen. Die Ereignisse des Tages enthüllten die Kräfte, die Menschen zum Bösen treiben. Sie gehören nicht einfach in die Geschichtsbücher der ersten Jahrhunderte, sondern sind Katastrophen, die jeden Tag im Leben jedes Individuums erneuert werden. Alle Menschen sind fortan Zeitgenossen jenes Märtyrertages. Sie sind unablässig der Sünde und dem Bösen ausgeliefert, in das die Bevölkerung von Jerusalem an jenem Tag verstrickt wurde.

Muhammad Kamil Husain, Sündige Stadt (arab.), Kairo 1953, 1–3 mit Auslassungen

(III) Die Jünger leisteten der christlichen Botschaft einen großen Dienst, als sie davon Abstand nahmen, ihn zu retten. An jenem Tag definierte die christliche Religion ihre Prinzipien und formulierte ihre Philosophie. Aus den Ereignissen jenes Tages wurden die entscheidenden Merkmale der neuen Religion gestaltet. Aus jenem Geschehen ergaben sich die höchst eindrucksvollen Prinzipien Vergebung und Erlösung, aber auch jene Trübsal, die ein beherrschendes Merkmal im Wesen der bedeutendsten Anhänger des Christentums ist: ihre Furcht vor Sünden, ihre Vorliebe, sich selber anzuklagen und zu erniedrigen, ihr Empfinden für die Bedeutsamkeit der Ursünde und ihr Glaube, daß diese der Ursprung der Qualen ist, die Christus auf sich genommen hat, um die Menschheit von ihren Folgen zu befreien. Vielleicht ist sie nicht mehr als das Echo ihrer eigenen großen Sünde, als sie Christus seinen Feinden überließen. Als ob es die Pflicht der Christen wäre, für diese Sünde am Jüngsten Tag zu sühnen!

(Ebd. 154 f.)

(IV) Die Christen haben einen ausgeprägten Sinn für Unrecht, Sünde und Beladensein geerbt. Diese Gefühle haben das christliche Denken fortwährend geprägt. Ihre vorherrschende Furcht vor dem Bösen und ihre Angst, den Menschen von jeglicher Handlung abzuhalten, die einen Kompromiß mit sich bringt, wurde zu einem charakteristischen Wesenszug der gläubigen Christen. Sie sind eher darauf bedacht, Unrecht zu vermeiden als Gutes anzustreben. Ihre Angst vor dem Bösen ist mächtiger als ihr Sinn für Gerechtigkeit und ihre Furcht vor dem Höllenfeuer größer als ihre Bemühung um das Paradies. Auf diese Weise hat in den Zeiten, als das Christentum einen besonders ehrfürchtigen und frommen Charakter zeigte, ein negativer Zug alle Handlungen der Gläubigen beherrscht. Dies sind Merkmale aller Religionen, aber im Christentum sind sie besonders stark ausgeprägt. Es ist tief in ihrem Glauben verwurzelt, daß der Mensch vom Bösen durchdrungen sei, bis er gereinigt werde. Es ist gut möglich, daß diese Tatsache durch das bedingt ist, was die Jünger an jenem schrecklichen Tag gezwungenermaßen tun mußten.

(Ebd. 157 f. mit Auslassungen)

(V) Wir wollen die Geschichte der religiösen Aufforderung studieren, so wie sie in den Botschaften seiner größten Propheten in der Welt zum Ausdruck gelangte: Abraham und seine Nachkommen Moses, Jesus und Muhammad...

Diese göttliche Erscheinungsform, die prophetische Aufforderung, ist ein einmaliges Phänomen in der menschlichen Geschichte: Dieses Buch hat nur ein Ziel, die Genialität Jesu im Bild seiner Zeit aufzuzeigen. Wir verstehen sie heute, so wie wir die Genies in ihrer göttlichen Vorherbestimmung und in ihren Geheimnissen begreifen... Eine ähnlich bedeutsame Genialität findet in der ganzen Geschichte nicht ihres Gleichen...

Wir können vom historischen Standpunkt nicht mit Bestimmtheit sagen, wie das Ende Jesu aussah. Aber wir können feststellen, daß er zu dem Zeitpunkt starb, den die Geschichte angibt.

Abbas Muhammad al-Aqqad, Das Leben Christi (arab.), Beirut 1969², 7. 256 f.

(VI) Jesus hat das Gesetz des Alten Testaments vervollkommnet (Religion Abrahams), weil er das Gesetz der Liebe brachte, das jenes andere noch übertrifft. Das Gesetz des AT legte es dem Menschen auf, seine Pflicht zu erfüllen; aber die Liebe geht über die Pflicht hinaus und erwartet keinen Befehl und keine Strafe. Sie läßt sich nicht mit Buchstaben und Bedingungen messen und behandelt den Menschen nicht nach Beweisen und Urkunden.

Durch dieses Gesetz der Liebe bereitete Jesu dem Gesetz der Heuchler und Hochmütigen ein Ende. Er lehrte die Menschen, daß Gott nicht befohlen hat, sich selber zu rühmen und zu preisen und andere anzuklagen und der Sünde zu bezichtigen. Vielmehr soll man sich selber beurteilen, bevor man über andere richtet.

Wir glauben nicht, daß Christus seine historische Existenz und sittliche Erhabenheit nur durch geschichtliche Ereignisse so gut hätte beweisen können, wie er es durch sein Gesetz der Liebe und des Gewissens getan hat.

(Ebd. 168 f. mit Auslassungen)

(VII) Jesus – Heil über ihn – wurde in eine materialistische, von Begierden erfüllte Umwelt gesandt: die Umwelt der Juden, welche die Gesetze Gottes verließen, die ihnen von ihren Propheten anbefohlen worden waren. Zu Jesu Zeiten hatten sie eine außerordentliche Begierde entwickelt, Besitz zu sammeln und ihn auf mannigfache Art zu horten. Die Reichen unter ihnen waren im höchsten Maße grausam und gewissenlos, und die religiösen Männer taten ihr Äußerstes, um die Bestimmungen des Gesetzes zu verfälschen.

Die römischen Statthalter spalteten die Gesellschaft in zwei getrennte Klassen: die Klasse der Reichen und Adligen, die angenehme

Dinge, Besitz und Wohlstand allein für sich in Anspruch nahmen, und die Klasse der Armen, die der Würde und einfachsten Menschenrechte beraubt waren und unter der Gewalt der Ausbeuter stöhnten. Die Mehrheit hatte sich vom Recht abgewandt und beging sittlich und menschlich verwerfliche Handlungen, wie Jesus es Mt 12,15 und im Römerbrief 1,26 ausführte. Deshalb war es natürlich, daß die Botschaft Jesu vor allem auf die Bekämpfung des jüdischen Materialismus sowie des daraus resultierenden Klassenunterschieds zielte. Von daher verstehen wir die von Jesu ausgehenden Predigten und Ratschläge, die mit Besitz zusammenhängen...

[Es folgen wörtliche Zitate aus den Evangelien: Mt 4,4; 5,6.7.21.22.39–44; 6,1.2.9–12. 19.24–34; 10,9; 12,1–4; 19,21.22; 23,14; 25, 34–40; 22,17–21; Lk 9,58; 12,33; 21,1–4; 1 Röm 6,9; 14,17; 15,26; Apg 2,45; 3,6; 4,30.31; 15,1–10 und andere ähnliche Passagen.]

...Hieraus geht hervor, daß die Aktivitäten Jesu und seiner Jünger, so wie sie in den Heiligen Schriften der Christen geschildert werden, zu den Problemen Armut und soziale Unterdrückung einen ethischen und erzieherischen Standpunkt einnahmen, welcher der Umwelt entsprach, in der Jesus lebte und seine Botschaft verkündigte. Es besteht kein Zweifel, daß sie einen großen Einfluß bei der Bekämpfung des Heidentums in großen Teilen der Welt und bei der Reinigung von dem Übel des jüdischen Materialismus hatten.

Mustafa as-Sibai, Islamischer Sozialismus (arab.), Kairo 1962, 38. 49

C Ausgewählte Literatur

1. Olaf Schumann, Der Christus der Muslime. Christologische Aspekte in der arabisch-islamischen Literatur, Gütersloh 1975

2. Udo Tworuschka, »Dieser Gott kann uns helfen.« Die wichtigsten nicht-christlichen Jesusdeutungen. In: Lutherische Monatshefte 15 (1976) 120–124 (zur typol. Einordnung)

3. Erlösung und Zukunft

3.1. Erlösung und Zukunft im Buddhismus

GUSTAV MENSCHING

A Darlegung

1. Einleitende Vorbemerkungen

Daß der Buddhismus in allen seinen Formen eine Erlösungsreligion ist, hat Buddha selbst bezeugt, wenn er die ausschließliche Bezogenheit seiner Lehre auf die Erlösung mit dem einheitlichen Salzgeschmack des Meeres verglich und sagte: »Ebenso, ihr Mönche, hat diese Lehre und Disziplin (nur) einen Geschmack, den Geschmack der Erlösung.« Demzufolge lehnte es der Buddha ab, weltanschauliche Fragen, die nicht zum Heil dienen, zu erörtern. Das Erlösungsziel ist im Buddhismus die Befreiung vom Zwang der Wiedergeburt, also die Aufhebung der Unheilssituation individueller, vergänglicher und ichhafter Existenz. Darin stimmen alle Formen des Buddhismus überein. Von den divergenten Wegen der Erlösung soll später gesprochen werden. Zuvor noch eine Bemerkung über die Universalität des buddhistischen Heilsangebotes. Die Verkündigung Buddhas ist universal, d. h. sie gilt nicht nur allen Menschen, sondern allen Wesen überhaupt. Aber praktisch ist sie doch im Theravada-Buddhismus eingeschränkt. Denn nur Menschen können der Erlösung teilhaftig werden; und unter den Menschen wiederum nur Männer und unter den Männern nur Mönche. Die Universalität der Botschaft ist dennoch insofern nicht eingeschränkt, als im Buddhismus nicht nur mit der einen gegebenen Existenz gerechnet wird, sondern mit zahlreichen Wiedergeburten. Wer also im gegenwärtigen Dasein nicht oder noch nicht zum Kreis der allein erlösungsfähigen Mönchsgemeinde gehört, darf erwarten, daß er in künftigen Existenzen diese wünschenswerte Existenzform erreicht und damit dann die Möglichkeit hat, das Heil auf dem von Buddha gewiesenen Wege zu erreichen (I).

Anders ist es im Mahayana-Buddhismus mit der Universalität der Lehre bestellt. Wie schon oben bemerkt, war der Theravada-Buddhismus für die breite Masse unbefriedigend, da diese zu dem hier verlangten radikalen Verzicht auf das weltliche Leben nie bereit ist. So erlosch denn auch der ursprüngliche Buddhismus in Indien. Es entstand eine neue Form des Buddhismus, die aus indischen Gnadenlehren und Bhakti-Praktiken Anregungen empfing: der Mahayana-Buddhismus, der das Heil als allen Menschen in jedem Beruf zugänglich betrachtet. Im Mahayana entstand die Vorstellung von zahlreichen Bodhisattvas, unter denen Avalokiteshvara hervorragt. Dem Mythos zufolge habe er zwar die Erleuchtung erlangt, aber auf das Eingehen ins Nirvana verzichtet, um allen Menschen, die sich an ihn wenden, zum Heil zu helfen. Wir kommen später darauf zurück.

2. Erlösung im Theravada-Buddhismus

Der Heilsweg des ursprünglichen Buddhismus, mit dem wir uns jetzt beschäftigen wollen, ist autosoteristisch; er nimmt alle Kräfte des Menschen zur Selbsterlösung in Anspruch. Als letztes Wort des Buddha wird folgende Mahnung überliefert: »Da sprach der Herr zu den Mönchen: ›Wohlan, ihr Mönche, ich sage euch: Dem Vergehen unterworfen sind die Daseinserscheinungen, vervollkommnet euch mit Eifer!‹ Das war des Tathagata letztes Wort.«

Der Erlösungsweg, der nach der Lehre Buddhas beschritten werden muß, wird in der vierten »heiligen Wahrheit« beschrieben. Es ist der achtteilige Heilspfad:

»Dies, ihr Mönche, ist die edle Wahrheit vom Wege, der zur Aufhebung des Leidens führt: Es ist dieser edle achtteilige Pfad, der da heißt: rechte Anschauung, rechte Gesinnung, rechtes Reden, rechtes Handeln, rechtes Leben, rechtes Streben, rechtes Gedenken, rechtes Sich-Versenken«.

Dieser achtgliedrige Heilspfad (II) stellt sich bei genauer Betrachtung als dreiteiliger Weg dar, da verschiedene der aufgezählten Begriffe synonym sind. Der faktische Heilsweg hat folgende Stufen: 1. ethisch-asketische Zucht, die mit den Begriffen »rechtes Reden«, »rechtes Leben«, »rechtes Handeln« umschrieben ist. 2. Die zweite Stufe ist die der Versenkung, die mit den Worten »rechtes Streben«, »rechtes Gedenken«, »rechtes Sich-Versenken« ausgedrückt wird. 3. Die höchste und letzte Stufe ist die Erkenntnis. Sie wird bezeichnet mit den Worten »rechte Anschauung« und »rechte Gesinnung«.

Sehen wir uns diese drei Stufen näher auf ihre Inhalte hin an. Auf der ersten Stufe der ethisch-asketischen Zucht (sila) wird die Ethik des Buddhismus gelehrt und ihre Verwirklichung verlangt. Der Buddhismus kennt eine Tafel von 10 Verboten, deren erste 5 Gebzw. Verbote für Mönche und Laienanhänger gelten, während die zweiten 5 nur für Mönche verbindlich sind. Die fünf allgemeinen Gebote bzw. Verbote sind folgende: Nichttöten, Nichtstehlen, nicht unkeusch leben, Nichtlügen, Vermeidung berauschender Getränke. Hinzu kommen die fünf Mönchsgebote: nicht zu unerlaubter Zeit essen, nicht an Lustbarkeiten (Tanz, Gesang, Musik, Schauspiel) teilnehmen, sich keiner Kränze, Parfüms und Schmucksachen bedienen, nicht in hohem und breitem Bett schlafen und kein Gold oder Silber annehmen.

Der Sinn der asketischen Ethik ist die Befreiung von heilshindernden Faktoren im Leben. Solche Hindernisse werden in den Texten oft aufgezählt, z. B. Liebe zur Welt, Böswilligkeit, Lust zu schaden, Trägheit und Schlaffheit, Unruhe und Zweifel. Deshalb finden sich einerseits in den Vorschriften negative Verbote, die sich auf die als Böses angesehenen Handlungen beziehen. Dem steht indessen eine positive Ethik zur Seite, die das Vollbringen des Guten zum Ziel hat. So wird etwa das Verbot des Tötens positiv ergänzt durch das Postulat friedfertiger und mitleidvoller Gesinnung aus Sorge um das Wohl aller lebenden Wesen. Das Verbot des Stehlens wird durch das Gebot »frei von Diebsgelüsten ist er und ehrlichen Herzens« ergänzt. Zum Verbot der Unkeuschheit erhebt der Buddha die positive Forderung eines keuschen Wandels unter Verabscheuung der Geschlechtslust, »der der gewöhnliche Haufe ergeben ist«. Das Verbot der Lüge wird ergänzt durch das Gebot: »er redet die Wahrheit und ist der Wahrheit treu ergeben, zuverlässig und vertrauenswürdig, truglos gegen die Menschen«. In diesem Zusammenhang wird auch jede Verleumdung verboten und das Gebot ausgesprochen, unter Verfeindeten Eintracht und Einigkeit zu fördern.

In diesem Zusammenhang ist das wichtige Gebot der Liebe (metta) zu erwähnen, durch deren Übung »die Fesseln (an die Welt) dünn« werden (III). Ein sittlich vorbildliches Leben ist nur die erste Stufe auf dem Heilsweg. Es führt allenfalls in die Welt der Götter, wie es den werdenden Buddha zum Tushita-Himmel brachte, aus dem er in die Menschenwelt geboren wurde. In einem Text heißt es von dem Sittenreinen: er gelangt beim Zerfall des Leibes, nach seinem Tode, zu einem glücklichen Leben in einer Himmelswelt, also nicht zur Erlösung (IV).

Die buddhistische Ethik ist asketisch und weltfeindlich einerseits, aber zugleich weltzugewandt. Diese sich logisch ausschließenden Charakterzüge sind deshalb kein Widerspruch, weil der Buddha die verschiedenen Vollkommenheitsstadien der Menschen berücksichtigt: Für den unmittelbar vor der Erlangung des Heils Stehenden ist diese Welt und alles irdische Leben »Leiden«, d. h. unheilvoll, wesenlos, vergänglich – daher zu überwinden. Für den aber, der noch im Status des Weltlebens sich befindet, gibt es Pflichten gegen Eltern, Gatten, Freunde, Staat und Gesellschaft. Alle diese Größen haben ihr relatives Recht. Der Buddhismus hat deshalb überall, wohin er kam, eine kulturelle Blüte hervorgebracht. Zusammenfassend sei noch einmal festgestellt, daß die Ethik bzw. ethisches Handeln im Buddhismus zur noch unerlösten Welt gehört. Buddha sagt deshalb in aller Deutlichkeit:

»Die Übertreter der Gebote fahren zur Hölle, in den Himmel gehen die Guten ein; völliges Nirvana (also das Heil) erreichen diejenigen, welche von den Grundübeln frei sind.«
Die zweite Stufe auf dem Erlösungswege ist die Versenkung (samadhi). Diese Versenkung hat verschiedene Stufen, zumeist vier, deren letzte der vollkommene Gleichmut, die sancta indifferentia der christlichen Mystiker ist. »Nach dem Aufgeben von Glück und Leid, nachdem Frohsinn und Trübsinn vergangen sind, erreicht er (der Meditierende) die von Glück und Leid freie vierte Versenkung, die rein ist durch Gleichmut und besonnenes Überdenken.«
Die dritte Stufe des Heilsweges ist sodann die Erkenntnis (panna). Die Versenkung bewirkt einen geistigen Zustand, in dem Erkenntnis möglich ist. Wer zum Gleichmut gelangt ist, kommt zur Erfassung der verborgenen Ursachen-Zusammenhänge des Lebens und zur Erkenntnis, die wiederum dreigestaltig ist: es handelt sich um das Wissen um die eigenen früheren Geburten, um das in den Wiedergeburten sich auswirkende Karma-Gesetz und drittens um die Erkenntnis der vier heiligen Wahrheiten, deren vierte, wie oben gesagt, den edlen achtteiligen Pfad mitteilt. Danach heißt es von der damit vollzogenen Erlösung:
»Indem er so erkennt und so schaut, wird sein Geist befreit vom Wahn des Begehrens, vom Wahn des Weltenseins, vom Wahn des Nichtwissens... Dem Erlösten kommt die Erkenntnis: Die Erlösung ist vollzogen, entwurzelt ist die Geburt, vollendet der heilige Wandel, getan, was zu tun ist, nicht gibt es eine weitere Wiedergeburt.«
Dieser Zustand, oft negativ beschrieben, ist dennoch eine positive Größe: es handelt sich um das Nirvana. Gemeint ist das irrationale Aufbrechen bisher verdeckter numinoser Wirklichkeit aus der Tiefenschicht menschlicher Existenz.

3. Erlösung im Mahayana-Buddhismus

Im Mahayana entstand, abgesehen davon, daß hier zahlreiche Buddhas und Bodhisattvas als heilbringende Gottheiten verehrt werden, ein neues Lebensideal in Gestalt der Verwirklichung des Bodhisattva-Ideals durch die Gläubigen. Was die heilwirkenden Bodhisattvas sind, soll jeder Mensch zu seinem Ziel machen, um einmal in gleicher Weise den Mitmenschen zum Heil zu verhelfen; so gelobt der Gläubige:
»Zum Dank für Gnade, mir geworden, selbst will ich wohltun allerorten«.
Auf der Seite der Gottheit tritt hier also die Idee der Gnade auf, von der der Theravada-Buddhismus nichts weiß. In einem Text heißt es (um 1250 n. Chr.):
»Wie könnte ich aus eigener Kraft dein (rettendes) Dharma-Schiff erreichen! Reich mir, o Buddha, deine Gnadenhand zur Hilfe«.
Der 552 n. Chr. nach Japan gekommene Buddhismus entwickelte sich hier in Gestalt eines bereits in China vorhandenen Laienbuddhismus zu besonderer Blüte.
Ein alter Text illustriert diese Glaubensanschauung mit dem Bilde des erloschenen Lichtes. Hierbei ist zu beachten, daß nach indischer Auffassung das erlöschende Licht in eine andere Seinsform übergeht. Es handelt sich um einen Dialog:

»Gleichwie das Licht, vom Windeswehn
getroffen,
Zur Ruhe eingeht und dem Blick
entschwindet,
So geht der Weise, Nam' und Leib ablegend,
Zur Ruhe ein, entschwindend jedem Blicke.«

»Ist, wer zur Ruhe ging, dem Sein
entnommen?
Gehört ihm ew'ges Sein, frei von
Gebrechen?
Das wolle du mir, Weiser, offenbaren,
Denn kund ist dir in Wahrheit diese
Ordnung.«

»Den, der zur Ruhe ging, kein Maß ermißt
ihn,
Von ihm zu sprechen gibt es keine Worte.
Zunichte ward, was Denken könnt' erfassen:
So ward zunicht auch jeder Pfad der Rede.«
(Udana 1074)

In diesem Text ist ausgesprochen, daß der Erlöste zwar nicht mehr mit charakterisierenden, der irdischen Erfahrungswelt entnommenen Begriffen umschrieben werden kann, weil alles individuell Begreifbare an ihm entschwunden und ausgelöscht ist, daß er aber gleichwohl im Absoluten existenziell bewahrt ist.

Eine kleine Auswahl moderner Interpretationen der Nirvana-Idee findet sich im Textteil zusammengestellt. Text (V) stammt von einem an der Universität Tokyo lehrenden buddhistischen Gelehrten. Text (VI) entstammt dem neuzeitigen Birma und interpretiert Nirvana als gesellschaftspolitische Utopie. Text (VII) kommt aus dem siamesischen Buddhismus und entwickelt eine säkularisierte Nirvana-Auffassung.

Wir begegnen auf japanischem Boden einer Art reformatorischen Bewegung, die gegenüber der in buddhistischen Sekten sich entwickelnden Entartung und Mechanisierung der Religion eine auf vertrauendem Glauben ruhende Frömmigkeit zu verwirklichen suchte. Der erste der beiden Reformatoren war der japanische Mönch Genku (1133–1212), der lange in den Klöstern auf asketischem Wege nach dem Heil suchte. Er nahm Anstoß an der Rechthaberei der vielen buddhistischen Sekten und an dem Werkglauben der Masse. Plötzlich gewann er, wie Luther über der Lektüre des Römerbriefes, beim Lesen eines Kommentars zu einem Amida-Text die Erleuchtung; denn dort las er:

»Ob gehend oder stehend, ob sitzend oder liegend wiederhole nur beständig den Namen Amida (Buddha) mit ganzem Herzen... Dies eben ist das Werk, das unfehlbar zum Heile ausschlägt; denn es ist in Übereinstimmung mit des Buddha urzeitlichem Gelöbnis.«

Dieses Gelübde besagt, daß wer den Buddha Amitabha (jap. Amida) vertrauenden Herzens anruft, von ihm in das Paradies des Reinen Landes geführt wird (VIII).

Genku nahm später den Namen Honen Shonin an und wurde der Lehrer des zweiten Reformators, des bedeutenderen Shinran Shonin (1173–1262). Beide sind Gründer von Sekten, in denen noch heute der Weg des Glaubens statt des Weges der Werke beschritten wird. Immer wieder wird betont, daß nicht aus eigener Kraft das Heil im Reinen Lande gewonnen werden kann, sondern allein durch die Gnade Amidas, die dem Glaubenden zuteil wird.

Zur gleichen Zeit wie die Amida-Reformation in Japan entstand hier eine zweite große religiöse Bewegung mit demselben Ziel, aber mit einer anderen Methode: der Zen-Buddhismus, dessen Begründer der Inder Bodhidharma (gest. 528 n. Chr.) war. Im Zen geht es darum, in der Tiefe des Herzens durch Meditation die Erleuchtung (satori) zu erwecken (IX). Zen ist also eine Meditationssekte. Sie steht gewissermaßen zwischen den Amida-Sekten und dem Theravada-Buddhismus, da wie in den Amidasekten eine unmittelbare und unreflektierte Verbindung zum Heiligen gesucht und aller Dogmenzwang und Ritualismus abgelehnt wird. Andererseits aber ist die Art der Verbindung zum Heiligen nicht vertrauender Glaube, sondern, wie im Theravada, Meditation und Erleuchtung. Während aber die Erleuchtung im Theravada eine Reihe von Versenkungsstufen kennt, betont Zen die Plötzlichkeit und Unberechenbarkeit des Erlösungserlebnisses. Deshalb ist Zen nicht durch Lehren zu überliefern; sein Erleben vollzieht sich von Geist zu Geist. Es handelt sich dabei um ein intuitives Einssein des eigenen Selbst mit Buddha.

B Texte

(I) Buddhas Lehre ist keine Lehre der Verzweiflung. In keiner der Religionen des alten Indiens findet sich der Gedanke einer ewigen Verdammnis. Jeder Mensch kann endgültig gerettet werden. Inmitten der Unbeständigkeit aller Dinge und selbst der Unbeständigkeit unterworfen sollen wir nach dem Wege der Befreiung suchen. Indem wir auf die Vergänglichkeit unserer Existenz reflektieren, sollen wir nach dem über uns Leuchtenden hinstreben, nämlich nach ewigem Leben.

Durch die Reflexion auf die Vergänglichkeit des Lebens erlangen wir in Befolgung des Pfades Buddhas die Weisheit, die zur Erleuchtung führt. So lautet die Lehre, die überall in der buddhistischen Welt verteidigt wurde. Dieser Wesenszug der buddhistischen Weltanschauung entspricht vielleicht dem »happy end« der indischen Dramen, deren Heroen und Heroinen alle nach vielen Wirrnissen und Zufällen das glückliche Endziel erreichen... Der Buddha betonte stark die Vergänglichkeit der wechselnden Phänomene oder den Fluß aller Dinge. Im Einklang mit dem konservativen Buddhismus hat auch der Mahayana-Buddhismus, obgleich er auf diesen (einschließlich des sogenannten Hinayana) herabschaute, den Kern dieser Lehre entfaltet. Die einzige bedeutende Variante dieser Lehre, daß der Mensch sein eigenes Heil auswirken und aus eigener Kraft den Pfad beschreiten muß, stellt die Schule vom Reinen Land mit ihrer Lehre vom Vertrauen auf die Hilfe der fremden Kraft dar.

Hajime Nakamura, Die Grundlehren des Buddhismus. In: Heinrich Dumoulin (Hg.), Buddhismus der Gegenwart, Freiburg 1970, 17

(II) Erhebet euch, setzet euch aufrecht! Welchen Sinn hat es für euch, zu schlafen? Wie kann es Schlummer geben für die Siechen, Pfeilverwundeten, Leidenden?
Erhebet euch, setzet euch aufrecht! Strebet standhaft dem Frieden zu, auf daß euch nicht der Fürst des Todes, nachdem er euch als leichtfertig erkannt hat, betöre und seiner Gewalt unterwerfe! Überwindet jenes Begehren, dem Götter und Menschen voll Verlangen ergeben sind! Verpasset ja nicht den rechten Augenblick! Denn die den rechten Augenblick haben vorübergehen lassen, jammern, wenn sie in der Hölle angelangt sind. Leichtfertigkeit ist ein Schandfleck, das der Leichtfertigkeit Ergebensein ist ein Schandfleck. Durch unermüdlichen Eifer und Erkenntnis entferne man seinen eigenen Pfeil!

Sutta Nipata II, 10. Zitiert bei: Karl Seidenstücker, Pali-Buddhismus in Übersetzungen, München 1923², 317

(III) Wenn einer auch nur gegen *ein* Lebewesen arglosen Herzens Liebe zeigt, so gereicht ihm das zum Heil; der Edle aber, der für *alle* Lebewesen im Herzen Erbarmen hegt, schafft sich reichliches Verdienst...
Wer nicht tötet und nicht töten läßt, nicht unterdrückt und nicht unterdrücken läßt, wer Liebe zu allen Wesen hegt – dem droht von keiner Seite Feindschaft. Auch dies – so habe ich gehört – wurde von dem Herrn gesprochen.

Itivuttaka 27. Zitiert aus: Religionsgeschichtliches Lesebuch (RGL), 2. erweiterte Auflage, Heft 11, Tübingen 1929, 83

(IV)
Wer kann die Segensgrenze nennen
Des Sittenwandels, ohne den
Es keinen Halt gibt in der Lehre
Für all' die Söhne edler Art!
Nicht Ganges und nicht Yamuna,
Nicht Sarabhu, Sarasvati,
Nicht Aciravati, Mahi:
Nicht können diese Ströme all
Die Lebewesen in der Welt
Von ihrem Schmutze je befrei'n;
Vom Schmutze kann sie nur befrei'n
Das Wasser edler Sittlichkeit.
Die Winde nicht, die regenschwangern,
Auch nicht das gelbe Sandelholz,
Nicht Perlenketten, Edelsteine,
Auch nicht das milde Mondeslicht,
Kann stillen hier der Wesen Qual.
Nein, nur die edle Sittlichkeit,
Die wohlbefolgte, kühlende,
Bringt allen Wesen Linderung...
Wenn auch mit Perlenschmuck geschmückt:
Kein Fürst erstrahlt in solchem Glanz
Wie ein Asket, ein Einsiedler,
Im Schmucke seiner Sittlichkeit.

Buddhaghosa, 5. Jhd. n. Chr., Visuddhi Magga, übers. von P. P. Nyanatiloka, Konstanz 1952, 13

(V) Gemäß dem Buddhismus ist das Endziel kein Paradies noch eine himmlische Welt. Das buddhistische Zentralthema besagt, daß der Mensch durch Befolgung des rechten

Pfades sich von den Banden der Existenz befreien und zur Realisation der höchsten Weisheit gelangen kann. Die Erlangung der Erleuchtung ist mit Nirvana identisch. Alle Buddhisten stimmen darin überein, daß Erleuchtung ihr Ziel ist und daß dieses durch Befolgung des rechten Pfades erreicht wird.
Der Lebensprozeß wird … mit einem brennenden Feuer verglichen, weil sich das Leben durch die ungewollte Tätigkeit der Natur im Kontakt mit der äußeren Welt beständig voranbewegt. Die Auslöschung des Feuers ist das Heilmittel, und der Buddha, der Erwachte, ist einer, der nicht mehr entzündet ist und brennt. Als Erleuchteter ist der Buddha weit entfernt von Auflösung im Nichtsein. Nicht er ist ausgelöscht, sondern das Leben der Täuschung, Leidenschaften und Begierden. Er wird nicht länger von falschen Ideen und Verlangen getrieben. Dieser Idealzustand ist unsterblich, er heißt Nirvana, »Erlöschen von Bedrängnissen«, und ist ein Zustand von Glück und Frieden, der hier auf Erden durch Auslöschen der »Feuer der Leidenschaften« und Verwirrungen erreicht werden kann. Er ist höchstes Glück und unvergängliche Seligkeit, wo der Tod keinen Stachel mehr hat. Alle Schwierigkeiten und Prüfungen des Lebens sind für immer in vollkommener Ruhe dahin.
Viele poetische Ausdrücke beschreiben den Zustand des Menschen, der das vollkommene Endziel erreicht hat. Verschiedene Aspekte des vielseitigen Begriffs »Nirvana« zeigen die mannigfachen Namen wie Hafen, Zuflucht, kühle Höhle, Insel inmitten der Fluten, Glücksort, Emanzipation, Befreiung, Sicherheit, das Höchste, das Transzendentale, das Ungeschaffene, das Stille, Heim des Behagens, Ruhe, Ende des Leidens, Heilmittel aller Übel, das Unerschütterte, Ambrosia, das Unsterbliche, das Unmaterielle, das Unvergängliche, das Bleibende, die andere Küste, das Nie-Endende, Seligkeit der Anstrengung, die höchste Freude, das Unsagbare, die Losschälung, die heilige Stadt u.a. …
Im Westen ist ausschließlich der Terminus Nirvana geläufig, übersetzt als »aus-sterbend«, d.h. das Aussterben des heftigen Feuers der drei Hauptsünden Sinnenlust, Übelwollen und Torheit. Das Wort Nirvana vermittelt, so übersetzt, leicht einen irreführenden Eindruck. Im Gegensatz zur im Westen herrschenden Auffassung von Nirvana verwarf der Buddhismus ausdrücklich das Verlangen nach Auslöschen im Sinne von Annihilation oder Nicht-Existenz.
Buddhisten suchen nicht nach bloßem Aufhören und Erlöschen, sondern nach Ewigem und Unsterblichem. Wer Nirvana erreicht hat, wird weder vom Leben noch vom Tode bedrängt. Nirvana ist nur dem Wortbild nach ein Negativum… Es bezeichnet zunächst das Auslöschen der selbstischen Begierden und dann auch die Belohnung solcher Selbstlosigkeit, nämlich das Entrinnen aus der weltlichen Existenz. So bringt es schmerzlosen Frieden und ist fast gleichbedeutend mit Seligkeit. Nur dem Anschein nach ist Nirvana ein negativer Zustand.

Hajime Nakamura, a. a. O. 26 f.

(VI) Vorher waren solche Gegebenheiten durch die *Karma*-Erklärung von Leid und Glück als Ergebnis entsprechenden Verdienstes oder Verschuldens aus früheren Wiedergeburten annehmbar gewesen. Aber durch den Einbruch der Naturwissenschaften … hat der kosmische Raum, in dem früher das Rad des Moralgesetzes durch endlose Karma-Wiedergeburten rollte, seinen Sinn verloren. Mit dem Zusammenbruch der kosmologischen Hierarchien der Welten hat das Rad des Karma seine Sinngebung für das existentiell sinnlos Scheinende eingebüßt. So konnte Karma jetzt im Rahmen der Möglichkeiten jedes Menschen, seine Zukunft zu verändern, aufgefaßt werden: Denn aus dem kosmischen *Raum,* wohin volkstümliche Überlieferung den Nirvana-Zustand mythologisiert hatte, wurde nunmehr das Urbild der Dhamma-Erfüllung in die irdische *Zeit* hinein übertragen. So wandelte sich die mythologische Kosmologie von Nirvana als »Goldene Erhabene Stadt« im Raum zur ideologischen Futuristik eines »Nirvana in dieser Welt« in der Zeit, zu einer Vision, welche für die normativen Fähigkeiten menschlicher Willenskraft erreichbar werden sollte. Indem die Gesellschaftsordnung durch den Einbruch der Fremdherrschaft ihr statisches religiöses Urbild verlor, entwickelten sich Einsichten in die Formbarkeit und Veränderbarkeit der Gesellschaft.

Manuel Sarkisyanz, Die Religionen Kambodschas, Birmas, Laos, Thailands und Malayas. In: Die Religionen Südostasiens (= Die Religionen der Menschheit Bd. 23), Stuttgart 1975, 469 mit Auslassungen

(VII) Die Erfüllung von sozialen Verpflichtungen ist laut *Phutthathat Phikkhu* ... eine Voraussetzung für die Befreiung aus dieser Welt und für das Eingehen in Nirvana. (Laut ihm ist Nirvana innerhalb von Samsara zu finden, so daß die Vier Edlen Wahrheiten zu innerweltlichen Erkenntnissen säkularisiert werden: Natur, Gesetze der Natur, Befolgung der Gesetze der Natur und die Früchte der Befolgung der Naturgesetze – als eine Art Oberbegriff für den Weg nach Nirvana.) Denn solange man nicht seine sozialen Verpflichtungen erfüllt habe, solange könne man nicht Nirvana erreichen. Und alle noch nicht aus der vergänglichen Welt befreiten Menschen seien Schuldner der Gesellschaft. Nur ins Nirvana eingegangene Arhats und Bodhisattvas, künftige Buddhas, seien frei von dieser Schuld gegenüber der Gesellschaft.

(Ebd. 531 mit Auslassungen)

(VIII) Die Welt Sukhavati (Paradies des Reinen Landes) dieses erhabenen Amitabha ist reich und blühend, behaglich, reichlich mit Nahrung versehen, lieblich und von zahlreichen Göttern und Menschen erfüllt. In dieser Welt gibt es keine Höllen, keine Tiergeburt, kein Gespensterreich, keine Dämonenleiber und überhaupt keine unwillkommenen Daseinsformen. Und die Edelsteine, die es in der Welt Sukhavati gibt, kommen in dieser Welt nicht zum Vorschein. Und wahrlich, diese Welt Sukhavati ist von allerlei wohlriechenden Düften durchweht, reich an allerlei Blumen und Früchten, geschmückt mit Edelsteinbäumen und bewohnt von Scharen lieblich singender Vögel, die der Tathagata (Buddha) durch seine Wunderkraft hervorgebracht hat...
Und was immer für Wesen wiederum des Tathagata mit Verehrung gedenken werden, reichliche unermeßliche Wurzeln des Guten pflanzen werden, nachdem sie ihre Gedanken auf die Erleuchtung gerichtet haben, und um die Erlangung von Geburten in dieser Welt Sukhavati beten werden – vor allen diesen wird, wenn ihre Todesstunde naht, der Tathagata, der Heilige, der Vollkommenerleuchtete, Amitabha, erscheinen, von zahlreichen Scharen von Mönchen umgeben. Dann werden diese Wesen, nachdem sie den Herrn gesehen und frommen Herzens dahingeschieden sind, ebendort in der Welt Sukhavati wiedererscheinen.

Sukhavativyuha 15. 16. 27. Zitiert aus: RGL[2] 15, Tübingen 1930, 23. 27

(IX) Zen behauptet, Buddhismus zu sein, aber alle buddhistischen Lehren ... sind für das Zen wertloses Papier, das zu nichts Besserem nutze ist, als den Abfall des Intellekts aufzuwischen. Trotzdem möge man nicht glauben, daß Zen Nihilismus sei. Aller Nihilismus ist Selbstzerstörung, endet jedenfalls dort. Negativismus ist als Methode gesund, aber die höchste Wahrheit ist eine Bejahung...
Ist Zen Religion? Es ist keine Religion im üblichen Sinn. Denn Zen hat keinen Gott zum Anbeten, hat keinen zeremoniellen Ritus, keine Zukunft im Jenseits, der die Toten überantwortet sind, und schließlich hat Zen auch keine Seele, deren Heil von irgendeinem andern bedacht werden müßte, und mit deren Unsterblichkeit andere Leute sich abzugeben hätten. Zen ist frei von all solchen dogmatischen und »religiösen« Lasten.
Wenn ich sage, es gäbe im Zen keinen Gott, so mag sich der fromme Leser dadurch verletzt fühlen, es bedeutet aber keineswegs, daß Zen die Existenz Gottes leugnet. Weder

Leugnung noch Bejahung geht das Zen etwas an. Wenn etwas geleugnet wird, so schließt die Leugnung selbst etwas ein, was nicht geleugnet wird. Dasselbe läßt sich auch von der Bejahung sagen. Das ist logisch unvermeidlich. Zen strebt an, sich über die Logik zu erheben. Zen strebt danach, eine höhere Art von Gültigkeit zu finden, der gegenüber es Gegenbehauptungen nicht gibt. So ist Gott im Zen weder geleugnet noch behauptet, es gibt eben im Zen keinen Gott im jüdischen oder christlichen Sinn...

All die Bilder verschiedener Buddhas und Bodhisattvas und Devas und anderer Wesen, denen man in den Zen-Tempeln begegnet, sind ebenso viele Stücke Holz oder Stein oder Metall. Sie bedeuten soviel wie Kamelien, Azaleen oder Steinlaternen in meinem Garten. Verrichte deine Andacht vor der Kamelie, die heute in voller Blüte steht, und verehre sie, wenn du willst, würde Zen sagen. Darin liegt ebensoviel Religion, als wenn du dich mit Weihwasser besprengst oder am heiligen Abendmahl teilnimmst. All solches fromme Tun, das von den meisten sogenannten religiös gesinnten Menschen als verdienstvoll oder heiligend angesehen wird, ist in den Augen des Zen nur Künstelei...

Zen ist nicht zu verwechseln mit einer Art von Meditation, wie sie z.B. von den Anhängern des New Thought, der Christian Science oder von Sannyasin-Hindus oder gewissen buddhistischen Sekten geübt wird. Dhyana (Versenkung) entspricht nach der Auffassung des Zen nicht der wahren Übung des Zen. Wer sich im Zen übt, mag über einen religiösen oder philosophischen Gegenstand meditieren, aber das ist Nebensache, der Kern des Zen liegt keineswegs darin. Zen strebt die Übung des Geistes selbst an, auf daß er Meister werde seiner selbst, dann der Einsicht in sein eigenes Wesen. Dieses Eindringen in die wahre Natur des eigenen Geistes oder der eigenen Seele ist der Grundgegenstand des Zen-Buddhismus... Die Übung im Zen besteht darin, das geistige Auge zu öffnen und Einblick zu gewinnen in den wahren Grund des Seins.

Nach der Grundidee des Zen sollen wir mit den innersten Kräften unseres Wesens in Fühlung kommen, und zwar auf dem kürzestmöglichen Wege, ohne Rückgriff auf irgend etwas Äußeres oder Zusätzliches. Daher verwirft Zen alles, was auch nur eine entfernte Ähnlichkeit mit einer äußeren Autorität aufweist. Zen hegt ein unbedingtes Zutrauen zum innersten Wesen des Menschen. Alle Autorität im Zen kommt von innen.

D. T. Suzuki, Die große Befreiung. Einführung in den Zen-Buddhismus, Weilheim/Obb. 1972[6], 50–58 mit Auslassungen

C Ausgewählte Literatur

1. Heinrich Dumoulin (Hg.), Buddhismus der Gegenwart, Freiburg 1970

2. Ders., Der Erleuchtungsweg des Zen im Buddhismus, Frankfurt 1976 (Fischer-Taschenbuch 1667)

3. Helmut Eimer, Skizzen des Erlösungsweges in buddhistischen Begriffsreihen. In: Arbeitsmaterialien zur Religionsgeschichte, hg. von Hans-Joachim Klimkeit, Bonn 1976, erhältlich über den E.J. Brill-Verlag, Köln

4. Helmuth von Glasenapp (Hg.), Der Pfad der Erleuchtung. Buddhistische Grundtexte, Düsseldorf 1974

5. Trevor Ling, Buddha, Marx und Gott, München 1972 (List-Taschenbuch 382)

6. Gustav Mensching, Die Idee der Sünde. Ihre Entwicklung in den Hochreligionen des Orients und Occidents, Leipzig 1931

3.2. Erlösung und Zukunft im Judentum

HEINZ-JÜRGEN LOTH

A Darlegung

1. Das Problem

»Die Topoi der Unvollkommenheit und Vervollkommnung menschlichen Daseins« (siehe G. Mensching, Topos und Typos, hg. von H.-J. Klimkeit, Bonn 1971, 9ff.) bestimmen in den Weltreligionen des Menschen Einstellung zur Geschichte. Die profane Zeit wird als ein endliches Kontinuum angesehen, das innerhalb eines übergeschichtlichen Rahmens entweder eine zyklische Erneuerung erfährt oder in aufsteigender Linie zu einem Endpunkt führt, an dem eine neue und vollkommenere Manifestation des göttlichen Willens anhebt. Die am Ende der profanen Zeit anhebende Zukunft ist der »Ort«, an dem der Mensch im Zustand der Erlösung ein seiner göttlichen Wesensbestimmung entsprechendes Dasein führen wird.
In ähnlicher Weise sieht auch die Zukunftsforschung als säkulare Wissenschaft ihre Aufgabe in der Entwicklung von Zielperspektiven, die ein menschenwürdiges Dasein ermöglichen sollen. Der Gesichtspunkt der Unvollkommenheit besteht in unserer Zeit in der Bedrohung menschlicher Existenz durch Krieg und strukturelle Gewalt, Bevölkerungsexplosion, Welternährungskrise und Umweltverschmutzung (→ »Frieden im Judentum«).
Die besondere Problematik der Futurologie besteht in der Tatsache, daß unsere Vorstellungen von der Vergangenheit die Zukunft mitbestimmen (R. Wittram). Zukunft aus der Sicht der rationalen Wissenschaft ist folglich keine radikal neue Zukunft wie in den Religionen, sondern eine machbare Zukunft, der Informationen aus der Vergangenheit zugrunde liegen.
Die christliche Zukunftshoffnung geht aus von dem Glauben an das Gekommensein des Messias in der Vergangenheit, in dessen Gestalt Zukunft und Vergangenheit einander überschneiden. Der jüdische »Glaube des Hoffens und Erharrens« (K. Löwith) erwartet den Messias noch in der Zukunft; die Gottesherrschaft, das Reich der Himmel und die damit verbundene endgültige Ordnung aller Dinge stehen noch aus. Man muß hier von einer *ungebrochenen* Zukunftshoffnung sprechen.
Hinsichtlich der erwarteten Zukunft gibt es unterschiedliche Traditionen, die sich *nicht* systematisch zusammenfassen lassen. Das hängt u.a. auch mit der Vielschichtigkeit der jüdischen Religionsgeschichte zusammen. Die in Thora, Propheten und Hagiographen (= Tenach, aus christlicher Sicht: Altes Testament) enthaltenen Anschauungen Israels bestimmen als grundlegende Überlieferung die jüdische Religion. Das wichtigste Bindeglied zwischen beiden stellt die rabbinische Schriftauslegung dar, an die die spätere Zeit anknüpfte.

2. Die individuelle Zukunftserwartung

Eine solche Zukunftshoffnung konnte erst mit der Entdeckung des Eigenwerts des Individuums aufkommen. Mit Ausnahme von Daniel 12,2 sagt die Bibel hierzu nichts aus. In ihren älteren Teilen endet das Erdendasein des Menschen in der Scheol (Grab). Erst in pharisäischer Zeit hat sich die Überzeugung von einem Fortleben nach dem Tode durchgesetzt.
Die Zukunft des einzelnen besteht darin, daß er Anteil an der *kommenden Welt* haben wird (II). Hier erfüllt sich die Bedeutung jedes individuellen Lebens. Das führte jedoch nicht dazu, daß man wie gebannt auf das *Ende der Tage* blickte. Diese Welt hat ihren Eigenwert als Ort der Bewährung (I), was jedoch nicht zu der Annahme verleiten darf, der Mensch sei zur Selbsterlösung fähig. Die Zukunft kommt von Gott: »Lasse

Zion den Erlöser nahen« heißt es im Gebetbuch.
Entsprechend der volksreligiösen Struktur des Judentums ist der Einzelne Bestandteil des Volksganzen (II). Das widerspricht jedoch nicht der rabbinischen Hochschätzung des Einzelmenschen und der Einzelseele. Bis auf wenige Ausnahmen werden auch die Sünder, nach einer zeitlich begrenzten Strafe in der Gehenna (Hölle), Anteil an der kommenden Welt haben.

3. Zukunft als kosmisches Ereignis

3.1 Der utopische Messianismus
Der Apokalyptik entstammt die Lehre von den zwei Äonen, d.h. die Unterscheidung zwischen *dieser Welt* und der *kommenden Welt.* Die apokalyptische Vision der Zukunft ist zutiefst utopischer Natur. Zukunft ist keine Fortsetzung der Vergangenheit, sondern etwas völlig Neues, dem die Zerstörung der bestehenden Ordnung vorangeht (III, vgl. Amos). G. Scholem spricht im Hinblick auf den »Tag des Herrn« von einer Katastrophentheorie, die das Revolutionäre und Umstürzlerische im Übergang von der historischen Gegenwart zur messianischen Zukunft betont. Der Mensch vermag für den Anbruch der Zukunft nichts zu tun, sie ist vielmehr ein Einbruch der Transzendenz in diese Welt. Und die von ihr ausgehende Erneuerung der Welt ist mehr als eine bloße Wiederherstellung. Die Katastrophentheorie hat auch ihren Niederschlag in der rabbinischen Vorstellung von den *Geburtswehen des Messias* gefunden (IV).
Das Utopische zeigt sich besonders deutlich in der Art und Weise, wie man sich die Zukunft vorstellt. Weil die Utopie den Rahmen alles Herkömmlichen und Bekannten sprengt, muß sie auch notwendig den Rahmen nationaler Zukunftserwartung sprengen. Schon bei den Propheten Israels steht das erwartete nationale Heil in Beziehung zu einer ins Kosmische ausgeweiteten Erkenntnis Gottes (V → »Frieden im Judentum«). Der Text (V) ist übrigens heute fester Bestandteil des Morgengottesdienstes am israelischen Unabhängigkeitstag. Selbst die Thora, die Israel am Sinai einst als Zeichen des Bundes mit Gott in Empfang nahm und die als *Joch der Gebote* wie auch als *Joch der Gottesherrschaft* die unmittelbare Verbindung zu Gott versinnbildlicht, wird von einer neuen Thora, die der Messias bringen wird, abgelöst werden (VI). Die mit der Thora gegebene religionsgesetzliche und soziale Wirklichkeit wird in der messianischen Zukunft folglich keinen Bestand haben. In dieser Auflösung der alten Bindungen ist ein anarchistisches Element zu sehen.
Utopischer Natur ist auch die Vorstellung einer neuen Menschheit, in der es keinen *bösen Trieb* mehr geben wird. Im Gegensatz zur christlichen Erbsündenlehre vertritt die rabbinische Anthropologie die Vorstellung, daß dem Menschen die Wahl zwischen gutem Trieb und bösem Trieb gegeben ist, er also ein freies und selbstverantwortliches Wesen ist. Die Aufhebung des bösen Triebes führt zur Erlösung von allem Bösen (Gen 48,16). Eine weitere utopische Vision ist – neben der Aufhebung des Todes – der kosmische Friede, den der Messias herbeiführen wird (VIII → »Frieden im Judentum« III). Zwar ist die Rede von Kriegen während der Geburtswehen des Messias, doch gehören diese in die mit der Ankunft des Messias verbundene Katastrophenzeit. Diese Zeit aber gehört noch der profanen Geschichte an, während der Frieden überleitet zum neuen Äon, der mit dem *Jüngsten Gericht* anbricht. Nach Rabbi Schim'on ben Chalaphta (um 190) fand Gott »nur den Frieden als Israels Segen fassendes Gefäß«.
Während einerseits die Zukunft sich ganz konkret in unserer Welt manifestieren wird, bleibt die Gestalt des Messias in ihrer Personhaftigkeit merkwürdig abstrakt. Es ist sogar zu einer Verdoppelung der Gestalt gekommen: neben den Messias aus dem Hause Davids tritt der Messias aus dem Hause Josephs, welcher sogar in der messianischen Katastrophenzeit untergeht. Jedoch verbindet sich mit ihm nicht die Idee vom leidenden Gottesknecht (Jesaja 53), sondern die Vorstellung des Scheiterns der Geschichte.

Die jüdische Geschichte kennt zwei geschichtliche Katastrophen, in denen jeweils ein Messiasanwärter scheiterte: Bar Kochba (gest. 135) und Sabbetai Zevi (1626–1676). Deshalb treffen wir in der Tradition immer wieder auf Ablehnung der apokalyptischen Katastrophenlehre und Endzeitberechnung.
Das utopische Element in der messianischen Idee blieb jedoch gerade auch in jenen jüdischen Kreisen erhalten, in denen der Rationalismus der europäischen Aufklärung nachwirkte und eine Verbindung mit einem allgemeinen Fortschrittsglauben eingegangen war (VII). Die Entwicklung der Messiasgestalt in Richtung auf eine »Chiffre für die Hoffnung« folgt aus der wenig konkreten Personhaftigkeit der Gestalt selbst. Zu einem Scheitern des Fortschrittsglaubens führten u.a. die Erfahrungen unter der NS-Herrschaft. Viele Vertreter des Reformjudentums wurden zu Anhängern der jüdischen Nationalbewegung des Zionismus, der »den utopischen Rückzug auf Zion antrat« (G. Scholem).

3.2 Der restaurative Messianismus

Vom Rationalismus der Moderne unterscheiden sich die rationalistischen Tendenzen im mittelalterlichen Judentum. Als einer ihrer Hauptvertreter gilt Moses Maimonides (1135 – 1204), der der messianischen Idee in seinem 12. Glaubensartikel (VIII) einen festen Platz im jüdischen Glauben zuwies. Seine 13 Glaubensartikel sind zum »populärsten Katechismus« des Judentums geworden.
Rationalistisch meint hier die Absage an apokalyptische Endzeitberechnungen, ferner die Überzeugung, daß der Mensch fähig ist, seine Aufgabe und damit auch die Zukunft zu bewältigen. *Restaurativ* ist diese Messiasidee gegenüber der utopischen Erwartung, insofern die Zukunft weitgehend eine Wiederherstellung der mit dem Königtum Davids verbundenen Idealzeit beinhaltet: Der Messias wird das Königtum Davids wieder aufrichten, das Heiligtum aufbauen, die Versprengten Israels sammeln; auch werden wieder die Rechtssatzungen und die von der Thora vorgeschriebenen Opfer in Kraft treten. Vordergründig scheint Zukunft hier nur die nationale Wiederherstellung zu meinen, doch beschließt Maimonides seinen religionsgesetzlichen Kodex mit den Worten, daß in jenem Äon weder Hunger noch Krieg, weder Mißgunst noch Zwietracht sein werden. Die einzige Beschäftigung der ganzen Welt wird die Erkenntnis Gottes sein. Hier zeigt sich, daß auch der restaurative Messianismus sich ins Kosmische ausweitet und utopische Elemente aufnimmt.

4. Geschichte und Heilsgeschichte

Die ungebrochene jüdische Zukunftshoffnung bedingt den Glauben an den die Zukunft für alle Völker herbeiführenden Gott, zu dem sein heiliges Volk in unmittelbarer Verbindung steht. Die Vorstellung von einem in der Geschichte sich vollziehenden Heilshandeln Gottes ermöglicht die theologische Deutung der Geschichte (IX).
Auch die christlichen Kirchenväter deuteten die Geschichte theologisch, wenn sie die Zerstörung des Jerusalemer Tempels und die Zerstreuung des jüdischen Volkes als augenfälligen Beweis der göttlichen Verwerfung ansahen. Die Verwirklichung der fast 2000 Jahre alten Utopie einer Rückkehr des jüdischen Volkes nach Zion beweist augenfällig die Gefahr, die darin liegt, wenn Geschichtsdeutung nicht mehr offen bleibt für zukünftige Geschehnisse, d.h. wenn die Dimension der Zukunft einem Erklärungsmodell der Gegenwart und Vergangenheit unterworfen wird.
Die hier und da auftauchenden messianischen Deutungen der jüngsten Geschichte Israels (X), gegen die sich auch kritische Stimmen erhoben haben (XI), wird man zuerst einmal psychologisch verstehen müssen. Wir müssen uns verdeutlichen, was es für dieses Volk mit seiner einzigartigen Erfahrung bedeutet, in den Grenzen eines eigenen Staates leben zu können (→ »Religion und Politik im Judentum«).

B Texte

(I) Rabbi Jakob (um 170; Avot IV,17f) sagte: »Diese Welt gleicht dem Vorraum zu der künftigen; mache Dich im Vorraum bereit, damit Du in die Halle hineingehen kannst«... Diese Welt ist ein Vorraum für die künftige Welt; alles, was hier geschieht, ist nur Vorbereitung, das wirkliche Heim ist in jener Welt. Und weiter sagt er: »Mache Dich im Vorraum bereit, damit Du in die Halle hineingehen kannst«... Nur die Vorbereitung im Vorraum macht es möglich, in die Halle einzutreten, und daher ist der Aufenthalt im Vorraum – die dort verbrachte Zeit und die dortigen Taten – von allergrößter Wichtigkeit; denn allein davon hängt ab, ob man jemals in die Halle gelangen wird. »Er pflegte zu sagen: Eine einzige Stunde der Reue und der guten Taten in dieser Welt ist besser, als das ganze Leben in der künftigen...«. Diese Welt hat einen Wert zu eigen, den die künftige nicht besitzt. Dies ist die Welt der Handlung und Wandlung. Dies ist die einzige Welt, in der Taten zählen, in der es irgendwelche moralischen Werte gibt. Dies ist die einzige Welt, in der der Mensch sich bessern kann. Es ist eine Welt der Dynamik, der Bewegung – eine Welt, in der der Mensch fähig ist, mit seiner moralischen Willenskraft etwas auszurichten, und eine einzige Stunde der Reue und der guten Taten in der irdischen Welt ist besser, als ein ganzes Leben in der künftigen; denn sie ist ein eisiges, erstarrtes Reich, in dem sich nichts verändert, nichts verbessert, wo sich kein Charakter bilden kann. Andererseits, wenn es sich um Glückseligkeit handelt, um die unwandelbare Freude, die des Rechtschaffenen Lohn ist, dann ist »eine Stunde Seligkeit in der künftigen Welt besser, als das ganze Leben in der irdischen«. So wird jeder der beiden Welten das ihr Gebührende zugesprochen und, vom menschlichen Standpunkt her gesehen, hat jede ihren einzigartigen Wert.

Mosche Greenberg, Hoffnung und Tod. In: ariel, Nr. 24, Jerusalem 1975, 30 f.

(II) »Alle Juden werden Anteil an der zukünftigen Welt haben« (Mischna Sanhedrin X 1). Darauf folgt eine Aussage, die für das jüdische, theologische Gedankengut von größter dogmatischer Bedeutung ist: »Aber diese haben keinen Anteil an der zukünftigen Welt: derjenige, der sagt, daß die Wiederauferstehung der Toten nicht in der Torah gelehrt werde; derjenige, der sagt, daß die Torah nicht vom Himmel gekommen sei; und der Atheist«... Obgleich spätere Schriften sehr verschiedene Ansichten darüber, welche Verstöße den Menschen die Hoffnung nehmen, enthalten, ist die einzige Stelle, die irgendeinen kanonischen Status hat, dieser erste, anonyme Passus in der Mischna... Dies ist das einzige Stück dogmatischer Theologie, das in die juristischen corpora des Judentums eingegangen ist, welche sich im allgemeinen ausschließlich mit Dingen des Verhaltens und nicht des Glaubens befassen.

(Ebd. 28 f.)

(III) Und gebeugt wird der Mensch, erniedrigt wird der Mann, und du (= Gott) wirst ihnen nicht vergeben. Geh in den Felsen und verbirg dich im Staub vor dem Schrecken des Herrn und vor der Pracht seiner Herrlichkeit! Die hochmütigen Augen des Menschen werden erniedrigt, und der Stolz der Männer wird gedemütigt werden; der Herr aber wird allein hoch sein an jenem Tage. Denn der Tag des Herrn Zebaoth wird kommen über jeden Hochmütigen und Hohen... An jenem Tage wird jedermann seine silbernen und goldenen Götzen, die er sich hatte machen lassen, um sie anzubeten, den Maulwürfen und Fledermäusen hinwerfen, damit er sich verkrieche in die Felsspalten und Steinklüfte vor dem Schrecken des Herrn und vor der Pracht seiner Herrlichkeit, wenn er sich aufmachen wird, zu schrecken die Erde.

(Jesaja 2,9–12.20 f.) *

*** Wenn nicht anders vermerkt, handelt es sich um eine Übersetzung des Autors.**

(IV) Die Meister lehrten: Im Jahrsiebent, in dem der Sohn Davids kommen wird, wird im ersten Jahr dieser Schriftvers in Erfüllung gehen: Ich lasse regnen auf die eine Stadt, und auf die andere lasse ich nicht regnen (Amos 4,7). Im zweiten werden Pfeile des Hungers ausgesandt; im dritten wird der Hunger groß sein, und sterben werden Männer und Frauen und Kinder, Fromme und Männer der Tat, und die Thora wird von denen, die sie studieren, vergessen werden; im vierten wird Sättigung und keine Sättigung sein; im fünften wird eine große Sättigung sein; man wird essen und trinken und lustig sein und die Thora wird zu den sie Studierenden zurückkehren; im sechsten werden Stimmen sein (vgl. Jesaja 27,13); im siebenten wird es Kriege geben... Anfang des siebenten wird der Sohn Davids kommen.

(Sanhedrin 97 a)

(V) Denn die Erde wird voll Erkenntnis des Herrn sein, wie Wasser das Meer bedeckt... Und er wird ein Zeichen für die Nationen errichten und einsammeln die Versprengten Israels, und die Zerstreuten Judas wird er von den vier Enden der Erde zusammenbringen.

(Jesaja 11,9.12)

(VI) Die Thora, die man in dieser Welt lernt, sie ist Nichtigkeit angesichts der Thora des Messias.

Midrasch Rabbah zu Qohelet 11,12

(VII) Im modernen Judentum aber hat sich eine Metamorphose des Messianismus vollzogen, nicht nur durch Säkularisierungen im Zionismus und Sozialismus, sondern auch innerhalb der Theologie selbst, wobei in Glaubensströmungen außerhalb der Orthodoxie von einer Entmythologisierung und damit Entpersönlichung des Messianismus gesprochen wird.
Der Messias wird in solcher Konzeption zu einer Chiffre für die Hoffnung. Wenn jüdische Theologie wohl auch nicht so weit gehen kann, wie manche moderne christlichen Theologen, die Gott selbst nur noch als Chiffre für Hoffnung gelten lassen (den Teufel als Chiffre der Hoffnungslosigkeit dagegen stellen) und die den Menschen führende Glaubenswirklichkeit nur in Jesus Christus sehen, so geht jüdisches theologisches Denken notwendig einen umgekehrten Weg.
Im Christentum überschattet der Messias das Reich... Im Judentum aber erweist sich der Messias am Reich, an nichts anderem. Ein gekommener Erlöser, dem die Erlösung aber erst nachfolgen muß, wobei mit einer Parusieverzögerung von annähernd zweitausend Jahren gerechnet werden muß, kann in diese Konzeption des Judentums nicht integriert werden. Da der Akzent vom Ursprung her auf dem Reich Gottes, nicht auf dem Messias lag, konnte eine neuere Entwicklung im Judentum auf den personenhaften Messias verzichten.

Schalom Ben-Chorin, Jüdischer Glaube, Tübingen 1975, 287 f.

(VIII) Die messianische Zeit. Das heißt, wir sollen glauben und für wahr halten, daß der Messias kommen und nicht zu spät kommen wird. »Wenn es zaudert, harre sein« (Habakkuk 2,3). Man setze sich keine Frist und stelle keine Schriftauslegungen an, um die Zeit seines Kommens zu erschließen. Die Weisen sagen (Sanhedrin 97b): »Es verhauche der Geist derer, die die Endzeiten zu errechnen suchen!« Man soll vielmehr an ihn glauben, ihn verherrlichen, ihn lieben, um ihn beten, gemäß dem, was alle Propheten von Mosche bis Maleachi, Friede über ihn, gekündet haben über ihn. Wer an ihm zweifelt oder seine Stufe unterschätzt, der verleugnet die Thora, die ihn ausdrücklich verheißen hat. Aus diesem Grundsatz folgt auch die Vorstellung, daß der König von Israel aus dem Hause Dawids und vom Samen Schlomos (= Salomo) stammen muß; wer diese Familie bestreitet, der verleugnet Gott und die Worte seiner Propheten.

Moses Maimonides. Ein Querschnitt durch das Werk des Rabbi Mosche ben Maimon. Auswahl und Übertragung von Nahum Norbert Glatzer, Köln 1966, 103

(IX) Wenn man über jüdische Religion redet, muß man auch über den Staat Israel sprechen, denn er ist das Produkt von zweitausend Jahren jüdischer Hoffnung. Es hätte niemals einen modernen Zionismus gegeben ohne diese Hoffnung auf nationale und geistige Renaissance im Lande der Väter. Diese Hoffnung gehört wesentlich in die jüdische Religionsgeschichte, und ohne das Gebet, das Sehnen und die Erwartung, dahin heimzukehren, wo die Geschichte Israels einst begonnen hatte, ist die jüdische Religion dürr und körperlos... Die Gründung des israelischen Staates hat keine direkte heilsgeschichtliche Bedeutung, wohl aber vielleicht eine indirekte, als ein Zeichen dafür, daß Israel noch immer unter Gottes Treue steht und das jüdische Volk vor Gott eine Zukunft hat. Diese Tatsache allerdings war einem Juden nie zweifelhaft, und die bloße Frage hatte sich überhaupt nur einer von der Bibel abgeirrten christlichen Pseudo-Theologie stellen können.

Ernst Ludwig Ehrlich, Gedanken zum jüdischen Hoffnungsdenken: In: Freiburger Rundbrief XXII (1970) 59 f.

(X) Wir dürfen diesen Krieg (= Jom Kippur-Krieg) nicht mit denselben Maßstäben messen wie die Verfolgungen des Exils. Wir müssen unsere Stunde in ihrer Bedeutsamkeit, in ihrer biblischen Perspektive erkennen, und sie läßt sich nicht anders als in messianischem Zusammenhang betrachten. Wenn wir nach zweitausendjährigem Exil endlich wieder biblischen Odem atmen, so ist dies nur im Glanz des Messias möglich...
Diese drei Dinge: Der Krieg auf dem Hintergrund der Staatsgründung, seine universalen Ausmaße, der Umfang der gewaltigen Errettung, und wenn wir noch die Tatsache dazunehmen wollen, daß er gerade am Versöhnungstag ausbrach – sie sind es, die dem Jom Kippur-Krieg seine messianischen Dimensionen verleihen.

Zur Bedeutung des Jom-Kippur-Krieges. Ansprache von Yehuda Amital. In: Freiburger Rundbrief XXVII (1975) 179 f.

(XI) Der Fall Jerusalems und die Zerstörung des Tempels durch Titus, sogar Hadrians Verbot von Weisung und Gebotsausübung, rotteten das Judentum nicht aus ... dagegen erschütterte das Geschehen um Sabbatai Zvi die Jüdischkeit seiner Anhänger und untergrub die geistigen Grundlagen der gesamten Judenheit. Deshalb muß ein Mensch – der keinen Einblick hat in die Vorgänge ›hinter dem Vorhang‹ – sich sehr zurückhalten, bevor er verkündet, Ereignisse militärischer Errettung und politisch-nationalen Erfolgs enthielten den Anbruch der Erlösung ... es droht ein geistig-religiöser Niedergang unter den Überresten der Gläubigen in Israel in der Folge unseres modernen Sabbatianismus.

Yeshayahu Leibowitz, Von Erlösung und Anbruch der Erlösung. In: ebd. 176

C Ausgewählte Literatur

1. Schalom Ben-Chorin, Jüdischer Glaube. Strukturen einer Theologie des Judentums anhand des Maimonidischen Credo. Tübinger Vorlesungen, Tübingen 1975

2. Ernst Ludwig Ehrlich, Gedanken zum jüdischen Hoffnungsdenken. In: Freiburger Rundbrief XXII (1970) 55–61

3. Mosche Greenberg, Hoffnung und Tod. In: ariel. Eine Vierteljahrsschrift zur Kunst und Bildung in Israel, Nr. 24, Jerusalem 1975, 21–39

4. Hans-Joachim Schoeps, Jüdische Geisteswelt. Zeugnisse aus zwei Jahrtausenden, Köln 1960

5. Gershom Scholem, Zum Verständnis der messianischen Idee im Judentum. In: Eranos Jahrbuch 1959, Bd. XXVIII: Die Erneuerung des Menschen. Hg. v. Olga Fröbe-Kapteyn, Zürich 1960, 193–239 = Ders., Judaica, Frankfurt a.M. 1968, 7–74 = Ders., Über einige Grundbegriffe des Judentums, Frankfurt a.M. 1970, 121–167

4. Mensch

4.1. Mensch im Buddhismus

GUSTAV MENSCHING

A Darlegung

1. Einleitende Vorbemerkungen

Der Buddhismus ist eine Erlösungsreligion (→ »Erlösung und Zukunft im Buddhismus«). Ihm geht es um den Menschen, der sich im Unheil befindet und daraus erlöst zu werden wünscht. Man unterscheidet zwei »Konfessionen« im Buddhismus: die älteste Form, die der Lehre Buddhas selbst am nächsten kommt, das Hinayana (kleines Fahrzeug) oder besser Theravada (Lehre der Ältesten) und das Mahayana (großes Fahrzeug), das etwa um den Beginn der christlichen Zeitrechnung entstand.

In allen Formen des Buddhismus ist der Ausgangspunkt das vorgefundene Unheil, das mit dem Begriff des Leidens bezeichnet wird. Es umfaßt nicht nur das natürliche Ungemach und die vielen leidvollen Erfahrungen, sondern die gesamte individuelle Existenz mit ihren leid- und freudvollen Empfindungen und Erscheinungsformen. Leiden ist die Bezeichnung der erlösungsbedürftigen Individualexistenz. Um das verständlich zu machen, muß auf eine wichtige Grundanschauung in der Lehre des Buddha hingewiesen werden, die sogenannte Dharma-Lehre.

In der ersten heiligen Wahrheit, die Buddha im Gazellenhain bei Benares verkündete, wird umschrieben, was Leiden ist:

»Dies, ihr Mönche, ist die edle Wahrheit vom Leiden: Geburt ist Leiden, Alter ist Leiden, Krankheit ist Leiden, mit Unliebem vereint sein, ist Leiden, von Liebem getrennt sein, ist Leiden, nicht erlangen, was man begehrt ist Leiden, – kurz, die fünf Gruppen von Daseinsfaktoren sind Leiden.«

Zunächst werden hier Phänomene natürlichen Leidens genannt. Aber der letzte Satz zeigt, daß der Leidenscharakter der genannten und im natürlichen Sinne schmerzhaften Umstände nicht im natürlichen Unbehagen besteht, sondern in einer nur im religiösen Erkennen erlangten Einsicht in die existenzielle Unheilssituation alles individuellen Lebens. Es handelt sich in dieser zusammenfassenden Feststellung um die fünf Gruppen letzter Daseinselemente, die nach buddhistischer Ansicht die anschaubare, sinnlich wahrnehmbare Wirklichkeit einschließlich des Menschen bilden. Diese sich zu den Gegenständen der Erfahrungswelt zusammenschließenden Daseinsfaktoren sind atomartige letzte Elemente, die selbst vergänglich sind wie ihre vorübergehenden Kombinationen (→ »Gott im Buddhismus«). Alle bedingten Daseinsfaktoren sind vergänglich, leidvoll und ohne Selbst (I).

Im Mahayana-Buddhismus wird gelehrt, daß alle Lebewesen und Dinge der Erfahrungswelt mit einer absoluten und ewigen Wirklichkeit eins sind. Aber durch sein Ichbewußtsein, d.h. seine Einbildung, er sei ein individuelles Wesen, ist die wahre Natur des Menschen, jener Anteil am ewigen Grund der Welt, verdeckt. Das ist auch hier das »Leiden«, die Unheilssituation.

Der Text eines japanischen buddhistischen Gelehrten befaßt sich mit den Konsequenzen dieser Lehre der Buddha-Natur im Bereich der Ethik (II). Der englische Religionswissenschaftler Trevor Ling weist im Zusammenhang mit der Buddha-Natur auf interessante Beziehungen zwischen Buddhismus und Marxismus hin. Die sogenannte *Relationsmethode* der buddhistischen Philosophie deckt darüber hinaus aber auch Ähnlichkeiten mit dem personalistischen christlichen Menschenbild auf, die einer Diskussion wert sein könnten (III).

Eine wichtige Frage bezüglich der Beurteilung des Menschen ist das Problem der anatta-Lehre (wörtl. »Nicht-Ich«), also der

These, daß allen vergänglichen Dingen und Personen ein Ich *fehlt.* Sowohl zwischen verschiedenen Richtungen des Buddhismus wie unter den europäischen Fachgelehrten besteht keine Einmütigkeit in der Beantwortung der Frage, ob es nach der Meinung des Buddhismus ein ewiges Selbst gibt oder nicht. Auf der einen Seite wird behauptet, die Welt einschließlich des Menschen bestehe nur aus jenen vorübergehend verbundenen Dharma-Elementen, neben denen es kein bleibendes Selbst gebe, wie es stattdessen die Atman-Brahman-Lehre annimmt. Auf der anderen Seite wird der Standpunkt vertreten, daß Buddha zwar gesagt habe, was das Selbst nicht ist, jedoch nicht, was es ist. Der Japaner H. Nakamura, ein heute lebender buddhistischer Gelehrter (Tokyo), sagt: »Es ist völlig falsch, anzunehmen, es gebe nach buddhistischer Auffassung kein Selbst.« Buddha leugnete also nicht das Selbst, sondern schwieg nur darüber. Man muß zwei Formen des Selbst unterscheiden: das empirische Selbst im täglichen Leben und das religiöse Selbst. Das erste Selbst ist jene störende Ichhaftigkeit, die den Weg zum Heil versperrt. Es muß daher besiegt werden. Das religiöse Selbst dagegen, das sich zwar nirgend in den Phänomenen der Erfahrungswelt, also auch nicht in den Elementen des menschlichen Körpers befindet, ist das wahre Selbst, wandellos und ewig. Im Mahayana ist die Rede vom »Großen Selbst«, das identisch mit dem kosmischen Buddhaleib ist. Dieser wird unterschieden von dem Buddha oder den Buddhas, die in Seligkeitsparadiesen mit einem »Leib des Genusses« als Heilandsgestalten wohnen, und von dem auf Erden weilenden historischen, menschlichen Buddha mit einem »Erscheinungsleib«.

Die Situation des Menschen ist bestimmt durch die Karma-Gesetzlichkeit. In der ersten der drei Erkenntnisse (te-vijja) erkannte der auf dem Wege zur Buddha-Werdung befindliche Asket Gotama: die Vielzahl der eigenen Wiedergeburten in der Vergangenheit und in der zweiten das Gesetz, nach dem diese Wiedergeburten erfolgen: das Karma-Gesetz, d.h. die automatisch sich vollziehende Auswirkung guter oder böser Taten (karma) des vergangenen Lebens in der Art der Wiedergeburt im nächsten Leben. Davon spricht Text (IV).

2. Das Menschenbild des buddhistischen Modernismus

Einige Vertreter des buddhistischen Modernismus sind bestrebt, das Ziel ihrer Religion nicht in Weltflucht, sondern in der aktiven Umgestaltung der Welt zu bestimmen. Dabei kommen sie gewöhnlich in Konflikt mit der Karma-Lehre, die wenig geeignet ist, eine politisch-soziale Dynamik entwickeln zu helfen. Gegenüber theistischen Religionen betonen buddhistische Intellektuelle gerne, daß die Karma-Vorstellung eine rationalere Grundlage zur Erklärung der Welt und ihrer Probleme biete. So sagt etwa der Verfasser des berühmten Buches »Die Revolte im Tempel« (1953), D.C. Vijayavardhana: »Die buddhistische Karma-Lehre, die weit entfernt davon ist, uns mit Verzweiflung zu erfüllen, gibt uns Hoffnung. Sie lehrt uns, daß es in der moralischen Welt keine Willkür gibt. Wenn uns bewußt ist, daß böse Gedanken das ›Leiden‹ nach sich ziehen, daß das, was wir sind, immer Resultat unseres Denkens ist, daß unsere Saat und Ernte sich entsprechen, und daß wir selbst die Architekten unserer Zukunft sind – dann fühlen wir uns stark und sicher.«

Eine große Zahl buddhistischer Intellektueller ist mehr oder weniger beeinflußt vom Sozialismus marxistischer Prägung. So entstand ein radikaler Modernismus, der eine totale Uminterpretation der buddhistischen Lehren fordert. Dabei wird diese allerdings in einigen Punkten nicht nur modifiziert, sondern teilweise aufgegeben. Besonderer Streitpunkt ist vielfach die karma-Lehre, die von vielen Buddhisten allerdings als unverzichtbarer Bestandteil ihrer Religion gilt und beibehalten wird (→ »Tradition und Moderne im Buddhismus«).

An ein paar Beispielen soll gezeigt werden, welche Probleme dabei entstehen: In Birma wurde 1963 ein zum Marxismus hin tendierender Mönch von der Gemeinde (sangha) exkommuniziert, weil er die Karma-Lehre verfälscht hatte. Dieser Mönch vertrat nämlich die Meinung, ein Mensch könne auch im nächsten Leben wiederum nur als Mensch wiedergeboren werden. Diese Aussage steht natürlich in völligem Widerspruch zur Karma-Lehre. Das zweite Beispiel stammt ebenfalls aus Birma, wo U Aye Maung die buddhistische Auffassung vom Menschen und von der Gesellschaft in marxistischem Sinne umdeutet. In seiner Schrift »Buddhismus und burmesischer Sozialismus« (1963) greift der Verfasser wesentliche Punkte der buddhistischen Anthropologie an, die er als verhängnisvoll für die gesellschaftliche Fortentwicklung betrachtet: »Einige dieser Glaubenssätze sind: 1. der Glaube an die Seelenwanderung, die das Interesse unseres Volkes auf das Jenseits konzentriert und es vor den harten Realitäten des Lebens entfliehen läßt, 2. der Glaube an die moralische Vergeltung, der zwar als buddhistische Lehre der Tat (karma) gilt, tatsächlich aber nur nach Fatalismus schmeckt und eine defätistische Moral erzeugt, 3. die Ethik, welche eine enge und negative Moral preist und dabei die Notwendigkeit einer pragmatischen und realistischen Einstellung zu den nationalen Problemen ignoriert...« Eine solchermaßen kritische und zersetzende Ansicht findet aber kaum eine breitere Zustimmung unter den birmesischen Buddhisten, denen die Karma-Doktrin als zentraler und unverzichtbarer Bestandteil ihrer Religion gilt.

Im zeitgenössischen Buddhismus ist aber trotz dieser radikalen Bestrebungen die deutliche Tendenz spürbar, das traditionelle Menschenbild den Erfordernissen der Gegenwart anzupassen. Die thailändische Schrift »Philosophie eines Bauern« (1962) bemüht sich, buddhistische Ideale (Selbstlosigkeit, Karma-Lehre usw.) auf *Praxis* hin auszulegen. Zwar erscheint das Heilsziel »Nirvana« zunächst noch traditionell in negativer Terminologie, doch impliziert es durchaus Auswirkungen für das praktisch-gesellschaftliche Handeln und die Lebensführung im allgemeinen (V).

Um das Menschenbild abzurunden (VI), ist noch zu beachten, daß es nach buddhistischer Auffassung entsprechend dem Grad ihres Fortschreitens auf dem Heilsweg folgende Menschen- bzw. Jüngertypen gibt: Wer die vier edlen Wahrheiten erkannt hat, heißt ein »in den Strom Eingetretener« und hat die Gewißheit, nicht wieder in der Hölle, in der Tierwelt, im Gespensterreich oder in einem Zustand des Elends wiedergeboren zu werden. Es gibt sodann den »Einmalwiederkehrenden«, den »Nimmerwiederkehrenden« und den »Heiligen« (arhat). Dieser hat das Nirvana erreicht. Er lebt zwar noch auf Erden, hat aber keinen Anteil mehr an der Welt und am Weltleben. Nach seinem Tode geht er in das vollkommene Nirvana (parinirvana) ein. Grundsätzlich ist es nach der Lehre des Theravada nur dem Mönch möglich, ein Heiliger zu werden. In den zuvor erwähnten Amida-Sekten des Mahayana steht dagegen jedem Menschen, in welchem Beruf er sich auch befindet, die Möglichkeit der Erlösung offen. Unter einem Bilde, auf dem einerseits der Mönch mit der Almosenschale von Haus zu Haus geht, um Nahrung zu erbitten, andererseits Schmied und Zimmermann in ihren Werkstätten arbeiten, stehen die Worte: »Nicht Mönch und Nonne nur gefallen Buddha, auch Schmied und Zimmermann gehn ein zum Leben.«

B Texte

(I) Herr, in welcher Weise bestehen für den Erkennenden, für den Sehenden keine das »Ich« und »Mein« betreffenden Dünkel-Anwandlungen, weder hinsichtlich dieses mit Bewußtsein begabten Körpers, noch auch hinsichtlich aller unterschiedlichen Dinge außerhalb?

Was es auch immer, o Mönch, an körperlicher Form gibt, vergangen, zukünftig oder gegenwärtig, eigen oder fremd, grob oder fein, häßlich oder schön, fern oder nahe, – alle diese körperlichen Formen erkennt er der Wirklichkeit gemäß in vollkommener Weisheit also: »Dies gehört mir nicht, dies bin ich nicht, dies ist nicht mein Ich«. Was es auch an Empfindung, was es auch an Wahrnehmung, was es auch an Gemütsregungen, was es auch an Bewußtsein gibt ... alle diese Empfindungen, Wahrnehmungen, Gemütsregungen und alles Bewußtsein erkennt er der Wirklichkeit gemäß in vollkommener Weisheit also: »Dies gehört mir nicht, dies bin ich nicht, dies ist nicht mein Ich«.

Samyutta-Nikaya XXII, 82. Zitiert bei: Karl Seidenstücker, Pali-Buddhismus in Übersetzungen, München 1923², 225

Als eine logische Folgerung seines Grundstandpunktes nahm der Buddha in Anbetracht der Vergänglichkeit aller Dinge keine metaphysischen Substanzen an, vielmehr führte er Substanzen, Dinge und Seelen auf Kräfte, Bewegungen, Funktionen und Prozesse zurück und machte sich eine dynamische Konzeption der Wirklichkeit zu eigen. Leben ist nichts anderes als eine Serie von Erscheinungen des Entstehens und Auslöschens, ein Strom des Werdens. Die populäre Täuschung des individuellen Ich muß überwunden werden. Die Objekte, mit denen wir uns identifizieren, unser Vermögen, unsere soziale Stellung, unsere Familie, unser Körper und sogar unser Geist sind nicht unser wahres Selbst. Alle zeitgenössischen Seelentheorien werden in den kanonischen Schriften diskutiert und verworfen.
»Ich« oder »Seele« in buddhistischen Texten sind Übersetzungen des Pali-Wortes attan (Sanskrit: atman), dessen wörtliche Übersetzung »Selbst« lautet. Doch möchte ich gelegentlich dafür das Wort »Ich« benutzen, im Unterschied zum »wahren Selbst«, das im frühen Buddhismus stark betont wird. Wenn nur das Beständige das Selbst oder der Atman genannt zu werden verdient, so gibt es auf Erden, weil es kein Beständiges hier gibt, auch kein Selbst. Alle Dinge sind »Nichtselbst« oder anatta. Alles ist unbeständig, so Körper, Gefühl, Wahrnehmung, Gestaltungen und Erkennen, alles ist Leiden, alles ist »Nicht-Selbst«; nichts davon ist substantiell, alles sind Scheingebilde ohne Substanz oder Wirklichkeit. Es kann kein Individuum ohne Zusammenhäufung von Bestandteilen, d.h. ohne Werden geben, es kann kein Werden geben, ohne ein anderes zu werden, es kann kein Anderswerden geben ohne Auflösung und Hinscheiden, das notwendig früher oder später vollständig wird...
Im Frühbuddhismus pries man solche, die sich des Ichbegriffs entledigt hatten. Doch bedeutet diese Art von Verneinung keineswegs Nihilismus oder Materialismus. Der Buddha lehrt klar, was das Selbst nicht ist, aber er gibt keine Auskunft darüber, was es ist. Es ist völlig falsch anzunehmen, es gebe nach buddhistischer Anschauung überhaupt kein Selbst. Der Buddha war kein Materialist... Die Existenz von Seelen als metaphysischen Substanzen nahm er nicht an, aber er bejahte die Existenz des Selbst als des Subjekts der menschlichen Tätigkeiten in praktischem und sittlichem Bezug...
Es gibt zwei Selbst. Das eine ist das empirische Selbst im täglichen Leben, das andere das religiöse Selbst. Das erstere muß unterjocht werden: »Wenn einer in der Schlacht tausendmal tausend Mann besiegt und ein anderer bezwingt einen, sich selbst, wahrlich er ist der größte der Sieger« (Dhammapada 63). So dürfen wir schließen, daß die Realisation des Nirvana auch als Zufluchtnahme zum eigenen wahren Selbst erklärt werden kann.

Hajime Nakamura, Die Grundlagen des Buddhismus. In: Heinrich Dumoulin (Hg.), Buddhismus der Gegenwart, Freiburg 1970, 17 ff. mit Auslassungen

(II) ... Zen lehrt die Buddha-Natur, mit der alle Wesen, die Bewußtsein besitzen, ausgestattet sind. Der Begriff »Buddha-Natur«, wie er gewöhnlich von Buddhisten akzeptiert wird, bedeutet eine verborgene und noch unentwickelte Naturanlage, die ihren Besitzer dazu befähigt, die Erleuchtung zu erlangen, wenn sie entwickelt und aktualisiert wird. Deshalb ist der Mensch nach Ansicht des Zen weder gut noch schlecht von Natur aus in einem relativen Sinne, wie diese Begriffe gewöhnlich verstanden werden, sondern Buddha-artig in der Bedeutung von nicht-dualistisch. Ein guter Mensch (in normalem Verständnis) unterscheidet sich von einem schlechten (in normalem Verständnis) nicht aufgrund seiner angeborenen Buddha-Natur, sondern in dem Ausmaß, wie er diese Natur in Taten umsetzt. Mögen die Menschen auch in gleicher Weise mit jener Natur ausgestattet sein, so erlauben es ihre verschiedenen Entwicklungsgrade nicht, diese auch gleichermaßen in die Realität umzusetzen. ... Diese Theorie von der Buddha-Natur ermöglicht es uns, den Ursprung der Moral zu verstehen. Mit dem ersten Erwachen der Buddha-Natur im Menschen fällt der Beginn der Moral zusammen. Der ethische Fortschritt des Menschen ist der allmählich sich weitende Ausdruck jener Natur im ethischen Verhalten... Die Höhe der Moral steht in genauem Verhältnis zur Realisierung der Buddha-Natur zu verschiedenen Zeiten und an verschiedenen Orten. Gutes bedeutet eine Aktualisierung der Buddha-Natur in einem großen Ausmaß – Schlechtes dagegen nur in einem geringen. Die Existenz des Guten setzt also die des Bösen stets voraus. ... Die Tatsache, daß böse Menschen unter bestimmten Umständen gut werden bzw. unerwarteter Weise auch umgekehrt, läßt sich kaum mit der dualistischen Theorie erklären. Denn wenn eine Eigenschaft ohne weiteres in eine andere übergehen kann, hat diese Unterscheidung doch keinen Sinn. Nach der Theorie der Buddha-Natur bedeutet diese Tatsache ... aber nicht im mindesten eine Veränderung der Natur, sondern statt dessen ein Vergrößern bzw. Vermindern ihrer Aktualisierung. Wie moralisch minderwertig ein Mensch auch sein mag, so kann er doch auf eine hohe ethische Ebene gelangen, indem er sein Selbst erweitert. Desgleichen kann er auch auf eine niedrigere Stufe herabsteigen, wenn er sein Selbst einengt. Die Möglichkeit, Engel oder Teufel zu sein, hängt also mit dem jeweiligen Erleuchtungsgrad und dem freien Willen zusammen...

Kaiten Nukariya, The Religion Of The Samurai. A study of Zen Philosophy and discipline in China and Japan, London 1973 (repr.), 106–112 mit Auslassungen

(III) ... Etwas Ähnliches wie im Kommunismus vollzieht sich doch offenbar auch im Buddhismus, nämlich ein Abbau des Persönlichen – nur wird hier das Individuum nicht durch die *Sozialisierung*, sondern vielmehr durch die *begriffliche Zergliederung* der Existenz zerstört ... (Es) besteht in dieser Hinsicht eine Parallele zwischen Buddhismus und Marxismus, und zwar in der Weise, daß sich auch der Buddhismus mit dem Problem des egozentrischen Individuums auseinandersetzt und die Notwendigkeit erkennt, den Menschen eine neue, überindividuelle Daseinsform zu eröffnen... Wo der Buddhismus sich in einer weniger bedrohlichen Situation befindet, das heißt, wo er nicht der eindeutig entpersönlichenden Wirkung des Kommunismus ausgesetzt ist, bietet er aus sich selbst genügend Abwehrkräfte auf, die den Übergang in eine krasse Entpersönlichung des menschlichen Lebens verhindern. Das mag überraschend klingen, vor allem für diejenigen Menschen im Westen, deren Buddhismus-Verständnis sich auf dessen *analytischen* Aspekt beschränkt, die also vertraut sind mit der Vorstellung, daß das buddhistische Denken das Individuelle auflöst in einen Strom von geistigen und physischen Elementen, die keinen dauerhaften Bestand haben. Das ist wohl eine zutreffende Beschreibung des buddhistischen Denkens, aber sie geht nicht weit genug. Jenseits der analytischen Methode, deren sich die buddhistische Philosophie bedient, gibt es noch eine andere, die Relationsmethode. Es muß hervorgehoben werden, daß beide Methoden einander ergänzen ... ohne seine Relationsmethode und die Zusammensetzung der Einzelfaktoren zu neuen und vollkommeneren Mustern wäre der Buddhismus seinem Wesen nach unvollständig. Was die Analyse des Individuums angeht, so sei hier kurz und summarisch festgestellt, daß es die Intention des Buddhismus ist, die geistigen und physischen oder »karmischen« Vorgänge, in die sich das sogenannte isolierte Selbst auflösen läßt, in Beziehung zu setzen zu anderen »Vorgängen«, und zwar so, daß dabei eine neue und bessere Kombination zustande

kommt. Dieser Prozeß muß geduldig fortgesetzt werden, durch lange Zeiträume und viele »individuelle Existenzen«, bis das letzte Ziel erreicht ist, eine Seinshöhe, die sich am besten als »Buddha-Natur« umschreiben läßt.
Dieses Streben weg vom egozentrischen Individualismus und hin zur Buddha-Natur schließt die unaufhörliche Umgestaltung und Verfeinerung der Beziehungen zu anderen Lebewesen aller Art ein; es ist ein Prozeß, der tatsächlich sehr viel Ähnlichkeit aufweist mit jenem, der im theologischen Menschenbild angelegt ist, mit der stetigen Entfaltung des wahren personalen Seins.

Trevor Ling, Buddha, Marx und Gott, München 1972, 187 f. mit Auslassungen

(IV) Mit dem göttlichen Auge, dem reinen, übermenschlichen, schaut er die Wesen, wie sie abscheiden und wieder erscheinen, er erkennt die niederen und die hohen, die zu Schönheit und die zu Häßlichkeit, zu Glück und zu Unglück, je nach ihrem Besitz an Werken bestimmten: »Die und die Wesen sind behaftet mit Bösem, das sie mit dem Körper, mit Worten oder Gedanken begangen haben, sie schmähten die Heiligen, hingen falschen Theorien an und belasteten sich mit verkehrtem Tun, das aus falschen Theorien entspringt; diese gelangen nach der Zerstörung des Leibes, nach dem Tode, in unglückliche, leidvolle Existenzen, in die Verdammnis, in die Hölle. Die und die Wesen aber sind reich an Verdienst, das sie durch den Körper, durch Worte und Gedanken erworben haben, sie schmähten nicht die Heiligen, hatten die rechte Anschauung, sammelten das wichtige Karman (Tatenstoff), das aus der richtigen Anschauung entspringt; sie kommen nach der Zerstörung des Körpers, nach dem Tode, in glückliche Existenzen, in die Himmelswelt.«

Dighanikaya 2,95. Zitiert bei: R. Otto Franke, Dighanikaya. Das Buch der langen Texte. In Auswahl übertragen, Göttingen/Leipzig 1913, 81

Worin liegt nun der Wert des Menschen? Die Geburt als Mensch ist die wesentliche Vorbedingung für die Hochschätzung des Dharma und die Erleuchtung. Götter sind zu glücklich, als daß sie Abneigung gegen die bedingten Weltdinge empfänden, und sie leben viel zu lange, als daß sie die Lehre der Unbeständigkeit schätzen könnten. Tiere, Geister, Dämonen und die in Höllen Verdammten besitzen nicht die genügende Geistesklarheit, um ihre Unwissenheit überwinden zu können. Deshalb erscheinen die Buddhas als Menschen. Der menschliche Zustand ist im allgemeinen günstiger als jeder andere für die Erlangung der Erleuchtung. Nach buddhistischer Ansicht unterscheidet sich der Mensch von anderen Lebewesen durch seine Eignung für Gutheit, Liebe zum Dharma und daraus folgend Mitleiden mit anderen Wesen. Diese im Grunde gleichen Charakteristika machen die Menschheit aus.

Hajime Nakamura, a. a. O. 30 f.

(V) Um die Bedeutung des »Nicht-Selbst« als Kraftquelle des Glücks und erfolgreicher Unternehmungen zu betonen, beschrieb Buddha das Nirvana, jenes höchste Stadium geistigen buddhistischen Strebens, als Zustand völliger Selbstlosigkeit. Da es also frei von Selbstsucht ist, ist es ungeboren und ohne Verursacher, ohne Verlangen nach einem Selbst – ein Stadium vollkommener Selbstlosigkeit... Es fließt von Liebe (metta), Sympathie (karuna), Freude an den Erfolgen anderer ohne Neid (mudita) und Gleichmut über. ... Wenn man die Natur des Nirvana so betrachtet, ist es keine Form der Passivität und des Müßigganges, wie manche Menschen zu denken scheinen. Es ist eine vitale und außerordentlich treibende Kraft, gute Arbeit um des Lohnes dieser Arbeit willen zu tun – für den Nutzen der Gemeinschaft und nicht für das eigene Selbst. Kurz: Dasjenige, welches vollkommen selbstlos ist, stellt die treibende Kraft dar, mit der man diejenige Energie erzeugt, die den Erfolg hervorbringt... Da der Pfad zum Erfolg mit Fallen und Mühsalen aller Art gepflastert ist, sollten wir – zusätzlich zu der Tatsache, daß wir

unseren Charakter bilden und stärken – alles studieren, was mit der auszuführenden Arbeit zusammenhängt, um die Schwierigkeiten zu verkleinern...
Indem wir die Lehre Buddhas befolgen, können wir das höchste Ziel des Erfolges und der Selbstlosigkeit erreichen. Wenn jemand Kaufmann ist, so wird er dann ein guter Kaufmann mit einem großen Wissen um kommerzielle Dinge sein. Er ist dann imstande, ohne Schwierigkeiten seinen Handel auszudehnen. Wenn jemand Bauer ist, dann wird er ein guter Bauer und auch die Spitze seines Berufes erreichen...
Darüber hinaus: Wenn wir die Praktiken befolgen, die in diesem Buch beschrieben sind, werden wir glücklich und zufrieden sein, stark an Gesundheit, sowie Geist und Kraft besitzen, um erfolgreich zu sein. So werden wir also absolut unbesiegbar sein, was alle Arten menschlicher Taten betrifft, weil wir unser eigenes Selbst besiegt haben...

M. C. Subha Svasti, Philosophy of a farmer being Buddhism applied to modern working life. Bangkok 1962, 11.48 f. 91. Zitiert und übersetzt aus: Heinz Bechert, Buddhismus, Staat und Gesellschaft in den Ländern des Theravada-Buddhismus, Bd. 2, Hamburg 1967, 214 f.

(VI) Die vorerwähnte zweite Entwicklungsstufe, d.i. die genauere, aber noch vielen Vorurteilen unterworfene Objekt-Kenntnis, ist bereits ein gesichertes Besitztum des menschlichen Bewußtseins geworden. Sie ermöglicht wohl noch ein fortgesetztes Wachstum in die Breite und Überfülle vielfältiger Erfahrung und ihrer ichbezogenen Verwertung für materielle Zwecke. Doch durch solche Breitenentwicklung droht der modernen Zivilisation die Gefahr einer Überspezialisierung, deren biologische Konsequenzen bekannt sind: Degenerierung und schließlicher Untergang der Rasse, wie im Fall der prähistorischen Riesenechsen mit ihren gewaltigen Körpern und kleinen Gehirnen. Für den modernen Menschen ist die Gefahr freilich eher die Überentwicklung seines Gehirns und dessen vorwiegender Gebrauch für Zwecke des Genußlebens und des Machttriebs. Die begleitende Gefahr ist, daß die Menschheit eines Tages den Geschöpfen ihres eigenen »Übergehirns« zum Opfer fällt: ihren leibtötenden, mörderischen Erfindungen und ihren geisttötenden »Zerstreuungen«... Das Heilsmittel, welches solche zur Katastrophe führende extreme Entwicklungen verhindern kann, ist des Buddha Mittlerer Pfad, der auch deutlich in der hier gelehrten Geistesschulung erscheint. Er ist der ewige Wächter, der, wenn man ihm nur Gehör schenkt, die Menschheit retten kann vor dem Schiffbruch an den Felsen der Extreme...
Rechte Achtsamkeit oder »Satipatthana« wurde vom Buddha ausdrücklich als der Weg zur Befreiung des Geistes und damit zu wahrer menschlicher Größe erklärt. Es ist der Weg zur Entfaltung hohen und höchsten Menschentums, dem *wahren* Übermenschen, von dem so viele edle Geister geträumt haben und dem so viele fehlgerichtete Anstrengungen galten.

Nyanaponika, Geistestraining durch Achtsamkeit, Konstanz 1975, 20 f.

C Ausgewählte Literatur

1. Heinz Bechert, Buddhismus, Staat und Gesellschaft in den Ländern des Theravada-Buddhismus, 3 Bde. Frankfurt/Berlin 1966 –1973 (Standardwerk)

2. Ernst Benz, Buddhas Wiederkehr und die Zukunft Asiens, München 1963

3. Heinrich Dumoulin (Hg.), Buddhismus der Gegenwart, Freiburg 1970

4. Trevor Ling, Buddha, Marx und Gott, München 1972 (List-Taschenbuch 382)

5. Gustav Mensching, Buddhistische Geisteswelt. Vom historischen Buddha zum Lamaismus (Ausgewählte Texte), Baden-Baden 1955

6. Gerhard Rosenkranz, Der Weg des Buddha. Werden und Wesen des Buddhismus als Weltreligion, Stuttgart 1960

4.2. Mensch im Islam

TILMAN NAGEL

A Darlegung

1. Geschichtlicher Rückblick

Eine verhältnismäßig umfangreiche Überlieferung aus vorislamischer Zeit zeigt uns, daß sich der damalige Araber dem Walten eines unverständlichen Schicksals ausgeliefert sah. Auf sich selbst gestellt, getrieben von Gier nach Beute oder von Rachedurst, tritt er seiner feindlichen Umgebung entgegen, maßlos in seinem Haß gegen die Widersacher und maßlos in seinem Selbstlob und in den Schmähungen seiner Rivalen. So zeichnet uns die altarabische Poesie den Menschen jener Tage; freilich nicht den gewöhnlichen Mann, sondern den Helden. Eine Moral war allein in den Grenzen des Stammes gültig, und nur durch die Pflicht der Gastfreundschaft und die Institution der Klientelschaft konnte diese Grenze überwunden werden. Eine höhere Instanz, die für Tun und Lassen hätte Normen setzen können, gab es nicht. Und das Walten des Fatums wird als sinnlos erfahren, wie eine Klage des Imru al-Qais (gest. ca. 540 n. Chr.) über die Vergeblichkeit des Lebens erkennen läßt.

Das Auftreten Muhammads brachte hier einen *grundlegenden Wandel.* In den Offenbarungen, die er empfing, sprach zu ihm ein persönlicher Gott, der für seine Geschöpfe Sorge trug und der von ihnen ein bestimmtes Verhalten verlangte: Sie sollten ihn, den einen Schöpfer, bekennen und keine Götzen verehren; sie sollten ihm für seine Güte danken, und sie sollten seinen Gesetzen gehorchen, um am Jüngsten Tag das Paradies zu gewinnen. So wurde der engen Stammesmoral die allumfassende, sämtliche Lebensbereiche durchdringende islamische entgegengestellt. Sie war begründet in dem die ganze Weltgeschichte durchziehenden Heilsplan Gottes, der durch die Berufung Muhammads zum Propheten nun auch für die Araber wirksam geworden war und schließlich für alle Völker des Erdkreises Geltung erhalten sollte, auch für jene, die schon zuvor eine Offenbarung empfangen, sie aber verfälscht hatten. So war nun dem Leben des einzelnen ein Ziel gesteckt, das über sein kurzes und eingeengtes irdisches Dasein hinausweist.

Wer aber ist der Mensch, daß er sich der Zuwendung des Schöpfers erfreuen darf? – Gott selber hat den Menschen nach seiner Gestalt geschaffen und ihm dann seinen Geist eingehaucht. Darauf befahl er den Engeln, sich vor dem neuen Geschöpf niederzuwerfen, und alle bis auf Satan folgten diesem Befehl (I). Der Mensch steht also *über* den Engeln, und zwar deshalb, weil den Engeln ihrer Natur nach die Möglichkeit der Sünde nicht gegeben sei, ihre Sündlosigkeit mithin kein Verdienst darstelle. Dies ist jedenfalls die Meinung der meisten islamischen Theologen zu den betreffenden Aussagen des Korans.

Ferner erfuhr Adam von Gott alle Namen und Bezeichnungen; alles, was Gott geschaffen hatte, konnte der Mensch nun benennen. Symbolisch war ihm damit die Herrschaft über die ganze Schöpfung überantwortet worden; denn ein Ding nennen, heißt, es in der Gewalt haben. Adam wird so zum Herrn der Erde (II).

Freilich stellte sich im Koran auch die Frage: Ist der Mensch überhaupt fähig, diese große, ihm vom Schöpfer anvertraute Aufgabe wahrzunehmen? Es sind die Engel, die Gott vor der Schaffung des Menschen warnen, da sie ahnen, daß dieser auf der Erde viel Unheil anrichten wird. Damit wird bereits im Koran das Problem angeschnitten, ob der Mensch das Böse aus sich heraus tue oder ob es von Gott vorausbestimmt sei (→ »Gott im Islam«). Allerdings überwiegt im Koran das Bild des *frei verantwortlichen* Menschen, der die Möglichkeit besitzt, aus eigener Kraft die göttlichen Gesetze zu wahren. Im Hadith – auf den Propheten Muhammad und seine Gefährten zurückgeführte, in Wirklichkeit aber zum größten Teil erst später entstandene Aussprüche und Berichte über normative Handlungsweisen – gewinnt dagegen der Gedanke der Determiniertheit der Taten des Menschen die Oberhand.

Im Koran wird der Mensch, der Herr der Erde, nicht nur aufgefordert, die Schöpfung für sich zu benutzen; er soll darüber hinaus auch aus dem Vorhandensein der Schöpfung auf die Existenz des Schöpfers schließen (III). Der Mensch ist also kraft seines Verstandes zur selbständigen Gotteserkenntnis befähigt. Von der auf der Sunna, dem im Hadith überlieferten Beispiel der Altvorderen, beruhenden Richtung der islamischen Theologie wird diese Möglichkeit jedoch stark eingeschränkt. Dafür tritt die Gestalt Muhammads als des letzten großen Übermittlers der göttlichen Botschaft an die Menschheit ganz in den Vordergrund. Angesichts der Offenbarung, die er erhielt und weitergab, ist die Erkenntnisfähigkeit der übrigen Menschen nur sehr gering zu veranschlagen. Allein stärker rationalistisch ausgeprägte Strömungen der Theologie sehen die Aufgabe des Propheten eher darin, die selbständige Gotteserkenntnis der Menschen anzuregen und in die richtigen Bahnen zu lenken.

In den mannigfachen Richtungen des schiitischen Islams und in der Mystik wandelt sich die Auffassung vom Propheten Muhammad. Spekulationen über eine göttliche Lichtsubstanz, die ihm und den Nachkommen seines Schwiegersohnes Ali innewohne und diesen die Teilhaberschaft an einem heilswichtigen Wissen garantiere, sind für verschiedene Ausprägungen in der Schia charakteristisch. Extreme Gruppierungen behaupteten sogar, selber in den Besitz solches prophetischen Wissens gelangen zu können. In den Visionen einiger Mystiker wird Muhammad zum »vollkommenen Menschen«, einem Wesen, das der Schöpfer nach seinem Bilde schuf, um sich seiner selbst bewußt zu werden; »der geschaffene Geist Muhammads ist also nur eine Ausformung des ungeschaffenen göttlichen Geistes« (A. Schimmel, Mystical Dimensions of Islam, Chapel Hill 1975, 224)«. Alle Geschöpfe haben aber, so lehrt die theosophische Mystik, Anteil an der geistigen Substanz jenes »vollkommenen Menschen«, und sich selbst verwirklichen, heißt, sich dessen ganz inne werden. Für den islamischen Menschen ist hier ein Weg zur Selbstvervollkommnung aufgezeigt, der, wie das Beispiel des großen indo-muslimischen Denkers Muhammad Iqbal (gest. 1938) beweist, bis in unsere Zeit hinein seine Gültigkeit bewahrt (IV).

2. Das Problem der Säkularisierung

Der Zusammenstoß mit der technischen Zivilisation Europas bedeutete für den Muslim, dessen Leben im Idealfall ganz nach den Bestimmungen der Offenbarung und dem Vorbild des Propheten auszurichten war, eine unabweisbare Herausforderung. Denn, so wurde er von europäischer Seite belehrt, seine Rückständigkeit war gerade diesem Umstand zuzuschreiben. In Europa hatte sich dagegen der Mensch von der religiösen Bevormundung befreit und mutig jenen Weg beschritten, an dessen Ende er die politisch-militärische Vormacht und die Verfügungsgewalt über die Güter errungen hatte. Es ist nicht verwunderlich, daß seit dem Ende des 19. Jhds. auch in der islamischen Welt vereinzelte Stimmen zu einer völligen Säkularisierung aufriefen, die sich sowohl auf die Grundlagen des Staatswesens erstrekken, als auch das Individuum erfassen sollte. Im praktischen Leben wurde dieser Prozeß nicht zuletzt dadurch in Gang gesetzt, daß Angehörige islamischer Länder in Europa eine technische Ausbildung erhielten und auf diese Weise rasch ihrem überkommenen Lebenskreis entfremdet wurden.

Dies führte zu einem gesellschaftlichen Zustand, den die Literatin und Theologin Aischa Abd ar-Rahman Bint asch-Schati zutreffend als »Verlust der Zugehörigkeit aller Muslime

Sie sehen übereinstimmend in der Verbannung des religiösen Bereiches aus dem Leben des Menschen eine unheilvolle Verstümmelung des Menschseins überhaupt. So spricht der Ägypter Sayyid Qutb von einer »verhängnisvollen Aufspaltung« der Persönlichkeit; dieses Unglück sei von Europa gekommen und zeige mittlerweile seine negativen und zerstörerischen Wirkungen überall auf der Erde (V).

3. Der moderne islamische Mensch

Wie kann für die islamische Welt diese Fehlentwicklung aufgefangen und rückgängig gemacht werden? – Der Muslim muß sich wieder bewußt werden, daß, wie oben dargelegt, die Aneignung der Schöpfung und die verstandesmäßige, wissenschaftliche Erklärung der Naturgesetze eine ihm von Gott auferlegte Pflicht ist (→ »Tradition und Moderne im Islam«). Und der Muslim muß erkennen, zu welcher schöpferischen Freiheit Gott gerade ihn auserkoren hat. Nicht etwa um einer Erbsünde willen ist der Mensch zur Arbeit verdammt, sondern Gott hat ihm die Welt vertrauensvoll übergeben.

Der Mensch ist also seinem Wesen nach *gut*, ist er doch das edelste Werk des Schöpfers; und der Mensch benutzt die Fähigkeiten, die ihn vor allen anderen Geschöpfen auszeichnen, im freien, selbst verantworteten Streben nach dem Guten, nach der Erkenntnis der Wahrheit, nach der Erkenntnis Gottes. »Die Offenbarung ist nichts weiter als eine Erinnerung für den Menschen für den Fall, daß ihn seine eigene Gedächtniskraft verläßt; eine Richtschnur, wenn ihn seine Empfindungen trügen oder der Verstand ihn irreführt«, schreibt Hasan Saab in einem 1965 aufgezeigten Möglichkeiten vervollkommnet. Doch sollen nach seiner Meinung die Muslime die Avantgarde dieser Entwicklung bilden, die schließlich die gesamte Menschheit umgestalten wird (VI).

Die schon genannte Aischa Abd ar-Rahman hat in zwei Abhandlungen die Konzeption des freien muslimischen Menschen zu entwickeln und theologisch neu zu begründen versucht. In Sure XXXIII,72 findet sie die wichtigste Aussage über den Menschen: »Wir haben (nach Beendigung des Schöpfungswerkes) das Gut (des Heils?), das (der Welt) anvertraut werden sollte, (zuerst) dem Himmel, der Erde und den Bergen angetragen. Sie aber weigerten sich, es auf sich zu nehmen, und hatten Angst davor. Doch der Mensch nahm es (ohne Bedenken) auf sich. Er ist ja wirklich frevelhaft und töricht« (Übersetzung von Paret). – Das Gut, welches der Schöpfer der Welt anvertrauen wollte und welches der Mensch kühn übernahm, ist eben jenes Gut, welches ihn erst zum Menschen gemacht hat. Es ist die »Prüfung, dem göttlichen Auftrag Folge zu leisten, einen freien Willen zu haben, für das selbstbestimmte Handeln verantwortlich zu sein«. Denn allein der Mensch ist nicht fremdbestimmt und wird darum auch von Gott zur Rechenschaft gezogen. Die Freiheit bezieht sich nach Aischa Abd ar-Rahman aber nicht nur auf die Gestaltung der Welt, sondern auch auf die Fragen der Religion, in der es laut einigen Hadithen keinen Zwang gibt (→ »Gott im Islam«, VII). Alle diese freien Individuen sind durch den Glauben an den einen Gott geeint; und vor ihm sind sie alle gleich.

Diese eine Gemeinde von Gleichen und Freien, die an den einen Gott glauben, ist möglich. Mit dem Islam hat der Mensch also die höchste Stufe der Selbstverwirklichung erreicht. Dieser »islamische Mensch« stellt darum die einzig wahre und sinnvolle Alternative zum westlichen Menschenbild dar, das so viel Unheil über die Welt gebracht hat (VII).

B Texte

(I) Und damals, als dein Herr zu den Engeln sagte: »Ich werde einen Menschen aus feuchter Tonmasse schaffen. Wenn ich ihn dann geformt und ihm Geist von mir eingeblasen habe, dann fallt (voller Ehrfurcht) vor ihm nieder!« Da warfen sich die Engel alle zusammen nieder, außer Iblis (d. h. dem Satan). Der weigerte sich, an der Niederwerfung teilzunehmen. Gott sagte: »Iblis! Warum nimmst du an der Niederwerfung nicht teil?« Iblis sagte: »Ich kann mich unmöglich vor einem Menschen niederwerfen, den du aus feuchter Tonmasse geschaffen hast.«

Sure XV, 28–33. Der Koran. Übersetzung von Rudi Paret, Stuttgart 1962

(II) Und damals, als dein Herr zu den Engeln sagte: »Ich werde auf der Erde einen Nachfolger einsetzen!« Sie sagten: »Willst du auf ihr jemand (vom Geschlecht der Menschen) einsetzen, der auf ihr Unheil anrichtet und Blut vergießt, wo wir (Engel) dir lobsingen und deine Heiligkeit preisen?« Er sagte: »Ich weiß (vieles), was ihr nicht wißt.« Und er lehrte Adam alle Namen. Hierauf legte er sie den Engeln vor und sagte: »Tut mir ihre Namen kund, wenn (anders) ihr die Wahrheit sagt!« Sie sagten: »Gepriesen seist du!

(Sure II, 30–33)

(III) Und er ist es, der vom Himmel Wasser hat herabkommen lassen. Und wir haben dadurch Pflanzen jeder Art hervorgebracht, und aus ihnen Grün, und aus ihm (in Ähren) übereinandergeschichtete Körner. – Und aus der Fruchtscheide der Palmen entstehen tief herabhängende Dattelbüschel. – Und (wir haben) Gärten mit Weinstöcken (hervorgebracht) und die Oliven und Granatapfelbäume, (deren Früchte) einander ähnlich oder auch unähnlich (sind). Schaut (doch), wenn sie tragen, auf ihre Früchte und auf ihr Reifen! Darin liegen Zeichen für Leute, die glauben.

(Sure VI, 99)

(IV) Göttliche Gegenwart

Dies Paradies ist zwar Sein Abglanz, doch
Die Seele ruht nicht, bis sie Ihn gesehen!
Ein Schleier trennt von unserm Ursprung uns,
Wir Vögel, die den Weg zum Nest verloren!
Die Wissenschaft – ist sie verdorbnen
  Wesens –
Wird sie vor unserm Aug der stärkste
  Schleier;
Doch wenn ihr Ziel das Schauen Gottes ist,
Ist sie die Straße, und der Führer auch.
Sie legt vor dich die Haut der Existenz,
Daß du nach dieses Bildes Innern fragst!
So macht die Straße glatt sie dir und eben,
So weckt die Sehnsucht sie zu neuem Leben.
Den Schmerz, das Brandmal, Fieber schickt
  sie dir,
Das mitternächt'ge Schluchzen schickt sie dir.
Die Wissenschaft, sie kommentiert die Welt,
Und Herz und Auge nähren sich von ihr.

Sie trägt zur Sehnsucht, zur Ekstase dich,
Und dann, wie Gabriel, verläßt sie dich.
Die Liebe, die zur Einsamkeit dich trägt,
Ist eifersüchtig auf ihr eignes Auge:
Ihr Anfang ist der Weg und der Gefährte,
Ihr Ende: wandern ohne Weggefährten!

Ich ging hinweg von Huris und Palästen,
Das Boot der Seele sank im Meer von Licht,
Und ich ertrank im Anschaun jener
Schönheit,
Die stets sich ändert, und die niemals endet.
In des Geschaffnen Herz verlor ich mich;
Das Leben schien wie ferner Lautenklang,
Wie eine Laute mit stets andern Saiten,
Da blutiger ein Lied ist als das andre.
Wir sind von Licht und Feuer eine Sippe,
Adam und Sonn und Mond, Huris und
Engel.
Ein Spiegel ward gehängt vor meine Seele,
Da mischten sich Erstaunen und Gewißheit.
Das Heute, dessen Licht uns sichtbar ist,
Ist Gestern, Morgen gleich in Seiner Nähe.
Gott wurde sichtbar, voll Mysterien,
Mit meinem Auge schaute Er Sich selbst.
Wachsen ohn Mindern, das ist, Ihn zu sehen;
Und Ihn zu schauen: vom Grab des Leibs
erstehen.
Und Herr und Knecht sind dann in eins
versunken,
Erglühend in der Lust der Schau ertrunken.
Lebendig sein, heißt überall stets suchen.
Noch ward nicht klar: bin ich, ist Er die
Beute?

Muhammad Ikbal, Buch der Ewigkeit. Aus dem Persischen übersetzt von Annemarie Schimmel, München 1957, 159 ff

(V) Es gehört nicht zur Natur der Religion, daß sie sich von der Welt trennt; es entspricht nicht der Natur des göttlichen Pfades, daß er sich auf die Regungen des Gewissens, auf die läuternde Moral und auf die Worte des Kultes beschränkt oder nur einen kleinen Winkel im Leben des Menschen einnimmt, die sogenannten »persönlichen Verhältnisse«!
Es gehört nicht zum Wesen der Religion, daß sie Gott, dem Erhabenen, einen engen Sektor in einem bescheidenen – oder unaktiven – Winkel im Menschenleben anweist und die übrigen Sektoren des aktiven, tätigen, wirklichen Lebens anderen Göttern und verschiedenartigen Herren einräumt, die Methoden und Wege, Ordnung und Gesetze nach ihrem Gutdünken festlegen, ohne Gott zu befragen.
Es gehört nicht zum Wesen der Religion, einen Weg zum Jenseits zu bahnen, der nicht durch das Diesseits führt! Einen Weg, an dessen Ende die Menschen das paradiesische Jenseits erwartet, ohne den Weg über die Arbeit auf der Erde, ihrer Bebauung und der Vertretung Gottes in dieser Welt entsprechend der Ordnung, die er gutheißt!
Es gehört nicht zur Natur der Religion, diese armselige, verstümmelte Mißgestalt zu sein!...
Es gehört nicht zum Wesen der Religion – jeder Religion und erst recht der Religion Gottes (d. h. des Islams) –, dieser ausgemergelte, entstellte Popanz zu sein... Von woher erfaßte dann die Religion diese auszehrende Passivität? Wie kam diese »verhängnisvolle Spaltung« von Leben und Religion zustande?
Diese »verhängnisvolle Spaltung« kam unter verhängnisvollen Umständen zustande! Sie zeigte ihre zerstörerischen Spuren in Europa, dann auf der ganzen Welt, als im Osten und im Westen westliche Vorstellungen, Ordnungen und Gebräuche die Menschheit knechteten.
Nachdem sich nun das Leben der Geschöpfe vom Pfad des Schöpfers getrennt hatte, muß es diese schlimme Straße gehen, muß es dieses unglückliche Ende nehmen, muß die Menschen jener Ring umgeben, in dessen Innern sie gequält werden, wo jeder die Bosheit des andern spürt, während sie den Weg der Erlösung nicht erkennen können und um Hilfe schreien!

Sayyid Qutb, Die Zukunft für diese Religion (arab.), Kairo 1965, 27 f.

(VI) Das bedeutet, daß der Mensch, nach dem wir Ausschau halten und den wir nach

dem Gebot des Korans in einem neuen kulturellen Milieu suchen sollen, sich wie folgt darstellt:
1. Ein Mensch, der einen tiefen, schöpferischen Glauben an Gott besitzt und sich Gott als das höchste Ideal seiner eigenen Vervollkommnung nimmt und sich verpflichtet, das Leben als den Aufstieg zu dieser Vervollkommnung zu betrachten.
2. Ein Mensch, der an die Wahrheit glaubt, indem er fortwährend nach ihr wie nach dem verirrten Herdentier sucht: dabei soll er sich gegenüber den verschiedenen Wegen zur Annäherung an die Wahrheit, die andere beschritten, aufgeschlossen zeigen.
3. Liebe soll die Beziehung des Menschen zum Kosmos und zum Mitmenschen durchdringen.
4. Ein Mensch, der an seine und seiner Mitmenschen Freiheit glaubt, seine und der Mitmenschen Würde schützt, sein und seiner Mitmenschen Lebensrecht heilighält.
5. Ein Mensch, der ebenso fest an den Verstand wie an Gott glaubt und die Zuversicht der Vervollkommnung empfindet, nicht die Angst vor einem Widerstreit zwischen Glaube und Verstand.
6. Ein Mensch, der an die Verantwortlichkeit des Menschen bei der Entdeckung des Kosmos und der Ordnung der Gesellschaft glaubt, der die Gewißheit hat, daß diese Verantwortung das höchste Gut ist, das Gott dem Menschen anvertraut hat.
7. Ein Mensch, der an die Unverletzlichkeit des Individuums glaubt und der überzeugt ist, daß das Ziel jeder Gesellschaftsordnung die Erweckung der guten und schöpferischen Fähigkeiten des Individuums ist.
8. Ein Mensch, der glaubt, daß die gesamte Menschheit eine große geistige Demokratie bilden muß, in der Liebe, Freiheit und Gerechtigkeit herrschen; ein Mensch, der sich verpflichtet, sein Vaterland zu einem lebenden Muster dieser Demokratie zu machen. Dieser Glaube findet seine Stütze in dem Wort Gottes: »Ihr Leute! Wir haben euch als Mann und Frau geschaffen und euch in Völker und Stämme eingeteilt, damit ihr einander erkennet. Der Gottesfürchtigste unter Euch hat bei Gott den höchsten Rang!« (Sure IL,13)

Hasan Saab, Der Islam und die Herausforderungen der Zeit (arab.), Beirut 1974³, 33 f.

(VII) Die offenbarten Religionen wurden durch den Islam... abgeschlossen. Er läuterte die Essenz der wahren Religion von den Sedimenten, die sie in den Epochen der Zauberei, des Götzendienstes und der Heldenverehrung beschmutzt hatten. Das heilige Buch des Islams, mit dem die himmlischen Offenbarungen beendet wurden, indem es verkündete, daß die Menschheit ihre Reife erreicht habe..., (zeigt uns den Menschen in seiner Vollendung). Wenn sich die gläubige Menschheit vor dem Islam in den Irrtum des Polytheismus verstrickte, indem man die Gottesgesandten zu Göttern erhob (gemeint sind hier die Christen) – wobei dies wiederum die Folge des Erbes war, das aus dem Zeitalter der Heldenverehrung zurückgeblieben war, welches seinerseits das Zeitalter der Vielgötterei abgelöst hatte – so hat der Koran, indem er die Essenz der Glaubenslehren der Religionen, die abzuschließen und zu bestätigen er gekommen war, extrahierte, nachdrücklich die absolute und vollständige Gleichheit der Menschen bekräftigt.

Aischa Abd ar-Rahman Bint asch-Schati, Abhandlung über den Menschen (arab.), Kairo 1968

C Ausgewählte Literatur

1. L.F. Clauß, Menschsein auf Persisch: In: Jahrbuch für Psychologie 17 (1969) 38–85

2. Ders., Menschsein auf Türkisch. In: Jahrbuch für Psychologie 16 (1968) 67–104

3. Sir Muhammad Ikbal, Das Buch der Ewigkeit. Aus dem Persischen übertragen von Annemarie Schimmel, München 1957

4. Ulrich Schoen, Determination und Freiheit im arabischen Denken heute, Göttingen 1976

5. J. Wellhausen, Reste arabischen Heidentums, Berlin 1961³ (1887¹)

5. Geschichte

5.1. Geschichte im Hinduismus

MONIKA UND UDO TWORUSCHKA

A Darlegung

1. Das klassische Geschichtsverständnis

1.1 Das fehlende Geschichtsbewußtsein
Der islamische Indienreisende al-Biruni (11. Jhd.) bemerkte einmal: »Die Inder schenken leider der historischen Folge der Dinge nicht viel Aufmerksamkeit; sie sind sehr nachlässig in der Aufzählung der chronologischen Reihenfolge ihrer Könige, und wenn man sie zur Aufklärung drängt, und sie nicht wissen, was sie sagen sollen, so sind sie gleich bereit, Märchen zu erzählen.« Dieser Satz aus der Feder eines Muslims ist bezeichnend, da gerade der Islam von seinen Anfängen an ein besonderes Interesse an genauer historischer Dokumentation hatte (→ »Geschichte im Islam«). Al-Birunis Beobachtung wird der Sachlage durchaus gerecht; denn im Gegensatz zu Islam, Judentum und Christentum hat der Hinduismus keine vergleichbare Geschichtsschreibung hervorgebracht. Stattdessen besteht die Historiographie der älteren Zeit aus Dichtungen, die den Ruhm eines Fürsten preisen, oder aus Legenden. Geschichtliche Wahrheiten werden so stark mit mythischen Elementen vermischt, daß es oft schwer ist, den historischen Gehalt herauszuschälen.
Manche Forscher nehmen an, daß das Fehlen eines hinduistischen Geschichtsbewußtseins vermutlich auf die Tatsache zurückzuführen ist, daß es keine Stifterpersönlichkeit gibt. Ist dagegen ein Prophet oder eine andere bedeutsame Gestalt vorhanden, an deren Leben sich die nachfolgenden Generationen als Ideal orientieren, gewinnt Geschichte an Bedeutung.

1.2 Die Weltzeitalter-Lehre
Die Inder haben eine völlig andere Vorstellung von der Zeit. Sie denken in kosmischen Zeiträumen: Was bis jetzt noch nicht geschehen ist, wird vielleicht im nächsten Zeitalter verwirklicht. Nach der indischen Mythologie zerfällt jeder Weltzyklus in vier Weltzeitalter (Yuga), da die Totalität mit der Zahl vier verbunden ist. Im ersten Weltzeitalter hat Dharma (= das allumfassende kosmische und moralische Gesetz) noch Gültigkeit für alle Lebensbereiche, und die Menschen werden bereits tugendhaft geboren. Aber im Lauf der weiteren Zeitalter verliert Dharma an Einfluß, und die Menschen müssen ihre Tugenden und Pflichten erst erlernen. Der Verfall gipfelt im letzten Zeitalter (Kali Yuga), in dem Dharma nur noch ein Viertel seines Einflusses besitzt (vgl. auch die Anschauung von den depravierenden Zeitaltern bei Ovid und den Germanen.
Nach diesen vier Zeitaltern, die eine Gesamtlänge von ca. 4000000 Jahren haben, wiederholen sich die *gleichen* Ereignisse. In einer Krisenzeit des Kali Yuga, in dem wir uns augenblicklich befinden, wird ein »Herabstieg« (avatara) Vishnus erwartet, der die kosmische Ordnung wiederherstellen soll.

1.3 Der illusionäre Charakter der Welt
Im Vedanta, den philosophischen Kommentaren der alten vedischen Überlieferungen (8.–3. Jhd.), entwickelte ihr bedeutendster Vertreter, Shankara, einen vollendeten *Monismus,* nach dessen Lehre nur das Absolute (Brahman) Realität besitzt, die Welt jedoch Schein (Maya) ist. Shankaras Lehre gliedert sich in vier Stufen:
1. Die Illusionstheorie besagt, daß die empirische Welt nur Maya ist. Sie ist nur Vorgauklung falscher Tatsachen, die überhaupt nicht existieren.
2. Die Projektionstheorie besagt, daß diese Scheinwelt auf ein zugrundeliegendes »reales Substrat« aufgebildet ist, wie der Strick der Schlange (I): Wie man im Dunkeln näm-

lich einen auf der Erde liegenden Strick für eine Schlange hält, und so dem Strick das Schlangesein »aufbildet«, so ist auch die reale Welt dem Einen (Brahman) nur aufgebildet.

3. Das »reale Substrat« ist das Brahman.

4. Das Selbst des Menschen (Atman) strebt nach Identität mit Brahman.

Aufgrund des illusionären Charakters der Welt kann der Mensch *keine soziale Aufgabe* haben. Ethik geschieht nicht wie in den prophetischen Religionen um ihrer selbst willen, sondern äußert sich in Askese, die eine notwendige Vorstufe zur Identität mit dem absoluten Brahman darstellt.

1.4 Das Menschenbild

Geschichtliche Verantwortung setzt einen frei handelnden Menschen voraus. Diese Vorbedingung scheint aufgrund der Karma-Lehre nicht gegeben zu sein. Karma bedeutet zunächst Tat. Diese Tat ist jedoch nicht abgeschlossen, wenn das Tun zu Ende ist, sondern die vollbrachte Tat ist gleichsam eine neue »Größe«, die von sich aus, d. h. vom Täter ungewollt und unbeeinflußt, weiterwirkt. Karma ist somit das Tun selbst, sowie die als Folge einer Tat automatisch einsetzende Vergeltung. Auf diese Weise entscheiden die vergangenen Taten des Menschen über seinen zukünftigen Körper, die Familie, berufliche Stellung usw. Dieser vorbestimmende Zug der Karma-Lehre nimmt dem einzelnen die Kontrolle über sein gegenwärtiges Tun, da ja ohnehin alles vorgezeichnet ist, und der Mensch sein Leben nicht frei gestalten kann. Den Kreislauf der Tatvergeltung kann der Mensch nur auf den drei »Wegen«: Tat, Erkenntnis oder Liebe verlassen.

2. Moderne Geschichtsauffassungen

2.1 Geschichtsschreibung

Im Neohinduismus zeigen sich im Gegensatz zur klassischen Epoche Tendenzen, die Geschichte *aufzuwerten.* Jedoch erreichten diese Ideen einzelner Denker oft nicht die Bewußtseinslage des Volkes, das weiter den alten Vorstellungen verhaftet blieb.

Das neue Geschichtsbewußtsein äußerte sich in einem verantwortungsbewußten historischen Schaffen sowie in einer Neuinterpretierung hinduistischer Glaubenssätze. Im Folgenden greifen wir exemplarisch einige Ansichten moderner Historiker heraus.

K. M. Panikkar schrieb ein Geschichtswerk mit dem Titel »A Survey of Indian History« (1947), mit dem er ein indisches Gegenstück zu den Darstellungen aus britischer Sicht schaffen wollte. Sein Motiv war also eine Richtigstellung der seiner Meinung nach falschen Ansichten, welche die koloniale Geschichtsschreibung äußerte.

Der Historiker Jadunath Sircar betonte in seinem Buch »A New History of the Indian People« (1946), daß der Historiograph nicht nur die Aufgabe habe, zu sichten und aufzuzählen, sondern daß er als Richter beurteilen und erklären müsse.

K.M. Munshis Anliegen schließlich in »The History and Culture of the Indian People« (1951) war es vor allem, das nationale Erbe der Vergangenheit der heutigen Generation zugänglich zu machen. Man soll Ereignisse nach ihrem Wert für das Leben der Nation einschätzen. Die Geschichtsforschung soll daher die Werte ergründen, die in jedem Zeitalter die Menschen in ihren Handlungen beeinflussen. Der Wunsch, die Vergangenheit der indischen Jugend nahezubringen, entspringt vermutlich wie bei Panikkar dem Bedürfnis, dem zivilisatorischen Einfluß der Kolonialmächte die eigene Tradition entgegenzustellen.

2.2 Zyklisches und teleologisches Denken

Die Avatara-Vorstellung (→ »Christus im Hinduismus«) erfuhr vor allem in der Kolonialzeit einen neuen Aufschwung, da der Verfall des Dharma während der britischen Fremdherrschaft besonders deutlich gespürt wurde (II). Jedoch bleibt dieser *Messianismus* innerhalb des zyklischen Denkens etwas Relatives; denn die Zeit der Erwartung des Avatara stellt nur eine kurze lineare Zeitspanne dar, die letztlich doch in den ewigen zyklischen Kreislauf eingebettet ist.

Der Nationalistenführer Subhas Chandra

Bose (1897–1947) berief sich auf die Bhagavadgita, in der schon Krishna den Arjuna zur Tat und nicht zur Passivität aufrief. Angesichts politischer Grenzstreitigkeiten mit China und Pakistan, sowie der Notwendigkeit von sozialem und wirtschaftlichem Fortschritt, gelangte er zu einer für Indien untypischen Geschichtsauffassung. Der einzelne soll sich in der Geschichte einsetzen und hat Anteil an den *Folgen* seiner Tat.

Aurobindo (1872–1950) sah das Ziel der Geschichte nicht in der Rückkehr zu ihrem Anfang, sondern in einer Vorwärtsentwicklung. Im Zentrum der Ideen Aurobindos steht die Evolution des Menschengeschlechts, die durch meditative Bewußtseinserweiterung erreicht wird. »Integraler Yoga« soll dem Menschen helfen, sich von der irdischen Relativität zu lösen, um zu kosmischer Selbstidentifizierung mit allen Lebewesen zu gelangen (III).

Der Aufstieg des neuen »Übermenschen« ist ein Ergebnis der Herabkunft Gottes. Diese Idee führte zu einer Zukunftserwartung, die endzeitliche Züge aufwies. Die Vorstellung des Übermenschen besaß auch einige Anziehungskraft in sozialreformerischen Kreisen, da dieser Idealmensch sich nicht über die Welt erheben, sondern ein Gottesreich *auf Erden* errichten sollte.

2.3 Neuinterpretation von Maya und Karma

Der frühere indische Präsident und bedeutende Religionsphilosoph Radhakrishnan (gest. 1975) schwächte Shankaras absoluten Monismus ab. Er behauptete, daß Shankaras Lehre nicht zur Illusionstheorie führe. Zwar sei nur die höchste Realität, das Brahman, unwandelbar, aber auch der menschlichen Geschichte komme eine *relative Realität* zu. Die Welt ist für ihn weder absolut real noch illusorisch. Maya ist das Symbol der Fehlorientierung des Menschen angesichts einer Überzahl von Werten und Normen. Der Wirklichkeitscharakter der Dinge befindet sich hinter dem Schleier der Maya. Dadurch ist auch Geschichte für ihn ein sinnvoller Vorgang (IV); denn das Absolute ist nicht nur reines Sein ohne Anfang und Ende, sondern erscheint auch in der Welt als schöpferischer Geist, welcher der Geschichte Sinn verleiht. Das Absolute hat in seinem Wesen Werte, die in der Geschichte verwirklicht werden. Es kann aber nicht völlig in der Geschichte aufgehen, sondern bleibt Ziel der Rückkehr des ganzen Kosmos. Obwohl ein linearen Ansatz spürbar ist, wird das zyklische Denken nicht völlig aufgehoben. Auch die Ausführungen des viel früheren Vivekananda (1863–1902) belegen diese Tendenz (V).

Da Geschichte, wie gesagt, nur angesichts eines frei handelnden Menschen diskutiert werden kann, erfährt auch die Lehre des Geburtenkreislaufes eine neue Deutung. Indische Denker unterscheiden zwei Arten von Determination:

1. Phala (»Anlage«): Entscheidet über die Beschaffenheit des gegenwärtigen Körpers und über die unmittelbaren Einflüsse, die zu dieser Geburt geführt haben.
2. Samskara (Tendenzen): Sie beeinflussen die Taten des Menschen. Hierbei liegt keine strenge Determination vor, sondern mehr eine Tendenz bzw. Anlage, was unserer modernen Entwicklungspsychologie entspricht. Der Mensch kann seine »Samskaras« beeinflussen und in den Griff bekommen. Er ist ihnen nicht so blind ausgeliefert wie den »Phalas« (VI). Auch Radhakrishnan behauptete, das Karma beeinflusse zwar den Menschen, aber es bestimme nicht seine Handlungen. Es ist eine Bedingung, kein Zwang.

Zusammenfassend kann man sagen: Der moderne Hinduismus zeigt zwar Ansätze linearen Geschichtsdenkens und äußert Überlegungen zu historischer sozialer Verantwortung. Das zyklische, mythologische, an der kosmischen Ordnung und nicht am einzelnen sozialen Schicksal orientierte Denken ist aber weiterhin verbreitet (VII).

B Texte

(I)

1.

Aus Nichtwissen erwächst das All,
Erkenntnis bringt es zum Verschwinden,

Die Gier allein nährt sein Entstehen,
Wer dies weiß, kann Erlösung finden.
2.
Der blauen Farbe in dem Himmelsraum
Dem Dieb, für den man nachts den Pfosten hält,
Dem Trugbild, das man in der Wüste sieht, –
All diesem gleicht die unwirkliche Welt.
3.
Im Strick erkennt man fälschlich eine Schlange,
Solange man ihn sieht im falschen Licht.
Wer richtig prüft, der findet keine Schlange –
Die Vielheit existiert für Weise nicht.
4.
Die gier- und haßerfüllte Welt
Ist nur ein Alpdruck in der Nacht,
Ihr Dasein wird zu leerem Schein,
Wenn man aus diesem Traum erwacht.
5.
Wer frei von Werk das Heiligtum des Selbst
Errungen hat, jenseits von Raum und Zeit,
Für den verschwindet jeder Gegensatz,
Er kennt das All und hat Unsterblichkeit.

Einzelstrophen aus Lehrgedichten Shankaras. Zitiert bei: Helmuth von Glasenapp, Indische Geisteswelt, Wiesbaden 1958, 195 f.

(II) Gott (= Krishna in der Bhagavadgita) hat erklärt: O Nachkommen des Bharat, immer wenn die Gerechtigkeit niedergeht und die Ungerechtigkeit wächst, werde ich wiederverkörpert werden. Ich werde in jedem Yuga geboren werden, die Guten zu retten, die Übeltäter zu vernichten und dem Recht zum Sieg zu verhelfen. Während des Dvapara-Yuga war die Gerechtigkeit im Schwinden, und Unrecht breitete sich über dem heiligen Land Indien aus... Dann richtete Gott das Reich der Gerechtigkeit wieder in Indien auf, in dem er wiederverkörpert wurde und seinen Lieblingsschüler Arjuna zur Pflichterfüllung aufrief. Gegenwärtig schwindet das Recht und wächst das Unrecht in Indien; eine Handvoll ausländischer Banditen ruiniert die Millionen Indiens durch Ausraubung seines Reichtums. In der harten Schinderei ihrer Knechtschaft werden die Rippen zahlloser Menschen in Stücke gebrochen. Endlose Bemühungen werden unternommen, damit dieses Volk – als unvermeidbare Folge seiner Unterwerfung – seine sittliche, geistige und physische Kraft, seinen Reichtum, sein Selbstvertrauen und alle anderen Eigenschaften (der Tugend) einbüße, daß es in den Zustand von Lasttieren oder überhaupt ausgelöscht werde. Warum, o Inder, verliert ihr den Mut, angesichts so vieler Hindernisse auf eurem Wege, Widerstand gegen diese Ungerechtigkeit zu versuchen? Fürchtet euch nicht, o Inder! Gott wird beim Anblick solchen Unrechts in seinem Reich nicht passiv bleiben. Er wird sein Wort halten. Vertraut fest auf Gottes Versprechen, ruft seine Gewalt an, und er wird unter euch herniedersteigen, um die Ungerechtigkeit zu vernichten...

Aus einer indischen nationalistischen Zeitung. Zitiert bei: Emanuel Sarkisyanz, Rußland und der Messianismus des Orients, Tübingen 1955, 313 f.

(III) Diejenigen einzelnen also, die im neuen Zeitalter der Zukunft der Menschheit am meisten dienen werden, das werden die sein, die eine spirituelle Evolution als die Bestimmung und darum als die große Notwendigkeit des Menschen anerkennen werden. Eine Entwicklung oder Verwandlung des gegenwärtigen Types von Menschheit in eine spiritualisierte Menschheit ist das dem menschlichen Geschlecht Notwendige, und sie ist gewiß die Absicht der Natur...
Sie werden die nach innen gerichtete Schau des Ostens sich in ihrer innersten Bedeutung zu eigen machen, die den Menschen das Geheimnis seiner Bestimmung und seines Heils innen zu suchen heißt, aber sie werden ebenso jene Bedeutung anerkennen, die der Westen mit Recht dem Leben und dem Bemühen beimißt, das beste, das wir erkennen und erreichen können, zur allgemeinen Regel des Lebens zu machen.

Sri Aurobindo, Der integrale Yoga, Hamburg 1957, 133

(IV) Die menschliche Geschichte ist nicht einfach eine Reihe weltlicher Ereignisse ohne Gestalt oder Form; sie ist ein sinnvoller Vorgang, eine charakteristische Entwicklung. Wer sie von außen betrachtet, wird durch Kriege und Schlachten, wirtschaftliche Wirren und politische Explosionen abgelenkt, unten in den Tiefen aber spielt sich das wahrhaft majestätische Drama ab, die Spannung zwischen dem begrenzten Bemühen des Menschen und in dem erhabenen Plan des Universums. In einem unaufgelösten Mißklang kann der Mensch auf die Dauer nicht verharren. Er muß nach Harmonie, nach Anpassung streben. Seinen Weg nach vorwärts markieren eine Anzahl von Vervollkommnungen, die Bildung immer umfassenderer Harmonien. Entspricht eine einzelne Integration den neuen Bedingungen nicht mehr, so gibt er sie preis und schreitet zu einem größeren Ganzen weiter. Während sich die Zivilisation in fortwährender Bewegung befindet, treten bestimmte Perioden hervor, deutlich als Zeiten eines intensiven Kulturwandels gekennzeichnet...
Zum ersten Mal in der Geschichte unseres Planeten sind seine Bewohner ein Ganzes geworden, dessen einer Teil von dem Schicksal jedes anderen von ihnen betroffen wird.

Sarvapalli Radhakrishnan, Die Gemeinschaft des Geistes, Darmstadt 1952, 13 f.

Im Laufe der Geschichte, welche die Übersetzung einer bestimmten Möglichkeit eines göttlichen Geistes in die Wirklichkeit ist, sehen wir in diesem Geist das göttliche Prinzip, das den Lauf des historischen Geschehens bestimmt. Gott ist nicht das große schweigende Meer der Unendlichkeit, in dem der einzelne sich verliert, sondern jenes göttliche Wesen, das die Welt zuerst, zuletzt und ohne Unterlaß beseelt. Zu sagen, daß Gott die Welt erschuf, ist eine Untertreibung. Er erschafft heute und für alle Zeiten. Die Geschichte ist in diesem Sinn das Epos des göttlichen Willens, eine Offenbarung Gottes.

Sarvapalli Radhakrishnan, Meine Suche nach Wahrheit, Gütersloh/Zürich 1961², 107

(V) Eine andere Theorie wurde in neuerer Zeit von verschiedenen Schulen vorgetragen, nämlich daß es die Bestimmung des Menschen sei, immer weiter zu schreiten, stets zu verbessern, stets sich voran zu kämpfen und abzumühen, aber nie das Ziel zu erreichen. Diese Feststellung ist (ebenso) absurd (obwohl sie recht gut klingt), weil es so etwas wie eine Bewegung in gerader Linie nicht gibt. Jede Bewegung verläuft im Kreis... Eine gerade Linie muß, wenn man sie unendlich auszieht, in einem Kreis münden. Daher ist die Idee, die Bestimmung des Menschen sei ewiges Vorwärtsschreiten, ohne je zu enden, absurd.

Swami Vivekananda, The Complete Work, Bd. I, 195 f. Zitiert bei: Gunther Stephenson, Ansätze zum geschichtlichen Denken im Reformwerk Swami Vivekanandas (1863–1902). In: Saeculum 23 (1972), 99

Betrachten wir die Geschichte der Menschheit, wie wir sie heute kennen. Finden wir nicht jederzeit die gleichen Nöte, das gleiche Glück, dieselben Freuden und Leiden, die gleichen Rangunterschiede? Hat es nicht immer Reiche und Arme, Edle und Gemeine, Gesunde und Kranke gegeben? Dies gilt für die Ägypter, Griechen und Römer des Altertums ebenso wie die heutigen Menschen. Soweit uns die Geschichte bekannt ist, hat sich das nie geändert.

(Ebd. 99)

(VI) Die Karma-Lehre schließt somit auch die Möglichkeit des moralischen Fortschritts ein. Sie enthält also keinen Fatalismus oder schließt das Handeln eines freien Willens aus, der die Grundlage für ethisches Verhalten bildet. Da hier mit Nachdruck darauf hingewiesen wird, daß das Individuum letztendlich Architekt seines eigenen Lebens ist, unterstützt diese Doktrin keine Ideen wie z.B. ein grausames Schicksal oder einen ungerechten Gott.

R. N. Dandekar, Hinduism. In: C. J. Bleeker / G. Widengren (Hg.), Historia Religionum Bd. 2: Religions of the Present, Leiden 1971, 320

(VII) »Aber wenn Sie selbst das Los der Witwen bedauern, wie können Sie denn dann für die Erhaltung solcher Zustände sein?« frage ich.
»So denken alle Europäer«, erwidert der Brahmane, »schon oft wurde mir diese Frage vorgelegt. Ihr in Europa, Ihr denkt an den einzelnen Menschen, Ihr beklagt sein Schicksal, sein Los, sein Leben. Ihr bedauert die Witwe, den Paria, das verheiratete Kind. Ihr seht eine soziale Frage, wie Ihr sagt – das alles gibt es in Indien nicht. Wir sehen nicht den einzelnen, sondern das Ganze, die Erhaltung der Ordnung unter den Menschen, die nur in der Unterordnung bestehen kann. Unsere Art zu denken ist anders, wir wollen den Staat der Götter erhalten, und Ihr wollt nur gut leben. Für uns seid Ihr arm, wir aber sind reich, auch dann, wenn wir vor Armut sterben, auch dann, wenn wir als Witwen büßen, auch dann, wenn wir als Parias von allen verstoßen sind. Denn wenn wir die Gesetze halten, wenn wir das tun, was die Ordnung will, was die Gottheit fordert, dann werden wir im kommenden Leben wiedergeboren als Angehörige hoher Kasten, vielleicht als Maharadschas. Was tut also das Elend? Was tut das traurige Los? Es ist nur ein Durchgang zu einem besseren, höheren Leben. Das höchste Leben aber ist, den Zusammenhang des Lebens und der Kasten zu erkennen und sich selber einzuordnen in die Stelle, die uns die Wiedergeburt bestimmt hat.«

Zitiert bei: Herbert Kühn, Das Antlitz Indiens, Basel/Stuttgart 1963, 102

C Ausgewählte Literatur

1. Stanley J. Samartha, Das Geschichtsverständnis im modernen Hinduismus. In: Evangelisches Missions-Magazin. N.F. 105 (1961) 20–38.

2. Hans-Joachim Klimkeit, Der politische Hinduismus der Neuzeit. In: G. Stephenson (Hg.), Der Religionswandel unserer Zeit im Spiegel der Gegenwart, Darmstadt 1976, 94–108

3. Gunther Stephenson, Ansätze zum geschichtlichen Denken im Reformwerk Swami Vivekanandas (1863–1902). In: Saeculum 23 (1972) 90–108

4. Ders., Die Frage nach der Zukunft und die Antwort Sri Aurobindos. In: ZMR (1974) 20–34

5. Heinrich von Stietencron, Moral im zyklischen Denken: Die Auswirkung der Wiedergeburtslehre auf soziale Werte und Normen. In: Burkhard Gladigow (Hg)., Religion und Moral, Düsseldorf 1976, 118–135

5.2. Geschichte im Islam

MONIKA TWORUSCHKA

A Darlegung

1. Das klassische Geschichtsverständnis

Der Islam ist vielleicht die Religion, welche der Geschichte die größte Bedeutung beimißt. Der Islamkundler und Religionswissenschaftler Wilfred Cantwell Smith sagte dazu einmal pointiert: »Für den Hindu besitzt Geschichte letztlich keine Bedeutung. Für den Christen ist sie bedeutsam, aber nicht entscheidend. Für den Muslim ist sie entscheidend, aber nicht endgültig. Für den Marxisten ist sie jedoch alles in einem.« Für den Christen haben die Welt und das Geschehen in ihr eine zwiespältige Bedeutung. Einerseits ist die Welt Gottes Schöpfung und die Geschichte daher das Feld religiösen Bemühens. Andererseits ist Geschichte aber nie so, wie sie sein sollte, da in ihr menschliche *Sünde* geschieht.

Der Muslim betrachtet Geschichte als notwendige Vorstufe zum Jenseits. Sie ist für ihn mit den Worten Cantwell Smiths die Vorderseite einer Münze, deren glänzende Kehrseite das Jenseits darstellt. Jedes Ereignis hat somit einen doppelten Bezug: einen diesseitigen und einen jenseitigen. Im Diesseits sollen die Muslime gemeinschaftlich eine ideale Gesellschaft aufbauen. Diese Aktivitäten können sie nicht durch innere Frömmigkeit ersetzen. Die ideale Gemeinschaft auf Erden ist jedoch nicht wie im Marxismus Selbstzweck sondern dient als Vorbereitung für das Jenseits, in dem sich jeder Gläubige für seine Taten verantworten muß (I).

Für den Muslim ist Geschichte auch deshalb bedeutsam, weil Religion und Politik eine Einheit bilden (→ »Religion und Politik im Islam«) und die staatliche Geschichtsschreibung daher nicht unabhängig von theologischen Einflüssen war. Aus diesem Grund stellten geschichtliche Ereignisse oft Voraussetzungen religiöser Entwicklungen dar. Politische Verhaltensweisen, die Parteien oder einzelne in der Frühzeit an den Tag legten, fanden in späteren theologischen Richtungen ihren Niederschlag: Glaubensstreitigkeiten entzündeten sich oft an der Frage, wie die Geschichte in einer bestimmten Situation *hätte verlaufen sollen.* Auch die beiden Hauptrichtungen des Islam, Sunna und Schia, unterscheiden sich weniger in Fragen des Gottesverständnisses oder religiöser Pflichten als in politischen Ansichten über die Person des geeigneten Herrschers oder in der Beurteilung bestimmter geschichtlicher Situationen, die für die Herausbildung dieser beiden Richtungen entscheidend waren. Man hat hier treffend von einer »Orthodoxie des Geschichtsbildes« gesprochen (Tilman Nagel).

Aufgrund der Identität von religiöser und politischer Geschichte beschränkte sich das Interesse der Historiker vorwiegend auf die *islamische* Welt. Die Geschichtsschreibung hatte daher in erster Linie das Ziel, Worte und Taten des Propheten festzuhalten, sowie zu einem richtigen Verständnis des islamischen Gesetzes und zur Lösung von theologischen und weltlichen Problemen zu gelangen. Das Charakteristikum dieser Werke ist eine lange Überliefererkette von Gewährspersonen, die für die Richtigkeit des Textes bürgen. Hier wird die Tendenz deutlich, Ereignisse aus der Zeit des Propheten als maßgebliche Richtlinien für spätere Problemlösungen zu betrachten. Aus diesem Grunde greift man auch in der heutigen Zeit auf Anordnungen des Propheten zurück und erweitert deren Gültigkeit, um politische Konzeptionen oder soziale Gesetze zu rechtfertigen. Um für die Rechtmäßigkeit der Handlung einen Beweis aus der Geschichte zu erbringen, zieht man auch fiktive Prophetenworte heran, die aus verschiedensten Gründen nicht aus der islamischen Frühzeit stammen können.

2. Die Moderne

Wenn man die Bedeutung von Geschichte in den heutigen islamischen Staaten untersuchen will, muß man zwei »Funktionen« von Geschichte unterscheiden. Einmal ist Geschichte eine Sammlung von Pathosformeln, Symbolen und Mythen, die den Staaten helfen, ihre Identität zu finden und ein Gefühl des Stolzes auf die eigene Kultur zu entwikkeln, ohne das kein Land existieren kann. Zugleich ist Geschichte aber Gegenstand historischer Forschung, die im Gegensatz zu dem oben genannten Begriff die geschichtlichen Ereignisse mit sachgemäßen Kriterien beurteilen muß. Eine solche Geschichtsbetrachtung ist für viele Muslime insofern problematisch, als Muhammads Botschaft sich zwar in der Geschichte ereignete, aber durch ihren göttlichen Ursprung zur unvergänglichen Wahrheit wird, die keiner Kritik unterzogen werden darf. Selbst der muslimische Historiker, der mit westlichen Forschungsmethoden vertraut ist, kann seine Geschichte nicht losgelöst von ihren religiösen

Inhalten betrachten. Wahrt er aber die Einheit von politischer und religiöser Geschichte, dann zieht er gewöhnlich eine idealisierende Methode der kritischen Analyse vor.

2.1 Geschichte als Ideal

Die nationale Unabhängigkeit ließ ein erneutes Interesse an der eigenen Vergangenheit entstehen. Als natürliche Reaktion darauf, daß die Muslime in der Kolonialzeit nicht Subjekt sondern Objekt ihrer eigenen Geschichte gewesen waren, bemühten sie sich nun, durch *Verherrlichung der vorkolonialen Zeit* ein geschichtliches Bewußtsein zu entwickeln. Sowohl Kreise, die den westlichen Einfluß bekämpften, als auch solche Gruppen, die geneigt waren, gewisse Ideen von Europa zu übernehmen, sahen in der Rückbesinnung auf die Geschichte einen gemeinsamen Ausgangspunkt. Da eine idealisierende Betrachtung immer vereinfacht, ist es verständlich, daß diese verherrlichende Geschichtsauffassung bestimmte Tatsachen herausgreift, andere Sachzusammenhänge dagegen vernachlässigt. Wir können – abgesehen von der wenig verbreiteten marxistischen Geschichtssicht – drei Hauptrichtungen unterscheiden, die ihre Vergangenheit jeweils unter einem bestimmten Blickwinkel betrachten.
Die erste Gruppe betont vor allem die ruhmreichen Phasen der *islamischen* Geschichte und glaubt, daß die Religion in sich die Möglichkeit birgt, die heutige Zeit zu regenerieren. Diese ideale Vergangenheit wird dem Muslim häufig in Reden von religiösen Führern und Politikern oder beim Begehen von Festtagen vor Augen geführt. Bei diesen Ausführungen werden oft nur bedeutende Persönlichkeiten aneinandergereiht und besonders erfolgreiche Geschichtsabschnitte herausgegriffen. Die im Textteil angeführte Rede des syrischen Staatspräsidenten Asad verdeutlicht diese Tendenz. Er nennt zunächst die Vier Rechtgeleiteten Kalifen, geht dann auf die Feldherren ein, die in der ersten Eroberungszeit das islamische Reich festigten, um abschließend den Sieger über die Kreuzfahrer Salah ad-Din zu erwähnen. Die arabischen Regierungen hatten den Yom Kippur-Krieg absichtlich mit dem Kennwort al-Badr benannt, da dies der Name der Schlacht war, in der Muhammad die Mekkaner besiegte. Die islamische Geschichte wird hier bewußt eingesetzt, um die Armee zu ermutigen, ähnlich erfolgreiche Resultate zu erzielen (II).
Eine zweite Richtung greift auf die *vorislamischen* Wurzeln der Kultur zurück: Pharaonen in Ägypten, Assyrer im Irak, Phönizier im Libanon, Sabäer im Nordjemen und Berber in Nordafrika usw. Hier wird die Ansicht vertreten, daß die Araber die Vorfahren aller semitischen Völker gewesen seien, die aus der Wüste Arabiens in fruchtbarere Landesteile auswanderten. Nach dieser Interpretation bestünde eine Kontinuität von Hammurabi, Nebukadnezar, über die jüdischen Propheten und Jesus, direkt zu Muhammad.
Der heutige Nordjemen begreift sich z.B. als Erbe der Königin von Saba und erhebt den Anspruch, daß die Jemeniten die ersten Araber waren. Man betont das vorislamische Erbe auch deshalb, weil die politische Oberherrschaft mancher islamischer Dynastien als Widerspruch zu jemenitischen Unabhängigkeitsbestrebungen verstanden wurde (III).
Die Phalangisten-Partei im Libanon, der zum größten Teil Christen angehören, hebt ihr phönizisches Erbe hervor, um den Anspruch der syrischen Baathpartei zu widerlegen, der Libanon sei ein untrennbarer Teil von Großsyrien und eines zukünftigen arabischen Reiches (IV).
In Ägypten sind es vor allem die christlichen Kopten, die sich auf die Pharaonen besannen, obgleich Nasser (als Muslim) in den ersten Jahren seiner Amtszeit auch ein großer Bewunderer der Pharaonenrenaissance gewesen sein soll. Bei der Rückbesinnung auf vorislamische Wurzeln wird die Angst der Nichtmuslime deutlich, im Rahmen einer panislamischen Geschichtsbetrachtung als zweitklassige Bürger eingestuft zu werden. Dies trifft zumindest für die Phalangisten und Kopten zu. Die Jemeniten hingegen lehnen die islamische Religion keinesfalls ab, obwohl sie die daraus resultierende politische Herrschaft in einigen Fällen kritisieren.

Eine dritte Strömung stellt die *panarabische* Geschichtsauffassung dar. Für ihre Vertreter sind vorislamisches und nachislamisches Arabertum gleichermaßen wichtig. Man spricht von einer gemeinsamen *arabischen* Geschichte und einer zukünftigen arabischen Nation (Umma), die alle heutigen Nationalstaaten umfassen soll. In Syrien entstand z. B. 1959 eine Schrift mit dem Titel »Wie sollen wir unsere nationale Geschichte schreiben?«, in der auf die Gleichwertigkeit von vor- und nachislamischem Arabertum hingewiesen wurde. Man bedauert, daß aufgrund von nationalstaatlichen und islamischen Konzeptionen sich noch kein überregionales arabisches Geschichtsbewußtsein entwickeln konnte (V). Da die Geschichte in den genannten Beispielen in den Dienst politischer Ziele gestellt wird, verschließt man sich damit einer detaillierteren Würdigung der Historie. Andererseits ist es verständlich, daß in Zeiten, in denen der Westen den Anspruch erhebt, Alleinvertreter der fortschrittlichen Zivilisation zu sein, sich die Araber an die Zeit erinnern, als sie Träger einer bedeutenden Kultur waren (W. Montgomery Watt, The influence of Islam on Medieval Europe, Edinburgh 1972. Islamic Surveys 9).

2.2 Geschichte als Gegenstand der Forschung
Viele zeitgenössische arabische Historiker sind durchaus mit westlichen Forschungsmethoden vertraut. Jedoch sind sie häufig nicht nur Historiker, sondern gleichzeitig Reformer, Politiker oder Dichter. Sie beschäftigen sich mit der Vergangenheit daher nicht nur um ihrer selber willen oder aus reinem wissenschaftlichen Interesse, sondern um Hilfe zur Lösung von Gegenwartsproblemen zu finden. Verschiedene Denker, wie z. B. der Ägypter Husain Haikal oder der Libanese Asad Rustum, vergleichen den Historiker mit einem Arzt. Ebenso wie der Arzt zur Heilung die Geschichte seines Patienten kennen muß, sollte der Historiker mit der Geschichte seiner Nation vertraut sein, um Reformen durchführen zu können (VI).
Diese Auffassung steht im Widerspruch zu der Forderung anderer Historiker, wie etwa die der ägyptischen Wissenschaftler Djabri Schafiq und Muhammad Amr, der Geschichtsforscher müsse unparteiisch nach Wertneutralität und historischer Objektivität streben. Aber dennoch soll auch diese wissenschaftliche Geschichtsbetrachtung dem Menschen helfen, seine Gegenwart richtig zu begreifen (VII).
Ein innerer Widerspruch macht sich bei Sati al-Husri bemerkbar, der als einer der ersten die Behauptung aufstellte, daß Sprache und Geschichte eine Nation entscheidender gestalten als die Religion. Al-Husri würde die Geschichtsschreibung am liebsten in den Dienst des Panarabismus stellen, sieht aber auch die Gefahr einer solchen einseitigen Betrachtung (VIII).
Für den Christen Zuraiq besteht das Ziel der Forschung darin, das geschichtliche Bewußtsein von Individuen und Nationen zu begreifen. Dabei sollen wirtschaftliche, soziale und religiöse Aktivitäten mitberücksichtigt werden. Da das Leben ein unteilbares Ganzes darstellt, kann man nach seiner Ansicht die Gegenwart nicht von der Vergangenheit trennen. Zuraik wehrt sich dagegen, daß Muslime die Geschichte in den Dienst sekundärer Ziele stellen. Für ihn hat Geschichte nur *ein* wirkliches Ziel: Begreifen der Vergangenheit, wie sie wirklich war (IX). Echte historische Forschung dient dem nationalen Aufschwung besser als eine Verherrlichung, die es mit der Wahrheit nicht so genau nimmt. Wenn man schon die Geschichte benutzt, um das nationale Selbstbewußtsein zu stärken, muß man auch die negativen Einflüsse der Geschichte kennen (X). Obgleich zahlreiche Werke über klassische und moderne islamische Geschichte oder das vorislamische Arabertum entstehen, bleibt die Anzahl der Historiker, welche die Grundprinzipien der islamischen Religion kritisieren, gering.

B Texte

(I) Uns geht es hier nur darum, die Eigenart der islamischen Einstellung zur Geschichte zu erhellen, die aus der Hervorhebung der transzendenten Beziehung jedes einzelnen Schritts des Geschichtsprozesses deutlich wird. ... Vom Islam wurde diese Betonung der transzendenten Beziehung symbolisiert in dem Begriff von Himmel und Hölle, von einer anderen Welt »*nach*« dem Ende der Geschichte. Diese farbige, dramatische Metapher hat mit wechselndem, aber nie unbedeutendem Nachdruck auf den gesamten Verlauf der historischen Entwicklung der Moslems eingewirkt. In der Gemeinschaft und als Einzelwesen haben die Moslems sowohl das Paradies jenseits der Welt wie – innerhalb der Geschichte – eine ganz bestimmte Gesellschaftsform erstrebt, die, wie sie glauben, für die Vorbereitung des einzelnen auf dieses Paradies und gleichzeitig auch für das irdische Dasein selbst geeignet ist: wichtig sowohl für das *Individuum* im Hinblick auf die *nächste* wie für die *Gemeinschaft* auf *diese* Welt. Mit den Christen haben sie die Überzeugung geteilt, daß das Jenseits letztlich am wichtigsten ist. Das heißt, sie haben geglaubt, daß der Lauf der Geschichte in seiner Gesamtheit letztlich weniger bedeutungsvoll ist als der Rang des Einzellebens. Sie haben sich jedoch auch der marxistischen Überzeugung genähert, daß nämlich der Lauf der Geschichte und die gesellschaftliche Form, die sie annehmen kann, wesentlich ausschlaggebend sind für den Rang des persönlichen Lebens innerhalb dieser Geschichte. Sie haben weiterhin geglaubt, daß der Struktur dieser Welt und ihrer Entwicklung ein korrekter Verlauf innewohnt, eine rechte gesellschaftliche Form, und daß die Bedeutung der Geschichte in dem Maße begründet liegt, bis zu dem diese aktualisiert werden. Schließlich haben sie geglaubt, daß diejenigen, die die wesentlichen Gesetze dafür verstehen und die damit verbundene Verantwortung auf sich nehmen, mit der Aufgabe betraut werden, diese Aktualisierung durchzuführen und somit die Geschichte zu ihrer unvermeidlichen und strahlenden Erfüllung zu geleiten.

Wilfred Cantwell Smith, Der Islam in der Gegenwart, Frankfurt 1963, 33 f. (Fischer-Taschenbuch 498)

(II) Ihr seid Angehörige einer Nation, die im Laufe der Geschichte aufgrund von Mannhaftigkeit, Stolz, Heldentum und Opfermut bekannt war.

O Söhne einer Nation, welche die Botschaft des Lichtes und des Glaubens in alle Teile der Erde brachte und deren hochstehender Eigenschaften und edler Sitten die ganze Welt Zeuge war!

O Nachkommen Abu Bakrs, Umars, Uthmans und Alis – Gott habe Wohlgefallen an ihnen. O Abkömmlinge von Halid, Abi Ubaida, Amr, Saad und Salah ad-Din! Das Gewissen unserer Nation ruft uns, und die Seelen unserer Märtyrer spornen uns an, den bedeutungsvollen und beispielhaften Schlachten von Jarmuk, Qadisiya, Hittin und Ain Djalut nachzueifern.

Die Massen unserer Nation vom Ozean bis zum Golf trachten mit allen ihren Sinnen danach, der gewaltigen Herausforderung standzuhalten und hoffen und vertrauen darauf, daß sie zum Sieg gelangen.

O unsere tapferen Armeen und Offiziere!

Das Recht und die gerechte Sache sind auf unserer Seite. Gott verleiht demjenigen Sieg, der im Recht ist und der sein Recht verteidigt und schützt.

Ihr verteidigt heute die Ehre der arabischen Nation, bewahrt ihre Würde, schützt ihre Existenz und opfert euch, damit die kommenden Generationen ruhig und gesichert leben können.

Es ist der Wille Gottes des Allmächtigen, daß euer Heiliger Krieg an einem Tag des edlen Monats Ramadan stattfindet, dem Monat des Feldzuges von Badr, dem Monat der Eroberung und dem Monat des Sieges. Dies ist ein neues Blatt in der Geschichte unserer Streitkräfte, das zu den zahlreichen Blättern des Heldentums und des Opfermutes hinzugefügt wird, ein Blatt, das mit dem Blut unserer frommen Märtyrer in die Geschichte unseres Landes und der ganzen arabischen Nation geschrieben wurde.

Unsere Vorfahren siegten durch Glauben, Opferbereitschaft und Wetteifer um den Heldentod, indem sie die Religion Gottes und die Botschaft des Rechtes verteidigten.

Ihr werdet heute durch euren Heldenmut und eure Tapferkeit diesen Geist heraufbeschwören und wiederbeleben und mit ihm die ruhmreichen arabischen Traditionen.

Rede des syrischen Staatspräsidenten Asad zum Ausbruch des Yom-Kippur-Krieges, in der Tageszeitung al-Baath (arab.) vom 6. 10. 73, 1 u. 3

(III) Wir müssen diese Idee wiederbeleben, die unser Volk nun, nachdem die alte Kultur des Jemen vor Tausenden von Jahren zerstört wurde, abermals in die Tat umsetzt. Dieser Kultur hatte Gott, der Allmächtige, im edlen geoffenbarten Koran befohlen, in einer fortschrittlichen Demokratie zu leben, sich untereinander zu beraten und diese Prinzipien im Schutz ihrer alten, zivilisierten Staaten praktisch durchzuführen. Er legte diesen Befehl der Königin Belqis von Saba in den Mund, die den Jemen vor ungefähr 3000 Jahren regierte. Gott, der Allmächtige, gab ihr den Satz ein: »O Vornehme, gebt mir einen Rat zu meinem Problem. Ich werde nie eine Entscheidung treffen, wenn ihr nicht anwesend seid!« Wir müssen diese Idee erneuern, indem wir sie anwenden und uns nach ihr richten, damit die Angehörigen unseres Volkes denselben Weg beschreiten.

Aus einer Rede des bis 1974 amtierenden jemenitischen Staatspräsidenten al-Iryani. Abgedruckt in: Nationale Dokumente (arab.), Sana 1969, 62

(IV) Seit dem fernen Altertum schlug der Libanon mit Riesenschritten den Weg der Zivilisation ein. Sogar in der Zeit, als sie nur Phönizier waren, zeigten die Libanesen bereits ihren Sinn für Universalität, ihre Verbundenheit mit liberalen Traditionen und einen so aufgeschlossenen Geist, der sie befähigte, sogar die entlegendsten Völker zu verstehen... Auf diese Weise trugen sie zur Blüte der mediterranen Zivilisation auf den Gebieten der Kunst, Wissenschaft, Religion und des materiellen Fortschritts bei. Der aus Athen und Rom stammende westliche Humanismus verdankt ihnen seine ersten Grundlagen.

Pierre Gemayel, Six Thousand Years in the Service of Humanity. Übersetzt aus: David Gordon, Self-Determination and History in the Third World, New Jersey/Princeton 1971, 103

(V) Es wird Zeit für die Araber und ihre Historiker im besonderen zu begreifen, daß die Zivilisation der Araber *nach* dem Islam kein verwurzelter Baum und nicht der Anfang der arabischen Nation ist, selbst dann wenn sie der blühendste Baum auf dem Feld der arabischen Nation ist. Die Zivilisation der Kopten im Niltal, die Kulturen Babel und Ninive im Irak und die Kulturen in den Ebenen und an den Küsten Syriens und Nordafrikas sind nur Zweige eines Baumes, des Baumes des Arabertums, der über die Jahrhunderte bis heute Blätter und Früchte trägt.

Sulaiman al-Hasch. In: Wie sollen wir unsere nationale Geschichte schreiben? (arab.), Damaskus 1966, 23

(VI) Nur die Kenntnis der Vergangenheit kann unsere Zukunft sicherstellen und uns befähigen, unsere Bestrebungen auf ein Ziel zu richten, das der Menschheit dient; denn Vergangenheit, Gegenwart und Zukunft sind untrennbar. Wenn wir die Vergangenheit kennen, können wir die Gegenwart analysieren und die Zukunft gestalten. Von diesem Gesichtspunkt aus gesehen sind wir wie der Arzt, dessen Wissen um die Geschichte seines Patienten die beste Methode zur Diagnose und Heilung ist.

Muhammad Husain Haikal, Abu Bakr (arab.), Kairo 1937, 10

(VII) Geschichte hat aufgehört, eine Erzählung vergangener Ereignisse und Vorfälle zu sein; sie ist nicht länger ein Mittel, um die Taten von Menschen und Nationen zu glorifizieren. Sie kann ohne Methode weder wissenschaftlich geschrieben noch studiert werden. Der moderne wissenschaftliche Historiker betrachtet Geschichte, indem er sich mit allen Aspekten des menschlichen Lebens und seiner Aktivität befaßt... Wenn die Geschichte sich mit dem Menschen und der Zeit beschäftigt, sollte sie nicht die Elemente Ort und Umgebung übersehen. Die Bedeutsamkeit von all diesem läßt sich auf die Tatsache zurückführen, daß der Mensch die Gegenwart nicht erklären kann, ohne die Vergangenheit verstanden zu haben. Die richtige Kenntnis der Vergangenheit gibt ihm die Erfahrung von Jahren und Jahrhunderten.

M. Amr, History with Special Reference to Historical Research. In: Colloquium on Islamic Culture, Princeton 1953, 32.

(VIII) Sprache und Geschichte sind die beiden Grundfaktoren, welche die Bildung von nationalen Empfindungen am meisten beeinflussen. Wir können sagen, daß die Sprache gleichbedeutend mit der Seele und dem Leben der Nation ist, und daß die Geschichte ihrem Bewußtsein und ihrem Gefühl entspricht. Die Nation, welche ihre Geschichte vergißt, verliert ihr Gefühl und gerät in einen Zustand der Lethargie, wenn sie nicht sogar das Leben verliert. Diese Nation kann ihr Gefühl und ihr Bewußtsein nur wiedererlangen, wenn sie zu ihrer nationalen Geschichte zurückkehrt und sich praktisch mit ihr beschäftigt.

Sati al-Husri, Vorträge über das Entstehen des nationalen Denkens (arab.), Beirut 1964[5], 28 f.

(IX) Es ist das Ziel der Geschichte, die Vergangenheit so zu begreifen, wie sie war, nicht wie wir uns einbilden, daß sie gewesen sein könnte. Ebenso ist Geschichte keine Darstellung der Vergangenheit, wie sie sein sollte oder wie wir sie uns wünschen.
Es gibt bis in unsere Zeit Gruppen von Denkern, die an eine bestimmte Philosophie oder Doktrin glauben, mit deren Hilfe sie die Natur des Seins, des Lebens und des Menschen sowie sein Wachstum und seine Entwicklung erklären. Wenn sie dann die Vergangenheit betrachten, verfolgen sie damit einen bestimmten Plan, beschränken sich auf ihren Glaubenssatz und zeigen kein Interesse an allem, was außerhalb ihrer begrenzten Definition liegt. Auf diese Weise schreiben sie der Vergangenheit Unterwerfung und Zweckentfremdung vor... Dieses Verstehen, das wir zu erreichen suchen, unterscheidet sich insofern in seinem Ziel und Zweck, als es aufrichtig und uneigennützig danach strebt, die Vergangenheit zu begreifen, wie sie in Wirklichkeit war...

Qustantin az-Zuraiq, Wir und die Geschichte (arab.), Beirut 1963[2], 57 f.

(X) Wenn die Geschichte richtig benutzt und in Anspruch genommen wird, kann sie einen positiven Einfluß auf die Bildung des nationalen Bewußtseins bei verschiedenen Völkern in der heutigen Zeit haben...
Es ist also natürlich, daß wir in unserer Lage und aus dem Wunsch heraus, eine sichere, blühende, nationale Existenz aufzubauen, uns auf unseren vergangenen Ruhm stützen und ihm das entnehmen, was in unserer Jugend ein Gefühl der Stärke, Würde und Kühnheit entstehen läßt...
Wir sehen jedoch auch, daß neben dem positiven aufbauenden Einfluß der Geschichte eine negative schädliche Wirkung existiert, die als Werkzeug zur Entzündung von Haß und Bürgerkriegen zwischen verschiedenen Gruppen eines Volkes oder mehrerer Völker benutzt wird oder als Mittel zur Unterstützung der herrschenden Ordnung, ihrer Rechtfertigung und übermäßigem Lob und Preis ihrer Existenz dient...

(Ebd. 103)

C Ausgewählte Literatur

1. Werner Ende, Arabische Nation und Islamische Geschichte. Die Umayyaden im Urteil arabischer Autoren des 20. Jahrhunderts (Beiruter Texte und Studien, Bd. 20), Wiesbaden (im Erscheinen begriffen)

2. Tilman Nagel, Rechtleitung und Kalifat. Versuch über eine Grundfrage der islamischen Geschichte. Studien zum Minderheitenproblem im Islam 2, Bonn 1975 (Bonner Orientalistische Studien, N. S. Bd. 27/2), Selbstverlag des Orientalischen Seminars der Universität Bonn (vor allem die ersten 90 Seiten)

3. Albrecht Noth, Quellenkritische Studien zu Themen, Formen und Tendenzen frühislamischer Geschichtsüberlieferung, Bonn 1973 (Bonner Orientalistische Studien, N. S. Bd. 25)

4. Wilfred Cantwell Smith, Der Islam in der Gegenwart, Frankfurt 1963

5. Rotraud Wielandt, Offenbarung und Geschichte im Denken moderner Muslime, Wiesbaden 1971

6. Tod

6.1. Tod im Hinduismus

HEINZ RÖHR

A Darlegung

1. Geschichtlicher Rückblick

Wie in allen Religionen reicht auch im Hinduismus die Frage nach dem Tod in früheste Zeiten zurück. Schon die Gesänge der vedischen Epoche (nach 1200 v. Chr.) kreisen um das Thema Leben und Sterben. Der Mensch möchte auf der Erde, der »allgebärenden Mutter der Pflanzen, der festen Erde, der freundlichen, einladenden, immerdar wandeln.« Aber er muß die Erfahrung machen, daß sein Leben durch den Tod begrenzt wird. Er, der von der Erde geschaffen wurde, muß zur Erde zurück. Der Tote wird angeredet: »Kriech unter bei dieser Mutter Erde, der geräumigen, gütigen! Ein junges Mädchen zart wie Wolle ist sie für den, der Priesterlohn gibt. Sie soll dich schützen vor dem Schoß der Vernichtung.«

In der alten Zeit herrschte also offensichtlich die *Erdbestattung* vor. Sie ist die religionsgeschichtlich älteste und findet sich bereits in der urindogermanischen Religion: Der Tote weilt im Grabhaus, das als Familiengrab gedacht ist; in der unterirdischen »Väterwelt« lebt er weiter (I). Die Erde wird angerufen: »Wölbe dich empor, o Erde, drücke ihn nicht, gewähre ihm gute Unterkunft, guten Unterschlupf! Wie die Mutter ihren Sohn mit dem Rockzipfel, so bedecke ihn, o Erde.«

Diese Zurückbettung in den lebendigen Mutterschoß der Erde ist auch heute, nicht nur in Indien, in der Volksfrömmigkeit lebendig.

In der Mitte des 2. Jahrtausends wandelt sich der Totenglaube: Das Jenseits wird in den Himmel verlegt. Dort herrscht nun der Totengott Yama, der früher unter der Erde sein Reich hatte, dort sind die Väter versammelt. Mit der *Feuerbestattung* tritt eine Vergeistigung der Vorstellung vom Weiterleben ein. Während beim Tode der Leib in seine Bestandteile zerfällt, das Auge z. B. zur Sonne geht, der Atem in den Wind, die Gliedmaßen in die Pflanzen, wird durch die *Verbrennung* (II) ein neuer Leib erzeugt »in Schönheit strahlend«. Mit diesem Geistleib ausgestattet, lebt der Abgeschiedene im Kreise seiner Väter und dem Totengott, ganz den Freuden des himmlischen Mahles ergeben. Der Inder vertraute auf die alles verwandelnde Macht des Feuers. Durch seine Schöpferkraft wird das Feuer, auch die Opferflamme, zur *Gottheit: Agni* ist der wichtigste, der universalste vedische Gott. Er ist der einzige Unsterbliche, die anderen Götter und Asuras (Dämonen) hatten keine Seele und waren sterblich. In Indien ist kein Gott höher gepriesen worden. Von den zehn Büchern des Rig-Veda beginnen acht mit einer Hymne an Agni. Um die erneuernde Kraft des Feuers zu verstehen, muß man das Wesen des flammenden Gottes *Agni* begreifen, der auch dem modernen Inder als Symbol dessen gilt, »was über den Tod und allen Wechsel hinaus bestehen bleibt« (III). Von der *Hölle,* ihrem Feuer und ihren Qualen ist im Rig-Veda nur wenig zu lesen. Missetäter werden in den »Abgrund«, in das »haltlose Dunkel« gestoßen.

In den *Brahmana-Texten* (nach 800 v. Chr.) taucht erstmals die Idee eines *Gerichtes* nach dem Tode auf: Die aus anderen Epochen und Regionen bekannte Waage (Seelenwaage in Ägypten und im christlichen Mittelalter) dient in der Vorstellung der Inder zum Abwiegen der guten Werke. Gerechte und Ungerechte werden so voneinander geschieden. Die seligen Toten leben zusammen mit Yama und werden als »Väter«, d.h. Ahnengeister verehrt. Sie fordern Totenopfer von den Nachkommen, besonders vom ältesten Sohn; denn dieser allein kann das Totenritual gültig ausführen. Wer keine Kinder hinterläßt, den erwartet ein grausames Geschick: Die »Welt der Väter« bleibt ihm verschlossen.

(Das ist auch heute noch weitgehend die Anschauung der Inder.)
Ansonsten ist der Verstorbene den Göttern ähnlich. In einem Upanishaden-Text wird allerdings zwischen zwei Wegen unterschieden: dem »Weg der Götter« und dem »Weg der Väter«. Die »Erlösten«, die »Wissenden« begeben sich im Tod auf den »Götterweg«, der nicht zurück ins Dasein führt. Der Weg führt durch das Feuer, welches sie läutert und reinigt, in den Tag und in die Welt der Götter, in die Sonne, den Mond und den Blitz. Von dort werden sie in die Brahma-Welt geführt, wo sie auf ewig verbleiben. Dieser Weg ist nur für die Auserwählten, die auf die Ewigkeit des Selbst (Atman) vertrauen. Der »Weg der Väter« ist für die einfachen Anhänger des Opferkultes, die brav und rechtschaffen der Überlieferung folgen. Sie gelangen durch Rauch, Äther, Wind und Regen wieder herab zur Erde, werden neu gezeugt und als Menschen wiedergeboren. Eine dritte Klasse von Menschen kennt weder den einen noch den anderen Weg: Diese Unwissenden werden im Bereich der Tierwelt wiedergeboren; sie werden zu dem, »was da kreucht und fleugt und was da beißet«.
Hier taucht zum erstenmal der Gedanke der *Wiedergeburt* auf. Die neue Lehre der Upanishaden setzt mit dem Gedanken ein, daß das Sterben nicht notwendig das Ende des Lebens sein muß. Der Tod betrifft nur den Körper. Das Selbst (Atman) bleibt davon unberührt. Dem Inder der spät- und nachvedischen Zeit wird immer klarer bewußt, daß im Menschen etwas vorhanden ist, das teilhat an der Welt des Ewigen, Absoluten, Ungeborenen: der Welt des Brahma, und das darum nicht getötet werden kann, wenn man den Körper tötet.
Wer die Erkenntnis gewinnt (und sie ist auch nach indischer Anschauung letztlich *Gnade*), daß das eigene Selbst (Atman) mit dem ewigen, göttlichen Selbst (Brahman) identisch ist, der hat das Heil erlangt, dem ist Erlösung (moksha) gewiß, und zwar nicht erst im Tode, sondern bereits hier auf Erden.
Mit dem *Gedanken einer Wiedergeburt* nach dem Tode ist das religiöse Bewußtsein des Inders einen mächtigen Schritt vorangekommen. Im Veda war eine Erlösung aus eigener Kraft, eigener Erkenntnis und eigener Hingabe nicht vorgesehen. Unerträglich mußte wohl auch allmählich der Gedanke erscheinen, daß das Jenseitsgeschick des Verstorbenen allein von der korrekten Verrichtung des Totenrituals durch die Nachkommen abhängig sein sollte. Und schließlich empfand man wohl vor allem die Vorstellung als ungenügend, daß mit der kurzen Daseinsspanne eines einzigen Lebens über das ewige Schicksal des Selbst ein für allemal entschieden sein sollte.
Aber auch das *Rätsel der Ungleichheit* der Menschen hier auf Erden ließ sich nicht lösen. Daß der eine im Palast, der andere in einer Hütte, der eine als Brahmane, der andere als Paria, der eine als Athlet, der andere als Krüppel geboren wurde, dieser Widerspruch erforderte einen Ausgleich. Man fand ihn in der Idee, daß frühere Existenzen für das Glück oder Unglück im jetzigen Dasein verantwortlich sein mußten.

2. Moderne Todesanschauung

Dies *»ewige Gesetz«* von Karma und Samsara, vom Einfluß der Taten auf das Wiedergeburtsschicksal, ist für den Hinduismus die zentrale »Lebensmitte« (Mensching) geworden. Der moderne Hinduismus ist durch diese fundamentale Erkenntnis geprägt.
Für einen Denker wie *Vivekananda* (1862 bis 1902) steht die Lehre von der Wiedergeburt (anders als der biblische Schöpfungsglaube) im vollen Einklang mit den Erkenntnissen der Wissenschaft (IV). So fortschrittlich und so hilfreich für die Lösung der schweren Rätsel des Daseins die Idee der Wiedergeburt auf der einen Seite gewesen ist, so bedrückend war doch zugleich der Gedanke der *ewigen Wiederkehr:* Das Leben in Raum und Zeit war ohne Anfang; denn jeder Geburt gingen bereits Tausende von Existenzen voraus; und es war – wenn der Weg zur Erlösung heraus aus dem Samsara nicht gefunden wurde – auch ohne Ende.

Zu welcher Last das Dasein in der Kette der immerwährenden Wiederkehr wurde, wird erst deutlich, wenn man sich die Zeitvorstellung der Inder vergegenwärtigt: Es gibt nicht nur diese eine Weltzeit; denn diese Welt wurde nicht ein für allemal erschaffen, auch geht sie nicht einem Ende zu. Vielmehr erneuert sich die Welt von Ewigkeit her immer wieder und wird in ihren gestaltlosen Urzustand zurückverwandelt, um sich wieder zu erneuern. (→ »Geschichte im Hinduismus«) Es sollte für den Inder bald eine Zeit kommen, in der die bedrückende Last des Karma-Gedankens gemildert und ihm der Mut zugesprochen wurde, ganz einfach seine Pflicht zu tun, ohne an die »Frucht der Taten« zu denken – im Vertrauen auf Gott Vishnu.
Das sogenannte »Große Epos« und sein Kernstück, die *Bhagavadgita* (»Das Lied des Erhabenen«), das heutzutage populärste heilige Buch der Inder, entstand zwischen 200 v.Chr. und 200 n.Chr. Der Verfasser der Gita predigt die liebevolle *Hingabe* (bhakti) an das Eine Wesen, das *Krishna* (= »Herabstieg« Vishnus) in dem Gedicht verkörpert. Arjuna, der gerade in die Schlacht ziehen will und an den Tod der vielen Opfer denkt, wird belehrt, daß er nicht sterben könne: Er war immer und wird immer sein. Im Tod wird er einen neuen Körper bekommen. Sein Selbst kann im Kampf nicht getötet werden, darum soll er mutig kämpfen. (Der Sänger der Gita ist weit entfernt vom Buddhismus, weit entfernt auch vom Grundgebot Nicht-Töten (ahimsa) wie vom Nicht-Handeln.) Arjuna ist Krieger; er soll das seinem Kastenethos Gemäße tun und kämpfen, ohne freilich auf die Früchte seines Tuns zu schauen: Das Streben nach Sieg und Belohnung ist unedel. Gleichmut gegenüber der Tat und zugleich Hingabe an das eine Wesen – das ist der Weg zur Rettung:

»Wer mich in allen Dingen sieht
und alles sieht in mir
dem gehe ich nicht verloren,
und der geht mir nicht verloren.«

»Und wer in der Todesstunde, mein
gedenkend,
den irdischen Leib verläßt und scheidet,
der geht in mein Wesen ein.
Da gibt es keinen Zweifel.«

Hier klingt jene für den späteren Hinduismus so charakteristische leidenschaftliche Gläubigkeit an, die sich bis in die Gegenwart erhalten hat. *Radhakrishnan* (1888–1975) sagt: »Die Bhagavadgita schenkt uns eine Religion, vermittels welcher das Gesetz des karman, die natürliche Ordnung von Tat und Folge, überschritten werden kann.«
Dem Thema der »Wiedergeburt« widmet sich auch *Sri Aurobindo* (1872–1950). Er wehrt sich gegen das in Europa verbreitete Mißverständnis einer *»Seelenwanderung«*. Sie legt dem westlichen Denken die falsche Vorstellung nahe, »daß die Seele des Pythagoras wie ein verirrter Zugvogel aus einer menschlich-göttlichen Gestalt in den Körper eines Meerschweinchens oder Esels auswandert«. Aurobindo lehnt deshalb das englische Äquivalent »Reincarnation« ab und zieht »Rebirth« vor, welches den umfassenden Sinn von »punarjanma« (Wieder-Geburt) unverfälscht wiedergibt.
Reinkarnation würde bedeuten: »Die Seele ist aus ihrer einen Hülle aus Fleisch hinausgegangen und will nun wieder in eine andere Körperhülle eintreten.« Bei dieser vulgären Auffassung gibt es überhaupt keine Geburt der Seele. Vielmehr wird nur ein neuer Leib in die Welt hineingeboren, von dem dann die alte Personalität Besitz ergreift, die unverändert dieselbe ist, die einst einen jetzt abgelegten Körper verließ (V).
Sri Aurobindo betont, daß es dem indischen Denken (im Buddhismus wie im Vedanta) überhaupt nicht auf das Überleben der Personalität ankomme. Ein durch Jahrmillionen identisches »Ich« gibt es nicht. Aber es gibt das »Selbst«, jenes letzte Unzerstörbare, Unveränderliche, Ungeborene, das nicht stirbt. Es ist überindividuell. Es ist der »Kraftstrom«, der die sich wieder und wieder bildenden Körper und Mentale (Geist-Seelen) aus sich heraussetzt. Und es ist zugleich der

»Meister« (wie das alte Vedanta sagt) jenseits dieser Kraft, der sie veranlaßt, »daß sie für ihn neue Namen und Gestalten schafft«.
»Selbst« und »Ich« sind also streng zu unterscheiden. »Der Ich-Sinn ist nur das entstellte Abbild des Selbst« (VI).
Ähnlich wendet sich Sri Aurobindo gegen die falsche Vorstellung etwa des Buddhismus, daß wir uns in einem *Kreislauf mechanischer Wiederkehr* befinden. Mit einem Empfinden voll Leid und Ekel blickt man auf das Rad, das sich ewig, aber nutzlos dreht.
Man schaut nur auf den Mechanismus, aber nicht auf die »Macht«, die hinter dem Mechanismus steht, und die alles lenkt und zu einem Ziel führen will. In Wirklichkeit vollzieht sich nach Aurobindo ein ungeheuer evolutionärer Prozeß: »In dem Augenblick aber, da wir wissen, daß ein aus dem Selbst weiser unendlicher Geist über dem Universum waltet, und daß eine verborgene, langsam ihr Selbst findende Seele in den Dingen ist, drängt es sich uns mit Notwendigkeit auf, daß es im Bewußtsein des Universums eine Idee und etwas gibt, das geplant, gewollt, in Bewegung gesetzt, mit Sicherheit getan wird und fortschreitend durch diese großen absichtsvollen Aktionen zur Vollendung gebracht werden muß« (→ »Geschichte im Hinduismus«). So wird Wiedergeburt nicht mehr als Last empfunden; denn jede Teilexistenz steht im Einklang mit der Absicht des »Geistes im Universum«. Es gibt keine Zusammenhanglosigkeit, keine Widersprüche, keine bloß mechanische Wiederholung: Alles dient vielmehr der Vollendung einer letzten Einheit (VII).
Noch stärker als bei Aurobindo wird bei *Tagore* (1861–1941) das Todesschicksal nach seiner positiven Seite hin ausgedeutet. In zahlreichen Dichtungen (»Der Traum«, »Das goldene Boot«, »Reise in das unbekannte Land«) umkreist er das Mysterium von Tod und Wiedergeburt. Mit Zuversicht und Freude begegnet er dem Unendlichen, dem er entstammt und an dem er teilhat. »Du machtest mich endlos – das ist dein Belieben. Dies schwache Gefäß leertest du wieder und wieder und fülltest es immer mit neuem Leben.«
Gelegentlich hat sich Tagore von der alten Hindu-Vorstellung distanziert, der Mensch könne auch als *Tier* wiedergeboren werden (→ »Mensch im Buddhismus«). Übermächtig äußert sich aber trotzdem immer wieder der Wunsch, wiedergeboren zu werden: »Mag ich Erde sein, mag ich Wasser sein, mag ich Blume sein oder Frucht und wiederkehren auf die Erde mit Leben...« »Samsara« verliert damit seinen Schrecken. Es ist nicht ein dem Menschen feindliches Geschick, ein gefühlloses, ehernes Gesetz, das mechanisch die Unterordnung des Individuums fordert. Tagore erläutert den Wortsinn von Samsara als »Strömung«; es bedeutet: »Immer in Bewegung«. Seinem Realitätsgrad nach ist es »maya« oder »Traum«. Da gemäß der alten Tradition »alles aus Freude geboren ist«, kann Tagore auch ekstatisch den Tod begrüßen: »Komm Tod, komm Bote der Unsterblichkeit«.
Der Mensch ist dazu bestimmt, »mukti« (Befreiung) und »mọksha« (Erlösung) zu erlangen. Da dieses Leben oft nicht ausreicht, um das Ziel zu erlangen, muß es ein anderes oder mehrere nacheinander geben, um zur Vollendung zu gelangen. Die Grundstimmung bei Tagore ist nicht weltfeindlich-asketisch; er liebt die Natur und das Leben und fühlt sich auf dieser Erde wie zu einem Fest geladen, das er in vollen Zügen genießt (VIII).
Als Vaishnava (Vishnu-Anhänger) deutet Tagore das gesamte Weltgeschehen als kosmisches *Spiel*. In diesem Liebesdrama (Lila) kommen Unendliches und Endliches zur Einheit. Im Gegensatz zum Vedanta geht das Endliche (die Einzelseele) aber nicht völlig im Unendlichen auf, sonst wäre das Spiel beendet. Darum bleibt eine letzte Unterschiedenheit des Endlichen gegenüber der höchsten Realität; und diese kann sich immer wieder der endlichen Seele neu vermählen. Dazu ist die Unsterblichkeit auch der *Person* in gewisser Weise nötig. Nur einer Person kann sich der ewig Liebende in Liebe zuwenden. Sterben ist demgemäß ein bewußtes Schreiten von Freude zu Freude, von »anan-

dam« zu »anandam« (von Seligkeit zu Seligkeit).
Die Andersartigkeit der Todesanschauung ist für den Menschen des Westens eine große Herausforderung. Dies empfindet nicht nur der Leser der Werke Aurobindos und Tagores, sondern auch der europäische Besucher angesichts des Totenrituals (IX).

B Texte

(I) Nicht in die Enge der Erde, in einen weiten Raum werde du hineingelegt. Die Manenopfer, die du im Leben dargebracht hast, die sollen dir (dort) Honig träufen.
Im Geiste lade ich deinen Geist hierher ein, geh gern ein in dieses Haus! Geselle dich zu den Vätern und Yama; angenehme, wohltuende Winde sollen dich anwehen.
Nicht soll dein Denken, nicht von deinem Lebensgeist oder deinen Gliedern, von deinem Lebenssaft, von deinem Leib irgend etwas hier zurückbleiben.
Nicht soll dir der (Toten-)Baum zu eng sein, nicht die große, göttliche Erde. Finde einen Platz bei den Vätern, deren König Yama ist, und werde glücklich!

Atharvaveda 18,2,20.21.25. Zitiert aus: Religionsgeschichtliches Lesebuch (RGL), 2. erweiterte Auflage, Heft 9, Tübingen 1928, 72

(II) Verbrenne ihn nicht, o Agni, brenne ihn nicht an, versenge nicht seine Haut, nicht seinen Leib! Wenn du ihn gar gemacht haben wirst, o Jatavedas (= Agni), dann entlaß ihn zu den Vätern!
Wenn du ihn, o Jatavedas, gar gemacht haben wirst, dann übergib ihn den Vätern! Wenn er die Reise ins Jenseits machen wird, dann soll er Höriger der Götter werden.
Der Bock ist dein Anteil, den verbrenne mit deiner Hitze, den soll deine Glut verbrennen, ihn deine Flamme. Was deine freundlichen Formen sind, o Jatavedas, mit denen führe ihn in die Welt der Frommen!
Gib ihn, o Agni, wieder heraus den Vätern, der dir geopfert (jetzt) nach eigenem Ermessen wandelt. Wieder Leben annehmend soll er seine Hinterbliebenen aufsuchen, er soll einen Leib bekommen, o Jatavedas!

Rigveda 10,16,1.2.4.5. Zitiert aus: Ebd. 69

(III) »Zu dir, o Agni, kommen wir in Gedanken von Tag zu Tag, in der Nacht und bei Tageslicht, um dir unsere Unterwerfung anzubieten. Dir, der du in den Opfern leuchtest (oder die Opferhandlung leitest), Hüter der Wahrheit und ihre Erleuchtung, an deiner eigenen Wohnstätte zunehmend.«
Wer ist denn dieser Gott Agni, an den man sich mit Ausdrücken einer so mystischen Inbrunst wendet, dem man solche unermeßlichen und tiefreichenden Wirkungen zuschreibt?...
Weder das Opferfeuer noch irgendeine materielle Flamme könnte solche Wirkungen hervorrufen, denn dieser Agni, der durch das Bewußtsein wächst, der seine Wohnstätte im Ursprung der Wahrheit aufschlägt und seine Ruhe in ihm findet, dessen Gemahlin und Geliebte Himmel und Erde sind, der durch die göttlichen Wasser an schrankenloser Weiträumigkeit, seine eigene Wohnstätte, zunahm, und der, in dieser grenzenlosen Unendlichkeit wohnend, den erleuchteten Göttern die höchste Unsterblichkeit verleiht, er kann nicht der Gott des physikalischen Feuers sein...
Er ist der göttliche Wille, der immer in allem gegenwärtig ist, beständig zerstört und erschafft, beständig aufbaut und vervollkommnet, beständig das komplexe Fortschreiten des Weltalls in Gang hält. Das, was über den Tod und allen Wechsel hinaus bestehen bleibt. Er befindet sich im ewigen und unveräußerlichen Besitz der Wahrheit.

Sri Aurobindo, Secret of the Veda. In: Arya, 15. Febr. 1915, 409 f. und Selected Hymns. In: Arya, 15. Okt. 1914, 156. Zitiert bei: Jean Herbert, Indischer Mythos als geistige Realität, München-Planegg 1953, 113 ff.

(IV) So glaubt denn der Hindu, daß er Geist ist. »Ihn kann das Schwert nicht durchbohren – ihn kann das Feuer nicht brennen –

ihn kann das Wasser nicht netzen – ihn kann die Luft nicht trocknen.« Der Hindu glaubt, daß seine Seele einen Kreis darstellt, dessen Peripherie nirgendwo, dessen Mitte sich dagegen im Körper befindet, und daß der Tod der Übergang dieses Mittelpunktes von einem Körper in einen anderen ist. Auch ist die Seele nicht den Bedingungen der Materie unterworfen. Ihrem wahren Wesen nach ist sie frei, ungebunden, heilig, rein und vollkommen...

Manche Menschen sind in glücklicher Lage geboren, sie erfreuen sich vollkommener Gesundheit, eines schönen Körpers und lebendigen Geistes, und es fehlt ihnen an nichts. Andere sind im Elend geboren, einige ohne Hände oder Füße, andere wieder als Schwachsinnige, die nur ein kümmerliches Dasein fristen. Wenn sie alle erschaffen wurden, warum schuf ein gerechter und barmherziger Gott den einen für das Glück, den andern für das Elend? Warum mißt er mit so verschiedenem Maß? Auch würde es die Sache keineswegs bessern, wenn man annähme, der in diesem Leben Elende werde in einem künftigen Leben glücklich sein. Warum sollte ein Mensch unter der Herrschaft eines gerechten und barmherzigen Gottes gerade in diesem Leben unglücklich sein?

Die Vorstellung von einem Schöpfergott erklärt diesen Widerspruch nicht, sondern setzt nur den grausamen Machtspruch eines allmächtigen Wesens voraus. Es müssen Ursachen vor seiner Geburt gewesen sein, die einen Menschen glücklich oder elend werden ließen, und das waren seine früheren Taten. Sind nicht alle Tendenzen des Geistes und Körpers durch ererbte Fähigkeiten erklärbar?

Wir können nicht leugnen, daß Organismen gewisse Tendenzen durch Erbschaft erwerben, doch diese Tendenzen betreffen nur die physische Gestalt, durch die eine bestimmte Richtung des Geistes in der ihr eigentümlichen Weise wirken kann. Solches bestimmtes Gerichtetsein ist einer Seele auf Grund ihrer früheren Taten eigentümlich. Und eine Seele mit einer bestimmten Tendenz geht – nach dem Gesetz der Affinität – in *den* Körper zu neuer Geburt ein, der das geeignetste Instrument für die Entfaltung jener Tendenz darstellt. Dies steht mit der Wissenschaft in Einklang, denn die Wissenschaft sucht alles durch Gewohnheit zu erklären, und eine Gewohnheit wird durch Wiederholung erworben. So muß man die angeborenen Fähigkeiten einer neugeborenen Seele durch die Kraft vieler Wiederholungen erklären. Und da sie jene Anlagen, jene ihr eigentümlichen Reaktionsweisen nicht in diesem Leben erworben haben kann, müssen sie aus früheren Existenzen stammen.

Swami Vivekananda, Hinduismus, Zürich 1935, 12. 9ff. = Rede in Chikago 1893.

(V) »John Robinson« hat also eine Gestalt aus Fleisch, die er einst innehatte, verlassen. Derselbe »John Robinson« wird sich morgen oder in einigen Jahrhunderten in einer anderen Gestalt aus Fleisch inkarnieren und unter einem anderen Namen und in einer anderen Umgebung den Lauf seiner irdischen Erfahrungen wieder aufnehmen. Sagen wir also: Achilles ist wiedergeboren als Alexander, Sohn Philipps von Mazedonien; er ist jetzt nicht mehr der Sieger über Hektor sondern über Darius. Er hat zwar nun einen viel weiteren Gesichtskreis und ein viel größeres Schicksal. Er ist aber immer noch Achilles. Er ist dieselbe Personalität, die wiedergeboren wurde, nur daß ihre körperlichen Umstände verändert sind. Dieses Überleben der identischen Personalität zieht heute das Mental der Europäer bei der Theorie der Reinkarnation so sehr an. Denn der Mensch, der in das Leben so verliebt ist, erträgt schwer die Auslöschung oder Auflösung der Personalität, dieses zusammengesetzten mentalen, nervlichen und physischen Gebildes, das ich »ich selbst« nenne. Darum ist für ihn das Versprechen, daß er überlebt und physisch wiedererscheint, die große Verlockung.

Sri Aurobindo, Das Problem der Wiedergeburt. In: Integraler Yoga 2/1967, 94

(VI) Ist es also das Selbst, das sich inkarniert und reinkarniert? Das Selbst ist aber unzerstörbar, unveränderlich, ungeboren und stirbt nicht. Das Selbst wird nicht im Körper geboren und existiert nicht innerhalb von ihm. Vielmehr wird nur der Körper geboren und existiert in dem Selbst. Denn das Selbst ist dasselbe Eine überall. Wir sagen wohl, es ist innerhalb von allen Körpern. In Wirklichkeit wird es aber nicht durch die verschiedenen Körper begrenzt und nicht in ihnen aufgeteilt; es ist etwa so wie bei dem alles konstituierenden Äther, der in verschiedene Objekte ausgeformt zu sein scheint und in einem gewissen Sinne innerhalb von ihnen ist. Eigentlich sind alle diese Körper in dem Selbst. Aber auch das ist eine Einbildung unseres Raumbegriffs. In Wahrheit sind diese Körper nur Symbole und Gestaltungen, die von dem Selbst in seinem eigenen Bewußtsein durch es erschaffen werden. Selbst das, was wir die individuelle Seele nennen, ist größer als ihr Körper und nicht kleiner. Sie ist subtiler als er und darum durch seine Stofflichkeit nicht begrenzt. Beim Tod verläßt sie nicht ihre Form, sondern sie wirft sie ab, so daß eine große abscheidende Seele von diesem Tod mit dem Kraftausdruck sprechen kann: »Ich habe den Körper ausgespien.« …
Wir haben tatsächlich ein unveränderliches Selbst, eine wirkliche Person, einen Herrn dieser immer sich verändernden Personalität, der zwar immer wieder die stets sich verändernden Körper annimmt. Aber das wirkliche Selbst weiß von sich, daß es immer oberhalb der Veränderlichkeit steht, diese beobachtet und sich ihrer erfreut, aber nicht in sie hineinverwickelt (involviert) ist.

(Ebd. 97 f.)

(VII) Ich sah meine Seele als einen Wanderer durch die Zeit;
Von Leben zu Leben beschritt sie den kosmischen Weg,
Dunkel in den Tiefen und auf den Höhen herrlich,
Sich entfaltend aus dem Wurm in den Gott.

Als ein Funke des ewigen Feuers kam sie,
Im Stoff ein Haus zu bauen für den Ungeborenen.
Die unbewußte sonnenlose Nacht empfing die Flamme
In der gefühllosen Saat von Dingen, stumm und verloren.

Leben regte sich, und Denken entwarf eine leuchtende Gestalt,
Bis auf der starren unbeseelten Erde sich regen konnte,
Von der schlafwandelnden Natur in ihrem Schlummer geboren,
Ein denkenes Geschöpf, das hoffen kann und lieben.

Noch geht mit langsamen Schritten das Wunder weiter:
Des Unsterblichen allmähliche Geburt mitten in Schlamm und Stein.

Sri Aurobindo, Last Poems, 1939. In: Integraler Yoga 2/1967, 174

(VIII) Der Tod kann eine Strafe Gottes sein, aber, wie Rabindranath glaubt, bringt er uns nicht für immer ins Verderben, sondern er wird uns eher helfen, unser »Selbst« zu reinigen für den Weg, auf dem wir uns dem Brahma nähern. Durch wiederholtes Sterben müssen wir unser endliches Sein mehr und mehr befreien, es reinigen, um unendlich zu werden. Aus diesem Grunde sagt Rabindranath, daß der Tod uns »immer bekannt« ist. Das bezieht sich nicht nur auf die Wiedergeburt nach dem tatsächlichen Tod, sondern auch auf die wiederholten Wiedergeburten in einem geistigen Sinn während eines Menschenlebens. Daß uns der Tod »immer bekannt« ist, bedeutet geistig, daß wir wieder und wieder in unserem Leben sterben müssen, um von der Selbstsucht unseres endlichen Wesens frei zu werden.

Nilendra Nath Bhanja, Das religiöse Weltbild bei Rabindranath Tagore, Gelnhausen 1964, 69

(IX) Dann gehen wir durch einen schmalen Gang zu einem Tor und stehen auf einem weiten Platz. Einstöckige Gebäude mit Säulen umgeben ihn. Drei Scheiterhaufen brennen. Qualm und Rauch liegt über allem. Es herrscht ständiges Kommen und Gehen.
Mir stockt plötzlich das Blut. Auf dem Holzstoß, knapp vor mir, liegt ein Mensch und brennt. Ein toter Mensch. Der Kopf schmort bereits. Und Kinder stehen in der Nähe. So wie wir früher auf dem Feld standen, wenn das Kartoffelfeuer brannte.
Daneben beginnt eine neue Leichenprozedur. Eine junge Frau liegt unter dürftigen Blumen in einen Holzstoß eingeklemmt. Daneben sitzen Männer. Sie schwatzen. Einige rauchen. Niemand kann mir sagen, wer von ihnen die Priester und wer die Gaffer sind. Die Haare der Toten fangen Feuer. Der Feuermeister schürt mit dünnen Bambuszweigen. Und eine Aschenurne steht daneben auf einer abgetretenen Bastmatte. Bald wird sie neue Asche aufnehmen.
Leichenverbrennungen, bei denen einem Toten in feierlichem Ritus zuerst noch der Kopf gespalten wird, blieben uns erspart.
Eine Verbrennung dauert ein paar Stunden. Die Armen brauchen mehr Zeit, denn sie haben weniger Holz. Regnet es einmal, dann qualmt die Leiche die ganze Nacht hindurch. Die Reichen können mit Petroleum nachhelfen.
Wir haben das Ende nicht miterlebt, nur den schmalen Nebenfluß des heiligen Ganges gesehen, wo die Asche hineingeworfen wird. Nicht mehr als zehn Meter ist es bis zu dem braunschlammigen Wasser. Über gebrochene Stiegen geht es zwischen Müllhaufen hinunter. Der Abfall der umliegenden Viertel scheint dem Aschenrest der Toten das letzte Geleit zu geben. Und ein paar fröhliche Inderbuben bringen durch ihr Planschen etwas Bewegung in den trägen Fluß des Wassers. …
Für den Hindu ist der Tod nur eine Phase zu einer neuen Geburt. Für den Christen aber ist der Tod der Abschluß des Erdenlebens. Der Endsaldo für die Ewigkeit. Darum mag es stimmen, daß der Christ dem Tod mit stärkerer Verantwortung und auch mit größerer innerer Erschütterung gegenübersteht. Leider scheinen beim europäischen Christen die Tatsachen dem zu widersprechen. Er, der vielleicht hochmütig auf den »primitiven« Scheiterhaufen der Hindus herabblickt, merkt gar nicht, wie sehr sein Tod – säkularisiert und profaniert – eine einzige große Manifestation von erbärmlicher Feigheit und Flucht vor der christlichen Realität ist. Trotz der Tünche von Pietät und der religiösen Draperie der kommerziellen Beerdigungsinstitute… Ich werde den traurigen Platz mit den brennenden Scheiterhaufen nicht vergessen. Auch nicht den Vater, der ohne Begleitung sein totes Kind in einer Leinwand am Boden vor sich liegen hatte. Geduldig und starr wartete er, bis sein Kind an die Reihe kam. Vielleicht war er arm. Vielleicht mußte er noch bis zum Abend warten. …
An diesem Tag wuchs meine Ehrfurcht vor der Religion der Hindus noch mehr. Aber ich wurde an dem ausweglosen Scheiterhaufen sehr traurig.

Pater Johannes Leppich S. J., Gott zwischen Götzen und Genossen, Düsseldorf 1960, 65 ff.

C Ausgewählte Literatur

1. Nilendra Nath Bhanja, Das religiöse Weltbild bei Rabindranath Tagore, Gelnhausen 1964

2. Jan Gonda, Die Religionen Indiens, Bd. I/II (Die Religionen der Menschheit, Bde. 11 und 12), Stuttgart 1960/1963

3. Jean Herbert, Indischer Mythos als geistige Realität, München-Planegg 1953

4. Heinrich von Stietencron, Vom Tod im Leben und vom Leben im Tode. Bemerkungen zur hinduistischen Auffassung von Tod. In: Johannes Schwartländer (Hg.), Der Mensch und sein Tod, Göttingen 1976, 146–161

6.2. Tod im Islam

WERNER SCHMUCKER

A Darlegung

1. Einleitung

Gegenwartsbezogene, modernistische Aussagen zur Erscheinung des »Todes« geschehen im sunnitischen Islam höchst selten. Neuere theologische Schriften und diesbezügliche Gespräche mit Muslimen zeigen, daß immer noch annähernd die klassische sunnitische Todesauffassung lebendig ist, wobei allerdings nichtoffenbarte, überlieferte Umrahmungen und Zusätze des umständlichen eschatologischen Ereignisablaufs hie und da modernistisch-rational verkürzt werden.

2. Der Tod ist kein Endpunkt

Betrachtungen, die man zum Thema »Tod« anstellt, berühren dieses Thema im gewöhnlichen (sunnitischen) Islam nicht so sehr als Einzelthema, geben ihm auch nicht unbedingt den Charakter eines *Leitgedankens an sich* im menschlichen Leben (im Gegensatz etwa zur Schia, wo das Leiden, das Erscheinen und Verschwinden der Imame den Todesgedanken befruchtet, oder zur Mystik, wo das Gedenken und Durchdenken des Todes eine überragende Stellung einnehmen, oder gar zu Sekten, z.B. Drusen und Alawiten, die sich zur Seelenwanderung bekennen). Der »Tod« erscheint hier im allgemeinen weniger als der genau im voraus bezeichnete Endpunkt des Lebens, welcher in erster Linie die Lebensspanne abbricht, sondern als Ausgangspunkt und Auftakt zum nächsten, eigentlichen Endpunkt, dem zweiten Leben, der Wiederherstellung aller Dinge am Ende der Zeiten, zur Neuschöpfung des Alls. Also ist er einträchtig in die Eschatologie eingegliedert und erfährt eher vom künftigen her seine Deutung.

3. Der eschatologische Zusammenhang

Die wirkliche Bedeutung des Todes liegt für den Muslim also in seiner eschatologischen Stellung, die im muslimischen Gesamtglaubensbild noch dadurch aufgewertet wird, daß die eschatologische Erwartung selbst »einer der entscheidenden Leitgedanken von Muhammads Prophetie«, »ein Grundmotiv im eigentlichen Sinn des Wortes« (R. Paret, Mohammed und der Koran, Stuttgart 1972[3], 66) wurde; dem Glauben an Gott den Schöpfer folgt nämlich koranisch unmittelbar der Glaube an Gott den Richter am Jüngsten Tag; der Glaube an Gericht, Vergeltung und an ein künftiges Leben drängt sich nächst dem Glauben an den allgewaltigen Gott am mächtigsten ins Bewußtsein des Gläubigen. Die in den stürmischen Bildern der frühmekkanischen Offenbarungsperiode beschworenen Endzeitgeschehnisse flossen vielleicht kraft ihrer Unmittelbarkeit und Ansprechung in einer zugleich aufrüttelnd-erschreckenden *und* beglückenden Naherwartung zusammen. Gleichzeitig besagte die überstarke Betonung: der alleinige Schöpfergott sei ein allmächtiger, daß er auch ein Todüberwinder und ein gerechter Richter sei. Die Ungewißheit des nur Gott bekannten, vorherbestimmten Lebensendes und das unvermeidliche Erscheinen vor dem Weltenrichter taten ein übriges, den Todesgedanken mit den künftigen Ereignissen organisch zu verknüpfen. In der Tat läßt man für den Menschen die Endzeit bereits mit dem Ableben beginnen. Das Grab gilt als die erste Station auf dem Weg ins Jenseits, und wer ihm entrinnt, d.h. die darin vorgenommene Vorprüfung besteht, hat das beschwerlichste Wegstück schon gemeistert; denn, wie gesagt, der Auferstehungstag dämmert bereits mit dem Sterben des Menschen herauf.

4. Der Tod mündet in die Unsterblichkeit

Gelegentliche enge, punktuelle Aussagen wie der angebliche Prophetenausspruch »Allah erniedrigte den Menschen durch den Tod« erfassen in keiner Weise das Wesen der Todesvorstellung. Wo dagegen der Tod als Ruhe von den Strapazen des Diesseits, den Anstrengungen der Welt und den Sorgen um den Lebensunterhalt oder gar als »Eingehen in die Obhut Allahs« erscheint, sind wir seiner Wesensbestimmung näher. Die bewußte Verbindung mit der Eschatologie ist überall augenfällig. Mit dem Theologen al-Gazali (gest. 1111) gilt, daß der Tod zunächst eine Unterbrechung des Zusammenhangs zwischen Geist und Körper, letztlich aber ein Übergehen von *einem* Haus (der Vergänglichkeit) in ein *anderes* (der Beständigkeit) ist. Er mündet nicht in ein Nichts, weil ihm Auferstehung und Tatenvergeltung folgen. Um das Wesen des Todes zu begreifen, hieß es auch bei al-Gazali, ist es unumgänglich zu erkennen, worin das Leben eigentlich besteht. Wahres Wissen um das Leben bedeutet die Erkenntnis, daß der Geist die Realität ist, d.h. eine selbständige, unzerstörbare Bewußtseinsform, die das Akzidentelle überdauert. Sie verlängert sich also in den Tod hinein und besteht unter dem Schein des Todes weiter. Der Todeszustand selbst wird zu einer dem Leben ähnelnden existentiellen Eigenschaft, d.h. einer höheren Daseinsweise (I).

Nicht selten begegnen wir einem »lebensbejahenden« Element, welches das an sich gleichwertige düstere, schattenhafte und »lebensverneinende« Moment des Todes (da dieser ja mögliche Bestrafung und Verwerfung immer mit einschließt) aus dem Gedankenkreis verbannt: Vorboten der Ewigkeit und der Unvergänglichkeit, des Angenommen-, nicht des Verworfenseins. Das Sterben enthält sehr häufig diesen Lichtblick: Der Tod schafft aus sich das Leben; Untergang führt unmittelbar in ein zweites Leben, in die Unsterblichkeit hinein. Ebendiese Zuversicht strahlt z.B. das äußerst beliebte Stoßgebet aus: »Wir gehören Gott und zu ihm kehren wir (dereinst) zurück« (Sure II,156).

Dieser Optimismus gründet sich letztlich auf ein koranisches Leitmotiv, das in allen seinen Spielarten die Gewißheit äußert, daß Allah es ist, der sterben läßt und wiederbelebt. Das angesprochene Leitmotiv wurzelt wiederum in der unerschütterlichen, überwältigenden Glaubensgewißheit, daß der, der die Macht hatte zur ersten Schöpfung, auch die Macht habe, den Menschen nach seinem Tod aufs neue ins Leben zu rufen. Es bedarf dazu keines Mittlers, keines verselbständigten Todesüberwinders. Der allgewaltige Erstschöpfer bezwingt das Hindernis »Tod« und gewährt nicht nur dem Gerechten, sondern auch dem Sünder, für den sein letzter Prophet Fürsprache einlegt, das neue leidlose und wirkliche Leben. Die Idee vom grollenden, richtenden Gott wandelt sich in die des Erbarmers. Die Verkettung der einzelnen eschatologischen Abläufe beginnt für Gerechte und Ungerechte unmittelbar nach ihrem Ableben. Wie es oben hieß, setzt die Bestrafung des Sünders und die »Verklärung« des Frommen (besonders des gottgeweihten Glaubenskämpfers) schon im Grabe ein. Also erklärt sich das schaudererregende oder das (oft eher) beseligende Antlitz des Todes hauptsächlich aus der Doppelerwartung der künftigen Dinge.

5. *Die praktische Einstellung zum Tod*

Die in islamischen Ländern zu beobachtende praktische Einstellung des Gläubigen zum Tod, sein Verhalten an der Totenbahre und am Grab, scheinen von den obigen Vorstellungen mitgeprägt worden zu sein. Sie sind überdies nüchtern, sachlich, ohne jede Leidenschaft.

Die unmittelbare Begegnung mit dem Tod könnte diesen Eindruck bestätigen. Da geschieht ein schwerer Verkehrsunfall: Tote, Sterbende und Passanten am Wegesrand; dort liegt, in der belebten Basarstraße, ein Aussätziger im Todeskampf. In beiden Fällen meint man aus den Gesichtern der Sterbenden wie der vorübergehenden oder kurz verweilenden Betrachter ein Gemeinsames herauslesen zu können: verhaltene Verzweiflung *und* stille Ergebenheit in ein verhängtes Geschick sowie tröstliche Zuversicht auf ein besseres Los.

So heißt es, der Tod ist dem Gläubigen stets nahe; es ist sinnlos, vor ihm zurückzuschrekken oder ihm entfliehen zu wollen; indessen entrinnt ihm die Seele, um ihr Schicksal zu erwarten. Häufiges Gedenken des Todes zu Lebzeiten wird nachdrücklich empfohlen (II), doch eine allzu schwarzseherische Lebenssicht im Hinblick auf das sichere Ende ist für den Islam untypisch. Sie ist vielmehr ein Zug asketischer Lebensauffassung (III). Stattdessen gilt das in Glaubenskämpferkreisen beliebte Prophetenwort: »Wer gerne mit Gott zusammentreffen will, dem begegnet Gott gerne.« Bezeichnender ist die allgemeine und auch Muhammads Stellungnahme zur Verneinung der eben genannten Überlieferung: »Der, welcher Gott nicht begegnen will, den will Gott selbst nicht treffen.« Man dürfe das Wort nicht verengend so deuten, daß die Abneigung, dem Tod gegenüberzutreten, der Abneigung, Gott zu treffen, gleichzusetzen sei. Jedermann empfände ja Abneigung vor dem Tod. Das sei menschlich, wollen sie sagen. Es komme vielmehr darauf an, wie man sich in dem Augenblick, wo das Sterben sich naht, grundsätzlich verhalte. Aus diesem Verhalten angesichts der Gewißheit des Verscheidens lasse sich nämlich die Aufrichtigkeit des Wunsches, Gott zu begegnen, ermessen.

Auch gegenüber Leid, Krankheit und Gefahr warnt man vor frühzeitiger Verzweiflung und vor einem Herbeiwünschen des Todes. Todesqualen rät man, in menschlicher Größe zu erdulden und an die letzten Leiden des Propheten sowie an seine Mahnung »Der Gläubige stirbt im Schweiße seines Angesichts« zu denken.

Schließlich gilt übertriebenes Beklagen der Toten als verwerflich. Es entspricht nicht dem Ernst und der Feierlichkeit, die den Übergang zum anderen Leben begleiten. Es widerspricht auch der islamischen Kardinaltugend des geduldigen Hinnehmens des Leides und stellt, so wird mehrfach behauptet, einen heidnisch-vorislamischen Mißbrauch dar. Dasselbe gilt für das Zerreißen der Vorderseite des (Frauen-)Gewandes, das Schlagen der Wangen usw.

»Sie (die weiblichen Anverwandten des Toten) zerreißen den Busen ihres Gewandes und stehn halb entblößt, sie klatschen in die Hände und schwenken dunkelblaue Tücher, sie zerkratzen Gesicht und Brust und schlagen sich mit Schuhen die Haut wund« (J. Wellhausen, Reste arabischen Heidentums, Berlin 1961^3, 181).

Die Dauer des Trauerns über einen Toten soll nach einem Prophetenwort unter keinen Umständen mehr als drei Tage betragen. Da der Tod lediglich als Übergangsstation in ein freudvolleres Dasein gilt, erübrigen sich alle Arten von Prunk und Aufmachung. Die Leiche wird nur in zwei bis drei Tücher, nicht Kleider, eingehüllt und in einem schlichten Holzkasten oder auf einer Bahre, nicht Sarg, zum Friedhof getragen. Unterwegs soll der Leichenzug an einer Moschee haltmachen, damit ein Imam über dem Toten in der Moschee bete. Koranlesungen, etwa die Sure XXXVI, umrahmen die Zeremonien vom Hause über die Moschee bis zum Grabplatz, wo die Leiche, lediglich in ihre Tücher gewickelt, oft das Haupt gen Mekka gerichtet, in die Erde versenkt wird. Kein besonderer Gottesdienst (auch kein Jahresgedächtnis) ist üblich. Wo dies heute dennoch geschieht, handelt es sich um verwerfliche Neuerungen (bida), wie die Stranggläubigen sagen. Was schließlich die »Todesfarbe« betrifft, so bevorzugt oder empfiehlt der Islam keine besondere Farbe. Weder das heute manchmal übernommene Schwarz, das der Prophet ursprünglich verworfen hatte, noch das sprichwörtliche islamische Grün haben eine typische *innere* Beziehung zur islamischen Todesvorstellung. Allenfalls taucht im iranischen Bereich, besonders in der Kunst, ein wohl vorislamisches Blau wieder auf.

Die Frage der Gräberbesuche wird nicht einheitlich beurteilt. Ursprünglich vielleicht verpönt (insbesondere bezüglich Frauen), gestattete man sie später, »weil sie an das Jenseits erinnerten«. Der Begräbnisplatz trägt häufig keine besondere Weihe oder Heiligung und gilt unter Umständen sogar als so profan wie ein Marktplatz.

Er soll die schlichteste Ausstattung erfahren. Alle Gräber, die von Fürsten wie die von Bettlern, sollen gleich einfach sein. An-

spruchslose Grabsteine über einer unbedeutenden Erdaufschüttung, bescheidene Ausschmückung sind streng geboten. Ein Grab mit Blumen zu verzieren, ist allgemein gestattet, nicht aber mit Kränzen, die eher den Blutzeugen und Gefallenen vorbehalten sind. Freilich setzten sich auch in diesem Fall ansteckende Fremdbräuche durch, die das Herkömmliche und im strengen Sinne allein Erlaubte verdrängten oder zumindest überlagerten.
Die vielleicht vorislamische Abneigung gegen den Gräberbesuch beseitigt der Islam also nur teilweise. Aber wahrscheinlich sieht er eher über das Vordergründige des Grabplatzes hinweg und richtet seinen Blick auf den geistigen Horizont des künftigen Geschicks der Grabbewohner.

B Texte

(I) Der Glaube an ein Leben nach dem Tod ist das letzte der Grundprinzipien des Islam...
Tod bedeutet vom Gesichtspunkt der klar verständlichen Lehren des Heiligen Koran nicht das Ende des menschlichen Lebens; er öffnet nur das Tor zu einer anderen, höheren Lebensform.

Muhammad Ali, The Religion of Islam, Lahore 1950, 264 (Ahmadiyya-Erzeugnis)

Entsprechend zu diesen drei Stadien in der körperlichen Entwicklung des Menschen, dem Stadium des Staubes, dem Stadium des Embryos und dem Stadium der Geburt in das Leben spricht der Heilige Koran von drei Stadien in seiner geistlichen Entwicklung. Das erste ist das Wachsen eines geistlichen Lebens, das gerade in diesem Leben beginnt. Aber es handelt sich um ein Stadium, in dem gewöhnlich kein Bewußtsein dieses Lebens existiert, ähnlich wie in dem Staub-Stadium der körperlichen Entwicklung des Menschen. Dann kommt der Tod, und mit ihm geht man in das zweite Stadium des höheren oder geistlichen Lebens über, zu dem ›barzakh‹ oder ›qabr‹ (Grab-)Stadium, das wiederum dem Embryostadium in der körperlichen Entwicklung des Menschen entspricht. In diesem Stadium hat das Leben eine endgültige Form angenommen, und es hat sich ein bestimmtes Bewußtsein jenes Lebens entwickelt. Aber es handelt sich noch nicht um das vollständige Bewußtsein der abschließenden Entwicklung, die mit der Auferstehung stattfindet, und die daher mit der eigentlichen Geburt des Menschen verglichen werden kann.

(Ebd. 268 f.)

(II) Die besten und weisesten Menschen sind diejenigen, die am meisten des Todes gedenken, die sich am besten auf das, was hinterher kommt, vorbereiten.

Sunan/Überlieferungen des Ibn Madja 1953, Bd. II, Nr. 4259

(III) Sei in der Welt wie ein Fremder, Vorübergehender, und rechne dich unter die Grabbewohner.

Sunan/Überlieferungen des Ibn Madja 1953, Bd. II, Nr. 4114

Denkt oft an den »Vertilger der Genüsse«, nämlich den Tod!

(Ebd. Nr. 4258)

C Ausgewählte Literatur

1. Erwin Gräf, Auffassungen vom Tod im Rahmen islamischer Anthropologie. In: Johannes Schwartländer (Hg.), Der Mensch und sein Tod, Göttingen 1976

2. Hermann Stieglecker, Die Glaubenslehren des Islam. Paderborn / München / Wien 1962, 730 bis Ende

3. M. Wolff, Muhammedanische Eschatologie, Leipzig 1872

7. Tradition und Moderne

7.1. Tradition und Moderne im Buddhismus

KARL HOHEISEL

A Darlegung

Im buddhistischen Schrifttum, das sich in den verschiedensten Sprachen vorwiegend an die Gebildeten wendet, ist in den letzten gut 100 Jahren wohl kein Thema häufiger behandelt worden als das Verhältnis des Buddha-Weges zur modernen Wissenschaft. Obgleich dabei die Autoren in der Regel nicht verhehlen, daß die Natur- und Humanwissenschaften kein größeres Interesse an den »Entdeckungen« des Wandermönches Gotama mit dem späteren Würdenamen »Buddha« (der Erleuchtete) bekunden, verkünden sie doch in einer wahren Flut von Veröffentlichungen die These, daß der Buddhismus, namentlich in seiner alten »Theravada«-Form nach Lehre, Geistesart und Praxis die einzige wahrhaft wissenschaftliche Religion unserer Tage sei. Da der Buddha-Weg im Gegensatz zu dem auf Offenbarung basierenden Christentum auf Erfahrung gründe und nichts lehre, was nicht mit der menschlichen Vernunft begründet werden könne, sei er die einer zunehmend verwissenschaftlichten Welt einzig gemäße Religion.

1. Wurzeln dieses Selbstverständnisses

Geschichtlich gründet dieser Anspruch im Buddha-Bild des kanonischen Schrifttums. Als Anführer einer revolutionären Bewegung innerhalb der streng durchstrukturierten Brahmanengesellschaft mußte sich Buddha gerade gegen die Autoritäten (Brahmanen, Veden) wenden und seine Gefolgsleute zu Zweifel und eigenem Urteil aufrufen: »Richtet euch nicht nach Hörensagen, nicht nach einer Überlieferung, nicht nach einer bloßen Behauptung, nicht nach der Mitteilung heiliger Schriften...« (Anguttara-Nikaya III,65), hebt Buddhas »Magna Charta« geistiger Freiheit an. Fährt der Ausspruch auch fort: »(Richtet euch nicht) nach bloßen Vernunftgründen und logischen Deduktionen...«, so wird dadurch doch die Ablehnung der Autoritäten nicht zurückgenommen.

Wie aber der erste der folgenden Textauszüge (I) selbst zugeben muß, ist die emphatische Betonung der rationalistischen und positivistischen Elemente nicht vom Ursprung des Buddhismus her allein zu erklären. Als nämlich im vorigen Jahrhundert die militärische, kommerzielle und technische Überlegenheit der westlichen Kolonialmächte zum Zusammenbruch der sozialen und politischen Ordnungen in den buddhistischen Ländern Südasiens führte und die Begegnung mit abendländischer Bildung und Wissenschaft, besonders intensiv und dauerhaft durch den Einfluß des christlichen Missionsschulwesens auch eine immer tiefer greifende Krise der buddhistischen Religionsgemeinschaften einleitete, suchten die einheimischen Führungskräfte, darunter traditionell hochgebildete Mönche in großer Zahl, den Zweifeln an der Richtigkeit des Buddhismus mit Argumenten zu begegnen, die den Einwänden der Gegner aus dem Westen nachgebildet waren. Dabei kam ihnen das hohe Ansehen, das der Buddhismus bei führenden Köpfen im Westen wie Schopenhauer und Nietzsche, R. Oppenheimer, B. Russell oder A. Einstein besaß und durch die Fortschritte der wissenschaftlichen Asienkunde ständig weiter erlangte, sehr zustatten. Weitaus wirksamere Schützenhilfe leisteten der buddhistischen Apologetik aber völlig unbeabsichtigt nahezu alle bedeutenderen christlichen Opponenten, indem sie den Buddhisten Materialismus, Atheismus und nihilistische Tendenzen vorhielten.

Die buddhistische Seite nahm diesen Fehdehandschuh geschickt auf. Sie bekannte sich in Übereinstimmung mit der Überlieferung der Alten nachdrücklich zur Ablehnung eines allmächtigen Gottes und einer unvergänglichen Seele (→ »Gott im Buddhismus«). Zugleich hoben die Apologeten aber nicht nur die Vereinbarkeit dieser Positionen mit den hohen christlicherseits anerkannten ethischen Idealen des buddhistischen Mönchtums hervor, sondern wiesen auf die Übereinstimmungen mit dem (natur-)wissenschaftlichen Weltbild des Abendlandes hin. Dabei wurde der Buddhismus gelegentlich so radikal auf die Ablehnung von persönlichem Gott und individueller Seele reduziert, daß die Christen *die* Gegner, die Kommunisten dagegen fast zu Verbündeten wurden, obwohl dialektischer Materialismus und revolutionäre Umweltveränderung mit dem Buddha-Weg absolut nicht zu vereinbaren sind (→ »Mensch im Buddhismus«). Heute sind die buddhistischen Liebeserklärungen an den Marxismus weitgehend einer eher kritischen Distanz gewichen. Dennoch kann der dialektische Materialismus weiter als Mitbefreier von der Diktatur (Gottes) und Wegbereiter zu Demokratie und Freiheit gefeiert werden. Eine fast hundertjährige intensive Besinnung war auch nötig, um das buddhistische Schlagwort vom Buddhismus als der »wissenschaftlichen, der Religion der Vernunft« befriedigend zu klären.

2. Grundsätzliche Abgrenzung

2.1 Buddhisten erkennen die »gottlos«-diesseitige Betrachtungsweise der Wissenschaft längst auch als Bedrohung der eigenen »Religion«. Hinter dem unkritischen Pathos, das manche Propagandisten nach wie vor für die »materialistisch-positivistische« Weltbetrachtung der (Natur-) Wissenschaften entwickeln, steckt häufig nur Gegnerschaft zum Christentum.

2.2 Inhaltlich, so heißt es ziemlich einhellig, stimmen die buddhistischen Anschauungen mit den Erkenntnissen der Wissenschaft überein. Volkstümliche Darstellungen präsentieren Buddha deshalb gerne als Urheber von Philosophie und wissenschaftlichem Denken, als »größten Entdecker und Wissenschaftler aller Zeiten«, der dank seiner Allwissenheit die Menschheit prinzipiell mit all den Erkenntnissen hätte beglücken können, die die Wissenschaftler erst im Laufe der Jahrhunderte mühsam zusammengetragen haben, sich dann aber auf die zum Heile notwendigen Einsichten beschränkt hat. Nach Meinung anderer hat er aber nicht nur diese Heilswahrheiten wissenschaftlich-rational vorgetragen, sondern auch Erklärungen physischer und psychischer Phänomene dieser Welt gegeben (II). Die Texte (III) und (IV) veranschaulichen die Zuversicht, daß die wissenschaftliche Forschung Aussagen, die von Buddha herrühren sollen, immer weiter bestätigen wird, selbst wenn es sich dabei um einzelwissenschaftliche Spezialfragen handelt, die die Forschung bislang nicht gelöst oder nicht zu lösen vermocht hat.

2.3 Grundsätzlich soll der Buddha-Dharma, der Buddhismus, nichts lehren, was nicht mit der menschlichen Vernunft begründet werden könnte. Von »Überwissenschaft« (superscience, vgl. V), ist die Rede, weil außer der Heilserkenntnis, die Gegenstand der Erleuchtung (bodhi) Buddhas war, auch die im Abhidamma Pitaka enthaltenen naturphilosophischen Einsichten nicht durch Beobachtung, Nachdenken und schlußfolgerndes Denken allein gewonnen wurden, sondern den Buddhas und Arhats (Heiligen) geschenkt, in der Meditation erschlossen wurden. Damit räumt auch der Buddhismus modernistischer Prägung ein, daß die von Buddha gegebene Erklärung weltlicher Phänomene mehr als gewöhnliche Wissenschaft ist. Am besten bezeichnet man sie als integralen Bestandteil der »Erleuchtung«, die Buddha gnadenhaft geschenkt wurde, ohne daß man, nach einem Ausdruck Nathan Söderbloms, einen »Schenker« angeben könnte.

3. Karmatheorie

Unter den zahllosen gegensätzlichen Stimmen, die das Verhältnis zwischen moderner Wissenschaft und Buddhismus an Einzelfällen illustrieren, überwiegen bei weitem die Versuche, buddhistische Lehrbegriffe mit Grundvoraussetzungen der modernen Naturwissenschaften (Atomtheorie, Quanten- und Wellenmechanik, Unschärferelation usw.) zur Deckung zu bringen. Dabei kommt der Energiebegriff zu besonderen Ehren, weil er, die physische und psychische Welt verbindend, den Buddhisten wie kein anderer erlaubt, ihre Theorie eines dynamischen Universums zu entfalten (VI). Andere Kosmologien, die aus der indischen Mythologie in die buddhistische Überlieferung Eingang gefunden haben, werden stillschweigend übergangen oder gewaltsam mit der angeblich »wissenschaftlichen Theorie« in Einklang gebracht.

Kern dieser Theorie ist das Karma-Gesetz (→ alle Artikel über Buddhismus). Zunächst besagt es, daß der Mensch nach dem Tode in einem Zustand wiedergeboren wird, der den guten oder bösen Taten des vorausgegangenen Lebens entspricht. Im weiteren Sinne aber erklärt das Karma-Gesetz alle Umstände dieses Lebens, ja alle physischen, psychischen und moralischen Gegebenheiten im Universum, als vorhersagbare Schnittpunkte endloser Kausalketten. Die Buddhisten erblicken wohl einhellig in diesem fundamentalen Prinzip ihres Lehrgebäudes, einem Prinzip, das auch das geistige und moralische Leben dem Gesetz von Ursache und Wirkung unterwirft, die Krone der Wissenschaftlichkeit ihrer Religion (VII).

Indes beschwört nun gerade dieses Karmagesetz manche schwerwiegenden Konflikte herauf. Die Naturwissenschaften weisen auf die Indeterminismen im Mikrobereich hin, wodurch die vielgepriesene Vorhersagbarkeit prinzipiell ausgeschlossen zu sein scheint. Im gesellschaftlichen und politischen Bereich aber lähmte und lähmt das Karma-Gesetz, das keineswegs jede Form einer Willensfreiheit aufhebt, häufig jeden aktiv-umweltverändernden Willen. Deshalb neigen Schriften, die sich mit einer Umgestaltung dieser Welt aus buddhistischem Geist befassen, dazu, den Karma-Faktor stillschweigend zu übergehen. Andere schränken die Gültigkeit des Karma-Gesetzes ein und nehmen je nach Bedarf die Bereiche aus, die der Verwirklichung einer politischen, nationalen oder sozialrevolutionären Ordnung im Wege stehen würden (VIII).

Traditionelle Buddhisten können diese Wendung unmöglich mitmachen. In den Augen buddhistischer Modernisten aber kann eine Durchlöcherung des Karma-Gesetzes nur eine empfindliche Einschränkung des rationalen und wissenschaftlichen Charakters ihrer Religion bedeuten.

4. Abschließendes Urteil

Ende der 50er Jahre bezeichnete Dr. Reihe Masonaya, Professor einer buddhistischen Universität in Tokyo, den Buddhismus als eine Religion, »die sich mit der der modernen Wissenschaft verbinden läßt«. In der Geschichte dieser Religion habe es keinen Streit zwischen religiösem Glauben und wissenschaftlicher Erkenntnis gegeben, niemals seien Wissenschaftler verfolgt worden, weil es eben keinen Gegensatz zwischen Wissenschaft und Buddha-Dharma gebe.

Bei der Beurteilung dieser These und der stets mitschwingenden anderen von einem mit der Wissenschaft ganz oder großenteils unverträglichen Christentum ist zu bedenken, daß der Buddhismus bislang keine der christlichen auch nur annähernd vergleichbare historisch-kritische Erforschung seiner Tradition hervorgebracht, vielmehr in den meisten Fällen eine solche erfolgreich zu verhindern gewußt hat. Die endlosen Distinktionen des Abhidamma-Pitaka verraten oberflächlich gewisse formale Ähnlichkeiten mit wissenschaftlichem Vorgehen. In sich sind die benutzten Begriffe aber nach völlig anderen Gesichtspunkten gebildet, weder zu formalisieren noch auch nur halbwegs operationalisierbar. Man ordnet die »Überwissenschaft« deshalb am besten der scholastischen Dogmatik zu. Die wissenschaftliche Bestätigung buddhistischer Grundüberzeugungen, wie der Nichtexistenz Gottes oder die einer individuellen Seele, des Karma-Gesetzes oder einer wie immer gearteten Kosmologie scheitern

einmal an der Methode der Wissenschaft – (Experimental-) Wissenschaften können keinen Gott und keine unvergängliche Seele nachweisen – zum anderen am ethischen Charakter des Karma-Gesetzes. Noch so viel strenge Systematik kann nicht verhindern, daß eine Ursachenrelation, bei der die Wirkung von der sittlichen Qualität der Ursache abhängt, bei der »gute« Ursachen sogar zu einer »besseren« Wirkung (Nirvana!) führen, den Rahmen der Wissenschaft verläßt.
So hat auch beim Buddhismus die Begegnung mit moderner Wissenschaft eine Weiterbildung des Lehrsystems ausgelöst. Die Qualität der Aussagen ist aber gleich geblieben. Glaubenswahrheiten sind nicht von Sätzen, die prinzipiell durch Experiment bestätigt werden können, geschweige denn de facto bestätigt wären, abgelöst worden.

B Texte

(I) Buddhismus und Jainismus gehören zur Heterodoxie (nastika), beide wurden nicht von Brahmanen-Priestern, sondern Mitgliedern der Krieger- und Kaufmannsklasse in Reaktion gegen Zentralismus und Theologie der Priester gegründet. Beide strebten danach, ihre Religion unabhängig von der brahmanischen Tradition durch freies Denken zu begründen.
Die Hochachtung vor den universalen Normen macht Herz und Wesen des Buddhismus aus, dessen zentrale Aussagen ausnahmslos jede Beziehung zu Göttern oder Seelen im strikten Sinne ausschließen. Die Buddhisten behaupten, daß sogar die Existenz Brahmas, der in jenen Tagen als höchster Gott galt, nicht bewiesen werden könne. Weil Brahma mit den Augen nicht gesehen werden kann, braucht man nicht an ihn zu glauben. Der Buddhismus nahm keinen Schöpfer an.
In gleicher Weise verwarf der Buddha die Magie, über die die Brahmanen verfügten. Wie das jenseitige Ufer kraft menschlichen Anrufens und Betens nicht zu dieser Seite herüberkommt, so wird sich aufgrund von Anruf und Beten nie eine Änderung der Dinge ereignen. Deshalb ist das Anrufen nutzlos.
Buddhas Begriff der Religion war rein ethisch. Seine ganze Sorge galt dem menschlichen Verhalten; um Riten oder Kult, Metaphysik oder Theologie kümmerte er sich nicht. Äußere Zeichen des Asketismus verwarf er, weil sie unsere persönliche Existenz nicht reinigen. »Nicht Nacktheit, nicht geflochtenes Haar, nicht Schmutz, nicht Fasten, nicht Liegen auf dem Boden, nicht Einreiben mit Asche, nicht regungsloses Dasitzen reinigt einen Sterblichen, der nicht vom Zweifel frei ist«. Der Buddha verwarf alle nur konventionellen religiösen Gebräuche.
In Anbetracht dieser Aussagen kann die Haltung des frühen Buddhismus in hohem Maße positivistisch genannt werden. Doch heißt dies nicht, daß die frühen buddhistischen Schriften nichts Wunderbares und Übernatürliches enthalten. Zur Volkserbauung bediente man sich oft mannigfacher Formen des Volksglaubens. Wundererzählungen und Legenden vom Buddha und den Heiligen werden vielfach erwähnt, aber sie sind für den Buddhismus nicht wesentlich.
Glaube wird nach buddhistischer Auffassung zu Aberglauben, wenn er nicht von der Vernunft geprüft wird. Gotama, der gemäß der Wahrheit denkt, beansprucht für sich ›Erleuchtung‹, aber nicht Inspiration, noch viel weniger Offenbarung. Der Buddhismus kennt in seinen beiden großen Strömen des Theravada und Mahayana zwei Normen der Wahrheit einer Aussage, nämlich daß sie im Einklang mit den Schriften steht und durch Denken als wahr erwiesen ist. Ein Buddhist soll nichts glauben, das diese zwei Tests nicht bestehen kann.

Hajime Nakamura, Die Grundlehren des Buddhismus. Ihre Wurzeln in Geschichte und Tradition. In: Heinrich Dumoulin (Hg.), Buddhismus der Gegenwart, Freiburg 1970, 14

(II) Es gibt Buddhisten auf der Welt, die wahrscheinlich noch nie die Gelegenheit hatten, die Höheren Wahrheiten zu studieren, die im Abhidamma, dem dritten und letzten,

am meisten philosophischen Teil des Pali Kanon enthalten sind. Alles was sie kennen, ist die Philosophie der »Lehrvorträge« (2. Teil des Kanons). Und darin findet man nichts anderes als eine gute, rationale, wissenschaftliche Sittenlehre. Zahlreiche Buddhisten, die den Buddhismus auf diese Weise studieren, scheinen der Meinung, daß Buddha alle Fragen über das Universum zu »den Wahrheiten« gerechnet hat, »die er gekannt, aber nicht entfaltet hat«. Doch das Universum gehört nicht zu den Dingen, die er nicht erklärt hätte. In Wirklichkeit ist das Universum alles, was Buddha erklärt hat. ....
Es ist falsch, wenn man behauptet, Buddha habe das physische Universum nicht erklärt und zur Stützung dieser These auf die Stelle in den Suttas verweist, wo sich Buddha zu diesen Fragen in Schweigen hüllte (vgl. Majjhima-Nikaya 63). Kein Kenner des Abhidamma kann diese Ansicht akzeptieren, denn das Abhidamma ist voller Erklärungen des Universums.

C. P. Ramasinghi, The Buddha's Explanation of the Universe, Colombo 1957, 350. Übersetzt nach: Winston L. King, A Thousand Lives away. Buddhism in Contemporary Burma, Oxford 1964, 86

(III) Das Stadium des Embryos unmittelbar nach der Empfängnis (Wiedergeburt) wird von Buddha Kalala-Rupa genannt. Es ist ein Protoplasma-Partikelchen, das wie ein runder, durchsichtiger Tropfen Kümmel-Öl aussieht. In einer Woche entwickelt es sich in das Ambudda-Rupa, das fester und ein klein wenig größer ist. In der Farbe ähnelt es rötlichem, in Wasser verdünntem Fleisch-Saft... (usw. bis zum 63. Tage).
Buddha hat sich zu den weiteren Wachstumsstufen des Embryos im Mutterleibe offensichtlich aus dem Grunde nicht geäußert, weil man sie mit bloßem Auge sehen kann, während die ersten Stadien nicht zu beobachten sind. Und selbst heute tasten wir, was das befruchtete Ei unmittelbar nach der Empfängnis angeht, im Dunkel, und das während der letzten Jahre zum frühesten Zeitpunkt beobachtete Ei war siebeneinhalb Tage alt. Was er vom menschlichen Embryo gesagt hat, ist bis zum heutigen Tage richtig. Er war allwissend.

M. D. Luang Suriyabongs, The Buddhist Conception of God, in einer von der Buddhist Association of Thailand veröffentlichten Flugschrift. Übersetzt nach King, a. a. O. 122

(IV) In den kommenden Jahren wird sich die Wissenschaft weiter dem buddhistischen Wissen annähern. Laufend werden ja Forschungen in den Bereichen Psychotherapie, Hirnstromaktivität usw. unternommen. Eines Tages wird sich die Wissenschaft so weit entwickelt haben, daß sie sich mit der Höchsten Weisheit, die Buddha, der Herr, vor 2000 Jahren enthüllt hat, deckt.

Prof. Hung-yüeh Li, Why we study Buddhism; What it is and How to perform (Talk delivered at the Buddhist Association of the USA, Oct. 11, 1970). In: Torch of Wisdom, Taipei, Nos 87–88, Febr.–March 1971, 68. Übersetzt nach Y. Raguin, How Buddhism faces the Challenge of the Modern World. In: Bulletin Secretariatus pro non christianis, Roma 20 (1972) 15

(V) Das überweltliche Wissen, die Einsicht oder die Erleuchtung, die die Buddhas und Arahats erreicht haben, können unter gar keinen Umständen durch die reine Vernunft, die Vorstellung oder das logische Denken erlangt werden. Es liegt weit jenseits der Reichweite innerweltlicher Intelligenz und Fähigkeiten... (Denn mag) die wundervolle Erörterung (physischer und psychischer Phänomene) in ihrer mathematischen Präzision und eindeutigen Begrifflichkeit (auch) sehr logisch und vernünftig (klingen), so kommt es doch darauf an, sich zu vergegenwärtigen, daß diese (im Abhidamma Pitaka enthaltenen) Aussagen im Lichte seines (d. h. Buddhas) überweltlichen Wissens und nicht durch logisches, schlußfolgerndes Denken gewonnen wurden.

Khin Moung, What is Buddha Damma. In: Light of Dhamma, Vol. IV, No. 2, April 1957, 53 ff. Übersetzt nach: King, a. a. O. 119 f.

(VI) Buddha war der erste große Wissenschaftler, der unter den Menschen aufgestan-

den ist. Er hat enthüllt, was Wissenschaftler erst jetzt entdeckt haben, daß es in dieser Welt keine Materie und keinen Geist getrennt nebeneinander gibt, sondern daß beide das Ergebnis von Kräften sind, die unablässig bewirken, daß sie in Aktion treten, daß sie aufgelöst werden und erneut zu wirken beginnen. ...
Der Buddhismus sucht den Sinn des Lebens im Leben selbst. Bei dieser Suche gewinnt das Leben einen besonderen Adel. Das Leben wird zu einem nach Außen in Erscheinung tretenden und zu einem erfüllten Jetzt. Wahrheit ist keine Offenbarung sondern eine Entdeckung. Die menschliche Person muß sich selbst als Träger des Wissens verwirklichen, sozial verantwortlich und künstlerisch kreativ.

G. P. Malalasekera, Buddhism seeks Meaning of Life in Life itself. In: The Buddhist XXIX (1958/59) 178. Übersetzt nach: Heinz Bechert, Buddhismus, Staat und Gesellschaft in den Ländern des Theravada-Buddhismus, Bd. I, Frankfurt/Berlin 1966, 63

(VII) Es sind die innigst zusammengehörigen Lehren oder Grundprinzipien von Kamma (Karma) und Wiedergeburt in Verbindung mit der Anatta-Lehre (Nichtexistenz einer unvergänglichen, individuellen Seele), die den Buddhismus zur führenden Weltreligion ohnegleichen erheben... Der Buddhismus steht in seiner unvergleichlichen Ethik und in seiner gesunden, rational-wissenschaftlichen Philosophie bzw. Erklärung der Naturgesetze und Ursachen des Lebens sowie aller Erscheinungen haushoch über allen anderen Lehrgebäuden. Die Ursache der Wiedergeburt ist nach dem Gesetz der Physik die Erhaltung der Energie. Kraft ist unzerstörbar, sie geht niemals verloren oder unter, sondern sie wandelt sich nur oder durchläuft verschiedene Erscheinungsformen bzw. Phasen...
Deshalb wird sich die psychische Kraft des Verlangens (gemeint ist der »Werdedurst«), die allen Lebewesen mit Bewußtsein anhaftet und von ihnen erzeugt wird, solange ohne Ende in immer wieder neuen Formen..., deren Natur vom Übergewicht des reinen oder unreinen Kamma abhängt, manifestieren, bis sie erschöpft ist.

Samanera Pandita, The Nature and Cause of Rebirth. In: Light of The Buddha, Vol. IV, No. 9 (September 1959) 38. Übersetzt nach King, a. a. O. 129 f.

(VIII) Wer in engem, ganz persönlichem Kontakt mit dem Riesenheer einfacher Leute in diesem Lande lebt, wird unweigerlich zu dem Schluß kommen, daß deren Leid nicht ihrem Karma zuzuschreiben ist, wie Baron Jayatilaka behauptete, sondern zum sehr großen Teil von den vorherrschenden sozialen Bedingungen des Staates abhängt. Diese Leute schweifen nicht aus Lust und Laune wie Vagabunden umher, sondern nur aus dem Grund, weil sie in diesem Lande kein Fleckchen Erde ihr eigen nennen, wohin sie ihr Haupt legen könnten. Dabei handelt es sich um ein Recht, das ihnen von Geburt aus zusteht und das der Meister selbst bei Gelegenheit seines ersten Besuches in Lanka zu ihrem Wohlergehen geheiligt hat.

D. C. Vijayavardhana, The Revolt in the Temple, Colombo 1953, 135

C Ausgewählte Literatur

1. Ernst Benz, Buddhas Wiederkehr und die Zukunft Asiens, München 1963

2. Heinz Bechert, Buddhismus, Staat und Gesellschaft in den Ländern des Theravada-Buddhismus, 3 Bde. Frankfurt/Berlin 1966–1973

3. Heinrich Dumoulin (Hg.), Buddhismus der Gegenwart, Freiburg 1970

4. Carl-Martin Edsman, Die Hauptreligionen des heutigen Asiens, Tübingen 1976 (Uni-Taschenbuch 448)

5. Gustav Mensching (Hg.), Buddhistische Geisteswelt. Vom historischen Buddha zum Lamaismus. Texte ausgewählt und eingeleitet, Baden-Baden 1955

7.2. Tradition und Moderne im Islam

TILMAN NAGEL

A Darlegung

1. Geschichtlicher Rückblick

Schon seit dem ausgehenden 7. Jhd. spielt die Rückbesinnung auf die eigenen Anfänge eine wichtige Rolle in der islamischen Religionsgeschichte. Angesichts der von vielen Muslimen als bedrückend und unrechtmäßig empfundenen Herrschaft der Umayyaden (ca. 660–750) wurde die Urgemeinde, deren Geschicke der Prophet selber auf Grund göttlicher Eingebung gelenkt hatte, immer stärker als das Idealbild islamischer Gemeinschaft verstanden. Freilich konnten nur wenige damals noch aus eigener Anschauung über die Verhältnisse zur Zeit Muhammads berichten; als Zeugen für seine Worte und Taten (sunna), die – ob authentisch oder nicht – allmählich normativen Charakter gewannen, genossen die Gefährten Muhammads bald ein besonderes Ansehen. Seit dem 8. Jhd. begann man, alles, was sie über die ersten Tage des Islams überliefert hatten, zu sammeln und zu ordnen. In dieser tradierten »Sunna« hatte man nach weitverbreiteter Überzeugung alle die Kenntnisse und Bestimmungen zur Hand, nach denen das Leben des Muslims in allen Bereichen auszurichten war.

Zugleich war aber im 8. Jhd. eine rationalistische Strömung aufgekommen, deren Ziel eine verstandesgemäße Durchdringung und Absicherung des Islams war; für sie waren Glaube und Vorschriften menschlichem Räsonnieren zugänglich. Mit dieser Einstellung geriet sie rasch in einen heftigen Konflikt mit dem islamischen Traditionalismus, für den die »Sunna« die endgültige Antwort auf alle Fragen bereithielt. Dieser Konflikt, der um die Wende zum 9. Jhd. das Gefüge des islamischen Reiches erschütterte und im Laufe der Geschichte in mannigfachen Abwandlungen stets aufs neue zutage trat, zeigte sich auf verschiedenen Gebieten (I). So stritt man etwa in der Jurisprudenz, inwieweit angesichts der vorgegebenen »Sunna«-Normen in die Beurteilung eines Falles eigene Überlegungen des Richters einfließen dürfen.

2. Der Zusammenstoß mit Europa

Die starke Traditionsgebundenheit des Islams, die durch die skizzierte historische Entwicklung zu einem großen Teil bedingt war, wurde in verhängnisvoller Weise offenkundig, als im 19. Jhd. große Teile der von Muslimen bewohnten Länder mittelbar (Osmanisches Reich, Iran) oder unmittelbar (Algerien, Indien) unter den Einfluß der technisch überlegenen europäischen Zivilisation gerieten.

Gegen Ende des vorigen Jahrhunderts wurde von europäischer Seite die These ins Spiel gebracht, die unendliche, unfaßbare Macht Gottes, die der Islam stets betont habe, verdamme den Muslim zwangsläufig dazu, ein willenloses Werkzeug der göttlichen Vorsehung zu sein; Lethargie und ergebenes Verharren im Überkommenen, sei es noch so unerträglich, sei die Folge. Demgegenüber habe sich im abendländischen Christentum eine »prometheische« Menschenauffassung entfaltet, die berufen sei, die Welt nach ihrem Maß zu gestalten. Die europäische Machtergreifung im islamischen Gebiet erscheint somit gerechtfertigt, ist sie doch einer überlegenen Form des Menschseins zuzuschreiben, der gegenüber sich die muslimische Zivilisation überlebt hat.

Mit zum Teil heftiger Empörung wurde in muslimischen Kreisen diese Anschauung zurückgewiesen. Die politische und technischwissenschaftliche Unterlegenheit konnte freilich nicht geleugnet werden. Wie war sie zu erklären? – Man begann aufs neue, das Problem des Widerstreites zwischen traditionsgebundenem Denken und schöpferischer geistiger Fortentwicklung zu erörtern. Und unter dem Zwang der obwaltenden Umstände glaubte man zu erkennen, daß der ursprüngliche, der wahre Islam den Menschen mit allem Nachdruck auffordere, die Natur zu erforschen und seinen Zwecken nutzbar zu machen. Diese Ideen seien allerdings durch verhängnisvolle geschichtliche Entwicklungen, von denen die muslimische Gemeinde schon früh betroffen worden sei, verwässert und bis zur Unkenntlichkeit verzerrt worden.

Hierbei wird nicht nur von Muhammad Abduh, sondern von den modernen muslimischen Schriftstellern allgemein die Frage übergangen, ob und inwiefern im Islam beispielsweise eine Naturwissenschaft vorstellbar ist, die völlig gleichberechtigt neben – und unabhängig von – der Theologie betrieben werden kann. Denn gewiß ist es für den Muslim Pflicht, die in der Natur obwaltenden Gesetzmäßigkeiten zu erfassen, doch hat er sich stets vor Augen zu halten, daß diese Gesetzmäßigkeiten keine seinsmäßige Eigenständigkeit beanspruchen können, sondern im Grunde nur »Gewohnheiten Gottes« darstellen. Das Problem, daß erst eine Entfaltung des menschlichen Geistes vom »theologischen« über das »metaphysische« zum »positiven« Denken, wie sie etwa Auguste Comte in seinem Dreistadiengesetz zu beschreiben suchte, den gewaltigen Aufschwung der Naturwissenschaft und der Technik in Europa ermöglichte, wird im modernen Islam nicht erörtert. Man begnügt sich stattdessen meist mit dem pauschalen Hinweis, der Islam – in seiner ursprünglichen und reinen Form – habe den Menschen von allen Fesseln, die zuvor seinen Erkenntnisdrang behinderten, endgültig befreit (→ »Mensch im Islam«).

Rückkehr zum reinen, unverfälschten, Tatkraft, Entdeckergeist und Wagemut des Menschen weckenden Urislam wird zum Schlagwort, welches vielen Muslimen, allen voran dem Ägypter Muhammad Abduh (1849 bis 1905), dem bedeutendsten Vertreter der arabisch-islamischen Reformbewegung, den Weg aus der tödlichen Krise zu weisen schien. Das Beispiel Japans, das sich so schnell die europäische Zivilisation aneignete, bewies, daß auch für die Völker Asiens der Übergang in das technische Zeitalter zu meistern war (II).

3. Einfluß europäischer Ideen

Der gereinigte – idealisierte – Urislam schien jedoch nicht allen Muslimen die ausreichende Grundlage zu sein, um den Anschluß an die zivilisatorisch fortgeschrittenen Länder zu finden. Bereits al-Afgani (1838–1897), der Wegbereiter der islamischen Selbstbesinnung, hatte in einer seiner Abhandlungen darauf hingewiesen, daß Japan seinen rasanten Aufstieg nicht zuletzt der Tatsache zu verdanken habe, daß es sich voll seiner nationalen Kräfte und Tugenden bewußt geworden sei, eine Feststellung, der wir auch bei späteren islamischen Autoren häufig begegnen. Neben die Forderung nach Rückkehr zum reinen Urislam tritt nun, angeregt durch den Nationalismus europäischer Völker, die Vorstellung, man müsse die seit vielen Jahrhunderten unter der erstarrten Kruste islamischer Normen verborgenen schöpferischen nationalen Kräfte befreien; mit ihnen und mit dem vom überkommenen Ballast befreiten Islam lasse sich das Fundament einer neuen fortschrittlichen Kultur errichten.

Seit dem ausgehenden 19. Jhd. stoßen wir deshalb in verschiedenen Gegenden der islamischen Welt auf die Spuren eines Nationalismus, der den Wesensgrund der islamischen Völker jenseits des Islams sucht (→ »Geschichte im Islam«). So glaubt man, die Wiederbelebung der Traditionen des pharaonischen Ägypten werde dieses Land auf die Straße des Fortschritts führen. In der Türkei, die seit den frühen 20er Jahren den Weg zu einer nationalstaatlichen Entwicklung beschritt, hatte vor allem Ziya Gökalp (1875 bis 1924) die Ideologie eines in mythischer Vorzeit beginnenden Türkentumes geschaffen und bemühte sich, so weit wie möglich auch dem Islam seine Rolle in der türkischen Geschichte zuzuweisen (III). In letzter Konsequenz sind aber Nationalismus und Islam, der den Anspruch erhebt, die eine universal geltende Lebensordnung zu verkörpern, nicht miteinander vereinbar. So war es nur folgerichtig, daß die neue Türkei mit dem Gesetz vom 8. April 1928 den Staat auf eine laizistische Grundlage stellte und den Islam seiner Funktion als »Staatsreligion« beraubte.

Eine solche Säkularisierung nach europäischem Vorbild wird von zahlreichen modernen Autoren auch außerhalb der Türkei für eine notwendige Vorbedingung einer zeitgemäßen Entwicklung gehalten (IV). Wie weit diese Vorstellungen jedoch über die Kreise der Technokraten und Intellektuellen hinaus wirksam werden können, ist schwer abzuschätzen, zumal in den letzten Jahren zu beobachten ist, daß islamische Ideale aus der Reformbewegung um die Wende zum 20. Jahrhundert in zum Teil abgewandelter Form stark an Zugkraft gewinnen.

4. Islam ist Fortschritt

Amir Ali (1849–1928), der große indische Apologet des Islams, veröffentlichte 1927 einen Artikel mit dem programmatischen Titel »The Modernity of Islam«. Er verwahrte sich gegen die Neigung mancher zeitgenössischer islamischer Autoren, eine Art Synkretismus zwischen dem Islam und den westlichen Ideen zu schaffen. Muhammads Berufung zum Propheten falle in eine Zeit geistiger Anarchie und moralischer Zersetzung. Der Koran habe hier Abhilfe gebracht, bedeute also einen unschätzbaren Fortschritt für die Menschheit. Jetzt, da der Westen eine tiefgreifende geistige Krise durchmache, gelte es, sich auf den ursprünglichen Gehalt der islamischen Botschaft zurückzubesinnen.

Die hier angedeutete Auffassung, der Islam nehme alle guten Errungenschaften des modernen Westens vorweg, findet sich inzwischen in mannigfachen Abwandlungen in einer kaum zu übersehenden Literatur ausgearbeitet und ist in der islamischen Welt weithin anerkannt. So veröffentlichte beispielsweise am 21. März 1972 das saudi-arabische Justizministerium eine Verlautbarung, in der im einzelnen nachgewiesen werden soll, daß die Menschenrechtserklärung der Vereinten Nationen letztlich nur eine Wiederholung von Grundsätzen sei, die dem Propheten offenbart worden seien.

Zugleich versucht man, den die Einheit der islamischen Welt bedrohenden Nationalismen die Formel von der »Islamischen Solidarität« entgegenzusetzen, die besonders von dem 1975 ermordeten König Faisal von Saudi-Arabien propagiert wurde. Die Grundidee dieses Schlagwortes läßt sich dahingehend zusammenfassen, daß die über die Völkergrenzen hinaus bestehende Gemeinschaft der Muslime sich von der Grundlage des – gereinigten – Islams aus die Errungenschaften der Moderne schöpferisch aneignen soll. Schaich Ahmad Salah Djamdjum, ein führender saudischer Wirtschaftsexperte, trat in einer ausführlichen Abhandlung dafür ein, die Gewinne aus dem Ölgeschäft in diesem Sinne zu verwenden (V).

B Texte

(I) Der Nutzen der Wissenschaft von der Überlieferung (der Sunna) liegt darin, daß derjenige, der sie betreibt, ... wahrhaft frei von Sünden, sichtbar tugendhaft, ohne Lügen und Nachlässigkeit ist...; doch soll die Neigung, sich kritiklos an die großen Überlieferer zu halten, ihn nicht dazu veranlassen, gegen die Wissenschaften der Jurisprudenz und der rationalistischen Theologie Haß zu hegen; denn seine Wissenschaft beruht auf dem Gedächtnis, und ihr gegenüber steht die auf den Gedanken beruhende Wissenschaft.

Al-Amiri (gest. 381/996): Informationsbuch über die Tugenden des Islams (arab.). Ed. Kairo 1967, 120 f. mit Auslassungen

(II) Diese Lichter (der koranischen Offenbarung) erstrahlten und erstrahlen noch immer in der finsteren Nacht, und zwar für Menschen, die Gott mit gutem Gesichtssinn begnadet hat. Sie lassen sich dadurch zu Gott führen und preisen ihre nächtliche Wanderung, wissen sie doch um den Erfolg ihres Strebens. Diejenigen aber, die die Finsternis der Fehlentwicklungen (des Islams) verschlang..., deren Sehkraft erlosch und deren Verstand verdorben wurde, weil sie ihn mit Torheiten vollstopften..., diese können das Licht (der koranischen Offenbarung) nicht erkennen... und ihren Ruf nicht hören. Dabei betrachten die gerade jenes (Verhalten als Ausdruck) ihres vollkommenen Glaubens (an die Offenbarung)! Wie abscheulich sind doch die Dummheit und die Gedankenlosigkeit, die jene wissentlich für sich gutheißen!

...Deshalb sage ich: Der Islam war nie ein Stolperstein auf dem Weg der Zivilisation. Er wird sie vielmehr von ihren Verunreinigungen säubern. Die Zivilisation wird seine stärkste Stütze sein, sobald sie ihn richtig erkannt und er sie mit seinen Anhängern bekannt gemacht hat. Diese Stagnation wird enden. Das beweist am besten die Tatsache, daß der Koran den schlechten Zustand (des heutigen Islams) bezeugt (und daß Gott Männer schickt, die seinem Wort Geltung verschaffen). (Diesen Männern) helfen die Ereignisse; die Peitsche der Gottesstrafe, die die unbeweglich Verharrenden trifft, unterstützt sie.

Muhammad Abduh, Der Islam: Religion der Wissenschaft und Zivilisation (arab.), Kairo 1964, 153 f., mit Auslassungen

(III) Welche Seite unseres sozialen Gewissens wir auch betrachten, wir sehen, wie zwei konträre Strömungen miteinander im Widerstreit liegen: der Wunsch nach radikaler Veränderung und das Festhalten am Althergebrachten. Diese beiden offensichtlich ganz entgegengesetzten Strömungen entspringen jedoch einer gemeinsamen Quelle, dem Festhalten an Normen.

Die Konservativen betrachten die vorhandenen Normen als feststehende Wahrheiten, deren Veränderung Unglauben bedeutet. Die Radikalen erheben die dem Verstand einleuchtenden Normen zu absoluten Gesetzen und verdächtigen diejenigen, die dies ablehnen, als Reaktionäre. Keine dieser beiden Seiten erachtet es aber für notwendig zu untersuchen, woher die alten bzw. neuen Normen gekommen sind, wie sie sich entwickelt und wie sie sich eigentlich in der Folgezeit der unterschiedlichen Umwelt angepaßt haben. Denn beide halten die Norm für etwas Überzeitliches, jenseits jeden wirklichen Lebens für sich Existierendes.

(Ziya Gökalp macht demgegenüber geltend, daß jede zu irgendeiner Zeit geltende Norm das Ergebnis einer langen Entwicklung ist und darum nicht absolut genommen werden darf. Die Radikalen, die in diesem Irrtum befangen sind, schieben die Schuld an allen Mißständen auf die veralteten Normen, die sie ja als absolut betrachten, und möchten an deren Stelle völlig neue setzen, die im Laufe der Zeit ihrerseits obsolet werden müßten. Die Türken hätten im Verlauf ihrer langen, vor dem Islam beginnenden Geschichte vielfach von fremden Völkern Normen übernehmen müssen, die nicht in der eigenen völkischen Tradition verwurzelt waren.)

Wir Türken sind ein Volk mit Normen, aber ohne Tradition. Wir haben es weder für nötig gehalten, die Bande unserer auf das Türkentum und auf den Islam zurückgehenden Tradition zu untersuchen, noch Quelle und Entwicklung der für unsere Zeit kennzeichnenden Fortschritte zu erforschen. Türkentum und Islam haben nach aufeinanderfolgenden Zeiten des Niedergangs und Aufstiegs Sedimente in Form von Verhaltens- und Glaubensnormen hinterlassen. Die europäische Zivilisation erscheint uns (nur) als eine Reihe von wissenschaftlichen und praktischen Grundsätzen.

(Tradition ist aber vor allem ein schöpferischer Prozeß der Veränderung. Darum genügt es nicht, fremde Normen zu übernehmen. Man muß vielmehr sich der eigenen Tradition bewußt werden und das Neue in sie aufnehmen und ihr anpassen.)

Zuerst müssen wir die Grundlagen der dem Türkentum eigenen Tradition und die Daten ihrer Entwicklung prüfen... Es gibt ein nationales Ideal des Türkentumes, dessen Spuren in Worten, Sprichwörtern, Erzählungen und Sagen erhalten geblieben ist; dies unter den verstreuten Trümmern aufzuspüren und das darin verborgene vorgeschichtliche Wesen unseres Volkes zu entdecken, ist unsere größte Pflicht. Zweitens müssen wir unsere islamische Tradition und ihre Geschichte genauestens erforschen... Wenn klar ist, wie sich diese Grundlagen herausgebildet und wie sie sich den unterschiedlichen Umständen und Zeiten angepaßt haben, kann sich erweisen, welcher Fortschritt heutzutage akzeptiert und welche Entwicklung künftighin eingeschlagen werden soll... Um drittens aus den auf die modernen Maschinen bezogenen Philosophien, Wissenschaften, Techniken und Prinzipien Nutzen zu ziehen, müssen wir auch ihre Entwicklungsgeschichte und ihre Geeignetheit für diese Epoche und diese Volksgemeinschaften studieren. ...

Wenn wir ... die moderne Technik und Philosophie, die Technologie und Methodenlehre in unsere nationalen und religiösen Traditionen einpflanzen und mit ihnen verbinden, wird eine zeitgemäße islamisch-türkische Zivilisation entstehen...

Ziya Gökalp, Türkisierung, Islamisierung, Modernisierung (türk.), Neuausgabe Istanbul 1974, 22–24, mit Auslassungen

(IV) Die religiöse Herrschaft traut nicht dem menschlichen Verstand; sie lehnt ihn ab und gewährt ihm nicht die Gelegenheit, sich selbst zum Ausdruck zu bringen. Denn sie ängstigt und fürchtet sich vor ihm und weiß, daß er die einzige Kraft ist, die ihr Schwierigkeiten bereiten kann. Darum überzeugt (die religiöse Herrschaft) die Volksmassen davon, daß es gesetzmäßig sei, den Verstand zu zerstören und ihn mit dem schlagenden Argument zu bekämpfen, daß die Altvorderen den Spätgeborenen nichts zu tun übriggelassen haben und daß sich unsere Verhältnisse nicht für eine Neuschöpfung, sondern allein für Nachfolge und Nachahmung eignen. Daher zieht (die religiöse Herrschaft) es auch vor, sich derer zu bedienen, die allein die Gabe besitzen, keine Gaben zu besitzen; derer, die gegen tiefes Verstehen, scharfsinniges Begreifen, sichere Urteilskraft und Bewußtsein gefeit sind.

...Und gedenket, daß die Religion wieder werden soll, wie Gott sie haben wollte: Prophetentum, nicht weltliche Herrschaft; (moralische) Führung, nicht Regierung; Mahnung, nicht Knute... Trennt man (die Religion) vom Staat, so bewahrt man sie davor, daß sie für die Folgen ihrer Fehler und Unzulänglichkeiten einstehen muß, und man erhält ihr in den Herzen der Menschen tiefe Liebe, ewiges Gedenken und bereitwillige Zustimmung.

Halid Muhammad Halid, Von hier gehen wir aus (arab.), Kairo 1969[11], 166 f. und 184

(V) Dies sind die Formen, in denen in der absehbaren Zukunft arabische Investitionen nutzbar gemacht werden sollten. Sie lassen sich wie folgt zusammenfassen:

1. Investitionen für die Errichtung von Institutionen, die für die Schaffung des arabischen islamischen Menschen auf dem festen Fundament von Religion, Wissen und Ethik unabdingbar sind.
2. Investitionen für gemeinnützige Einrichtungen, die dem einzelnen und der Gesellschaft vollen Raum für ungehinderte wirtschaftliche Entwicklung geben.
3. Investitionen in das örtliche islamische Bankwesen, um die richtigen Kanäle für den Fluß unserer vielfältigen nationalen Produktion zu schaffen.
4. Investitionen auf gesamt-islamischer Ebene durch übernationale islamische Banken ..., die unsere Resourcen überall in der islamischen Welt nutzbar machen.

Wir bitten demütig den allmächtigen Gott, alle islamischen Führer zu lenken und sie zum Ursprung dieser Religion zu leiten, damit sie die islamische Kultur wiedererrichten, die Menschheit vor dem Abgrund retten, in den sie zu stürzen droht, und ganz den Inhalt des göttlichen Befehls begreifen: »Ihr wart die beste Gemeinschaft, die für die Menschen hervorgebracht wurde. Ihr gebietet das Rechte, verbietet das Unrechte und glaubt an Gott (Sure III, 110)!«

Aus einer Rede, die Djamdjum, ehemaliger saudiarabischer Handelsminister, während der Pilgersaison 1974 hielt; englische Fassung in: Journal of Rabetat al-Alam al-Islami – Muslim World League –, Mekka, Nr. II/6, April 1975

C Ausgewählte Literatur

1. Mohammed Arkoun, Der Islam und die Erneuerung der Humanwissenschaften. In: Concilium 12 (1976) 374–380

2. Mamadou Dia, Die Voraussetzungen zur Beteiligung der Welt des Islams an der Schaffung der Industriekultur. In: Concilium 12 (1976) 380–385

3. Hichem Djait, Drei Aspekte der Infragestellung der Modernität im Islam und im Westen. In: Concilium 12 (1976) 386–388

4. Louis Gardet, Islam, Köln 1968, 319 bis 330

5. Kerim Yavuz, Der Islam in Werken moderner türkischer Schriftsteller (Islamkundliche Untersuchungen Bd. 26), Freiburg 1974

8. Religion und Politik

8.1. Religion und Politik im Islam

MONIKA TWORUSCHKA

A Darlegung

1. Geschichtlicher Rückblick

Der Islam ist eine ausgesprochen politische Religion. Bereits nach der Auswanderung nach Medina (Hidjra) verstand sich Muhammad nicht nur als Führer einer religiösen Gemeinde, sondern *auch* als Haupt eines politischen Staates, in dem der Koran und das sich später entwickelnde religiöse Recht (Scharia) Gültigkeit besitzen sollten. Da die erste Organisation der Gemeinde keine Kirche, sondern ein Staat war, hatten die Kalifen in erster Linie ein politisches Erbe zu verwalten. Aus diesem Grunde wurden zahlreiche Kämpfe nicht wegen theologischer Lehrmeinungsverschiedenheiten geführt sondern entzündeten sich an der Frage, wer der geeignete Herrscher sei – ein Problem, das während der gesamten islamischen Geschichte zentral bleiben sollte. In diesem Zusammenhang sind drei Gruppen zu unterscheiden: Die eine (Charidjiten) sprach das Kalifat dem besten Muslim zu, unabhängig von seiner sozialen Position oder Rassenzugehörigkeit. Die Schiiten, deren Glaube heute noch im Iran Staatsreligion ist, erkannten nur Nachkommen des Vetters und Schwiegersohns des Propheten Ali als Herrscher an. Die sunnitische Richtung, die sich 661 mit der Dynastie der Umayyaden weitgehend durchsetzte, verlangte, daß der Herrscher ein Araber aus dem Stamm des Propheten, Fachmann für politische und militärische Fragen sowie ein Kenner des religiösen Rechtes sein müsse. Wir können also von einem demokratischen, dynastischen und legalistischen Prinzip sprechen.

Seit dem 9. Jhd. ging die politische Macht des Kalifates zurück, dadurch daß Gouverneure, Heerführer und religiöse Reformer Dynastien gründeten (z. B. in Nordafrika, Ägypten, Persien und Afghanistan). Es gab daher kein einheitliches islamisches Reich, sondern eine islamische Welt, in der die Religion ein gemeinsames Bindeglied darstellte. Aber auch in jener Zeit war das Ansehen des Schattenkalifates so groß, daß die Herrscher der anderen Dynastien Wert darauf legten, vom Kalifat der Abbasiden in Bagdad offiziell ihre Macht übertragen zu bekommen. Auch nach dem Mongolensturm, der 1258 dem Kalifat politisch ein Ende bereitete, übernahmen die ab 1517 den größten Teil der islamischen Welt beherrschenden Osmanensultane den Kalifentitel. Jedoch erhoben sie damit nicht den Anspruch, die rechtlichen Nachfolger dieses Amtes zu sein, sondern wollten sich lediglich als mächtigste Repräsentanten der islamischen Welt legitimieren.

2. Religion und Politik im 20. Jahrhundert

2.1 Religion und Staat

Wenn man bedenkt, daß die wirkliche politische Bedeutung des Kalifates seit dem 13. Jhd. nicht mehr bestand, ist es um so erstaunlicher, daß die offizielle Abschaffung 1922 die islamische Welt in eine geistliche und politische Krise stürzte und zahlreiche Persönlichkeiten auftraten, die den Sinn des Kalifates im 20. Jahrhundert diskutierten. Diese Diskussion flammt auch heute noch gelegentlich auf. De facto übernahmen die arabischen Staaten jedoch europäische Staatsformen wie Demokratie und Monarchie, in die jedoch islamische Vorstellungen einflossen, so daß die europäische Form mit einem an der eigenen Tradition orientierten Inhalt gefüllt wurde (I).

Die heutigen Nationalstaaten stehen in einem verschiedenen Grad der religiösen Abhängigkeit. Aber es gibt kein Land, daß sich im politischen Bereich nicht irgendwie auf die Religion beruft, wie die folgenden Beispiele zeigen:

– Fast alle arabischen Länder (mit Ausnahme von Syrien und dem Libanon aufgrund zahlreicher nichtmuslimischer Minoritäten) dokumentieren, daß der Islam Staatsreligion ist. Diese Aussage ist so allgemein gehalten, daß sie fortschrittlichen und konservativen Staaten genügend Ermessensspielraum läßt.

– In Ägypten, Syrien, Qatar, Kuwait, Pakistan, im Nordjemen und Irak ist die Scharia, das religiöse Recht, eine Quelle der Legislative. Seit dem 19. Jhd. war die Scharia für Fragen des Familienrechtes und die Verwaltung religiöser Stiftungen sowie in Saudiarabien und im Nordjemen für das Strafrecht zuständig. Aber auch schon vorher wurden Handels- und Verwaltungsbestimmungen durch Gewohnheitsrecht und Erlässe der Herrscher geregelt, da die Scharia sich oft als zu abstrakt und wirklichkeitsfremd erwiesen hatte. Heute sind es neben Saudiarabien vor allem Pakistan, Libyen und der Nordjemen, die alle Bereiche des Lebens mit der Scharia in Einklang bringen wollen (II).

– Im Nordjemen, in Qatar und Kuwait wird die Regierungsform theoretisch aus einem Koranvers abgeleitet, der besagt, daß die Gläubigen untereinander »beraten« sollen, um Willkürmaßnahmen einer Einzelperson zu verhindern. Nach Ansicht der religiösen Autoritäten dieser Staaten sind auf diese Weise Demokratie und Parlamentarismus ursprünglich im Koran angelegt.

– Im Nordjemen darf niemand Abgeordneter werden, der sich nicht als stenggläubiger Muslim erweist (III). In diesem Land hat die Scharia noch so großen Einfluß, daß der Staat z.B. bei Mord nur in solchen Fällen Amnestie gewähren darf, in denen keiner den Tod des Schuldigen oder Zahlen von Blutgeld im Sinn der Scharia fordert.

– Die Religion hat selbst im marxistischen Südjemen noch eine so große Bedeutung, daß man sich auch dort – zumindest formal – auf die islamische Tradition beruft und die islamische Staatsreligion proklamiert.

2.2. Religion in der außenpolitischen Argumentation

Die Auffassung des klassischen islamischen Völkerrechts, das alle nichtislamischen Länder als Gebiet des Krieges (Dar al-Harb) im Gegensatz zum Gebiet des Islam (Dar al-Islam) erklärt, die man bekämpft, sofern man mit ihnen keine Verträge abschließt (Dar al-Sulh), wird von modernen Muslimen kaum mehr vertreten (→ »Friede im Islam«). In einer Beratung der Islamischen Forschungsakademie 1972 in Kairo urteilten islamische Juristen jedoch, daß die Existenz eines jüdischen Staates in dem seit alters her zum Dar al-Islam gehörenden Palästina nicht als Staat geduldet werden könne. Ebenfalls sei es schwierig, Israel den Status Dar al-Sulh zuzuerkennen, da schon der Rechtsgelehrte Abu Hanifa (8. Jhd.) festgelegt habe, daß jedes Dar al-Sulh als Dar al-Islam zu gelten hat, wenn dort muslimische Bürger leben, die Nichtmuslime hingegen nicht völlig anerkannt seien. Die Bezeichnung der Kämpfe gegen Israel als Heilige Kriege (Djihad) ist auf die enge Verbindung von Religion und Politik zurückzuführen, die eine politische Niederlage gleichbedeutend mit einer religiösen Krise erscheinen läßt (IV). Man sollte jedoch nicht leichtfertig von fanatischen Glaubenskriegen sprechen, da vorwiegend politische und wirtschaftliche Interessen betroffen sind. In Wirklichkeit ist die Bezeichnung der Kriege gegen Israel, Kolonialismus und soziale Mißstände als Djihad nur Ausdruck dafür, daß man den Kampf für ethisch gerechtfertigt hält, nicht daß man den Gegner unbedingt zum Islam bekehren will. Israel wird zwar auch als *religiöser* Fremdkörper begriffen; aber das spielt im Vergleich zu politischen und wirtschaftlichen Motiven und den Interessen der Großmächte eine untergeordnete Rolle. Doch auch hier ist Religion untrennbarer Teil der Politik (V). Hier liegt die Gefahr, daß soziale Verhältnisse und Klassenkonflikte durch religiöse Erklärungen verschleiert werden, wie es in manchen Kommentaren zum libanesischen Bürgerkrieg und zum Nahostkonflikt deutlich wird (VI).

2.3 Religion und Ideologie

Im 19. Jhd. kamen muslimische Studenten und Reisende mit europäischen Sozialismuskonzeptionen in Berührung (→ »Tradition und Moderne im Islam«). Bald darauf stellen Denker des 19. und 20. Jhds. wie al-Afgani, Muhammad Abduh, Salama Musa, al-Kawakibi, Michel Aflaq usw. Entsprechungen zwischen europäischem Gedankengut und islamischen Vorstellungen fest. Heute sind es der Südjemen und Teile der palästinensischen Widerstandsbewegung, die sich zum wissenschaftlichen Sozialismus bekennen und Klassenkampf, Internationalismus, Verstaatlichung und Trennung von Religion und Staat fordern. Die überwiegende Mehrheit der arabischen Staaten propagiert jedoch einen *nicht-atheistischen Sozialismus.* Die Hauptunterschiede zum wissenschaftlichen Sozialismus und Kommunismus sind folgende (VII):

– Nach einem langen Unabhängigkeitskampf entstand ein nationales Einheitsgefühl, das durch eine gemeinsame Religion, Sprache, Geschichte und Kultur geprägt ist. Aus diesem Grund lehnt man in der Regel den Internationalismus ab und bekennt sich zum arabischen Nationalismus. Über die nationalen Grenzen hinaus besteht eine gewisse Solidarität mit der Dritten Welt.

– Die Religion ist unantastbar. Sie soll eine ideologische Stütze und Hilfe zur Verwirklichung politischer und wirtschaftlicher Ziele sein. Manche Autoren behaupten, daß Muhammad und die ersten Kalifen Vertreter sozialistischer Ideen gewesen seien (VIII). In diesem Zusammenhang wird immer wieder auf soziale Vorschriften im Koran und religiösen Recht hingewiesen, wie die Almosensteuer, Verbot des Wucherzinses und die rechtlich gleiche Stellung der Gläubigen unabhängig von der Rassenzugehörigkeit.

– Privatbesitz ist nicht unbedingt verwerflich. Nasser prägte den Begriff des »nichtausbeutenden Kapitals«, das durch eigene Arbeit erworben wird. Damit wollte er die Nationalbourgeoisie im Land behalten. Ebenfalls wird Klassenkampf abgelehnt. Stattdessen zielt man auf eine Angleichung der Klassen und Beseitigung von Privilegien, was von arabischen Marxisten kritisiert wird.

– Das Individuum muß sich nicht unbedingt den gesellschaftlichen Interessen unterordnen, sondern die Gesellschaft basiert auf ihm. Weder Gesellschaft noch Individuum sollen einseitig Oberhand gewinnen.

– Die Geschichtskonzeption ist *nicht*-materialistisch; denn der Islam wird als Former und Gestalter der Geschichte begriffen.

Der arabische Nationalismus hingegen verdankt seine Entstehung folgenden Ursachen:

– dem Einfluß von europäischen Denkern wie vor allem Herder und Fichte

– der arabischen Ablehnung, daß die türkischen Osmanen den Islam allein vertraten

– der Frage, ob Arabertum und Islam identisch seien und damit dem Problem der Stellung von nichtmuslimischen Arabern

– der Angst, angesichts der kolonialen Verfremdung und der Aufteilung in Nationalstaaten das arabische Zusammengehörigkeitsgefühl zu verlieren.

Der Wunsch nach arabischer Einheit äußerte sich einerseits in wiederholten Versuchen zu Teilzusammenschlüssen (Vereinigte Arabische Republik zwischen Ägypten und Syrien 1958, die 1961 nach dem Beitritt des Nordjemen zu den Vereinigten Arabischen Staaten wurde, Arabische Union zwischen Irak und Jordanien 1958, Bund Arabischer Republiken zwischen Syrien, Ägypten und Libyen 1971). Andererseits verleihen Einheitsideologien, wie sie die Baathpartei oder Qadafi vertreten, diesem Zusammengehörigkeitsgefühl Ausdruck (IX). Man weist immer wieder auf gemeinsame Geschichte und Sprache hin und will die islamische Urgemeinde (Umma) im Sinn eines zukünftigen arabischen Großreiches wiederbeleben. Die Religion spielt hier oft eine untergeordnete Rolle, da die nichtmuslimischen Araber auch für den Panarabismus gewonnen werden sollen (X).

B Texte

(I) Das islamische Gesetz und die Rechtschaffenheit der Untertanen beruhen auf dem Kalifat im Sinn einer Regierung. Diese kann von irgendeiner Art und beliebiger Form sein, absolut oder beschränkt, monarchisch oder demokratisch, despotisch, konstitutionell oder demokratisch-beratend, sozialistisch oder bolschewistisch... Die Religion bindet die Menschen nicht an eine bestimmte Form, sondern stellt es ihnen frei, das Fortschrittlichste zu wählen, zu dem der menschliche Geist gelangt ist... Die Muslime haben das Recht, die Regierungsform zu wählen, die ihnen genehm ist, und die Herrschaft auszusuchen, unter deren Verwaltung sie leben wollen. Gott hat ihnen nicht befohlen, daß sie unbedingt ein Kalifat oder eine Republik sein müsse. Vielmehr können sie sie aus freiem Willen und gemäß ihren Interessen wählen. Wenn sie sich über eine Regierungsform geeinigt und sie für gut befunden haben, hält auch Gott sie für gut.

Ali Abd ar-Raziq, Der Islam und die Ursprünge der Herrschaft, Beirut, Neuaufl. 1962 (arab.). Der Autor wurde aufgrund seiner Thesen 1925 von der al-Azhar-Universität verwiesen.

(II) Ich schwöre feierlich, daß ich ein Muslim bin, an die Einheit und Unteilbarkeit Gottes des Allmächtigen und an seine Bücher (Thora und Evangelium) glaube und an die Tatsache, daß der Koran das letzte davon ist, daß ich an das Prophetentum Muhammads – Friede sei mit ihm – glaube und daran, daß es nach ihm keinen Propheten mehr geben wird, daß ich an den Tag des Jüngsten Gerichtes und an die Vorschriften und Lehren des Korans und der Sunna (nicht-koranische Tradition vom Leben und von der Lehre Muhammads) glaube... und daß ich mich bemühen werde, die islamische Ideologie zu bewahren, welche die Basis für die Gründung Pakistans darstellt.

Verfassung 1973, Art. 42: Der Eid des pakistanischen Präsidenten

Es sollen Schritte unternommen werden, welche die Muslime Pakistans befähigen, einzeln und gemeinschaftlich ihr Leben im Einklang mit den grundlegenden Vorstellungen des Islams zu gestalten und Möglichkeiten zu schaffen, mit deren Hilfe sie die Bedeutung des Lebens nach Koran und Sunna verstehen können.

Verfassung 1973, Art. 31

(III) Für ein Parlamentsmitglied bestehen die Bedingungen, die der Koran festlegt. Das Mitglied darf sich nicht gegenüber Gott empören. Wenn es nicht die Pflichten erfüllt, die ihm sein Schöpfer auferlegt, wie soll es dann die Pflichten gegenüber einem gleichgestellten Menschen erfüllen! Der Abgeordnete ist ferner der islamischen sozialen Gerechtigkeit verpflichtet, d. h. er soll den Armen Gutes tun und nicht mit dem geizen, was Gott ihm gegeben hat. Ebenfalls muß er mit den anderen Delegierten nach koranischer Weise Beratung pflegen. Sein moralischer Lebenswandel äußert sich darin, daß er nur mit achtbaren Leuten Umgang hat, das Gebet verrichtet und Koran und Sunna achtet.

Aus einem Kommentar zur nordjemenitischen Verfassung 1970. Abgedruckt in der Tageszeitung al-Djumhuriyya (Republik), September 1970

(IV) Söhne Ägyptens, beste Soldaten der Erde, Nachkommen der erhabenen Pharaonen, unerschrockene Söhne der Araber...! Die Zeit ist gekommen, uns von der Degradierung und Erniedrigung der Niederlage 1967 zu reinigen... Wir haben jedem von euch das mitgegeben, was die Offenbarung des edlen Korans, die Überlieferung des erhabenen Propheten und das Evangelium (bezieht sich auf die christlichen Kopten im Heer) für den Heiligen Krieg vorsehen... Die Religion ist einer der Hauptfaktoren zur Verwirklichung des Sieges... Doch der Ruhm des Islams beruht nicht auf Tyrannei und Unterdrückung, sondern auf Gerechtigkeit, Mitleid und Fairness.

Aus einer Schrift, die den ägyptischen Soldaten vor dem Yom-Kippur-Krieg 1973 mitgegeben wurde.

(V) Die Herzen der ägyptischen Offiziere waren nicht vom Glauben an Gott erfüllt... Was nützten ihnen die Raketen, Panzer und russische Technik! Aber Israel, das an seiner Religion festhielt und sich auf sie berief, trug den Sieg davon.

Salah ad-Din al-Munadjdjid, Die Säulen der Katastrophe (arab.), Studie über die Gründe der Niederlage vom 5. Juni 1967, Beirut 1967, 31 f.

(VI) Einige arabische Regime beriefen sich auf die Religion, um die arabischen Massen zu beruhigen und die Schwäche und das Scheitern zu verdecken, das die Niederlage von 1967 enthüllt hatte. Sie führten religiöse und geistliche Erklärungen zum israelischen Sieg und arabischen Verlust an. Sie brachten die Massen damit zum Schweigen, daß sie auf einen neuen zu erwartenden Sieg mit Gottes Hilfe hinwiesen... Das religiöse Denken ist eine theoretische Waffe, um Tatsachen zu entstellen und das Bewußtsein irrezuleiten, d.h. um die wahren Beziehungen zwischen islamischer Religion und moderner Wissenschaft sowie zwischen Religion und politischer Ordnung zu verfälschen. ...Ebenso dient das religiöse Denken zur Verschleierung des sozialen Kampfes zwischen den revolutionären und reaktionären sowie ausbeutenden Kräften im arabischen Vaterland... Zweifellos geschieht diese Verfälschung zugunsten der ausbeutenden Klasseninteressen und ihrer Bewahrung. Deshalb wird der ganzen Gesellschaft diese religiöse Ideologie und ihre die Wirklichkeit verfremdende Mythologie aufgezwungen.

Sadiq al-Azm, Kritik des religiösen Denkens (arab.), Beirut 1972², 9 f. Al-Azm wurde wegen seiner Behauptungen vor Gericht gestellt. Die zweite Auflage erschien mit den Prozeßakten im Anhang.

(VII) Der Marxismus gründet bekanntlich auf der Verneinung und Leugnung jedes Glaubenssatzes, der über Natur, Materie und wahrnehmbare Dinge hinausgeht. Dies ist nicht das Ergebnis einer Verständnisschwäche, sondern hat den folgenden wissenschaftlichen Grund: Solange man sich der Religion in der Geschichte und besonders in der modernen Geschichte, in der sich Klassenunterschiede und Ausbeutung verschärften, bediente, so lange benutzte man sie zur Ausbeutung und ihrer Verteidigung und verhinderte die menschliche Befreiung. Wir hingegen finden, daß dieser Beweggrund nicht mit der Wirklichkeit übereinstimmt, weil er kein Vertrauen in den Menschen setzt und dem Problem nicht völlig auf den Grund geht. Obwohl wir die reaktionäre Art und Weise kennen, in der man sich die Religion zu Nutzen machte, vertrauen wir darauf, daß der Mensch sich gegen diese Form des Religionsmißbrauchs auflehnen kann. Der Baathkämpfer muß gegen jeden Betrug kämpfen, der im Namen der Religion und unter ihrem Deckmantel zur Verhinderung von Entwicklung und Befreiung und zur Fortdauer korrupter Zustände und sozialer Rückständigkeit ausgeführt wird. Aber gleichzeitig muß er die Wahrheit der Religion und die Wahrheit des menschlichen Geistes kennen, die stets auf dem Glauben beruht und weder Leugnen noch Unglauben in sich schließt.

Michel Aflaq, Für die Sache der nationalen Auferweckung (arab.), Beirut 1972⁶, 213. 215 mit Auslassungen

(VIII) Der Geist der Wirtschaft Muhammads ist Gerechtigkeit und basiert auf der Rede des Allmächtigen: Gott befiehlt die Gerechtigkeit... Der Kolonialismus sagte uns nicht: Eure Wirtschaft besitzt für jede Zeit Gültigkeit, sondern die westliche Wirtschaft ist die einzig wahre... Die Gerechtigkeit ist jedoch die Wurzel von Muhammads Sozialismus, und sie ist weder erstarrt noch unbeweglich, stimmt mit der Gesellschaft überein und paßt sich jeder Umwelt an.

Mahmud Schalabi, Der Sozialismus Muhammads (arab.), Kairo 1966, 153 f.

(IX) Wir fordern alle arabischen Denker und die ganze arabische Nation auf, aufrichtig zusammenzuarbeiten und sich für hoch-

stehende Ziele zu opfern. Unsere Denker, die sowohl den Geist der Vergangenheit als auch die Probleme der Gegenwart verstanden haben, müssen von neuem die Grundlage der nationalen Wiedergeburt definieren, um die Nation (Umma) in ihren Organisationen, Traditionen und ihrer Botschaft zu einer besseren Zukunft aufzuwecken, bevor es zu spät ist. ...
Wir müssen unser Erbe vor Auflösung und Zersetzung bewahren. Dabei müssen wir auf zuverlässigen und fundierten Organisationen und Traditionen aufbauen, die mit der neuen Zeit in Einklang stehen.
Unsere Verfassungen und Gesetzgebung müssen sich von den Grundprinzipien unserer Zivilisation leiten lassen. ...
Wir müssen unsere vortrefflichen und hochstehenden Sitten zum Wohl der heutigen Generation stärken, wie z.B. Mannhaftigkeit, Treue, Großmut, Offenheit und Wahrheitsliebe, durch welche die Araber sich in der Vergangenheit auszeichneten.
Wir müssen einen toleranten menschlichen Geist fördern und die religiösen Glaubenssätze stärken, damit die geistlichen Kräfte uns helfen können, die Wirkungen des Materialismus und der die Welt beherrschenden Angst zu mildern.
Wir müssen uns gegen soziale Korruption in der Gesellschaft auflehnen, indem wir eine angemessene Gesetzgebung schaffen und eine aufrichtige Generation vorbereiten, welche sie anwendet.

Arkan Abadi, Die Krise des arabischen Nationalismus (arab.), Beirut 1962, 137. 139

(X) Der Panarabismus beschränkt sich nicht auf die Arabische Halbinsel und bezieht sich nicht auf die Muslime allein. Er umfaßt vielmehr jeden, der zum arabischen Vaterland gehört und die arabische Sprache spricht.
Gleichgültig ob er ein Ägypter, Kuwaiter oder Marokkaner ist,
gleichgültig ob er Muslim oder Christ ist,
gleichgültig ob er Sunnit, Schiit oder Druse ist,
gleichgültig ob er Katholik, Orthodoxer oder Protestant ist,
er ist ein Sohn des Arabertums und wird immer zum arabischen Vaterland gehören und die arabische Sprache sprechen.

Sati al-Husri, An erster Stelle Panarabismus! (arab.), Beirut 1965[5], 12

C Ausgewählte Literatur

1. Peter Büren, Nassers Ägypten als arabisches Verfassungsmodell, Opladen 1972

2. Friedemann Büttner, Reform und Revolution in der islamischen Welt, München 1971 (List-Taschenbuch 1505)

3. Lexikon der islamischen Welt, hg. von Klaus Kreiser / Werner Diem / Hans Georg Majer, Stuttgart 1974 (Urban-Taschenbuch 200/1–3)

4. Maxime Rodinson, Islam und Kapitalismus, Frankfurt 1971

5. Werner Schmucker, Studien zur Baathideologie. In: Die Welt des Islam XIV (1974) 47–80; XV (1975) 146–168

6. Diethard Schneider, Dauerkrise Nahost (Quellensammlung für den Unterricht), Bad Honnef/Darmstadt 1976

7. Bassam Tibi, Nationalismus in der Dritten Welt am arabischen Beispiel, Frankfurt 1971

8. Monika Tworuschka, Die Rolle des Islam in den arabischen Staatsverfassungen, Diss. phil. Bonn 1975. In: Beiträge zur Sprach- und Kulturgeschichte des Orients, Bd. 27. Walldorf-Hessen 1976

9. Dies., Revitalisierung islamischer Wertvorstellungen in modernen arabischen Staatsverfassungen. In: Gunther Stephenson (Hg.), Der Religionswandel unserer Zeit im Spiegel der Religionswissenschaft, Darmstadt 1976, 152–167

10. Wolfgang Ule, Der arabische Sozialismus und der zeitgenössische Islam, Opladen 1969

8.2. Religion und Politik im Judentum

HEINZ-JÜRGEN LOTH

A Darlegung

1. Geschichtlicher Rückblick

Der erste jüdische Krieg gegen Rom (66–73 n. Chr.) endete mit dem Untergang des antiken jüdischen Staates. Das religiöse Staatssymbol, der herodianische Tempel, ging in Flammen auf. Im zweiten Krieg gegen Rom (132–135) unterlagen die Juden wiederum und wurden aus dem Lande, das die Römer hinfort Palästina nannten, vertrieben. Lehrhaus und Synagoge traten an die Stelle von Staat und Tempel. Eine gewisse Wiederherstellung der nationalen Organisation gelang in der Form des auch von den Römern anerkannten Patriarchats.
Der Aufstieg des Christentums zur Staatsreligion im Römischen Reich führte schon bald zur Abschaffung des Patriarchats (429). Eine anti-jüdische Gesetzgebung mit dem Ziel einer Ausschließung der Juden aus der öffentlichen und bürgerlichen Gemeinschaft hatte eingesetzt. Mit dem Schwinden einer jüdischen politischen Sphäre schwand auch das auf diesen Bereich bezogene ethische Denken.
In der christlichen Staatenwelt des Mittelalters spielte das Judentum keine aktive Rolle, vielmehr war es in deklassierender und diskriminierender Weise innenpolitisch ein Gegenstand der Interessen von Städten und Fürsten. Die Abkapselung der Juden von ihrer christlichen Umwelt und der Rückzug auf das autonome Gemeindeleben sowie die Pflege individueller Frömmigkeit nahmen zusehends festere Formen an, um später im osteuropäischen »Städtl« seine ausgeprägteste Gestalt zu erlangen.
Aufklärung und Emanzipation brachten zwar Veränderungen mit sich, doch war die »bürgerliche« Gleichstellung letztlich von der Annahme der christlichen Taufe und der damit verbundenen Selbstpreisgabe abhängig. Der wachsende Antisemitismus des 19. Jhds. (Pogrome in Osteuropa) stellte eine zusätzliche Gefahr für die vitalen Interessen des Judentums dar.
Die Notwendigkeit einer nationalen Selbstbehauptung ließ die vom Zionismus vertretene Vorstellung einer jüdischen »Auto-Emanzipation« aufkommen. In religiöser Hinsicht konnte auf die traditionelle messianische Vorstellung, die eine gesicherte Existenz des jüdischen Volkes inmitten der Völker für die Zukunft erwartet (→ »Zukunft im Judentum«), zurückgegriffen werden. Die über Jahrtausende mit dem »Heiligen Land« gewahrte Verbundenheit ließ die Gründung eines eigenen Gemeinwesens in Palästina als »Mittel einer kollektiven Emanzipation« (J. Maier) erscheinen.
Die nahezu vollständige Vernichtung der europäischen Juden unter der nationalsozialistischen Gewaltherrschaft unterstrich einmal mehr die Notwendigkeit einer öffentlich anerkannten gesetzlich gesicherten Heimstätte für die Juden, die am 14. Mai 1948 mit der Erklärung der Unabhängigkeit des Staates Israel errichtet wurde.

2. Religion und Politik in Israel

2.1. Staat und Religion

2.1.1 Die Gründungsurkunde von 1948

Wie schon die jüdische Nationalbewegung auf religiöse Motive zurückgriff, so haben auch die Gründungsväter des Staates Israel bei der Namensgebung bewußt an die religiöse Vorstellung von Eretz Israel (»Land Israel«) angeknüpft. Die Unabhängigkeitserklärung beginnt mit der Feststellung, daß Eretz Israel das Geburtsland des jüdischen Volkes ist, auf diesem Boden seine geistige, religiöse und politische Identität geformt wurde und von hier aus die Bibel in die Welt ging. Eretz Israel ist das Land, das Gott den Nachkommen Abrahams verheißen hatte (vgl. z. B. Gen 12,7). Dieses Land, das Schauplatz der

messianischen Ereignisse (→ »Zukunft im Judentum«) sein wird, ist die große Gabe Gottes an sein Volk. Es ist dieser besondere numinose Charakter, der das Leben und das Gebet in Eretz Israel zur religiösen Pflicht macht.
Die Gründungsurkunde beruft sich fernerhin auf das Erbe der Propheten, verpflichtet sich jedoch zur Neutralität in Glaubensfragen (I). Ohne Zweifel schließt der Rückgriff auf die Propheten die Bereitschaft des Staates mit ein, eine Beziehung zu der religiösen Tradition – ungeachtet, wie auch immer diese zu definieren ist – des jüdischen Volkes herzustellen (II).
Wenn man in Hinblick auf Israel von einem besonderen Verhältnis zwischen Staat und Religion sprechen muß (III), so darf man indes nicht die Intention der Staatsgründung vergessen: die Wiederaufrichtung politischer Freiheit. In auffallendem Kontrast dazu schließt die Gründungsurkunde mit dem Gedanken an die Erlösung Israels und im Vertrauen auf den Allmächtigen. Hier sei jedoch daran erinnert, daß die Präambel zu unserem Grundgesetz vom 23. Mai 1949 mit den Worten beginnt: »Im Bewußtsein seiner Verantwortung vor Gott...«.

2.1.2 Der Staat und die Religionen
Die Mehrheit der Bevölkerung, rund 85%, sind Juden; die restlichen 15% verteilen sich auf Araber (11%), Drusen und andere. Man muß folglich von einem ethnischen und kulturellen Pluralismus sprechen, der von einem solchen religiöser Art ergänzt wird. Neben der jüdischen Gemeinschaft sind die sunnitischen Muslime, Ahmadis, die verschiedenen christlichen Denominationen, die Drusen und die Bahai anzuführen.
In der jüdischen Gemeinschaft selbst gibt es ebenfalls starke kulturelle Unterschiede, je nach Herkunftsland der Einwanderer. Solche Unterschiede bestehen auch in religiöser Hinsicht. Die einflußreichsten Gruppen sind die orthodoxen oder traditionalistischen Aschkenasim und Sephardim. Daneben gibt es kleinere Gruppen konservativer und progressiver bzw. liberaler Juden, chasidische Gruppen und schließlich die ultraorthodoxen Neturej Karta (IX). Ein Eigendasein führen die Samaritaner und Karäer. Wie in jedem säkularen Staat gibt es auch in Israel große Gruppen, die hinsichtlich der Religion eine indifferente oder gar dezidiert areligiöse Haltung einnehmen.
Das von allen israelischen Regierungen vertretene Prinzip der gegenseitigen Duldung und Religionsfreiheit (IV, II) hat dazu geführt, daß man das von der türkischen Verwaltung (bis 1917) praktizierte Milletsystem übernahm. Den Religionsgemeinschaften wird die Regelung der religiösen Belange, insbesondere der Personenstandsangelegenheiten (Eheschließung, Scheidung) ihrer Mitglieder überlassen (V). Religiöse Gerichte der Juden, Muslime, Christen und Drusen üben eine selbständige Jurisdiktion aus, über deren ordnungsgemäße Einhaltung der Staat wacht. Über die grundsätzliche freie und ungehinderte Religionsausübung sowie über die Amtsausübung des Rabbinats wacht das »Ministerium für religiöse Angelegenheiten«.
Trotz des Übergewichts und der Dominanz der jüdischen Religion hat sich die israelische Regierung stets um eine Beteiligung auch von Nichtjuden am öffentlichen Leben bemüht (VI). Hier sei nur darauf hingewiesen, daß in Parlament, Histadrut (Gewerkschaft), Polizei und Streitkräften die nichtjüdischen Minoritäten vertreten sind.

In der Außenpolitik Israels spielt die Religion keine Rolle. Der israelisch-arabische Konflikt ist – sieht man von einzelnen Stimmen ab (→ »Zukunft im Judentum« XII) – aus israelischer Sicht ein durchweg politisches Problem, bei dem es um die Sicherung der Grenzen Israels geht. Lediglich im Hinblick auf Jerusalem, dessen Altstadt 1967 erobert und in das Staatsgebiet eingegliedert wurde, wodurch die noch stehende Westmauer (»Klagemauer«) des Tempels in jüdischen Besitz gelangte, kann man in begrenztem Umfang von religiösen Motiven sprechen.

2.2 Die Rolle der jüdischen Religion in der Innenpolitik

2.2.1 Der Einfluß des Rabbinats auf die Gesellschaft
Die Rabbiner werden von Gemeinden gewählt und vom »Ministerium für religiöse

Angelegenheiten« ernannt. Alle lokalen Rabbinate und fast alle Synagogen unterstehen dem Einfluß der Orthodoxen. Die höchste religiöse Instanz ist das Oberrabbinat, das aus einem aschkenasischen und sephardischen Oberrabbiner sowie einem Obersten Rabbinischen Rat besteht.

Das Bestreben der orthodoxen »Kirche« (V) ist darauf gerichtet, andere religiöse Strömungen – wie Konservative und Reformer bzw. Liberale – auszuschalten und eine Art Staatskirche zu errichten. Da für die Orthodoxen mit der Staatsgründung die Erlösung bereits ihren Anfang genommen hat (VII), gilt es nunmehr, das Volk mittels Thora und Halacha (die im Talmud überlieferte rabbinische religionsgesetzliche Auslegung der Thora) auf die messianische Zukunft (→ »Zukunft im Judentum«) vorzubereiten.

Wichtige Lebensbereiche unterliegen bereits religionsgesetzlichen Bestimmungen (VIII). Zu erwähnen ist die nahezu absolute Sabbatruhe, die Kaschrut (Befolgung ritueller Speisegebote) in allen amtlichen und öffentlichen Institutionen, das Mischehenverbot u.a.m. Zunehmend ersetzen auch die Zivilgerichte bei ihren Entscheidungen das Römische Recht durch talmudische Rechtsgrundsätze.

2.2.2 Religion und gesellschaftliche Sinngebung

Gegen den umfassenden Einfluß des Rabbinats hat sich auch in Israel selbst jüdische Kritik gerichtet (V, VIII). Jedoch hat sich bis heute die oft heraufbeschworene Gefahr eines *Kulturkampfes* (VIII) nicht bestätigt. Die in Lebenswelt und sozialer Umwelt geltenden Anschauungen und Handlungsorientierungen der modernen wissenschaftlich-industriellen Gesellschaft lassen auch in Israel den systemgebundenen religiösen und säkularen ideologischen Anschauungen nur einen begrenzten Spielraum. Es ist folglich zu fragen, warum die Mehrheit der Juden die traditionalistischen Anschauungen der Orthodoxen duldet.

Eine mögliche Antwort muß verschiedene Faktoren berücksichtigen. 1. Die Interessen der Orthodoxen werden von religiösen Parteien vertreten (IX), deren Stimmenanteil bei Wahlen sich auf rund 14% beläuft. Da die Arbeiterparteien auf die Nationalreligiöse Partei als Koalitionspartner angewiesen waren, konnte diese über das »Ministerium für religiöse Angelegenheiten« seinen Einfluß ständig ausweiten. Das geschah nicht ohne Auseinandersetzungen mit den säkularen Parteien (X). 2. Die Frage nach der Legitimität des Staates, nach dem Wesen und den Traditionen der Gesellschaft führt zur Frage nach der kollektiven Identität, d.h. nach der Jüdischkeit der Gesellschaft. Wenn man unter Judentum mehr als nur die Religion versteht und in ihm ein sozio-religiöses System sieht, dann wird erklärlich, warum auch säkulare oder gar atheistische Juden eine gewisse jüdische religiöse Praxis als zum jüdischen Volk bzw. Staat gehörend ansehen. Man vergleiche dieses Phänomen mit der bei uns üblichen Beibehaltung von kirchlicher Taufe, Eheschließung und Beerdigung, die längst nicht mehr eine enge Bindung zu Kirche und Religion ausdrücken. 3. Die anhaltende Bedrohung Israels durch eine ihm feindliche Umwelt führt zu dem bekannten Phänomen einer positiven religiösen Polarisation (P.A. Sorokin), d.h., im Bewußtsein vieler Juden vollzieht sich eine Suche nach den alten religiösen Werten, die die anhaltende Krise überstehen helfen.

Da Israel ein noch junger Staat ist, wird man in Hinblick auf die obige Frage den weiteren sozialen Wandel abwarten müssen, bevor eine endgültige Antwort möglich ist. Doch dürfte schon jetzt feststehen, daß die Mehrheit der Juden Israels in bestimmten Aspekten der religiösen Tradition konstitutive Elemente einer Sinngemeinschaft sieht.

B Texte

(I) (Der Staat Israel) wird sich auf die Grundsätze der Freiheit, Gerechtigkeit und des Friedens im Geiste der Propheten Israels stützen.

Er wird seinen Bürgern ohne Unterschied

von Glauben, Rasse oder Geschlecht soziale und politische Gleichberechtigung verbürgen. Er wird Gewissensfreiheit sowie Freiheit der Sprache und Kultur gewährleisten. Er wird die Heiligen Stätten unter seinen Schutz nehmen und den Grundsätzen der Charta der Vereinten Nationen treu bleiben.

Aus der Unabhängigkeitserklärung vom 14. Mai 1948. Zit. nach: Israel im Profil, Jerusalem 1973, 34

(II) Der Staat wird für die öffentlichen religiösen Bedürfnisse seiner Einwohner Sorge tragen, aber die Anwendung von Zwang in religiösen Angelegenheiten unterbinden. Der Sabbath und die jüdischen heiligen Tage werden im Staate Israel festgelegte Ruhetage sein. Das Recht von Nichtjuden auf ihren Sabbath und ihre Ruhetage wird geschützt werden.

Art. 2 der ersten Regierungserklärung vom 8. März 1949. Übersetzt aus: Democracy (Israel Pocket Library), Jerusalem 1974, 169

(III) Die demokratische Lebensweise einer politischen Gesellschaft stellt für das jüdische Volk etwas völlig Neues dar. Im Sinne der modernen Demokratie gab es nie zuvor eine völlig souveräne, unabhängige jüdische Volksgemeinschaft. Eine auf dem Prinzip der Mehrheit beruhende Regierungsform verleiht der Tatsache, daß die Gesetze Israels von so vielen religiösen Fäden durchwirkt sind, eine besondere Bedeutung. Hierin ist der Beweis zu sehen, wie sehr religiöse Werte Achtung genießen und Geltung erlangt haben. Gleichzeitig schließt der demokratische Rahmen das Aufkommen einer Theokratie aus; denn die Gesetzgebung ist das Vorrecht der Knesset (= Parlament), der gewählten Vertreter des Volkes. Wenn sie den Entschluß gefaßt haben, in gewissen Dingen dem jüdischen Gesetz und Brauch zu folgen, so taten sie dies aus freiem Willen und freier Gewissensentscheidung, um den besten Interessen und dem wahren Charakter dieses Landes und seines Volkes zu dienen.

Rabbiner Bernard M. Casper, Religiöses Leben in Israel (Schriftenreihe Israel), Jerusalem o. J., 22

(IV) Die nationale Einigkeit und der geordnete Ablauf des Lebens im Staat erfordern Achtung, gegenseitige Duldung und Religions- und Gewissensfreiheit. Die Regierung wird jeglichen religiösen und antireligiösen Zwang, von welcher Seite her er auch immer ausgeübt werden mag, unterbinden. Sie wird den Gemeinden Mittel aus staatlichen Quellen zur Verfügung stellen, wird die religiöse Freiheit aller nichtjüdischen Gemeinden gewährleisten und ihre religiösen Einrichtungen mit staatlichen Mitteln finanzieren, und sie wird religiöse Erziehung für Kinder ermöglichen, deren Eltern dies wünschen. Die Regierung wird in Israel in religiösen Angelegenheiten den Zustand des status quo aufrechterhalten.

Grundrichtlinien des Regierungsprogramms (vom 10. März 1974). In: Informationsblatt 24, Israelische Informationszentrale, Jerusalem 1974, 16

(V) In der Diskussion der religiösen Streitfragen sollten mehrere grundsätzliche Tatsachen bedacht werden. Eine ist der *modus vivendi,* der sich zwischen den religiösen und säkularen Gruppen in der Zeit des Yishuv (die jüdische Gemeinschaft in Eretz Israel vor 1948) entwickelte. Als ein Ergebnis davon wurde alles Personenstandsrecht (d.h. in Hinblick auf Ehe, Scheidung usw.) durch die Knesset (= Parlament) dem Rabbinat übertragen (mit entsprechenden religiösen Institutionen für die muslimischen, christlichen und kurdischen Gemeinschaften), wodurch man ihm die volle Jurisdiktion über die ganze Bevölkerung, über die religiöse und nicht-religiöse gleichermaßen, übergibt.
Obwohl das Rabbinat nur einen Teil der Bevölkerung repräsentiert und nur von diesem als Quelle der Autorität voll anerkannt wird, hat es somit die generelle rechtliche Gewalt in Angelegenheiten des Personenstandes über die gesamte jüdische Bevölkerung in Israel. Daher ist es geneigt, Ansprüche auf Universalität und daraus folgend eine eigenständige Autonomie in Relation zu den religiösen Gruppen zu behaupten und zu nähren, während zur gleichen Zeit seine Macht faktisch weitgehend abhängig ist von der politischen Macht dieser Gruppen.

Indem das Rabbinat totale Autonomie von den säkularen Institutionen forderte, entwickelte es auf diese Weise einen hohen Grad an Zentralisierung und Militanz und ist einer zentralisierten kirchlichen Organisation ähnlich geworden. Gleichzeitig bildete es den Brennpunkt eines intensiven Kampfes zwischen verschiedenen religiösen und sogar säkularen Gruppen, indem es auf die Möglichkeit und die Grenzen ihrer Koexistenz und auf die jeweiligen umfassenden Jurisdiktionen einwirkte.

Übersetzt aus: S. N. Eisenstadt, Israeli Society, New York 1967, 310

(VI) So hat sich die Tradition herausgebildet, daß der Staatspräsident anläßlich des christlichen Neujahrstages die Kirchenfürsten empfängt, in seiner Ansprache unter besonderer Berücksichtigung der Beziehungen zur christlichen Welt auf die wichtigsten Ereignisse des vergangenen Jahres eingeht und seinen Gästen seine Neujahrswünsche für sie, ihre Gemeinschaften und die christlichen Pilger vom Ausland übermittelt.

Mitglieder des christlichen Klerus nehmen regelmäßig an israelischen Staatsfeierlichkeiten, wie der Eröffnungssitzung des israelischen Parlaments und den jährlichen Unabhängigkeitsfeiern teil. Andererseits wohnen Regierungsvertreter bei besonderen Anlässen religiösen Zeremonien der christlichen Kirchen bei und beteiligen sich an der Konsekration neuer Kirchen, Priesterweihen und ähnlichen festlichen Ereignissen.

Pinchas E. Lapide, Die Kirchen im Staate Israel, Manuskript der Sendung im Deutschlandfunk vom 14. 4. 1970, 10 f.

(VII) Anstrengungen werden unternommen, um Mittel und Wege einer Feier des israelischen Unabhängigkeitstages innerhalb des Rahmens der jüdischen religiösen Tradition zu finden. Der Tag wird als religiöser Festtag anerkannt, gekennzeichnet durch ein festliches Mahl im Hause und besondere Gebete in der Synagoge.

Im Jahre 1949 formulierte das israelische Oberrabbinat eine modellartige Anordnung für jene Gebete, die am Unabhängigkeitstag zu rezitieren sind. Der festliche Abendgottesdienst (Ma'ariv) wird eingeleitet mit den Psalmen 107, 97 und 98 – alles an Gott gerichtete Danksagungslieder.

Der Abendgottesdienst schließt mit dem Ertönen des Schofar (= Widderhorn) und mit der Bitte: »Möge es Dein Wille sein, daß, wie wir für würdig erachtet wurden, Zeugen des Anfangs der Erlösung zu werden, wir auch für würdig gehalten werden, den den Messias ankündigenden Schofar zu hören – alsbald in unseren Tagen.«

Das Thema der Erlösung, das den Kern der religiösen Interpretation des Unabhängigkeitstages bildet, ist eine uralte Vorstellung des Judentums.

Übersetzt aus: Minor and Modern Festivals. Edited by Priscilla Fishman, Jerusalem 1973, 17

(VIII) Während des Bestehens des Staates haben die religiösen Gruppen ihre Übergriffe auf allgemeine Aspekte des Lebens im Staate vermehrt, und obwohl sie den *status quo* in verschiedenen religiösen Angelegenheiten aufrecht erhielten, haben sie ununterbrochen den Bereich der den religiösen Gruppen gemachten Konzessionen ausgeweitet.

Die wachsende Militanz der religiösen Gruppen und die Intensität des Streites über religiöse Fragen sind kürzlich so groß geworden, daß sie eine Situation ermöglichen, in der ein ununterbrochenes Anwachsen der intoleranten theokratischen Charakteristika des Staates entstehen und zu einem möglichen *Kulturkampf* führen könnte.

Übersetzt aus: S. N. Eisenstadt, a. a. O. 338

(IX) Im Jahre 1956 entstand aus dem Zusammenschluß zwischen der einstigen Misrachi-Partei (»Geistliches Zentrum«) und dem Hapoel Hamisrachi (»Arbeiter des Geistlichen Zentrums«) die Nationalreligiöse Partei. Es gibt ferner die Agudat Jisrael (»Vereinigung Israels«), eine eher konservative

Partei, sowie ihren Arbeiterflügel, die Poalej Agudat Jisrael (»Arbeiter der Vereinigung Israels«). Alle diese Parteien sind der Überzeugung, daß die religiösen Faktoren dem Druck und den Konflikten der jungen Republik ausgesetzt wären, wenn sie nicht gemeinschaftlich auftreten und ihre Anhänger um sich scharen würden.

Die Gruppe der Neturej Karta ist numerisch schwach, wahrscheinlich zählt sie nicht mehr als dreihundert Familien, von denen die meisten im Meah Schearim-Viertel von Jerusalem leben. Als Umgangssprache benutzen sie das Jiddische – das Hebräische bleibt bei ihnen nur dem Gebet und dem religiösen Studium vorbehalten. Sie sind keine politische Partei; sie versagen sogar dem Staat die »Anerkennung«, da er, wie sie glauben, gegen den Willen Gottes geschaffen wurde; für sie steht die Erlösung, für die die frommen Juden dreimal am Tage beten, noch aus, und sie lehnen den Zionismus ab, weil er in ihren Augen den weltlichen und voreiligen Versuch darstellt, ein Werk zu tun, das nur der Messias vollbringen kann. Nicht, daß sie Zion nicht lieben. Sie waren sogar die allerersten, die sich außerhalb der Mauern der Altstadt (Karta) niederließen; und sie bezeichnen sich selbst als die »Wächter der Stadt«.

Rabbiner Bernard M. Casper, a. a. O. 18 f.

(X) ... die Hauptstreitpunkte zwischen den religiösen und säkularen Parteien liegen auf drei Ebenen: (1) die generelle Frage bezüglich der Legitimation des Staates und der Definition des Wesens und der Traditionen der Gesellschaft; (2) konkreter, der Bereich der religiösen Konturen des Staates oder der Grad der Nicht-Trennung von Religion und Staat, und bis zu welchem Ausmaß religiöse Gesetze der Bevölkerung als ganzer auferlegt werden könnten; bis zu welchem Ausmaß religiös-juristische Körperschaften – wie das Rabbinat – einerseits Jurisdiktion über die gesamte jüdische Bevölkerung haben würden und andererseits bis zu welchem Ausmaß diese von einer Überwachung durch die »säkularen« Autoritäten ausgenommen sein werden; (3) die Autonomie der religiösen Gruppen im Erziehungsbereich und bis zu welchem Ausmaß verschiedene religiöse Institutionen staatliche Unterstützung genießen werden.

Übersetzt aus: S. N. Eisenstadt, a. a. O. 310

C Ausgewählte Literatur

1. Martin Buber, Israel und Palästina. Zur Geschichte einer Idee, München 1968 (dtv 494)

2. Bernard M. Casper, Religiöses Leben in Israel, Jerusalem o. J. (Schriftenreihe Israel)

3. Amos Elon, Die Israelis. Gründer und Söhne, Wien–München–Zürich 1976 (Molden Taschenbuch 9) = Nachdruck der Ausgabe Wien–München–Zürich 1972

4. Zvi Rudy, Soziologie des jüdischen Volkes, Reinbek bei Hamburg 1965 (rowohlts deutsche enzyklopädie 217/218)

5. Tatsachen über Israel. Hg. von der Informationsabteilung beim Außenministerium, Jerusalem 1975

9. Frieden

9.1. Frieden im Buddhismus

MONIKA TWORUSCHKA

A Darlegung

1. Geschichtlicher Rückblick

Um 500 v. Chr. traten in Indien sowohl der Buddhismus als auch der Jainismus mit dem Gebot der Friedfertigkeit auf. Im Buddhismus richtete sich diese Ablehnung der Gewalt hauptsächlich gegen blutige Stammesfehden und Tierschlachtungen bei den vedischen Opfern.

Die Friedenslehre des Buddhismus beruht auf dem Glauben an die Verwandtschaft alles Lebendigen. Denn aufgrund der Lehre der Wiedergeburt kann dasselbe Lebewesen während seines Geburtenkreislaufes einmal Mensch und einmal Tier sein. Wer ein Tier tötet, könnte daher einen Freund und nahen Verwandten umbringen. Eine weitere buddhistische Auffassung besagt, daß jeder sein Selbst über alles liebt. Aus diesem Grund soll derjenige, der auf sein eigenes Wohl bedacht ist, auch anderen keine Gewalt antun, sondern mit ihnen so stark mitfühlen, als handele es sich um ihn selbst. Diese Haltung führt zu einer uneingeschränkten Liebe (Maitri) und zu dem Gebot, selbst Feinde nicht zu verletzen (Ahimsa). Das erste Mönchsgebot lautet daher: »Abstehen von der Zerstörung von Leben.«

Es ist naheliegend, daß im Buddhismus zumindest von der Theorie her wenig Raum für Verfolgungen und Heilige Kriege bestand. Der bedeutsame König Ashoka (250 v. Chr.) bekehrte sich zum Buddhismus, weil er seine Gewalttaten bereute, durch die er an die Macht gekommen war. Fortan erkannte er alle Religionen und Sekten in seinem Reich mit der gleichen Toleranz an.

Aber auch in buddhistischen Ländern beruhte natürlich die Macht der Herrscher auf einem gewissen Maß von Gewaltanwendung. Außerdem nahmen Oppositionsbewegungen mit Vorliebe religiöse Ideen in Anspruch, um soziale Mißstände anzuprangern. Die Verbindung von Religion und sozialem Kampf war vor allem in China weitverbreitet, wie es der Boxeraufstand (1900) und der Vorläufer dieser Bewegung, die Weiße Lotussekte, zeigen. Im allgemeinen betonen jedoch heutige buddhistische Denker und Politiker den friedlichen Charakter ihrer Religion und betrachten gewaltsame Ausschreitungen als Ausnahmefälle – eine Ansicht, die auch von Religionswissenschaftlern gern und häufig vertreten wird.

2. Das Verhältnis des modernen Buddhismus zu Krieg und Frieden

2.1 Frieden im internationalen Bereich

Zeitgenössische Buddhisten heben den kriegerischen Charakter der durch das Christentum und den Islam geprägten Nationen hervor. Sie behaupten, daß gerade in der heutigen Zeit der Buddhismus die einzige Religion sei, die der durch Kriege erschütterten Welt den Frieden bringen könne: »Ich habe die Empfindung, wir Asiaten sollten uns alle gemeinsam erheben, um dieser bösen Macht des Materialismus gemeinsam zu widerstehen und entgegenzutreten« (I).

Zwischen dieser Auffassung und der tatsächlichen Praxis besteht jedoch eine gewisse, nicht zu bestreitende Diskrepanz. Dabei muß man in Betracht ziehen, daß die Herrschaft der Kolonialmächte sowie teilweise gewaltsam erzwungene Missionsverträge (z. B. in China) zur Entstehung eines modernen Buddhismus führten, in dem sich eine enge Verbindung von Religion und Nationalbewußtsein entwickelte. Vor der Zeit des Kolonialismus hatte in einigen buddhistischen Ländern ein Schutzverhältnis zwischen Königtum und religiösen Institutionen bestanden. In einem modernen autonomen Staat wollte man den Buddhismus zur Staatsreligion erklären, damit Herrscher und Bürger ihr Leben mit der Lehre Buddhas in Einklang bringen könnten. Aus diesem Grund setzten sich die Unabhängigkeitsbewegungen das Ziel, die nichtbuddhistischen Kolonialmächte aus dem Land zu vertreiben. Diese Kämpfe hatten sowohl anti-koloniale als auch anti-westliche und anti-christliche Impulse, da die Buddhisten glaubten, daß sich das Christentum nur im Schutz der Kolonialmacht hatte ausbreiten können.

Selbst in Kriegen, die nicht gegen Kolonialmächte geführt wurden, wie z.B. Bruderkriege zwischen Burma und Thailand, setzten nicht alle Herrscher die an sich friedliche Lehre ihrer Religion in die Tat um. Doch auch für solche Politiker, die aus religiösen Gründen eine Gewaltanwendung ablehnten, stellte sich die Frage, wie man sich in einem Verteidigungskrieg zu verhalten habe, z.B. als Tibet 1918 von China angegriffen wurde. Dieses Problem wurde 1959 auf einem Kongreß in Tokyo von Vertretern des Theravada- (Ceylon, Burma, Laos, Kambodscha) und des Mahayana-Buddhismus (China, Vietnam, Butan, Nepal) erörtert. Dabei sprachen sich die Theravada-Länder für *absoluten Pazifismus* aus, während die Mahayana-Staaten einen Verteidigungskrieg billigten, wenn alle Mittel der friedlichen Schlichtung versagt hätten (II). Der Mahayana-Buddhismus begründet Gewaltanwendung sogar mit einer Überlieferung aus dem Mahaparinirvana-Sutra. Dieser Text beschreibt, daß Buddha in einem seiner früheren Leben einige ketzerische Brahmanen tötete, um den Buddhismus zu schützen und um sie vor der Strafe zu retten, die sie erlitten hätten, wenn sie in ihrer Freveltat fortgefahren wären. Manche modernen Buddhisten umgehen das Gebot der Friedfertigkeit ferner mit dem Argument, daß es besser sei, einen Menschen zu töten, wenn dieser sonst den Tod vieler anderer verursachen würde. Auf diese Weise wird vor allem in China der Kampf gegen die Imperialisten und Konter-Revolutionäre gerechtfertigt.

Auf der Bandung-Konferenz 1955 trug ein thailändischer Staatsmann die These vor: Buddha habe zwar den Krieg verdammt, nicht aber diejenigen, die um einer gerechten Sache willen in den Krieg zögen (III). Er habe die vollkommene Aufgabe des Selbst, nicht aber die Unterwerfung unter böse Kräfte gelehrt. Diese Aussage ist insofern problematisch, als Verteidigungskrieg oder gerechter Krieg schwer definierbare Begriffe sind. Hier läuft die buddhistische Friedensidee Gefahr, zu theoretisch zu sein oder sich in einen Seelenfrieden zu flüchten, der die politische Realität ausklammert. Es wäre zu überlegen, ob die landläufige Gegenüberstellung vom kämpferischen Islam und Christentum einerseits und friedlichen Buddhismus andererseits aufrechterhalten werden kann (→ »Frieden im Islam«). Es läßt sich nämlich zumindest für die neuere Zeit kaum empirisch nachweisen, daß buddhistische Länder de facto weniger Kriege als andere geführt haben.

2.2 Frieden im innenpolitischen Bereich

Für den zwischenmenschlichen Bereich fordern auch die heutigen Buddhisten noch, allen Lebewesen mit Liebe und Mitleid entgegenzutreten. Deshalb lehnen z.B. deutsche Buddhisten die Abtreibung als eine besonders grausame Tötungsart ab. Der Buddhist ist überzeugt, daß im Moment der Empfängnis das neue Leben beginnt. Aufgrund der Wiedergeburtslehre würde man durch Abtreibung dem lebendigen Wesen die Chance nehmen, eine neue Inkarnation in einer möglicherweise besseren Daseinsform zu erleben. Nur in Extremfällen der medizinischen und sozialen Indikation werden vereinzelte Ausnahmen gestattet (IV).

Das Gebot, kein Leid zuzufügen, führte in manchen buddhistischen Ländern sogar zu der Einrichtung von Tierkrankenhäusern. Es ist jedoch die Frage zu stellen, ob eine friedliche Lehre wirklich in der Lage ist, soziale Spannungen und innenpolitische Konflikte zu entschärfen. Der englische Religionswissenschaftler Trevor Ling ging diesem Problem in Burma und Thailand nach. Dabei kam er zu dem Ergebnis, daß in diesen Ländern zwar weniger Gewaltverbrechen verübt werden, daß aber andererseits die natürliche Aggression der Bürger unterschwellig weiter existiert. Man bemüht sich wohl, im Alltagsleben mit Freunden, Familie und Kollegen keinen Streit anzufangen und geht bei Konflikten mit Vorgesetzten den Weg des geringsten Widerstands. Aber auf diese Weise wird die offene Aggression in den psychischen Bereich verdrängt. Die Menschen reagieren sich dadurch ab, daß sie andere heimlich verleumden und hinter ihrem Rücken reden. In vielen Fällen bedient man sich auch magischer Beschwörungen, um den persönlichen Feind regelrecht zu verhexen. Gananath Obeysekere führt in einer Untersuchung über Sri Lanka aus, daß einige buddhistische Mönche einen besonderen Ruf als Hexer erworben haben. Vielfach nehmen Politiker die Dienste dieser Mönche in Anspruch, um sich unerwünschter Gegner zu entledigen. Die meisten anderen Buddhisten erkennen diese Hexer aber nicht als wahre Amtskollegen an, obgleich sie großen Einfluß im öffentlichen Leben haben (V).

Ling führte ferner aus, daß die Bürger, die im Privatleben der friedlichen Koexistenz verpflichtet sind, als Gegenreaktion auf die erlittene Frustration im Kriegsfall oft besonders grausam sind.

Hier ergibt sich ein Denkanstoß: Auch über das Christentum wurde vom Standpunkt der Tiefenpsychologie ein ähnliches Urteil geäußert. Forscher wie Freud, Jung oder beispielsweise der amerikanische Jude W. Kaufmann vertraten die These, daß die friedliche Lehre des Christentums zu einer Verdrängung unkontrollierter Aggressionen führe.

2.3 Die japanische Kriegerethik

Der aus dem Mahayana hervorgegangene Zen-Buddhismus gelangte am Ende des 12. Jhds. von China nach Japan, wo er die Geisteshaltung der Kriegerklasse (Samurai) stark beeinflußte. Zwischen Zen und Bushido, dem Ehrenkodex des Kriegers, bestand eine gewisse Affinität, da beide Askese, Disziplin und Selbstzucht forderten. Die Zen-Meditation kam der Samurai-Mentalität insofern entgegen, als der Samurai, der im Kampf stets Gewalt und Tod vor Augen hatte, einer inneren Ruhe und Ausgeglichenheit bedurfte.

Unter dem Einfluß des Zen entwickelten Samurai-Theoretiker die These, daß der Krieger jeden Augenblick bereit sein müsse, sein Leben zu opfern, ohne über die Konsequenzen nachzudenken oder persönliche Erwägungen in Betracht zu ziehen.

Auf diese Weise entwickelte sich eine enge Beziehung zwischen dem von der Theorie her friedlichen Buddhismus und der japanischen nationalen Kriegerethik, die neben einem strengen Sittenkodex auch (für unser Verständnis) unvorstellbare Grausamkeit propagierte. Die japanische Kriegermentalität ist zwar nicht buddhistischen Ursprungs, aber sie schöpfte wesentliche Impulse aus der Zen-Meditation und erklärte so den Dienst an der Waffe zu einem *Heilsweg,* dessen Ziel es ist, das eigene Selbst zu überwinden.

Nachdem die Samurai-Klasse im vergangenen Jahrhundert abgeschafft wurde, erfuhr ihre Ethik interessanterweise im russisch-japanischen Krieg (VI) und bei der Aufstellung der Kami-Kaze-Flieger eine Wiederbelebung (VII).

B Texte

(I) Das Prinzip des Nichtverletzens (Ahimsa), das zu den fundamentalen Lehren Buddhas gehörte, enthält alles Erforderliche, um eine Charta der Menschenrechte in dieser modernen Zeit aufzustellen. ... Sei es Diebstahl durch Kolonialismus, sei es Diebstahl durch Landbesitzer, die ungerechte Steuern auferlegen oder der Diebstahl, der einem Menschen das Recht nimmt, frei zu wählen, weil er Angst hat, alle diese Dinge sind Rechtsverletzung, sagte Buddha. ...

Wir befinden uns vermutlich am Anfang einer neuen Friedenszeit unter den Menschen, und es wurden Voraussagungen in einigen buddhistischen Ländern getroffen, daß in dieser Zeit eine neue Epoche beginnen würde.

Wenn Asien, nachdem es fünf Jahrhunderte untätig war, abermals einen angemessenen Platz in der Welt einnimmt und wieder bittet, der Führer eines neuen Zeitalters zu sein, ist es bedeutsam, daß der Buddhismus, der für die große Zivilisation und kulturellen Einflüsse dieses Landes verantwortlich war, nun an seinen angestammten berechtigten Platz zurückkehrt...

G. P. Malalasekera, The Path of Progress. In: The Buddhism XXX (1959/60) 18–21. Aus dem Englischen übersetzt aus: Heinz Bechert, Buddhismus, Staat und Gesellschaft, Bd. I, Frankfurt 1966, 62 f.

(II) Menschen, die in verschiedenen Ländern in enger Nachbarschaft leben, haben unvermeidlich Streit und Auseinandersetzungen. Obwohl die Welt einen solchen Zivilisationsstand erreicht hat, daß die Menschen viele Mittel kennen, um ihre Meinungsverschiedenheiten friedlich zu schlichten, ziehen manche Menschen es dennoch vor, ihre eigene Kraft zur Entscheidung zu verwenden, wie es der jetzige Krieg in Europa zeigt (1. Weltkrieg).
Angesichts dieser Sachlage erachtet es jede Nation als notwendig, einige ihrer Bürger zu einer Klasse zu organisieren, deren Aufgabe es ist, gegen Feinde zu kämpfen.
Deshalb muß Krieg auch in Friedenszeiten vorbereitet werden, sonst käme man zu spät und befände sich in einer nachteiligen Position.
Unser Allweiser Herr Buddha hat die Bereitschaft einer Stadt, die nicht unaufmerksam ist, in dem folgenden Ausspruch als Beispiel genommen:
»Da Städte, die an der Grenze liegen, von innen und außen gefestigt sein müssen, seid entsprechend vorbereitet. Laßt euch keine Gelegenheit entgehen; denn solche, die eine Gelegenheit ungenützt vorübergehen lassen, werden in großer Sorge sein.«

Zitiert bei: H. Bechert, a. a. O. 186 f.

(III) Wenn ich Dich töte, ist der Grund nicht der, dich zu töten, sondern dich zu retten. Wenn ich dich nicht töte, wirst du viele andere Menschen töten und großes Leid verursachen und große Schuld auf dich laden. Wenn ich dich töte, hindere ich dich, es zu tun. So kann ich beide, dich und sie retten. Auf diese Weise Menschen aus Mitleid zu töten, ist kein Unrecht.

Ausspruch eines chinesischen Buddhisten. In: Holmes Welch, Buddhism under Mao, Cambridge Massachusetts 1972, 283

Am besten ist der direkte Eintritt in die Armee, um die Geisteshaltung zu erlernen, aus der heraus Shakyamuni (= Buddha) als die Verkörperung des Mitleids und als Führer zur Buddhaschaft Räuber tötete, um die Menschen zu retten und zugunsten aller lebenden Wesen Härte erduldete. Nach Buddhas Lehre ist die Vernichtung der amerikanischen imperialistischen Dämonen, die den Weltfrieden brechen, nicht nur untadelhaft, sondern tatsächlich verdienstvoll.

Zitiert bei: Holmes Welch, Buddhismus in China. In: Heinrich Dumoulin (Hg.), Buddhismus der Gegenwart, Freiburg 1970, 105

(IV) Der Buddhist weiß nur zu gut, daß jeder nur aus seiner Erkenntnis heraus handeln kann. Wenn er also auch für sich ein ganz bestimmtes Handeln als allein verantwortbar ansieht, wird er nichtsdestoweniger einen anderen zu verstehen suchen, der aufgrund einer verschiedenen Erkenntnis einfach anders handeln muß.
Während für den religiösen Menschen das durch eine Abtreibung getötete Wesen lediglich »in das Nichts, aus dem es gekommen ist, zurückgestoßen« würde, betrachtet der Buddhajünger das sich in einem Mutterleibe entwickelnde Wesen sub specie reincarnationis, unter dem Blickpunkt der Wiedergeburten. Im Licht dieser Erkenntnis ist dieser Embryo oder Fetus also »kein ungeschriebenes Blatt«, auch kein schlechthin neues Wesen, sondern ein Wesen, das wie er selbst und wie jeder andere seit unvorstellbaren Zeiten im Samsaro Kreislauf der Wiedergeburten

herumirrt, immer auf der Suche nach Glück, nach der Flucht vor Leiden... Wenn das werdende Kind nun bereits im Mutterleibe körperlich verkrüppelt ist oder in verbrecherische Verhältnisse hineingeboren werden soll, wenn es von einem betrunkenen Gewaltverbrecher gezeugt wurde, dann ist das die Frucht seines schlechten Karmas Tatvergeltung, die Folge also seines aus Nichtwissen geborenen dürstenden Willens... Das Leiden, das auf dieses Kind mit seiner Geburt zukommt, kann ihm durch eine Abtreibung nicht erspart werden. Im Gegenteil: wird es abgetrieben, anstatt aufgezogen, wo wird es, aufgrund seines tiefen Nichtwissens, einen neuen Keim ergreifen? Welche Möglichkeiten stehen ihm wohl dann offen? Wohl kaum bessere!

Christine Schoenwerth, Zum Thema Abtreibung. In: Yana. Zeitschrift für Buddhismus und religiöse Kultur auf buddhistischer Grundlage, XXVIII (1975) 13–19, bes. 17 f.

(V) Die tödlichste Form der Hexenpraxis in Sri Lanka ist unter dem Namen vas-kavi bekannt (vas = Übel, rituelle Gefahr, Gift und kavi = Lied). Vas-kavis sind Lieder, die auf der Basis von sorgfältig ausgearbeiteten astrologischen und mystischen Berechnungen zusammengestellt werden. Jedes Lied wird für den besonderen Bedarf des Kunden komponiert. Diese Lieder werden eine bestimmte Anzahl von Malen vor dem Abbild einer mächtigen Gottheit, wie z. B. dem Gott Skanda (Kataragama) gesungen. Paradoxerweise sind viele vas-kavi-Spezialisten buddhistische Mönche, von denen einige einen bedeutenden Ruf als Hexer haben. Es wird zum Beispiel geglaubt, daß in dem Augenblick, in dem ein wohlbekannter vas-kavi-Spezialist das vorgeschriebene Ritual durchführt und aus dem Schrein heraustritt, das Opfer tot umfällt. Vas-kavi ist sehr beliebt unter den Politikern als Technik, die politischen Feinde loszuwerden. Die Gebühren, welche die bekannteren Hexer fordern, sind auch so hoch, daß sich nur wohlhabende Leute diesen Dienst leisten können. Keiner der Mönche, die als vas-kavi-Hexer praktizieren, waren bereit, über ihre Kunden zu reden, so daß man keine nützliche Information über Hexenpraxis aus dieser Quelle erhalten konnte... Die Hexenpraxis der Mönche wird sowohl von der buddhistischen Lehre als auch der öffentlichen Meinung als unnormal und unethisch betrachtet. Die Öffentlichkeit behandelt diese Mönche nicht als echte Mönche, aber sie werden gefürchtet und respektiert. Der Grund, warum einige Mönche vaskavi praktizieren, ist nicht leicht zu erklären. Vielleicht entzieht sie ihre Rolle einer näheren Prüfung durch die Öffentlichkeit. Es ist aber auch möglich, daß ihr Beruf ihnen die Zeit gibt, die esoterischen Fertigkeiten zu studieren, die für vas-kavi gebraucht werden. Psychologisch gesehen sind diese Leute pathologische Mörder.

Gananath Obeysekere, Sorcery, Premeditated Murder and the Canalization of Aggression in Sri Lanka. In: Ethnology 14 (1975) 1–23, bes. 4.22

(VI) Nach der Restauration der Mei-ji (1867) begann die Beliebtheit von Zen zu schwinden...; aber nach dem russisch-japanischen Krieg hat er eine Wiederbelebung erfahren. Heute wird er als der ideale Glaube angesehen, sowohl für eine Nation, die voller Hoffnung und Kraft ist, als auch für den Menschen, der sich im Daseinskampf seinen Weg ebnen muß. Bushido oder der Code der Ritterlichkeit sollte nicht nur vom Soldaten in der Schlacht eingehalten werden, sondern auch von jedem Bürger im Existenzkampf. Wenn ein Mensch ein Mensch und keine Bestie ist, muß er ein Samurai sein: tapfer, großzügig, aufrichtig, treu, mannhaft, voller Selbstachtung und Selbstvertrauen und gleichzeitig vom Geist des Selbstopfers erfüllt. Wir finden eine Verkörperung des Bushido bei dem verstorbenen General Nogi, dem Helden von Port Arthur, der, nachdem er zwei Söhne im russisch-japanischen Krieg für das Land geopfert hatte, sein eigenes Leben und das seiner Frau für den verstorbenen Kaiser preisgab. Er starb nicht umsonst, wie manche denken mögen, weil seine Einfachheit, Gradheit, Loyalität, Tapferkeit, Selbstkontrolle und Selbstaufopferung, die alle in seiner letzten Tat vereinigt waren, sicherlich die heranwachsende Generation mit dem Geist der Samurai inspirieren wird, um Hunderte von Nogis entstehen zu lassen.

Kaiten Nukariya, The Religion of the Samurai. A Study of Zen Philosophy and Discipline in China and Japan, London 1973 (repr.), 50 f.

(VII) Als einer der kaiserlichen Samurais des Himmels habe ich mich entschlossen zu dienen, indem ich mein Leben im Kampf opfere. Könnte ich mein Leben verstreuen wie die Blüten eines Kirschbaums, würde ich sieben Mal sterben, um mein Land zu schützen... Um die höchste moralische Pflicht zu erfüllen, werde ich ein tapferer Samurai in dem Blut und Eisen verschworenen Kirschblütengeschwader des Göttlichen Donnerschlag-Corps sein.
Könnte ich mein Leben verstreuen wie die Blüten eines Kirschbaumes, würde mein Blut wie die verstreuten Kirschblüten im Wind blühen in dem Vertrauen, daß wir am Ende siegreich sein werden...

Gedicht eines Kami-Kazepiloten. Zitiert bei: Hagoromo Society, The Cherry Blossoms Squadrons, Born to Die. Ohara Publications 1973, 132

C Ausgewählte Literatur

1. Fritz Bammel, Die Religionen der Welt und der Friede auf Erden, München 1957

2. Ernst Benz, Der Friedensgedanke in der gegenwärtigen Auseinandersetzung zwischen Buddhismus und Christentum in Asien. In: Eranos-Jahrbuch XXVII (1958) 359–404

3. Edward Conze, Der Buddhismus, Stuttgart 1974[5](Urban-Taschenbücher 5)

4. Rolf Italiaander, Die neuen Männer Asiens, Düsseldorf/Wien 1964

9.2. Frieden im Islam

WERNER SCHMUCKER

A Darlegung

1. Der Krieg ist kein Normalzustand

Eine besonders im Westen weit verbreitete Auffassung ist, daß Islam und Djihad (Heiliger Krieg) eine natürlichere Verbindung seien als z. B. Islam und Frieden. Dabei überträgt man irrige christlich-westliche Hl. Krieg-Vorstellungen auf den Islam, andererseits unterliegt man der verfälschenden modernen Djihadwerbung politisch-agitatorischen Stils im Islam selbst (→ »Religion und Politik im Islam«).
Der Islam urteilt eigentlich ganz anders: Ihm gilt der Frieden als beständige Regel, der Krieg dagegen als die Ausnahme – und als eine Notwendigkeit.
Zwar verwischt das klassische islamische Völkerrecht diesen Eindruck bisweilen nicht unbeträchtlich, wenn es die Welt in zwei Hälften, die ›Dar al-islam‹ (Islamgebiet) und die ›Dar al-harb‹ (Kriegsgebiet) aufteilt, für gewöhnlich vom Kriegszustand zwischen diesen beiden Hälften ausgeht und den Djihad selbst nicht wenig verherrlicht. Die sich dahinter verbergende Grundauffassung ist indessen die, daß der notwendige Kriegszustand nichtsdestoweniger nur ein vorübergehender oder vorläufiger sei, also hinfällig werde, sobald die ursprünglich vorhanden gewesene, später gestörte ideale menschheit-

liche Einheit wiederhergestellt sei. Der Frieden ist somit, sagen Muslime, *im Grunde* dem Islam angeboren; der Islam ist die Religion des Friedens, er ist Friede. Man verweist auf ›as-salam‹, einen der 99 Gottesnamen, auf die Verwandtschaft des Wortes ›islam‹ mit ›salam‹, die Parole der islamischen Gemeinschaft, nämlich den Gebets- und Friedensgruß (I).

2. *Die totalitäre Seinssicht*

Der Friedensgedanke, sagen Muslime, ist in der Natur des Islam selbst verwurzelt. Er ist ebenso »totalitär«, wie die islamische Natur in sich ganzheitlich ist und alle Seins-, Lebens- und Menschenbereiche umgreift. Die »totalitäre« Sicht des Islams behandelt nie nur Teilbereiche des Seins oder des menschlichen Lebens, sondern betrachtet alles als eine letzte Einheit, die vom Ursprung her nicht differenziert ist. Deshalb bettet er auch die Friedensnatur seiner Religion in diese »totalitäre« Seinssicht ein und leitet sie von ihr ab. Zwei Ebenen der Erklärung dienen der Veranschaulichung dieses Zusammenhangs. Die *Grundebene,* die *koranische,* bietet zwar kein gestrafftes, einheitliches Bild, schildert vielmehr Einzelszenen in so überschwenglichem Ton und in so plastischer Ausdrucks- und Denkweise, wie sie der auf Greifbarkeit und Erlebbarkeit bedachten Geisteshaltung der Prophetenzeitgenossen entsprachen. Es ging darum, die fraglos und dumpf hingenommene Weltordnung einsichtig und durchsichtig werden zu lassen, und das Walten und Wirken des *einen* Gottes in den Natur- und Himmelserscheinungen, in den Lebensäußerungen darzustellen. Die Landsleute des Propheten sollten die einfachsten, jedoch tiefgründigen Zusammenhänge ihrer Umgebung durchschauen, eine zutiefst sinn- und zweckerfüllte Ordnung der Dinge über ihnen, um sie herum und in ihnen wahrnehmen lernen. Also lenkt Gott durch seinen Propheten ihren verschleierten Blick auf die wunderbaren vernünftigen und zweckmäßigen Einrichtungen der Schöpfung: den geordneten Gang der Sphären, den wohltätigen Wechsel der Jahreszeiten, die regenschwangeren, Gedeih und Blüte verursachenden Wolken, das Geheimnis des lebensträchtigen Samens, die kraftvolle, immer neu zeugende Fülle der Lebensformen. Er schärft ihre Sicht für das wunderbare Zusammenspiel der Weltteile, ihre Gleichrichtung, ihre gegenseitige Abhängigkeit und ihre harmonische Gliederung: der Mikrokosmos ist bis in die feinsten Verästelungen hinein ein ebenmäßiger Widerschein des nach göttlichem Plan eingerichteten Makrokosmos. Universum und Kreatur sind einträchtig ineinander verwoben.

Die *andere Erklärungsebene* lehnt sich eng an diese koranische an, nur daß sie systematisierend und abstrahierend zusammenfaßt. Beispielhaft für diese Betrachtungsweise steht der Gedankengang des Muslimbruders Sayyid Qutb:

Der Islam gilt seinen Bekennern als »die Religion der übergreifendsten Einheit in diesem unermeßlichen Sein...«. Er bezeichnet die Einheit aller Seinsstufen, die Sammlung aller Entwicklungen im geistigen und im stofflichen Bereich. An der Basis aller Einheit steht für den Islam der Tauhid (Einheit) Allahs, des Ursprungs und Ziels allen Lebens. Spaltung und Gegensätzlichkeit haben in dieser Quelle des Seins keinen Platz. Die Einheit des Schöpfergottes verbannt aus der Seinsordnung bzw. dem Seinsgesetz die Verschiedenheit des Planens und der Ordnung, folglich auch das Widersprüchliche und feindlich Zusammenprallende.

Der erschaffende Wille des einzigen Gottes bringt allein alles geschaffene Sein hervor. Das Hervortreten des Seins geschieht ohne Vermittlung, ohne Zweiheit (Dualismus), ohne Vielfalt. Der Islam verneint somit jegliche Widersprüchlichkeit, Behinderung oder Verschiedenheit von Urbeginn an und läßt das Sein in Leichtigkeit, Einfachheit und Ebenmaß in Existenz treten.

Indem dieser Eine alles allein plant, schafft und lenkt, gibt es für den Islam im Leben keine Mißleitung auf das Endziel hin, keinen Endzweckwiderspruch. Alles Entstandene führt zu *einem* Ende hin, dem Tauhid, geht in seiner Vielfalt auf *eine* Wurzel zurück, woraus es sich in die verschiedenen Dimensionen verzweigte. Alles läßt sich folglich auf *eine* Grundnatur zurückführen. Alles ist einem einzigen Gesetz unterworfen, das seine Bewegungen regelt, es vor Zusammenprall und Zerstörung bewahrt und den Gang regelt. Der Islam bestreitet, folgert man weiter, daß die zerteilten Teile des Seins eine Eigenschaft der Zergliederung und Zerstreuung *an sich* besitzen. Vielmehr bestätigt er ihr Einssein, ihr Ebenmaß in der Natur der Seinsbildung, im Innern des Seinsgesetzes und in der Bewegungsordnung gleichermaßen.

Das *Leben* inmitten dieses Seins ist gewollt und nicht zufällig. Seinsplan und Seinsgesetz sollten vorsätzlich das Inerscheinungtreten des Lebens fördern, das Erschienene stützen und ernähren, erhalten, vor Vernichtung und Erlöschen bewahren. Alle Ordnungen und Einrichtungen des Seins wurden bei der Planung auf die Erfordernisse des Lebens hin geschaffen. Der Islam bekräftigt nachdrücklich das Zusammenwirken und die Gleichordnung zwischen der Natur des Seins und der Natur des Lebens insgesamt, und er verwirft den Gedanken des Zusammenstoßes und des Widerstreits, so wie er den Grundsatz der *gewollten* Ordnung im Aufbau des Seins bekräftigt und den Gedanken des blinden Zufalls, der sich nicht auf eine (vernünftige) Ordnung stützt, ablehnt.

Das Leben entfaltet und entwickelt sich aus einem alles durchdringenden und belebenden Urelement, dem Wasser, mittels eines allem Lebenden eigentümlichen Urprinzips, der Paarung. Hieraus erwächst eine *einzige* kollektive Ordnung, ergibt sich eine Zuordnung alles Lebendigen auf Erden, entsteht gewissermaßen eine einzige, urverwandte Familie.

Der *Mensch,* das am meisten fortgeschrittene Muster des Lebens, stammt von einem Urelternpaar her, teilt sich mit jenem in die Urmaterie Lehm und in das Individualprinzip Seele.

Die Wohlordnung alles aus *einer* Wurzel Geschaffenen bezweckt, daß sich die Menschen *partnerschaftlich* kennenlernen, anerkennen und miteinander friedvoll verkehren. Damit hebt der Islam alle Voraussetzungen eines ethnischen oder rassischen Zwistes auf. Er bekräftigt die Einheitlichkeit der Menschheit nach ihrer Natur, Wurzel und Entwicklung, und bestimmt, daß das Endziel hinter der natürlichen Aufspaltung der Gattungen und Völker gegenseitiges Sich-Kennenlernen und Harmonieren ist.

Der *einen* Menschheit übermittelte nun der *eine* Gott eine einzige, unteilbare Botschaft, und die an sie glauben, bilden wiederum eine einige Gemeinde. Die allgültige Losung ist: Unterwerfung unter den einzigen Gott, dem die ausschließliche Verehrung gebührt. Der höchste geistige Bezugspunkt ist somit weltweit ein einziger und einigender.

Die Veranlagung des Islams zum Frieden, folgert man, spiegelt die Eintracht und Einheit der Seinsordnung wider. Er betrachtet die gesamte Menschheit als zusammenwirkende Einheit. Alles Lebendige ist eine nahverwandte Familie. Sogar das Sein insgesamt ist eine Einheit mit übereinstimmender Zielrichtung: Alles Geschaffene ist aufeinanderzu und füreinander geschaffen. Somit ist Friedfertigkeit eine dem Islam gemäße Natur und Regel; der Krieg ist die Ausnahme und nur in wenigen Fällen befristet anwendbar.

3. Der erlaubte Krieg

Gesetzlich ist im Islam allein *der* Krieg, der um des Ziels willen geschieht, »Gottes Wort« allseits Anerkennung zu verschaffen, d. h. seinen erklärten Willen zu erfüllen, nämlich Allahs ausschließliche Göttlichkeit und Herrschaft auf Erden durchzusetzen. Da die islamische Sendung an alle Menschen erging, ist es seine religiöse Aufgabe, dieses Gut allen Menschen zugänglich zu machen. Wer sich gewaltsam in den Weg stellt, versündigt sich am »Wort Gottes«. Ihn in die Schranken zu verweisen, hilft wiederum, »Gottes Wort« zu erhöhen. Es geht aber nicht an, einen Zwang in Glaubenssachen auszuüben; vielmehr trägt der Kampf auch Sorge dafür, das Geschenk der Freiheit der Erkenntnis und der Wahl der Leitung für sich und andere zwingend zu gewährleisten.

Trotz Nachsicht in Gewissensfragen weiß sich der Islam aber nicht seiner universellen göttlichen Verpflichtung entbunden, die gottgewollte, in allem Sein durchscheinende Wohlordnung und Zuordnung, die seine Botschaft in einen zutiefst menschlichen Zusammenhang übersetzte, mit Nachdruck zu empfehlen und gegebenenfalls zu verteidigen. Also nimmt er sich der Fragen der (zwischen-)menschlichen Gerechtigkeit, Freiheit und Gleichheit an, deren positive Verwirklichung bzw. Bekämpfung ihrer Zerrbilder zur eigentlichen Erfüllung des »Wortes Gottes« wird: glaubhafter Gottesdienst setzt rigorosen Menschendienst voraus! Der Islam erklärt sich also zum Verteidiger des Rechts, zum Anwalt der Unterdrückten, Strafer allen Unrechts, usw., wobei er auf seinen Feldzügen zur Wiederherstellung des Gleichgewichts selbst nicht in Unbilligkeit verfallen soll. Nur, wenn er solch edlen Absichten dient, betont man, ist der Krieg zulässig, sind Zurüstung und Unterhalt von Streitkräften geboten, ja, verpflichtend (II).
Solange der seinswidrige Unheilszustand infolge des in die Welt gekommenen übermächtigen Bösen andauert, bleibt der Krieg ein notwendiges Übel (III). Der Islam soll trotz seiner Friedensnatur heute wie in der Geschichte die den Seinsplan durchkreuzenden Mächte und Kräfte bekämpfen, um die Gottesherrschaft und damit zugleich das Menschenglück auftragsgemäß zu vollenden (IV).

4. Umfassender Friedensbegriff

Um nun diesen Frieden zu verwirklichen, der Gottes harmonischer Seinsordnung entstammt, macht der Islam seine Friedensidee in ebendem weiten Raum geltend, wo er selbst sich betätigt. So wie seine Art, das Leben zu betrachten, »totalitär« ist, zerstückelt er auch den Frieden nicht und siedelt ihn nicht in einem bestimmten Feld an. Der Frieden ist für ihn etwas Einheitliches, alle Lebensbereiche Umfassendes. Überdies fügt er die Friedensidee übergangslos in die oben erwähnte ganzheitliche Sicht des Seins, Lebens und des Menschentums ein. Das Wort »Friede« gewinnt somit eine tiefere Ausdehnung als im gewöhnlichen politischen Wortschatz. Es ist der Frieden, der das »Wort Gottes«, sprich: Freiheit, Gerechtigkeit, Sicherheit für alle Menschen auf Erden verwirklichen will; nicht das bloße Abstehen vom Krieg um jeden Preis. Es ist aber auch der Frieden, der gleich dem Islam selbst, welcher in alle individuellen und sozialen Bereiche des Menschenlebens regelnd eingreift, von der Gewissensruhe des Individuums bis hin zur Wohlfahrt des Gemeinwesens und zur zwischenstaatlichen Versöhnung alles umspannt (V).

B Texte

(I) Wenn die islamische Missionstätigkeit auf Sicherheit und Frieden baut und beide bestätigt, beweist das, daß sie sich nicht auf Kampf und Krieg stützte, um die islamischen Prinzipien zu verbreiten und die Menschen zu ihnen hinzuführen. Wie könnte er (der Islam) dies auch tun, ist er doch lediglich mit dem Auftrag erschienen, das Verlangen nach dem Frieden zu wecken? Wie sollte Gott den Gläubigen das Kämpfen ohne dringende Not dazu vorschreiben, wo er sich doch selbst als »den Frieden« bezeichnete, den Namen seiner Religion (Islam) vom »Frieden« (Salam, silm) abgeleitet sein ließ, da er doch das Grußwort (Friede über euch!) zum Kennwort seiner Gemeinde bestimmte und zum besten Glauben die Ausbreitung des Friedens erklärte? Ist nicht er es, welcher die Gläubigen drängte, sich allesamt dem Frieden zu verschreiben, sie warnte, in die Fußstapfen Satans zu treten und vergänglichem, diesseitigem Vorteil im Kampf nachzujagen? Ist nicht er es, welcher den Muslimen gebot, denjenigen Ungläubigen wohlzutun, die nicht wider sie kämpften, und billig mit ihnen zu verfahren? Er, der sie schließlich aufforderte, ihnen zu vergeben und zu verzeihen...

Muhammad al-Habib b. al-Huga, Der Djihad im Islam. In: Islamstudien (arab.), Tunis 1971, 109

(II) Streitkräfte bereitzustellen, ist unumgänglich. Unumgänglich, damit auf dieser Erde eine oberste Gewalt bestehe, die diejenigen, welche vom Recht abirren, zu ihm zurückführt, die die Bedrücker von Übergriffen und von Feindschaft zurückhält, die denjenigen, welche in Sicherheit leben, ihr Wohlergehen und ihre Unversehrtheit bewahren hilft, die das »Wort Gottes« jeglicher Geringschätzung und Verachtung enthebt, die die Herrschaft Gottes auf Erden begründet und ihm ganz allein, keinem anderen die Herrschaft zuerkennt. ...
Dann aber, wenn sich unüberwindliche Freiheit einstellt, die Menschen nicht gewaltsam von »Gottes Wort« getrennt werden, nicht abgewandt werden von ihrer Religion, die Gott ihnen als eine umfassende Lebensordnung ausersah: wenn sich auf Erden keine Gewalt erhebt, welche die Menschen daselbst anderen Herren als Allah dienen läßt; wenn die allerbeste Gerechtigkeit Wirklichkeit wird, eine Menschengruppe nicht einer anderen Gewalt antut, einer den anderen nicht versklavt; wenn tatsächliche Sicherheit entsteht für die Schwachen, welche sich selbst nicht zu schützen vermögen; wenn der Gewalttäter von seiner Tyrannei abläßt und sich zu gütlicher Einigung und Waffenruhe hinwendet...; wenn all das sich vollendet, dann legt der Islam, auch wenn er über die für Notfälle gewappnete Macht verfügt, das Schwert beiseite und ruft unverzüglich zum Frieden auf.

Sayyid Qutb, Der Islam und der Weltfriede (arab.). Kairo 1965, 28 f.

(III) Das hier ist der Inbegriff des Friedensgedankens im Islam: Der Frieden ist eine Regel, der Krieg eine Notwendigkeit. Eine Notwendigkeit, um die Gottesherrschaft auf Erden durchzusetzen, auf daß sich die Menschen von anderer als Allahs Verehrung befreien; eine Notwendigkeit, die Bedrückung von den Bedrückten abzuwehren und »Gottes Wort« und Gottes Gerechtigkeit zu verwirklichen...; eine Notwendigkeit, das Wohl der Menschheit, nicht das einer Nation, einer Rasse, eines einzelnen zu vollenden; eine Notwendigkeit, die höchsten menschlichen Ideale, welche Gott dem diesseitigen Leben zum Ziel setzte, zu verwirklichen...; eine Notwendigkeit, die Menschen vor Unterdrückung zu bewahren, von Furcht zu befreien, vor Unrecht, vor Schaden zu sichern...; eine Notwendigkeit, die vollkommene Gerechtigkeit auf Erden zu realisieren. All das, damit »Gottes Wort« überall Anerkennung zuteil werde.

(Ebd. 29)

(IV) ...die Kriege im Islam geschahen nicht, um den Menschen die Religion aufzuzwingen, nicht, um sie zu kolonisieren, auszubeuten, zu demütigen. Sie dienten lediglich der Erhöhung des »Wortes Gottes« auf Erden, indem sie die oberste Gewalt dortselbst denen anvertrauten, die ausschließlich Allahs Göttlichkeit bezeugen, und indem sie das Gut, welches der Islam überbrachte, den Menschen ausnahmslos übermittelten (und das mit ihrer Billigung und mittels Überzeugung), und indem sie Gerechtigkeit, Sicherheit und Frieden verwirklichten, unter der Schirmherrschaft des alleinherrschenden Allah und im Schutze dieser Herrschaft, welche den Menschen einen Lebensweg zugesteht, auf welchem sie Freie sind, wobei jedes Individuum sich seinen Glauben fern von Druck und Zwang auswählt.

(Ebd. 35)

(V) Der Geist der Gesetzgebung, der Geist der Individuen und der Geist der Gruppen lassen sich einander nicht entfremden. Das islamische Gesetz (Scharia) erfüllt kraft der ihm innewohnenden vollkommenen Wohlordnung ... die Bedürfnisse der Menschenseele auf jedem Feld menschlicher Betätigung. Es erfüllt die Bedürfnisse des Körpers, des Denkens und des Geistes in seinen rituellen wie rechtlichen Bestimmungen. Es erfüllt die Bedürfnisse der Individuen, so sie als Individuen handeln oder im Rahmen der Gesellschaft wirken. Es widersetzt sich nicht ihren gesunden, angeborenen Begehren und unterdrückt nicht ihre echten natürlichen Fähigkeiten. Zur gleichen Zeit setzt es die Schranken gegen jene regelwidrige Tätigkeit, die ihnen als Individuen und Gruppen Schaden zufügt, und überträgt der Gesellschaft, im Staat vertreten, alle Befugnisse, damit sie sich ihrer bediene und zum Wohle des Ganzen aus der Tätigkeit und Leistung der Allgemeinheit Nutzen ziehe, desgleichen zum Wohle aller jede schamlose Tat abwehre, die in Widerspruch zur normalen, gesunden Veranlagung steht.

(Ebd. 164)

C Ausgewählte Literatur

1. Hans Süssmuth, »Heiliger Krieg« – Barriere des Friedens. In: Saeculum 22 (1971) 387–401

2. Muhammad Abu Zahra, Begriff des Krieges im Islam, Reihe: »Studien über den Islam« (deutsche Übers.), veröffentlicht auf Veranlassung des »Obersten Rates für Islam«, V.A.R., Kairo o. J.

Indirekt darauf bezüglich:

3. Albrecht Noth, Heiliger Krieg und Heiliger Kampf im Islam und Christentum. In: Bonner Historische Forschungen, Bd. 28, Bonn 1966

9.3. Frieden im Judentum

HEINZ – JÜRGEN LOTH

A Darlegung

1. Das Problem

1.1 Friede als Hoffnung und Verheißung zählt zu den ältesten Ideen der Menschheit, wie sich leicht aus den heiligen Schriften der verschiedenen Religionen entnehmen läßt. Dennoch lehrt uns die Menschheitsgeschichte, daß das mitunter sogar einen göttlichen Charakter annehmende Ideal des Friedens die Anhänger der großen Religionen nicht daran gehindert hat, Kriege zu führen – gegeneinander und auch untereinander. Der bisherige Einfluß religiöser Friedensvorstellungen auf das Zusammenleben der Völker dürfte folglich als sehr gering zu veranschlagen sein. Der »Friede der Herzen« – wie der jüdische Religionswissenschaftler Zwi Werblowsky in seinem Vortrag auf der 1. Weltkonferenz der Religionen für den Frieden (Tokyo 1970) die individuelle Friedensliebe nennt (I) – deckt sich nicht mit den Erfordernissen und Zwängen inter-nationaler Beziehungen.

Seit der »Allgemeinen Erklärung der Menschenrechte« (1948) ist Frieden nicht mehr lediglich als Schutz vor äußerer Gewalt zu betrachten, sondern auch als ein solcher vor *struktureller* Gewalt. Diese ist dort gegeben, wo die innere Ordnung eines Staates die Menschenrechte verletzt. Die Aufrechterhaltung des Friedens um des Friedens willen gerät hier in eine Konfliktsituation (I). Denn zum Frieden gehört auch die Dimension der Freiheit.

Friede ist in unserer Zeit zu einem globalen Thema geworden: Die modernen ABC-Waffen können möglicherweise zu einer Gefahr für alles biologische Leben werden, während Bevölkerungsexplosion, Welternährungskrise und Umweltverschmutzung die biologische Existenz des Menschen bedrohen (→ »Zukunft im Judentum«). Den Schutz vor Not wird man daher auch als eine Dimension des Friedens bezeichnen müssen. Die Forderung des *Club of Rome* nach einer neuen Einstellung in wirtschaftlichen und ökologischen Fragen ist, trotz aller Kritik an seiner Studie über »Die Grenzen des Wachstums«, durchaus ernst zu nehmen. Denn Friede als Weltzustand ist wesentlich von den sozialen und wirtschaftlichen Gegebenheiten in den einzelnen Staaten abhängig.

1.2 Mit der Gründung des Staates Israel 1948 wurden die Juden wieder ein souveränes Subjekt des Völkerrechts (→ »Religion und Politik im Judentum«). Bis dahin war das Problem des Weltfriedens für sie nur ein rein akademisches Problem. Frieden bedeutete für sie im christlichen Mittelalter bis hin zur Neuzeit allenfalls Schutz vor kollektiver physischer Gewalt, da ihnen der Schutz der Bürgerrechte verweigert wurde. Auch die Emanzipation brachte den Juden nicht die vollen Bürgerrechte.

Das Verständnis der zionistischen Bewegung ist wesentlich von einer Einsicht in diese geschichtlichen Fakten abhängig. Ferner prägt das Holocaust (bezeichnet das antike Ganzopfer, das verbrannt wurde), d. h. die Katastrophe der nationalsozialistischen Massenvernichtung der Juden, noch heute in signifikanter Weise jüdische Existenz ganz allgemein und die des Staates Israel insbesondere. Diese einzigartige Erfahrung des jüdischen Volkes bildet gleichsam eine psychologische Konstituante im jüdischen Streben um Fortbestehen des Nationalstaates Israel. Neben der Vielschichtigkeit des Friedensproblems muß hinsichtlich der Textauswahl die Vielschichtigkeit jüdischer Überlieferung (→ »Zukunft im Judentum«) berücksichtigt werden.

2. Frieden und Gewaltlosigkeit als höchste Werte

2.1 Frieden als religiöses Ideal

Als hebräisches Wort für Frieden bietet sich *schalom* an, das von dem Verb *schalam* abgeleitet wird und in der Grundform »ganz sein«, »vollständig«, »heil sein« bedeutet. Nicht jedes Vorkommen von *schalom* in der Bibel ist notwendig mit »Frieden« zu übersetzen; die verschiedenen Bedeutungsnuancen müssen beachtet werden. »Schalom« als Grußwort gar hat seine ursprüngliche Bedeutung verloren und gleicht heute eher dem englischen »hello«, »good-bye«.

Spätestens seit der Zeit der Propheten gehört *schalom* im Sinne von Frieden zu den grundlegenden religiösen Anschauungen Israels und ist von konstitutiver Bedeutung für die messianische Hoffnung (→ »Zukunft im Judentum«). Wie diese eine universale ist, so auch der Frieden (II, vgl. Jes 4,2–4). Der erhoffte Messias ist ein »Friedensfürst« (Jes 9,6, vgl. Zukunft VIII). Auch in den messianischen Vorstellungen der Rabbinen bleibt die hervorragende Bedeutung des Friedens gewahrt (III; vgl. Zukunft VIII). »Schalom« wird geradezu zu einem Namen Gottes (Schabbat 10b, Leviticus Rabbah 9,9). Überhaupt gehört der Frieden zu den am meisten geschätzten Idealen der Rabbinen (IV,V). Grundsätzlich kann man zwei Aspekte des Friedens im Judentum unterscheiden: *schalom* wird einerseits auf die Erlösung der Welt bezogen und ist damit Teil eines eschatologischen Konzepts (→ »Zukunft im Judentum«), andererseits ist *schalom* seit Hillel eine »Perle« individueller Tugend (s.u.). – Ein dritter Aspekt von Frieden kam in der Kabbalah (»Tradition«, Bezeichnung für die jüdische Mystik) auf: *schalom* wird zu einer kosmischen Kategorie und bezeichnet den auf die Erde fließenden Segensstrom. Der besonderen Hochschätzung des Friedens im jüdischen Denken entspricht es, wenn es in der Liturgie keinen Segen oder Gebet gibt, in dem nicht die Bitte um Frieden vorkäme (VI).

2.2 Die Ablehnung von Gewalt und Haß

Eine Grundkategorie jüdischer Ethik ist das Verbot des Mordens, d.h. des willkürlichen und durch nichts gerechtfertigten Tötens (VIII, vgl. XII). Schon das klassische hebräische Denken ging von einer grundlegenden Einheit des Menschengeschlechts aus, wie der Schöpfungsmythos (Gen 1,26f; 5,1f.) – Hervorgehen der Menschheit aus dem Paar Adam–Eva und Gottesebenbildlichkeit – lehrt. Aus diesem Gleichheitsprinzip folgt das rabbinische Verbot des Blutvergießens (VIII) und das Gebot der unterschiedslosen Liebe (IX). Die Würde eines jeden Menschen sowie die Heiligkeit seines Lebens folgen aus der Schöpfertätigkeit Gottes. Die Gottesebenbildlichkeit verpflichtet zur *imitatio dei,* d. h. zur Nachahmung der göttlichen Liebe. Daher heißt es in der Thora, daß man den »Bruder« nicht hassen, den »Nächsten« aber wie sich selbst lieben soll (Lev 19,17 f.). Zum »Nächsten« kann jedoch auch, was von christlicher Seite oft zu Unrecht bestritten wird, der »Fremdling« werden (vgl. Lev 19,33f.; Dtn 10,18f.). Seit der rabbinischen Zeit wird die Nächstenliebe durch die Feindesliebe ergänzt. Aber schon in Psalm 11,5 heißt es, daß Gott den haßt, der die Gewalt liebt. Auch gebietet bereits die antike hebräische Ethik, dem in Not geratenen Feind zur Hilfe zu kommen (vgl. Spr 25,21f.) Der Verzicht auf Gewaltanwendung ermöglicht den Frieden (vgl. ebd. 16,7).

Dieser Haltung entspricht die von dem amerikanischen Rabbiner Abraham Cronbach (1882–1965) vertretene Ansicht (X). In ihrer Kompromißlosigkeit folgt sie dem modernen Pazifismus. Cronbach selbst hat sich mit Erfolg für die Gründung einer jüdischen Friedensorganisation in Amerika (Jewish Peace Fellowship, gegr. 1942) eingesetzt. Eine dem konsequenten Pazifismus ähnelnde Haltung vertritt in der jüdischen Tradition der *chasid,* der Fromme, der in jeder Gewaltanwendung eine Sünde sieht und bereit ist, bis zur Selbstaufgabe (Martyrium) den Weg des Friedens zu gehen (vgl. z.B. Klgl 3,30f.). Doch die Geschichte lehrt uns, daß dieser Weg nur für wenige *homines religiosi* begehbar ist.

3. Die Wahrung menschlichen Lebens

Das Verhältnis der Juden zu den Völkern wird in der rabbinischen Literatur von dem Grundsatz »um des Friedens willen« beherrscht. Das heißt jedoch nicht, daß das Judentum eine kompromißlos pazifistische Religion wäre. Schon in der Thora wird ein solcher Standpunkt abgelehnt (XI). Denn *schalom* (»Friede«) als Parallele zu *tov* (»gut«) beinhaltet auch das im physischen und moralischen Sinne Gute (vgl. Ps 34,15).

Die Rabbinen entwickelten die Lehre, daß es eine Pflicht sei, menschliches Leben zu retten, sofern es bedroht wird. Neben der absoluten Friedfertigkeit des *chasid* steht folglich der Grundsatz, der Tötungsabsicht des Gegners zuvorzukommen (vgl. z.B. Berachot 58a; XII). Die Wahrung menschlichen Lebens *(pikkuach nefesch)* bezeichnet dann eine *situative* Pflicht, die – übertragen auf das Volk – im Falle des Angriffskrieges die militärische Verteidigung erfordert (XII).

In der Tradition – hier ist besonders Moses Maimonides (1135 bis 1204) anzuführen – hat man theoretisierend zwischen einem gebotenen und wahlfreien Krieg unterschieden. Ein Krieg ist dann geboten, wenn z.B. Juden und damit letztlich Gott angegriffen wird oder wenn der Kampf um das Land Israel, dem aus religiöser Sicht ein numinoser Charakter zukommt (→ »Religion und Politik im Judentum«), geführt wird. Der Verteidigungskrieg ist also im moralischen Sinne gerechtfertigt. Deshalb konnten auch orthodoxe Vertreter im Jom Kippur-Krieg einen gerechtfertigten Krieg sehen (XIII). Vereinzelt haben Rabbiner den Jom Kippur-Krieg auch in einem messianischen Sinne gedeutet (→ »Zukunft im Judentum« XII). Eine solche Sichtweise wird jedoch nicht von der Mehrheit des Volkes geteilt (→ »Zukunft im Judentum« XIII).

4. Frieden als Aufgabe der Gegenwart

Als eine grundlegende Erkenntnis der wissenschaftlichen Friedensforschung dürfen wir die Forderung nach einer neuen, die Menschheit verbindenden Gestalt der öffentlichen Moral ansehen (G. Picht). Damit stellt sich für die Vertreter der Religionen die Aufgabe, zu Trägern der sozialen Realisierung von Frieden zu werden. Vorausgehen muß jedoch eine Solidarität der Religionen.

Als einen solchen ersten Anfang darf man die Grußbotschaft des damaligen sephardischen Oberrabbiners Yitzhak Nissim an Papst Paul VI. ansehen (XIV). – Es ist zwischenzeitlich zur Gründung einer »Weltkonferenz der Religionen für den Frieden« gekommen, die 1970 in Kyoto/Japan und 1974 in Löwen/Belgien zusammentrat. Da die Verwirklichung von Frieden davon abhängig ist, daß seine handlungsorientierte Dimension erkannt wird, stellt sich jedoch auch für die Religionen die Aufgabe einer faktischen »Hilfe für die Welt« (vgl. G. Mensching, Der offene Tempel, Stuttgart 1974, 23ff.).

Das besondere Friedensproblem im Nahen Osten beruht auf dem israelisch-arabischen Konflikt (→ »Religion und Politik im Judentum«). Da in diesem Konflikt beide Seiten echte Argumente haben (G. Scholem), ist eine friedliche Lösung nur auf dem Wege beiderseitiger Kompromisse zu erreichen (XV). Die bisher erfolgten Truppenentflechtungen weisen in diese Richtung, ebenso die jüngst auf dem Parteitag der Mapam (Koalitionspartner der Arbeiterpartei) bekräftigte Ablehnung von Siedlungen in Judäa und Samaria, »die sich als Störfaktoren bei der Friedenssuche herausstellen könnten« (Allgemeine jüdische Wochenzeitung v. 25. Juni 1975, 12). Dem Frieden dient auch die von Israel praktizierte »Politik der offenen Brücken« gegenüber Jordanien und dem Libanon. Hunderttausende von Arabern reisen jährlich aus den Nachbarländern nach Israel.

Der Friedensforschung gewidmet ist die an israelischen Universitäten betriebene israelisch-arabische Konfliktforschung. Die wissenschaftliche Beschäftigung mit dem Konflikt verweist auf die Notwendigkeit, das auf beiden Seiten bestehende übergroße Mißtrauen abzubauen.

B Texte

(I) Es gibt Situationen, in denen der Friede zumindest in den Augen einer bestimmten Gruppe unmoralisch wird, und jene, die sich um die Menschenrechte bemühen, geraten oft in eine große Verwirrung, wenn sie nicht mehr nur in allgemeinen Begriffen reden. Es ist heute offensichtlich, daß der Kampf um die Menschenrechte in einen direkten Konflikt mit dem Wunsch nach Frieden geraten kann. Sollte Aufstand, Revolution und selbst äußere Intervention in Betracht gezogen werden, wo es kein anderes Mittel gegen die Vergewaltigung von Dingen gibt, die wir heute als grundlegende Menschenrechte verstehen? Wie weit sollten unsere Handlungen von der Überlegung bestimmt werden, daß Kriegshandlungen und Gewalttätigkeit oft zu neuen Übeln führen, die größer sein könnten als jene, gegen die sich der Kampf ursprünglich richtete? Gibt es eine Religion, die eine genaue Anleitung in diesen Fragen bietet? ...Einige glauben, daß der Friede letztlich eine Frage des Herzens sei, eine Funktion geistiger und seelischer Entwicklung. Und daß nur von diesem Standpunkt aus die Religion einen wesentlichen Beitrag liefern kann. Aber läßt es sich nachweisen, daß der Friede der Herzen »überlaufen« kann und Einfluß nehmen kann auf soziale und politische Strukturen oder gar auf den Weltfrieden? Der Friede der Herzen kann ohne weiteres in den Herzen verbleiben, ohne im geringsten Einfluß zu nehmen auf die Dynamik der Gesellschaft, ja, er kann sogar die betroffenen Herzen ans »andere Ufer« verschlagen. Die Behauptung, daß sich auch auf dieser Seite des Flusses ein *entscheidender* Einfluß bemerkbar macht, ist zwar ein frommer Wunsch, doch zur Zeit leider noch unbewiesen. Die Erlösung der Welt durch die Transformierung *aller* ist ein eschatologisches Konzept, aber kein soziales Programm. ...Der Friede ist ein politisches Problem, und als solches hat er seine sozialen und wirtschaftlichen Dimensionen.

R. J. Zwi Werblowsky, Im Kreuzfeuer. In: ariel, Nr. 18/19 (Jerusalem 1974), 46.49.58

(II) Und es wird geschehen am Ende der Tage: Der Berg mit dem Hause des Herrn wird festgegründet stehen an der Spitze der Berge... und Völker werden zu ihm hinströmen, und viele Nationen... Und ER wird als Schiedsrichter Recht sprechen unter vielen Völkern und das Richteramt ausüben für mächtige Nationen in der Ferne; und sie werden ihre Schwerter zu Pflugscharen schmieden und ihre Spieße zu Rebmessern. Nicht wird Nation gegen Nation das Schwert erheben, und sie werden den Krieg nicht mehr lernen. Sie werden ein jeder unter seinem Weinstock und unter seinem Feigenbaum sitzen, ohne daß jemand sie in Schrekken versetzt.

(Micha 4,1–4) *

(III) Rabbi Jose Ha-gelili (um 110) sagte: Groß ist der Frieden, denn in der Stunde, da sich der König, der Messias, Israel offenbaren wird, wird er nur anheben mit Frieden, wie es heißt: Wie anmutig sind auf den Bergen die Füße des Freudenboten, der Frieden verkündet.

Derech Eretz Zuta 21b. Zitiert nach H. L. Strack/ P. Billerbeck, Kommentar zum Neuen Testament aus Talmud und Midrasch, IV 2. München 1969, 911

(IV) Rabban Schimon ben Gamliel (gest. 70) sagte: Auf drei Dingen steht die Welt: auf der Wahrheit, auf dem Recht und auf dem Frieden.

(Avot I,18)

(V) Hillel (um 20 v. Chr.) sagte: Sei einer von den Schülern Aarons, den Frieden liebend und dem Frieden nachfolgend; sei einer, der die geschöpflichen Wesen (= Mitmenschen) liebt und sich der Thora nahebringt.

(Avot I,12)

(VI) Lasse die Stimme des Streites verstummen in unseren Landen. Lasse Erfüllung nahen der prophetischen Verheißung: den Krieg zu bannen bis ans Ende der Erde, daß ein jeder sein Heim errichte im Frieden seines Weinstockes und unter dem Schatten seines Feigenbaums. In Bälde lasse die Mächte des Heils walten in Juda, die Quellen der Erhebung strömen über Israel. Lasse Zion den Erlöser nahen. Entbinde aus allen Tiefen die schöpferischen Kräfte der Erlösung für Israel und die gesamte Menschheit.

Aus dem Gebet für das Vaterland. In: Sidur sefat emet. Mit deutscher Übersetzung v. Rabbiner S. Bamberger, Basel 1972, 122

(VII) Du sollst nicht morden!

(Ex 20,13)

(VIII) So kam einst jemand vor Raba (gest. 352) und sagte: Der Herr meines Wohnortes befahl mir: Geh und töte jenen; wenn nicht, werde ich dich töten lassen. Raba erwiderte: Mag er dich töten, du aber töte nicht! Was denkst du, dein Blut ist röter? Vielleicht ist das Blut jenes Mannes röter!

(Pesachim 25b)

(IX) Er (= Rabbi Akiba, gest. 135) pflegte zu sagen: Geliebt ist der Mensch, denn er wurde nach dem Bilde (Gottes) erschaffen. Aus überfließender Liebe wurde ihm (sogar) bewußt gemacht, daß er nach dem Bilde Gottes erschaffen worden war, weil es heißt: Denn nach dem Bilde Gottes machte ER den Menschen (Gen 9,6).

(Avot III,17)

(X) Albert Einstein (der sicherlich etwas von Nuklearenergie verstand) sagte, daß – wenn ein dritter Weltkrieg mit Atomwaffen geführt wird – der vierte Weltkrieg mit Keulen ausgefochten wird. Mit anderen Worten, wir werden zurückkehren in die Barbarei, zurück in den Dschungel, zurück zum Höhlendasein – bei vernichteter Zivilisation... Krieg schützt nicht. Kriegsrüstung schützt nicht. Der einzige nationale Schutz besteht in internationaler Freundschaft.

Abraham Cronbach, anläßlich einer Rede in Pennsylvania 1960. Übersetzt aus: Arthur und Lila Weinberg (Hg.), Instead of Violence. Writings by the great advocates of peace and nonviolence throughout history, Boston 1968, 94 f.

* Wenn nicht anders vermerkt, handelt es sich um eine Übersetzung des Autors.

(XI) Du sollst nicht untätig beim Blute deines Nächsten stehen.

(Lev 19,16)

(XII) Wie sagte doch Rabbi Jesus aus Nazareth: Wer nicht für mich ist, ist wider mich. Und weil Christen so oft die Botschaft ihres Meisters verraten haben, fordern nun gerade Israels christliche Freunde immer wieder, daß wir die wahren Christen seien, sie fordern von uns die Lösung von Problemen, die sie in ihren eigenen Staaten nicht lösen können... Kann die Welt, können unsere Freunde uns denn nicht als *Menschen* ertragen, sondern nur als Symbol? Soll es wirklich so sein, daß viele Christen ihrem eigenen Glauben an das Gute, das Gott in den Menschen legte, nicht ganz trauen und nun immer wieder mit dem Finger auf uns zeigen müssen: wir hätten ja auch nicht die 10 Gebote befolgt, in denen es heißt: du sollst nicht töten... Auch wer zugibt, daß das für andere Völker ähnlich ist, bringt uns damit in die Position von ungehorsamen Kindern Gottes. Es sollte sich doch endlich bei Christen herumsprechen, daß das Gebot heißt: du sollst nicht morden. Und unsere Weisen lehrten uns: wenn aber einer aufsteht, dich zu erschlagen, so komme ihm zuvor! Denn, so lehrt es jüdische Ethik, wir sollen unser Leben nicht wegwerfen. Zwar sterben wir für das Überleben unserer Familien, wo es sein muß, aber das ist nicht aus Mißachtung des eigenen Lebens, sondern in der Situation, die Andere, Stärkere uns auferlegen.

Pnina Navè-Levinson, Jom-Kippur-Krieg – Ramadan – »Heiliger Krieg«. In: Freiburger Rundbrief XXV (1973) 58

(XIII) Die Tatsache, daß der Krieg an Jom Kippur, dem heiligsten Tag des Judentums, ausbrach und der anfängliche Erfolg des Feindes, der das jüdische Volk seit Menschengedenken mit dem Gespenst der Endlösung wieder einmal konfrontierte, trug dazu bei, wie Prof. Dor-Shav sagt, diesen Krieg im religiösen wie im nationalen Sinn zu einem gerechten Krieg zu machen...

Der Krieg warf theologische Fragen auf unter den religiösen Menschen selbst. Viele fragten, warum Gott es zuließ, daß ein solcher Krieg gerade am heiligsten Tag ausbrach, an dem Juden geistigerweise am meisten gereinigt sind. Andere fanden es schwierig zu bestimmen, wann man gerechterweise die religiösen Vorschriften des Sabbaths und anderer Feiertage verletzen könne im Sinn der Lehre des »Pikuach Nefesh« (des Lebensnotwendigen), der Lehre, die eine solche Entweihung erlaubt, wenn menschliches Leben in Gefahr ist, wie in der Kriegszeit.

Die Bar-Ilan-Universität diskutiert: Religion und der Krieg. In: Freiburger Rundbrief XXV (1973) 45

(XIV) Die Bedrohung des Krieges durch die Methoden der modernen Wissenschaft rufen uns auf zu inbrünstigem Gebet, auf daß Gott die Herrscher der Welt in ihren Bemühungen führen möge: eine gerechte und friedliche Ordnung zu begründen, gegenseitiges Verstehen zu fördern, den Haß abzubauen und daß Freundschaft unter allen Nationen wachsen möge... Jedermann geziemt das Gebet um Frieden, wieviel mehr den Häuptern der Religionen, die dieses Bestreben zu ihrem Hauptanliegen machen müssen und in brüderlichem Umgang suchen sollen, unsere Herzen dafür zu gewinnen.

Oberrabbiner Yitzhak Nissim anläßlich des Papstbesuches in Israel 1964. In: Freiburger Rundbrief XV (1963/64) VI

(XV) Der Friede, den Israel anstrebt, und der Friede, den es möglich ist zu verlangen, kann nur ein Friede des Kompromisses sein – ein Kompromiß, der Israel ein Maximum an Sicherheit in anerkannte Grenzen gibt und den Arabern ein Maximum der Befriedigung ihrer nationalen Aspirationen.
Ohne Friedensliebe und ohne ein unermüdliches Bemühen um den Frieden verzerrt sich auch der gerechteste aller Kriege und entstellt schließlich das Bild desjenigen, der sich verteidigt. Bewußt oder unbewußt verwirklicht sich in unseren Tagen einer der ältesten

und erhabensten Sätze unserer Schrift: »Sobald Dein Feind zu Fall kommt, freue Dich nicht, und wenn er stürzt, frohlocke nicht Dein Herz« (Sprüche 24,17).
Diese Erkenntnis, daß es keinen »fröhlichen« Krieg gibt, ist ein Kennzeichen unserer individuellen Existenz und unserer gesellschaftlichen Verfassung.
Haß ist keine Vorbedingung für militärische Moral, aber sicherlich ein Hindernis für den Frieden. Im Ablauf der Zeit vergiftet er unsere Psyche.
Eine Generation, die den Glauben an den Frieden als moralischen und menschlichen Wert verliert, verwandelt sich unweigerlich in einen geistigen Krüppel, dessen Wertskala korrumpiert ist... Als ein rationales Volk mit einer langen und reichen humanistischen Tradition müssen wir in der Lage sein, dem Frieden nachzustreben *und* unsere Sicherheit zu wahren, ohne daß das eine Bemühen das andere beeinträchtigt. Selbstverteidigung darf nichts anderes sein als ein unvermeidlicher Behelf, für den es keinen Ersatz gibt. Der Friede hingegen muß uns Selbstzweck sein.

Yigal Allon, Außenminister des Staates Israel. In: Israel Bulletin. Hg. von der Presseabteilung der Botschaft des Staates Israel, 9. Jg., Sondernummer vom 24. Februar 1975, 3. 5 f.

C Ausgewählte Literatur

1. Freiburger Rundbrief. Beiträge zur christlich-jüdischen Begegnung, Freiburg i. Br. Enthält im Anhang: immanuel. Dokumente des heutigen religiösen Denkens und Forschens in Israel. Hebräische Veröffentlichungen aus Israel in deutscher Übersetzung

2. Judaica. Beiträge zum Verständnis des jüdischen Schicksals in Vergangenheit und Gegenwart, Zürich/Schweiz

3. Wanda Kampmann, Israel – Gesellschaft und Staat, Stuttgart 1973 (Quellen- und Arbeitshefte zur Geschichte und Politik)

4. Georg Picht/Wolfgang Huber, Was heißt Friedensforschung? Mit einem Vorwort von Heinz Eduard Tödt, Stuttgart–München 1971

5. R. J. Zwi Werblowsky, Im Kreuzfeuer. Gedanken zu Religion, Frieden und Menschenrechte. In: ariel. Eine Vierteljahrsschrift zur Kunst und Bildung in Israel, Nr. 18/19, Jerusalem 1974, 44–60

Einleitung

Standen im ersten Teil dieses Bandes *aktuelle Einzelthemen* im Mittelpunkt, so bemühen sich die folgenden Kapitel um einen *systematisch-vergleichenden* Zugang zu den Religionen. Zur Diskussion stehen also nicht mehr religiöse Einzeltraditionen und darin zum Ausdruck gelangende spezifische Erfahrungen, sondern behandelt wird der Phänomenbereich *Religion* in seiner Ganzheit.

In den letzten Jahren ist das Problem einer Systematisierung der Religion von (überwiegend englischen und amerikanischen) Religionswissenschaftlern häufiger angegangen und nicht unwesentlich gefördert worden. Dabei findet die Idee einer *Dimensionierung* der Religion vielfach Zustimmung. Ein bemerkenswerter, auch das vorliegende Buch inspirierender Ansatz stammt von dem englischen Religionswissenschaftler Michael Pye (Lancaster), dessen »Comparative Religion. An Introduction through source materials« (1972) hierzulande in der Religionspädagogik leider vollkommen unbekannt ist. Dieses Werk stellt wohl die gelungenste Zusammenstellung und Systematisierung religionskundlichen Materials dar. Für Pye zerfällt Religion in die vier Bereiche: »religious concepts«, »groups«, »states of mind« und »action«. Diese Aufrasterung erinnert deutlich an Joachim Wachs Versuch, ebenfalls vier Ausdrucksmöglichkeiten von Religion zu differenzieren: Erfahrung, Denken, Handeln, Gemeinschaft. Trotz dieser Ähnlichkeit besteht aber zwischen beiden Ansätzen ein fundamentaler Unterschied: Wach stellt nämlich eine *Wesensbestimmung* von Religion in den Mittelpunkt (»das Wesen religiöser Erfahrung«). Religionsdefinitionen, die aber darüber Auskunft geben, was Religion »eigentlich« ist, trennen häufig das (für zentral gehaltene) »Wesen« von den (sekundären) »Erscheinungsformen«. Diese illustrieren ihrerseits dann nur noch das spezifische Zentralerlebnis im Sinne eines Urbild-Abbild-Schemas. Pye – wir stimmen ihm hierbei zu – strebt eine *operationale Definition* von Religion an, die nicht normativ mit Erfahrungen und Begriffen *einer* spezifischen religiösen Tradition festlegt, was Religion ist oder sein soll, sondern die den Rahmen absteckt und Daten sammelt, welche Religion konstituieren. Eine operationale Definition ist ihrem Wesen nach offen. Es lassen sich ständig neue Daten und Erfahrungen in das Ordnungsgefüge einpassen. Die in den folgenden Abschnitten beschriebenen religiösen Dimensionen bieten Hilfestellungen zum Einordnen der Fakten.

Es ist an der Zeit, daß die in der Religionspädagogik verwendeten Globaldefinitionen von Religion konkretisiert, d.h. mit religionsgeschichtlichem Material gefüllt werden. Das in den Texten enthaltene Material ist vor allem klassischen Beispielen der Religionsgeschichte entnommen. Gleichwohl sehe ich als Herausgeber eines Buches, das das Ziel verfolgt, »Religionen heute« zu erfassen, einen Sinn in der religionsphänomenologischen Aufarbeitung. Um nämlich neue Entwicklungen, Phänomene und Formen innerhalb der Religionen aufzuspüren und richtig in den Griff zu bekommen, ist ein Rekurs auf klassische Exempla unumgänglich. Erst wenn man weiß, welche Merkmale beispielsweise den Phänomenkomplex »Heiligenverehrung« konstituieren, kann man auf dem so gewonnenen Hintergrund die vielerlei Formen profaner Heiligenverehrung, z.B. im Bismarck-Kult, richtig würdigen. Für denjenigen, der sich noch nicht intensiv mit der Religionsphänomenologie befaßt hat und noch nicht über ein *geordnetes Strukturwissen* in diesem Bereich verfügt, sind gewisse Phänomene, wie z.B. Satanskult, Astrologie, Cargo-Kulte, Neuoffenbarungen (Swedenborg usw.), Säkularisate usw. religionsphänomenologisch kaum adäquat einzuordnen. Ein Bescheidwissen über die von der klassischen Phänomenologie erkannten Fakten und Strukturen ist also unerläßlich.

Doch dies allein genügt noch nicht! Die vorgegebenen Raster haben vielmehr *heuristischen* Wert. Sie sind nicht »geschlossen«, für die Ewigkeit konstruiert, sondern sie sind »offen« für Ergänzungen, die vielleicht aufgrund zeitgenössischen Materials notwendig werden. Vielleicht müssen bestimmte Typen sogar völlig modifiziert werden, weil sie zur Erfassung der gewandelten religiösen Wirklichkeit nicht länger tauglich sind. Kurzum: Die vorgeführten religionsphänomenologischen Beispiele formulieren keine abschließenden Wahrheiten, sondern wollen heuristischer Ansatzpunkt sein und an der veränderten Wirklichkeit ständig überprüft werden. Der Leser ist somit angesprochen, selbst weiteres Material zu sammeln und mit den religionsgeschichtlichen Beispielen und Modellen zu konfrontieren.

Udo Tworuschka

Religiöse Erfahrungsweisen

GUSTAV MENSCHING

A Darlegung

Ich verstehe unter Religion die erlebnishafte Begegnung mit heiliger Wirklichkeit und antwortendes Handeln des vom Heiligen bestimmten Menschen. Wenn von solcher Begegnung die Rede ist, muß die vielfach in den Religionen angenommene Voraussetzung beachtet werden, daß nämlich eine sinnliche Wahrnehmung göttlicher Wirklichkeit und Gegenwart unmöglich ist (I). Aber auch außerhalb der biblischen Religion ist das Bewußtsein vorhanden, daß die Gottheit in ihrer unirdischen Wirklichkeit nicht unmittelbar und mit natürlichen menschlichen Organen wahrgenommen werden kann, wie z.B. in der indischen Bhagavadgita, wo im XI. Gesang eine Theophanie des Gottes Vishnu geschildert wird, zu deren Wahrnehmung aber dem Fürsten Arjuna ein »himmlisches Auge« verliehen wird. Und wenn im Johannes-Evangelium (1,14) von den Jüngern bezeugt wird: »Wir sahen seine Herrlichkeit«, so ist auch hier keine natürlich wahrnehmbare Erscheinungswirklichkeit gemeint, sondern wiederum eine nur mit dem Auge des Glaubens erfaßbare Realität.

1. Erlebnis

Die Urform religiöser Erfahrung ist das Erlebnis (II), das sich nicht auf das Gefühl beschränkt. Er-lebnis ist vielmehr das Ergreifen eines Objekts mit dem ganzen Leben, mit allen Kräften des Geistes und der Seele, so daß das eigene Leben existenziell von dem bestimmt wird, was im Erlebnis ergriffen wird.

Unter den Begriff des Erlebnisses lassen sich alle konkreten Formen der Begegnung mit dem Heiligen, die in der Religionsgeschichte vorkommen, subsumieren. Wir beschränken uns auf eine kurze Erörterung der Grundformen religiöser Erfahrung.

Ein wichtiges, wenngleich keineswegs allgemein verbreitetes religiöses Grunderlebnis ist die *Vision.* Viele Religionsstifter und religiöse Ekstatiker berichten von Visionen, die sie gehabt zu haben behaupten. Das visionäre Erlebnis des Paulus (Apg 9,3ff.) vor Damaskus bestand darin, daß ihn ein geheimnisvolles Licht umstrahlte, das seine Begleiter jedoch nicht sahen, wie im Text bezeugt wird. Zugleich trat dabei aber noch eine zweite Erfahrungsform auf: Paulus hörte Worte von Gott her, die ihm einen Auftrag erteilten. Hier verbinden sich also Vision und *Audition.* Dies geschieht oft, z.B. bei der in Mk 1,9ff. geschilderten Taufe Jesu im Jordan durch Johannes den Täufer. Die Vision bestand darin, daß Jesus den Himmel sich spalten und den Geist auf sich herabfahren sah. Eine Stimme aus dem Himmel aber sprach: »Du bist mein geliebter Sohn, an dir habe ich Wohlgefallen gefunden«. Das ist religionswissenschaftlich interpretiert ein Adoptionserlebnis.

Alle großen Propheten hatten *Berufungserlebnisse,* die ebenfalls zumeist aus Visionen und Auditionen bestanden wie z.B. in Jes 6 in bildhaft ausgeführter Vision die Gottheit im Heiligtum, von Engeln umgeben, erschaut wurde, verbunden mit einem Entsündigungsakt und dem Auftrag zu prophetischer Wirksamkeit. Wir begegnen ähnlichen Erlebnissen bei den meisten der Propheten des AT. Ähnliches widerfuhr auch dem Propheten Muhammad bei seiner Berufung (III).

Visionen und Auditionen sind hier nicht etwa aktuelle und vorübergehend gültige Mitteilungen wie bei Orakeln, die sich auf konkrete und einmalige Situationen beziehen, sondern *dauernd gültige* Offenbarungen. Das gilt z.B. von Visionen und Auditionen in apokalyptischen Schriften. Das *Offenbarungserlebnis* beinhaltet, wie der Name sagt, daß etwas für den religiösen Menschen entscheidend und dauernd Wichtiges, das ihm zuvor verborgen war, aus dieser Verborgenheit heraustritt und nun erfaßbar wird. Man kann von verschiedenen Verborgenheiten der Gottheit bzw.

des Numinosen sprechen, deren Aufhebung man Offenbarung nennt: Es kann sich zunächst um ein *verborgenes Sein* des Numinosen handeln. In religiöser Erfahrung tritt die Gottheit aus ihrem Verborgensein heraus und wird als existent erfahren. Eine weitere Form der göttlichen Verborgenheit bezieht sich auf das *Wirken der Gottheit*. Daß, auch wenn an der Existenz der Gottheit nicht gezweifelt wird, ihr Wirken in Natur, Geschichte und Schicksal unerkannt und also verborgen ist, kann man vielfach beobachten.

Eine Offenbarung ist also nötig, dies zu erkennen. Eine dritte Form der Verborgenheit ist der wesensmäßige Geheimnischarakter des Numinosen. Die Religionsgeschichte liefert viele Beispiele dafür, daß die Gottheit als ihrem Wesen nach tief geheimnisvoll, als mysterium tremendum, angesehen wird. In der indischen Taittiriya-Upanishad (2,4) wird vom Brahman gesagt, es sei das, »vor dem die Worte umkehren und der Verstand, es nicht findend«.

Die Kathaka-Upanishad (2,12) nennt das Brahman, den ewigen göttlichen Urgrund der Welt, »den schwer zu schauenden, geheimnisvollen, den in der Höhle tief versteckten Alten«. Der Kirchenvater Chrysostomus schließlich sagt geradezu: »Der schändet Gott, der sein Wesen zu fassen sucht«.

Nun verhält es sich mit dieser Art der Verborgenheit so, daß der Geheimnischarakter der Gottheit nirgend Gegenstand der Offenbarung ist; denn nur respektlose Spekulationen suchen das Geheimnis der Gottheit zu enthüllen. Luther lehnt Versuche, in die Geheimnissphäre der Gottheit einzudringen, mit folgenden Worten ab: »Man lasse Gott seine Schlüsse und Geheimnisse im Verborgenen behalten«. Das verträgt sich durchaus mit dem Charakter des Christentums als einer Offenbarungsreligion; denn es gibt eine weitere Art der Verborgenheit, die in der Offenbarung enthüllt wird: der verborgene Wille der Gottheit. Darauf beziehen sich die folgenden Worte Luthers: »Gott hat uns seinen Willen und Rat kundgetan und spricht zu uns: aus einem Gott, der nicht offenbart ist, will ich ein geoffenbarter Gott werden und will doch derselbe Gott bleiben.« Damit wird deutlich gemacht, daß der Geheimnischarakter des Wesens der Gottheit durch die Offenbarung seines Willens nicht aufgehoben wird.

2. Traum

Sehr häufig ereignen sich religiöse Visionen und Auditionen im Traum (IV), bzw. der Traum wird oft, zumal in früher Zeit, als göttliche Offenbarung verstanden. AT und NT zeugen vielfach von solchen religiösen Traumerlebnissen. Die Praxis der Inkubation, also des Schlafes an heiliger Stätte, besonders im Tempel z. B. des Heilgottes Asklepios, aber auch heute noch in manchen Tempeln Griechenlands, hat den Sinn, Traumoffenbarungen von der dort wohnend gedachten Gottheit, z.B. Heilmittel, zu erhalten.

3. Hören

Abgesehen von den zuvor genannten religiösen Erfahrungsweisen, bei denen natürlich auch Worte gehört wurden, ist nun hier ganz im allgemeinen vom religiösen Hören bzw. Hörenkönnen (V) zu sprechen. Die Verkündigung der Meister muß zum Beispiel gehört werden. Dies ist in allen Religionen aber nicht bloß ein akustischer Vorgang, sondern ein erlebnishaftes Verstehen und inneres Betroffenwerden von dem Verkündigungswort. Darin aber liegt die Schwierigkeit, mit der es die Religionsstifter vornehmlich zu tun hatten und worin auch ihre spezifischen Einsamkeitserfahrungen begründet sind. Buddha hat dies Problem treffend folgendermaßen zum Ausdruck gebracht:

»Was fein, tief, schwer zu schauen, zart ist:
Was dem Irdischen zuwiderläuft,
Nicht werden's die Begierdeblinden,
Die Finsternisumhüllten sehen«

(Mahavagga I,5).

Deshalb wollte Buddha wegen der schweren Erschaubarkeit seiner Lehre auf ihre Verkündigung verzichten. Erst nachdem ihm – im legendarischen Bericht – von einem Gott deutlich gemacht war, daß die (allerdings) wenigen, die Hörer sein könnten, verloren sein würden, entschloß sich Buddha zur Verkündigung:

»Der Ewigkeit Tor, es sei jedem aufgetan,
Der Ohren hat. Mag sich denn Glaube
regen.«

Dieselbe Problematik des Hörenkönnens bzw. des Unvermögens zu hören, begegnet im NT. Es ist Jesu Erfahrung, daß Menschen mit hörenden Ohren doch nicht hören (Mt 13,13; Lk 8.10; Mk 4,12). Es handelt sich um ein geheimnisvolles, nicht in der Verfügungsgewalt der Menschen stehendes *inneres* Geschehen. Paulus hat dasselbe Phänomen im Auge, wenn er von dem Unvermögen des natürlichen Menschen, das Wort Gottes zu vernehmen (1 Kor 2,14) sagt: »Ein natürlicher Mensch freilich nimmt nicht an, was vom Geiste Gottes ist ... der geistliche Mensch aber ergründet alles.«

4. Erleuchtung und Erkenntnis

Eine besondere Form der religiösen Erfahrung findet sich vornehmlich in der Mystik: Erleuchtung (VI) und Erkenntnis (VII). Im Buddhismus bedeutete die Erlangung der Erleuchtung (bodhi) für den heilshungrigen Asketen Gotama, daß aus ihm ein Buddha, ein »Erleuchteter« wurde. Er war die Stufenleiter der Versenkung (dhyana) in langsamem Fortschreiten hinangestiegen bis zur Erleuchtung bzw. zur Erkenntnis des dreifachen Wissens. (→ Artikel über »Buddhismus«). Auch die Upanishaden bezeichnen den Vorgang des Heilsgewinns als Erkenntnis (jnana) der Identität des ewigen, der menschlichen Persönlichkeit wie allen Kreaturen einwohnenden Atman und des göttlichen Selbst der Welt (Brahman).
Die spätantike Glaubensrichtung »Gnosis« (Erkenntnis) stellt über die Stufe des Psychikers, der durch Glauben bestimmt ist, die Erkenntnis auf der Stufe des durch einen Funken göttlichen Geistes (pneuma) mit Gott verbundenen Pneumatikers. Bei einer solchen, vorwiegend in mystischen Religionen oder Religionsrichtungen gepflegten Erkenntnis handelt es sich nicht um rationales Erkennen, sondern um einen Akt inneren Ergreifens numinoser Wirklichkeit personaler oder impersonaler Art. Das bedeutet aber zugleich ein Ergriffenwerden von numinoser Wirklichkeit; denn wenngleich auch der Vorgang der Erkenntnis oder der Erleuchtung durch meditative oder asketische Praktiken vorbereitet werden kann, bleibt doch das Eintreten dieser existenzverändernden Erkenntnis ein geheimnisvolles Geschehen, das nicht in der Verfügungskraft des Menschen liegt. So hat Buddha selbst gesagt, er könne von sich aus nichts dazu tun, ob jemand den von ihm gezeigten Heilsweg auch wirklich beschreitet. Auch ist das Aufgehen des »Wahrheitsauges« bei einem Hörer seiner Lehre ein geheimnisvoll irrationaler Vorgang. Der japanische Zen-Buddhismus nennt solches Erkennen »satori«.

5. Ekstase

Auch die Ekstase, der Enthusiasmus, gehört zu den Formen der Gotteserfahrung. Die Struktur dieser durch verschiedene äußere Mittel wie Musik und rhythmische Körperbewegungen und dergleichen geförderten Zustände besteht darin, daß das eigene Seelenleben und Bewußtsein weitgehend ausgelöscht werden, damit göttliche Mächte von dem betreffenden Menschen Besitz ergreifen. Beispiele dafür sind der Schamanismus sowie die Praktiken der lamaistischen Ekstatiker. Aber auch im AT findet sich »schamanische« Besessenheit, wenn Saul von Samuel (1 Sam 10,6) vorausgesagt wird, er werde einer Gruppe von Propheten begegnen, die sich in »prophetischer Begeisterung« befänden. Es heißt dann weiter: »Da wird der Geist Jahves über dich kommen, daß du gleich ihnen in prophetische Begeisterung gerätst und dich in einen anderen Menschen verwandeln wirst.« Mit diesen Worten wird der innere Zustand gekennzeichnet, in dem der Ekstatiker sich zu befinden glaubt, wenn er, gelöst von seinem normalen Seelenleben,

sich von einer fremden numinosen Macht erfüllt weiß.
Ein weiteres Beispiel liefert der südindische Tamildichter Manikka Vashagar (8. Jhd. n. Chr.), der von der Einwohnung des Gottes Shiva in ihm mit höchster Begeisterung spricht:

Zur Zeit, als ich noch nicht kannte
Seine herrliche Gestalt,
Ist in mein Herz gedrungen
Der Herr von Tirutturutti (= Shiva),
Hat Wohnung darin gemacht,
Seinen Sinn auf mich gerichtet,
Ist in meinen Leib gedrungen,
Hat aus Gnaden mich genommen
In seinen heiligen Dienst!
Ihn, die beseligende,
Die höchste Seligkeit,
Hab' ich Unwürdiger gesehen.

6. Glaube

Die spezifische Gotteserfahrung in prophetischer Frömmigkeit ist der Glaube (VIII). Das deutsche Wort erlaubt verschiedene Deutungen: Man versteht im Alltag darunter ein unsicheres, unbewiesenes Wissen. Diese Deutung muß im Bereich der Religion *ausgeschlossen* bleiben; denn z.B. im biblischen Verständnis (nach Hebr 11,1) ist der Glaube »eine Zuversicht auf Gehofftes, ein Zeugnis dessen, das man nicht sieht«. Glaube in diesem Sinne ist vertrauende und gehorsame Hingabe an Gott, die indessen selbst nicht als eine willkürlich einnehmbare Haltung des Menschen angesehen wird, sondern als eine Gnadengabe. Solcher Glaubensform begegnet man im NT, wenn Jesus (Mt 17,20) sagt: »Wenn ihr Glauben habt wie ein Senfkorn, werdet ihr zu diesem Berge sagen: rücke von hier weg dort hinüber, und er wird fortrücken; und nichts wird euch unmöglich sein.« Auch die prophetische Religion Muhammads versteht – wie der Name Islam (Ergebung) selbst besagt – unter Glaube die Haltung schlechthinniger Ergebung in den zumeist unbegreiflichen Willen Allahs und Hoffnung auf seine Barmherzigkeit.

Aber auch im mystischen Mahayana-Buddhismus stoßen wir im Zusammenhang mit dem Amida-Glauben auf dieses Glaubensverständnis. Hier wird als Grundhaltung der Verzicht auf eigene Kraft und Leistung verlangt und »die ganze Zuversicht in Demut auf die Kraft eines Helfers« gesetzt. Wer gläubig den Namen Buddhas anruft, leistet damit kein gutes Werk, sondern in dieser Anrufung ist »allein die Kraft einer anderen Macht wirksam« (→ Artikel über »Buddhismus«).
Das Wort »Glaube« kann aber noch eine weitere Bedeutung haben, nämlich die eines formulierten und unveränderlichen Glaubensbekenntnisses. Man spricht z.B. vom christlichen Glauben und meint damit die Summe der lehrhaften Aussagen über christliche Gottesauffassung und Heilserkenntnis. Diesen Glaubensbekenntnissen muß man zustimmen, und sie auf Autorität der angeblichen Offenbarung hin auch intellektuell annehmen, weil man diesen »Glauben« für wahr hält. Das ist dann die fides, quae creditur im Unterschied zur fides, qua creditur, von der zuvor die Rede war. Hier ist dann das System von Dogmen und Lehraussagen selbst Objekt des Glaubens, nicht im Sinne gläubigen Vertrauens, sondern im Sinne intellektuellen Fürwahrhaltens. Die Wahrheit solcher Glaubensaussagen besteht für diese Auffassung in deren sachlicher Richtigkeit.

7. Zentrale Inhalte religiöser Erfahrung

Die religiöse Erfahrung, von deren Formen oben gesprochen wurde, richtet sich primär auf die Wirklichkeit des Heiligen in seiner personalen oder impersonalen Gestalt. Rudolf Otto hat in seinem immer noch grundlegenden Werk »Das Heilige« (1917, 1971[36.–40.]) analysiert, was im Erlebnis des Heiligen in jeder Religion an Erfahrungselementen in jeweils differenzierter Akzentverteilung vorliegt. Er unterschied das »mysterium tremendum«, also die Erfahrung des geheimnisvoll Unnahbaren, des Schreckenerregenden, Majestätischen einerseits; daneben

das »fascinans«, also das Beseligende und Anziehende, und schließlich das »Augustum«, das Erhabene, den absoluten Wert gegenüber dem menschlichen Unwert.
Abgesehen von dieser grundlegenden Begegnung mit der numinosen Wirklichkeit wird im Licht solcher Erfahrung auch die Situation des Menschen neu gesehen und verstanden. Dabei geht es wesentlich um das, was in vielfältigem Sinne als Erlösung bezeichnet wird.
Was nun zunächst die Volksreligionen betrifft, so kann in ihnen, wenn es überhaupt geschieht, nur im kollektiven Sinne von Erlösung gesprochen werden, wie etwa im AT von Israels Erlösung aus der Knechtschaft von Fremdvölkern etwa der Römer zu Jesu Zeit. Psalm 111,9 heißt es: »Er (Jahve) sendet eine Erlösung seinem Volk«; und noch die Jünger von Emmaus sprechen die enttäuschte Hoffnung aus, Jesus »sollte Israel erlösen« (Lk 24,21). Von individueller Erlösung wird hier nicht gesprochen, weil von einem den einzelnen existenziell bindenden Unheil hier noch nichts bekannt ist.
In den Universalreligionen dagegen ist allenthalben der Ausgangspunkt die Erfahrung einer generellen und existenziellen Unheilssituation (IX). Diese wird jeweils verschieden gesehen. Sie wird aber allenthalben in den Religionen, die ein universelles Heilsangebot dem einzelnen machen und darum Universalreligionen sind, als Voraussetzung angenommen. Da es letzten Endes in aller Religion um die *Erhaltung* (in den Volksreligionen) *oder Gewinnung* (in den Universalreligionen) *einer Einheit mit der Gottheit* bzw. dem neutralen Göttlichen geht, ist festzustellen, daß es deshalb in den Volksreligionen keine Erlösung im individuellen Sinne gibt und geben kann, weil die Menschen der Frühzeit den gegebenen, d.h. vorgefundenen Kontakt mit der Gottheit oder den Gottheiten im Kultus (von lat. colere, cultus = »dienen, warten, pflegen«) »pflegen« und dadurch zu bewahren suchen. Trennung vom Numinosen ist hier der seltene Ausnahmefall, wie z.B. bei dem germanischen Neiding, der sich aus der Sippe und deren Heil löste. Dieselbe Situation lag bei dem Brudermörder Kain vor (Gen 4).
In den Universalreligionen, die alle primär auf den einzelnen bezogen sind, ist jene elementare Einheit mit dem Numinosen durch ein existenzielles Hindernis gestört; also nicht durch aktuelle Verfehlungen etwa – die auch in Volksreligionen die vorhandene positive Beziehung zur Gottheitswelt zwar nicht aufheben, aber trüben können –, sondern durch einen isolierenden Bruch in der Tiefe der Existenz.
Fragt man nach den isolierenden Faktoren, so stößt man auf zwei typologische Unterschiede: Es gibt Religionen, die jene Isolierung in der körperlichen individuellen Existenz des einzelnen sehen, wie etwa die hellenistischen Mysterienreligionen, die indische Mystik, der Buddhismus, der Taoismus, der Sufismus und die Gnosis. Andererseits wird die existenzielle Isolierung darin gesehen, daß der einzelne sich innerlich von der persönlichen Gottheit abgewandt und sich selbst zugewandt hat in seiner Grundlebenshaltung. Das ist der Fall in den prophetischen Religionen: in der israelitischen Prophetie, im Mazdaismus, im Christentum und im Islam.
Die erste Gruppe der vorwiegend mystischen Religionen, die die Unheilssituation in der individuellen Existenz sieht, ist wiederum differenziert. In den hellenistischen Mysterienreligionen ist die mit der Individualexistenz verbundene Körperhaftigkeit das entscheidende Hemmnis der Einheit. Plato zitiert ein Wort der Orphiker »Soma–sema« (der Leib – das Grab: nämlich der Seele). Der Körper ist es hier also, der die Seele von der Gottheit trennt. Außerdem wird der Körper als Materie für unrein gehalten und daher als eine der reinen Seele unangemessene Existenzform angesehen. Das ist in der dualistisch eingestellten Mystik der Fall.
Eine andere Form, die körperhafte Existenz als unheilvoll anzusehen, findet sich in Indien. Hier liegt das Unheilsmoment nicht in der Materialität der Körperhaftigkeit, sondern in der Individualität und Wesenlosigkeit körperlicher Existenz. Damit verbunden ist das Ich-Bewußtsein, das als heilshindernder

Faktor betrachtet wird. Ich und Heil werden hier als unvereinbar angesehen. Das Unheil, das hier erfahren wird, liegt somit in der ichhaften Existenz.

In prophetischen Religionen besteht der Unheilscharakter der vorgefundenen Situation nicht in der von der Gottheit isolierenden Ichhaftigkeit, sondern in der Ichsüchtigkeit: in der die Gesamtexistenz des Menschen bestimmenden Richtung aller seiner Wesens- und Willenskräfte auf das eigene Ich und seine Bedürfnisse.

Auf dem Boden universaler Unheilserfahrung finden sich also zwei Grundhaltungen, die, soweit der Mensch in Betracht kommt, beide am Ich orientiert sind: Auf der einen Seite wird das Unheil gesehen in einer wirklichen oder vermeintlichen Realität des Ich und der mit ihm verbundenen affektiven Kräfte, die von ihm gelenkt werden, und die die Einheit mit der Gottheit stören; auf der anderen Seite setzt in den prophetischen Religionen das erstrebte Heil die Realität und Dauer des persönlichen, vom Schöpfergott geschaffenen persönlichen Menschenwesens voraus. Das Unheil besteht hier nicht in der angenommenen oder wirklichen Tatsächlichkeit des Ich und der Ichhaftigkeit, sondern in der Haltung der Selbstbehauptung des einzelnen vor Gott und der damit gegebenen Abwendung von Gott. »Anfang und Grund aller Sünde ist von Gott weichen und ihm nicht trauen« (Luther).

Zu den Inhalten der religiösen Erfahrung gehören auch die jenen Unheilserkenntnissen entsprechenden Heilserwartungen (X). In den Volksreligionen wurde die vorhandene Einheit von Volk, Stamm, Sippe und Gottheit durch konkrete Sünden kultischer oder ethischer Art gestört, ohne sie existenziell aufzuheben. Diese vorübergehende Trübung des Verhältnisses zur Gottes- oder Götterwelt kann durch die rituellen Akte der Sühne, des Opfers, beseitigt werden.

In den Universalreligionen dagegen müssen die verschiedenen Formen *existenziellen* und *individuellen* Unheils aufgehoben werden. Die Heilsziele sind daher bei den beiden oben unterschiedenen Unheilserfahrungen verschieden: Auf der Seite der impersonalen Mystik liegt das Heilsziel in der Unio mystica, in dem Eingehen des einzelnen in das Absolute. Damit ist dann die Ichhaftigkeit und die darin gegebene personale Differenziertheit aufgehoben. In den prophetischen Religionen jedoch wird nicht die annihilatio des Ich (wie in der Mystik), sondern die Richtungsänderung der inneren Haltung erstrebt. Die Ichsüchtigkeit, also die Richtung des Ich im Sinne des Egoismus wird durch eine (wie es im NT heißt) »metanoia«, eine Sinnes- und Richtungsänderung vom Ich auf Gott hin beseitigt unter Wahrung der Personalität des individuellen Seins in einem diesseitigen und jenseitigen Heilszustand. Während bei den impersonal mystischen Religionen der Heilszustand ohne Ichbewußtsein vorgestellt wird, wie z. B. im buddhistischen und hinduistischen Nirvana (XI).

B Texte

(I) Da bat er (Mose): Laß mich deine Herrlichkeit schauen! Er (Jahve) erwiderte: ... Du kannst mein Antlitz nicht schauen; denn kein Mensch bleibt am Leben, der mich sieht! Sodann sprach Jahve: Es ist eine Stätte in meiner Nähe, da magst du hintreten auf den Felsen. Wenn dann meine Herrlichkeit vorüberzieht, so will ich dich in eine Höhlung stellen und meine Hand über dich decken, bis ich vorüber bin. Wenn ich dann meine Hand entferne, so wirst du meine Rückseite sehen; aber mein Antlitz darf niemand sehen!

(Ex 33,18.20–23)

Deine Gott-gestalt, o Purushottama (Vishnu), möchte ich mit Augen schauen, o höchster Herr, ebenso wie du dich beschrieben hast. Wenn du meinst, o Gebieter, daß diese überhaupt für mich schaubar ist, dann zeige mir dich selbst als den unvergänglichen, o Herrscher der Wundermacht.

Der Hehr-Erhabene:

So schaue denn, o Partha, meine Gestaltungen, hundert- und tausendfach, vielfältig, göttlich, mannigfaltig an Farbe und Form: schaue die Adityas, Vasus, Rudras, die beiden Ashvin, die Maruts (= Namen von Einzelgöttern, die alle in Vishnu sind). Schaue viele Wunder, wie sie nie zuvor geschaut sind. Schaue hier in meinem Leibe in Einheit die ganze Welt, was in ihr sich regt und nicht regt, und was du sonst zu sehen begehrst. Doch dein leiblich Auge ist zu schwach, mich so zu schauen; das himmlische Auge verleihe ich dir. So schaue mich in meiner Herren-Wundermacht.

Bhagavadgita XI, 3–8. Übersetzt und erläutert von Rudolf Otto, Der Sang des Hehr-Erhabenen, Stuttgart 1935, 75

(II) Im religiösen Erlebnis ist diese Gerichtetheit (sc. auf den lebendigen Sinn) aber vielmehr eine Gegenwart, dann eine Begegnung, dann eine Vereinigung. Und in dieser Gegenwart ist nicht der Erlebende, sondern der Gegenwärtige der Erste; denn er ist der Heilige, der Übermächtige, der die Gewalt hat.

Gerardus van der Leeuw, Phänomenologie der Religion, Tübingen 1970³, 526

(III) Saulus aber, noch schnaubend Drohung und Mord gegen die Jünger des Herrn, ging zum Hohenpriester und verlangte von ihm Briefe nach Damaskus an die Synagogen, um, wo er Leute fände, die zu der Lehre (Christi) hielten, dieselben, Männer und Weiber, gebunden nach Jerusalem zu bringen. Als er aber dahin zog, geschah es, daß er in die Nähe von Damaskus kam, und plötzlich umstrahlte ihn ein Licht vom Himmel, und er stürzte zu Boden und hörte eine Stimme zu ihm sagen: Saul, Saul, warum verfolgst du mich? Er sprach aber: wer bist du, Herr? Er aber: ich bin Jesus, den du verfolgst. Du aber stehe auf und gehe in die Stadt, so wird dir gesagt werden, was du tun sollst. Die Männer aber, die mit ihm zogen, standen sprachlos, da sie zwar die Stimme hörten, aber niemand erblickten. Saulus aber erhob sich vom Boden; da er aber seine Augen öffnete, sah er nichts. Sie führten ihn aber an der Hand und brachten ihn nach Damaskus. Und er war drei Tage blind, und aß nicht und trank nicht.

(Apg 9,1–9)

Und es geschah, in jenen Tagen kam Jesus von Nazaret in Galiläa und ließ sich von Johannes im Jordan taufen. Und alsbald, da er aufstieg vom Wasser, sah er den Himmel sich spalten und den Geist wie eine Taube auf ihn herabfahren, und eine Stimme aus den Himmeln sprach: Du bist mein geliebter Sohn, an dir habe ich Wohlgefallen gefunden.

(Mk 1,9–11)

Im Jahre, als Mohammed zum Propheten berufen wurde, begab er sich im Monat Ramadan mit seiner Familie auf den Berg Hira, um sich einsamen Andachtsübungen zu widmen. »Da kam in einer Nacht«, so erzählt der Prophet, »Gabriel zu mir, als ich schlief, mit einem Tuch und sagte: Lies! Ich antwortete: Ich kann nicht lesen. Da drückte er mich damit, daß ich glaubte, ich müßte sterben. Darauf ließ er mich los und sagte: Lies!« Der Prophet weigerte sich, und noch zweimal wiederholte der Engel seine harte Behandlung. Da fragte Mohammed endlich: »Was soll ich lesen?« Der Engel sprach: »Lies im Namen deines Herrn, er, der erschuf, schuf den Menschen aus Blutgerinsel. Lies, denn dein Herr ist der gnädigste, er, der die Menschen mit dem Griffel unterwies, er lehrte ihn, was er nicht wußte« (Sure 96,1–4). »Ich erwachte«, erzählt Mohammed, »aus meinem Schlaf und es war, als sei eine Schrift in meinem Herzen geschrieben. Ich ging aus der Höhle, und als ich mich mitten auf dem Berge befand, hörte ich eine Stimme, die sagte: O Mohammed, du bist Allahs Apostel, und ich bin Gabriel! Ich erhob meine Augen und sah Gabriel in der Gestalt eines Mannes mit gekreuzten Beinen am Horizonte des Himmels. Ich blieb stehen und betrachtete ihn und ging weder vorwärts noch rückwärts. Und als ich mein Angesicht von ihm wandte, sah ich ihn immer noch am Horizonte, wohin ich mich auch wandte!«

Ibn Ishak (gest. 768). Zitiert bei: Tor Andrae, Mohammed. Sein Leben und sein Glaube. Göttingen 1932, 35

Seit meiner Kindheit, da meine Knochen, Nerven und Adern noch nicht gekräftigt waren, genieße ich immerdar bis auf den heutigen Tag, da ich mehr denn siebenzig Jahre zähle, die Gnade dieser Schau. Dabei steigt meine Seele, so wie es Gott will, hinauf in die Höhe des Firmaments und die wechselnden Schichten des Äthers, sie breitet sich aus zwischen den verschiedenen Völkern, wenn sie auch in weit entlegenen Ländern, fern von mir, sind. Und weil ich das also in meiner Seele sehe, schaue ich sie wie den Wechsel der Wolken und anderer Geschöpfe. Ich vernehme dies jedoch nicht mit den leiblichen Ohren, ersinne es nicht in den Gedanken meines Herzens und nehme es nicht durch einen der fünf Sinne auf; ich schaue all das nur in meiner Seele mit offenen Augen, wachend während des Tages und während der Nacht, ohne jemals eine Ekstase erlitten zu haben.

Schriften der Heiligen Hildegard von Bingen (1097 bis 1179), ausgewählt und übertragen von J. Bühler, Leipzig 1922, 34 ff.

(IV) Da gelangte er (Jakob) an eine Stätte und blieb daselbst über Nacht; denn die Sonne war untergegangen. Und er nahm einen von den Steinen dieser Stätte, legte ihn zu seinen Häupten und legte sich schlafen an selbiger Stätte. Da träumte ihm, eine Leiter sei auf die Erde gestellt, deren oberes Ende bis zum Himmel reichte, und die Engel Gottes stiegen auf ihr hinauf und herab. Und Jahve stand vor ihm und sprach: Ich bin Jahve, der Gott deines Vaters Abraham und der Gott Isaaks: das Land auf dem du liegst, das werde ich dir und deinen Nachkommen verleihen. ... Da erwachte Jakob aus seinem Schlaf und sprach: Wahrlich, Jahve ist an dieser Stätte, und ich wußte es nicht. Da fürchtete er sich und sprach: Wie schauerlich ist diese Stätte! Ja, das ist der Wohnsitz Gottes und die Pforte des Himmels! Frühmorgens aber nahm Jakob den Stein, den er zu seinen Häupten gelegt hatte, stellte ihn auf als Malstein (Massebe) und goß Öl darauf... Und Jakob tat ein Gelübde und sprach: Wenn Gott mit mir sein und mich behüten wird auf dem Wege, den ich jetzt gehe, und mir Brot zu essen und Kleider anzuziehen gibt, und ich wohlbehalten zum Hause meines Vaters zurückkehren werde, so soll Jahve mein Gott sein und dieser Stein, den ich als Malstein aufgestellt habe, soll ein Gotteshaus werden.

(Gen 28,11–13.16–18.20–22)

»Was ist das für ein Selbst?« – »Es ist unter den Lebensorganen der aus Erkenntnis bestehende, in dem Herzen innerlich leuchtende Geist. Dieser durchwandert, derselbe bleibend, beide Welten (diese Welt im Wachen und Traume, jene, die Brahmanwelt, im Tiefschlafe und Tode); es ist als ob er sänne, es ist, als ob er umherschweift (in Wahrheit ist der Atman ohne individuelle Erkenntnis und Bewegung); denn wenn er Schlaf geworden ist, so übersteigt er (im Tiefschlaf) diese Welt, die Gestalten des Todes (der Vergänglichkeit, des Übels).

Brihadaranyaka-Upanishad 4,3,7. Zitiert bei: Paul Deussen, Sechzig Upanishad's des Veda, Leipzig 1921³, 467

Wenn er nun einschläft, dann entnimmt er aus dieser allenthaltenden Welt das Bauholz, fällt es selbst und baut es selber auf vermöge seines eigenen Glanzes, seines eigenen Lichtes; wenn er so schläft, dann dient dieser Geist sich selbst als Licht. Daselbst sind nicht Wagen, nicht Gespanne, nicht Straßen, sondern Wagen, Gespanne und Straßen schafft er sich; daselbst ist nicht Wonne, Freude und Lust, sondern Wonne, Freude und Lust schafft er sich; daselbst sind nicht Brunnen, Teiche und Flüsse, sondern Brunnen, Teiche und Flüsse schafft er sich, – denn er ist der Schöpfer...

Im Traumesstande schweift er auf und
nieder

Und schafft als Gott sich vielerlei Gestalten,
Bald gleichsam wohlgemut mit Frauen
scherzend,
Bald wieder gleichsam Schreckliches
erschauend.

Brihadaranyaka-Upanishad 4,3,9.10.13. Zitiert bei: Ebd. 467 f.

Da ließ sich der Herr der drei Welten, der von allen Wesen verehrte Bodhisattva (Buddha-Anwärter) nach genauer Prüfung, zur richtigen Zeit aus dem Tuschitahimmel herab… Klar und bei vollem Bewußtsein ging er, als ein junger weißer Elefant mit sechs Stoßzähnen, zur rechten Seite in den Leib seiner Mutter (Maya) ein, als diese gerade Fasttage hielt… Die Königin Maya war beseligt auf ihrem Lager eingeschlafen und träumte: Ein Prachtelefant, strahlend wie Schnee und Silber, ist tänzelnden Schrittes und mit diamantfesten Gelenken in meinen Leib eingegangen… Nie vorher habe ich etwas so Schönes gesehen und gehört, nie ähnliche Wonne empfunden. Es war ein Gefühl körperlichen Glücks und gleichzeitiger Beseligung des Gemüts, daß ich wie in tiefste Versenkung entrückt war.

Lalitavistara (ed. Lefmann 54 f.) Zitiert bei: Ernst Waldschmidt, Die Legende vom Leben des Buddha, Berlin 1929, 33 f.

Zu Gibeon erschien Jahve dem Salomo des Nachts im Traume. Und Gott sprach: Bitte, was ich dir geben soll! Da antwortete Salomo: … Nun denn, Jahve, mein Gott, du hast deinen Knecht an meines Vaters David Statt zum Könige gemacht. Ich aber bin ein junger Mensch und weiß nicht aus noch ein… So wollest du denn deinem Knecht ein gehorsames Herz geben, daß er dein Volk regieren möge und zu unterscheiden wisse zwischen gut und böse. Denn wer vermöchte sonst dieses dein mächtiges Volk regieren? Das gefiel dem Herrn wohl, daß Salomo solches erbat. Und Gott sprach zu ihm: Weil du *darum* gebeten und nicht langes Leben oder Reichtum oder auch den Tod deiner Feinde erbeten hast, sondern um Verstand gebeten hast, um auf Recht zu hören, so will ich deine Bitte erfüllen: ich will dir ein weises und verständiges Herz geben, daß deinesgleichen weder vor dir gewesen sein, noch nach dir erstehen soll… Als aber Salomo erwachte, war es ein Traum gewesen.

(1 Kön 3,5.7.9–12.15)

Da sie (die Magier aus dem Osten) aber den Stern sahen, freuten sie sich sehr. Und sie traten in das Haus, und sahen das Kind mit seiner Mutter Maria, fielen nieder und huldigten ihm, öffneten ihre Schätze und brachten ihm Geschenke dar, Gold, Weihrauch und Myrrhe. Und da sie im Traum beschieden wurden, nicht zu Herodes zurückzugehen, kehrten sie auf einem anderen Wege zurück in ihr Land. Als sie aber abgezogen waren, siehe da erscheint ein Engel des Herrn dem Josef im Traum und spricht: Stehe auf, nimm das Kind und seine Mutter, und fliehe nach Ägypten, und weile dort bis ich dir sage; denn Herodes schickt sich an, das Kind zu suchen, um es zu verderben.

(Mt 2,10–13)

(V)
Was fein, tief, schwer zu schauen, zart ist,
Was dem Irdischen zuwiderläuft,
Nicht werden's die Begierdeblinden,
Die Finsternisumhüllten sehen.

Mahavagga I,5. Zitiert bei: Hermann Oldenberg (Hg.), Reden des Buddha. Lehre, Verse, Erzählungen, München 1922, 39

Der Ewigkeit Tor, es sei jedem aufgetan,
Der Ohren hat. Mag sich denn Glaube regen!
Vergebliche Mühe zu meiden, hab' ich
Das edle Wort noch nicht der Welt
verkündet.

Mahavagga I,5. Zitiert bei: Ebd. 41

Darum rede ich zu ihnen in Gleichnissen, weil sie sehen und doch nicht sehen, hören und doch nicht hören noch verstehen. Und es erfüllt sich für sie die Weissagung des Jesaja (6,10), die da lautet: Mit dem Gehör sollt ihr hören und nichts verstehen, und mit dem Gesicht sehen und nichts erblicken. Denn es ward das Herz dieses Volkes verstockt und sie sind schwerhörig geworden, und ihre Augen haben sie verschlossen, daß sie nicht sähen mit ihren Augen und nicht hörten mit ihren Ohren noch verständen mit dem Herzen und umkehrten und ich sie heile.

(Mt 13,13–15)

Ein natürlicher (im Text: ein psychischer) Mensch freilich nimmt nicht an, was vom Geist Gottes ist; es ist ihm Torheit, er vermag es nicht zu verstehen, weil es geistlich ergründet werden will. Der geistliche Mensch aber ergründet alles, er selbst aber wird von niemand ergründet.

(1 Kor 2,14.15)

(VI) Die Erleuchtung (Satori) ist eine überwältigende innere Erfahrung, die plötzlich kommt. Der Mensch fühlt sich mit einem Male frei und stark im Weltall, erhaben und groß. Der Atem des Alls durchkreist ihn, er ist nicht mehr ein kleines selbstisches Ich, sondern völlig offen und durchsichtig, verbunden mit allem, in der Einheit.

Heinrich Dumoulin, Zen. Geschichte und Gestalt, Bern 1959, 273

Viele stellen sich vor, die Übung des Zen solle einen Zustand von Autosuggestion durch Meditation herbeiführen. Diese Ansicht geht völlig fehl... Satori besteht nicht darin, irgendeinen vorausbedachten Zustand durch intensives Nachdenken zu erreichen. Es ist vielmehr die Erlangung eines neuen Blickpunktes für die Schau der Welt. Immer seit der Entfaltung des Bewußtseins waren wir gewohnt, auf innere und äußere Zustände begrifflich und zergliedernd zu reagieren. Die Übung des Zen besteht darin, diese Grundtätigkeit ein für allemal aufzuheben und das alte geistige Gefüge auf ganz neuer Basis wiederaufzubauen... Satori kommt unvermutet über einen Menschen, wenn er fühlt, daß er sein ganzes Sein erschöpft hat. Religiös gesehen ist es eine Wiedergeburt; intellektuell bedeutet es die Erreichung eines neuen Blickpunktes. Die Welt erscheint jetzt wie in einem neuen Gewande, das die ganze Häßlichkeit des Dualismus zudeckt, der nach buddhistischer Auffassung reine Täuschung ist. ...

Ein Augenblick genügt, und alles ist verwandelt, du hast Zen, und bist so vollkommen und so natürlich wie immer. Ja, noch mehr: du hast im selben Augenblick etwas völlig Neues erreicht. Alle deine geistigen Kräfte wirken in einem neuen Grundton, beglükkender, friedvoller, freudiger als je zuvor. Die Tonart des Lebens ist geändert. Es liegt etwas Verjüngendes im Besitz des Zen.

Daisetz Teitaro Suzuki, Die große Befreiung. Einführung in den Zen-Buddhismus, Weilheim/Obb. 1972[6], 131–135 mit Auslassungen

(VII) Wenn dies jemand der Wahrheit gemäß mit richtiger Erkenntnis erschaut, dann spekuliert er nicht über Existenzen in der Vorzeit und dann spekuliert er auch nicht über Existenzen in der Zukunft. Dann kann aber auch nicht mehr von einem starken persönlichen Interesse die Rede sein. Hat er kein Interesse daran, dann löst sich sein Geist von der Erscheinungswelt und wird durch Abkehr von den Schwächen der weltlichen Daseinsauffassung erlöst.

Samyutta-Nikaya XII, 46,8. Zitiert bei: R. Otto Franke, Dighanikaya. Das Buch der langen Texte. In Auswahl übertragen. Göttingen/Leipzig 1913, 25

(VIII) Jesus sagte ihnen (den Jüngern): Wahrlich, ich sage euch, wenn ihr Glauben habt und zweifelt nicht, so könnt ihr nicht nur das mit dem Feigenbaum (der durch Jesu Fluch verdorrte) machen, sondern ihr mögt auch zu diesem Berg sagen: hebe dich weg und stürze dich ins Meer, so wird es geschehen; und alles, was ihr im Gebet gläubig verlangt, sollt ihr empfangen.

(Mt 21,21 f.)

(IX) Flechtwerk innen, Flechtwerk außen,
Flechtwerk fesselt rings die Menschheit.
Dieses Flechtwerk, Gotama,
wer vermag es aufzulösen?

(Samyutta-Nikaya I,13)

Am Glauben zweifelnd will er nur sich selber traun. Nach Heil verlangt ihn nicht, er sucht nur, was die Sinne reizt und sieht nur, was der Welt vor Augen liegt, dem Höheren ist sein Blick verwirrt.

Mahabharata, Vana-parvan 30 f. Übersetzt von Rudolf Otto, Vischnu Narayana. Texte zur indischen Gottesmystik. Aus dem Sanskrit, Jena 1923, 30

Die eigentliche Aufgabe des Gesetzes ist, uns aus unseren Behausungen herauszuführen, d.h. aus Frieden und Vertrauen zu uns selbst, und uns vor das Angesicht Gottes zu stellen und den Zorn Gottes uns zu offenbaren.

Martin Luther, Galater Kommentar 2,17. W. A. 40,I 259

Wenn der beseelte Körper mit dem stofflichen Bewußtsein gänzlich restlos aufgelöst ist, dann zerreißt auch alles Flechtwerk.

(Samyutta-Nik. VII,1,6)

Ja, wer den Purusha (das Selbst), frei von Verlangen,
Verehrt, kommt los von dieser
Welt der Zeugung.
Wer Wünsche noch begehrt und ihnen nachhängt,
Wird durch die Wünsche hier und dort geboren.
Wer aber wunschgestillt, wes
Selbst bereitet,
Dem schwinden alle Wünsche
Schon hinieden.

Mundaka-Upanishad 3, 2, 1. Zitiert bei: Deussen, a. a. O. 556 f.

Wenn die Ichvorstellung entsteht,
Dann erzeugt sie auch die Ichsucht.
Die entfaltet dann alsbald die Seinsbegier,
Die zeugt von Augenblick zu Augenblick die Verwirrung.
Durch diese wirkt man Karman (Tatenstoff), gutes und ungutes.
Das schafft dann Leiden in der Daseinsdreiheit.
Des Leidens Wurzel ist dann jene Selbstvorstellung.
Die hau ab, o Jina, mit deines Wortes Schwerte.

Bhakti-Hundertvers des Rama-Candra. Übersetzt von Rudolf Otto, Vischnu Narayana, a. a. O. 198

(X) Zur Zeit, als ich noch nicht kannte
seine herrliche Gestalt,
ist in mein Herz gedrungen
der Herr von Tirutturutti (Shiva),
hat Wohnung darin gemacht,
seinen Sinn auf mich gerichtet,
ist in meinen Leib gedrungen,
hat aus Gnaden mich genommen
in seinen heiligen Dienst!
Ihn, die beseligende,
die höchste Seligkeit,
hab ich Unwürdiger gesehen.

Hilko Wiardo Schomerus, Die Hymnen des Manikka Vashaga, Jena 1923, 23

(XI) Es gibt ein Ungeborenes, Ungewordenes, Ungeschaffenes, Ungestaltetes, gäbe es nicht dieses Ungeborene, Ungewordene, Ungeschaffene, Ungestaltete, so wäre kein Ausweg zu finden für das Geborene, Gewordene, Geschaffene, Gestaltete.

(Udana VIII,1)

Gleichwie das Licht, vom Windeswehn
getroffen
Zur Ruhe eingeht und dem Blick
entschwindet,
So geht der Weise, Nam' und Leib
ablegend
Zur Ruhe ein, entschwindend jedem Blicke.

Sutta Nipata 1074. Zitiert bei: Hermann Oldenberg, Reden des Buddha, a. a. O., 293

Wer an mich glaubt, wird leben, auch wenn er stirbt. Und wer da lebt und glaubt an mich, wird nimmermehr sterben.

(Joh 11,25.26)

Wer mein Wort hört und glaubt dem, der mich gesandt hat, der hat ewiges Leben und kommt nicht ins Gericht, sondern er ist vom Tode ins Leben gelangt.

(Joh 5,24)

Auch wisset wohl, daß ewige Seligkeit allein an Einem liegt und an nichts anderem. Und soll anders der Mensch oder die Seele immer selig sein oder werden, so muß das Eine allein in der Seele sein. Nun möchte man fragen: Was ist aber das Eine? Ich sage: Es ist das Gute – oder doch zum Guten geworden – und dennoch weder dies noch jenes Gute, das man nennen, erkennen oder aufzeigen kann, sondern ist alles und über alles Gute. Auch braucht das nicht erst in die Seele zu kommen, denn es ist jetzund schon darin, es ist aber unerkannt.

Theologia deutsch. Übersetzung von J. Bernhart, Der Frankfurter. Eine deutsche Theologie, Leipzig 1920, 105 f.

C Ausgewählte Literatur

1. Ernst Benz, Die Vision. Erfahrungsformen und Bilderwelt, Stuttgart 1969

2. Karl Girgensohn, Der seelische Aufbau des religiösen Erlebens, Leipzig 1921 (2. Aufl. hg. v. W. Gruehn, Gütersloh 1930)

3. William James, Die religiöse Erfahrung in ihrer Mannigfaltigkeit. Materialien und Studien zu einer Psychologie und Pathologie des religiösen Lebens. Ins Deutsche übertragen von Georg Wobbermin, Leipzig 1915[4]

4. Gustav Mensching, Die Idee der Sünde. Ihre Entwicklung in den Hochreligionen des Orients und Occidents, Leipzig 1931

5. Ders., Zur Metaphysik des Ich, Gießen 1933

6. Mystische Erfahrung. Die Grenze menschlichen Erlebens, Freiburg/Basel/Wien 1976 (Enthält Beiträge zur islamischen, jüdischen und christlichen Mystik)

7. Hans Schär, Erlösungsvorstellungen und ihre psychologischen Aspekte, Zürich 1950

8. Udo Tworuschka, Die Einsamkeit. Eine religionsphänomenologische Untersuchung, Bonn 1974 (Untersuchungen zur allgemeinen Religionsgeschichte N.F. Heft 9)

9. Robert Charles Zaehner, Mystik religiös und profan, Stuttgart 1960

Für den Erfahrungsbereich neuer Religiosität bzw. zeitgenössischer Ausprägung in den Weltreligionen vgl. besonders den von der Evangelischen Zentralstelle für Weltanschauungsfragen herausgegebenen »Materialdienst« (Quell-Verlag), außerdem die von der Zentralstelle kostenlos abgegebenen »Information(en)« und »Arbeitstexte« (d. Hg.).

10. Dietrich Zilleßen, Religion und Transzendenz im Religionsunterricht. In: Ev. Erz. 27 (1975) 249–261 (d. Hg.)

Religiöse Sprachformen

GUSTAV MENSCHING

A Darlegung

1. Mythos

Alle Religionen haben die elementare Tendenz, sich in irgendeiner Form auszudrükken. Abgesehen von musikalischen, tänzerischen, künstlerischen und kultischen Darstellungs- und Aussageformen ist es das Wort, also die Sprache, die eine Fülle religiöser Ausdrucksformen ermöglicht. Die religiöse Ursprache der Menschheit ist der Mythos (I).

Zwei Faktoren bewirken das Entstehen des Mythos: ein objektiver und ein subjektiver. Der objektive Faktor ist das in der zeiträumlichen Erscheinungswelt begegnende bzw. durch sie hindurch erfahrene Heilige. Der subjektive Faktor ist eine eigentümliche Bewußtseinslage, die gekennzeichnet ist durch eine komplexe Auffassung des Erfahrungsinhalts mit allen menschlichen Vermögen zugleich, von denen jedes (Phantasie, Denken, Wahrnehmen usw.) seine Inhalte freigestaltend in das mythische Erfahrungsbild einzeichnet. Mythisches Bewußtsein aber ist religiöses Bewußtsein und schafft *nicht* eine primitive vorwissenschaftliche Welterklärung. So hat das mythische Bewußtsein unmittelbare Verbindung mit dem numinosen Hintergrund der Welt. Es ist ein vom Numinosen bestimmtes Bewußtsein.

Was nun die Gestaltung des Mythos betrifft, so geschieht sie, indem Elemente der vertrauten irdischen Wirklichkeit in einer den Traumbildern ähnlichen Weise zu Gebilden verwoben werden, in denen sich das religiöse Staunen in oft wunderhaften Begebenheiten und Vorgängen ausdrückt. Davon berichtet der Mythos, dessen griechische Wortbedeutung »Erzählung« ist.

Der Mythos stellt oft die Frage nach dem Warum? Aber dies ist keine theoretische Frage nach dem Kausalzusammenhang des Weltgeschehens. Die Frage selbst ist vielmehr als Ausdruck des Ergriffenseins vom geheimnisvoll Übernatürlichen zu verstehen. Die Antworten auf diese Frage sind Mythen, d.h. numinos erfaßte und assoziativ mit bekannten irdischen Vorgängen identifizierte Geschehnisse der Urzeit. Mythos ist für den Frühzeitmenschen die Vergegenwärtigung des Zeitlosen im zeiträumlichen Geschehen, vermittelt durch das heilige Wort. Der Mythos berichtet deshalb nicht von endgültig Vergangenem, sondern vergegenwärtigt das religiös Gemeinte, Heilige. Der Ritus in frühzeitlichen Kultveranstaltungen ist nachvollzogener Mythos, solange dieser noch lebendig und ungebrochen ist (→ »Religiöse Handlungsformen«).

Die Lebendigkeit des Mythos und seine Wirksamkeit bestehen darin, daß mit Hilfe des berichteten oder im Kultdrama dargestellten mythischen Geschehens das Heilige unmittelbar und unreflektiert erfaßt wird. Die Auflösung des Mythos geschieht dadurch, daß, indem aus dem Mythos der Logos sich entwickelt, im Zusammenhang mit wachsender Vertiefung der Gottes- und Welterfahrung man sich der Unangemessenheit und natürlichen Unmöglichkeit bewußt wird, die im Mythos vorliegt. Dann tritt an die Stelle des Mythos das Dogma bzw. das begriffliche Symbol. So löst sich der Mythos in seiner unreflektierten Gültigkeit allmählich auf, indem eine »Entmythologisierung« eintritt, obwohl die Orthodoxie allenthalben noch lange am wörtlich verstandenen Mythos festhält.

2. Seher-, Propheten- und Meisterwort

Nahe einander verwandt und doch charakteristisch unterschieden sind die drei genannten sprachlichen Aussageformen. Der Seher ist ursprünglich vom Propheten nicht wesentlich verschieden; denn im griechischen Sprachgebrauch ist der Seher, der etwas »verkündet« ein Prophet (prophetes). Dieses Wort bedeutet aber zunächst nicht mehr als »Verkünder«, was sowohl der Seher, wie auch der Meister ist.

Der Seher (II) kann die Kenntnis von etwas Verborgenem entweder durch Inspiration oder durch Zeichendeutung gewinnen. Die Inspiration wird, wie das Wort selbst sagt, vorgestellt als Einhauchen göttlichen Geistes (Pneuma) in die Seele. Die Folge ist der Zustand des »Enthusiasmos«. Das daraus entstandene Wort bedarf der Deutung, wie Heraklit vom Orakel in Delphi sagt. Das Wort der Sibylle habe jahrtausendelange Dauer wegen seines göttlichen Ursprungs.

Die Zeichendeutung, die der Seher vollzieht, geschieht, indem er die im Vogelflug oder in den Eingeweiden von Opfertieren gegebenen Zeichen feststellt oder indem er innere Zeichen, wie Träume, hinsichtlich ihres Zukunftsinnes deutet, wie z.B. Joseph dem Pharao seine Träume von den fetten und den mageren Kühen erklärte.

Das echte Prophetenwort ist Verkündigung göttlicher Offenbarung nicht von etwas in der Zukunft Verborgenem, sondern göttlichen Wesens und Willens. Das Wort, das solche von der Gottheit berufenen Propheten (III) verkünden, ist ihnen von ihr in den Mund gelegt: »getragen vom heiligen Geist haben Menschen von Gott aus geredet« (2 Petr 1,21).

Hinsichtlich der Struktur der Worte religiöser Meister ist zu unterscheiden zwischen *Lehre* und *Verkündigung*. Im NT wird dieser Unterschied durch die griechischen Worte »keryssein« (verkündigen) und »didaskein« (lehren) ausgedrückt. Während das Lehren Jesu sich auf eine vertiefte Betrachtung der Torah bezieht, verkündete er das »Evangelium vom Reich« (Mt 4,23). Kerygma ist der Heroldsruf, die Proklamation, die einen neuen Zustand der Welt nicht nur ankündigt, sondern selbst herstellt.

Auch der Buddhismus kennt diese zwiefache Art des Meisterwortes. Buddha unterwies als Vorbereitung auf den zentralen Inhalt seiner Verkündigung seine Zuhörer. Sobald er erkannte, daß die nötige geistige Empfänglichkeit vorhanden war, predigte er die Lehre vom Leiden, von der Entstehung des Leidens, von seiner Aufhebung und vom Wege, der zur Aufhebung des Leidens führt. Auch Buddhas Wort ist heilsame Rede, die zum Aufgehen des »Wahrheitsauges« und schließlich zur Erlangung des Nirvana führt.

Eine häufige, gerade beim Meisterwort vorkommende Aussageform ist das Gleichnis. Jesus redet oft in Gleichnissen (z.B. Mt 13 und sonst), und auch Buddha verwendet vielfach Gleichnisse, um z.B. im Gleichnis von den Blindgeborenen und dem Elefanten die Relativität der religiösen Aussagen auszudrücken; denn die um den Elefanten herumgestellten Blindgeborenen äußern sich je nach ihrem Standort und ihrer Berührung des Elefanten verschieden über die Gestalt des ganzen Elefanten und streiten um die Wahrheit ihrer auf Berührung beruhenden Aussagen. Auch Muhammad bevorzugt das Gleichnis (z.B. Sure XIII,18).

3. Heilige Schriften

Die bisher erörterten Formen sprachlicher religiöser Aussage finden ihren bleibenden Niederschlag im Wort heiliger Schriften. In großer Einmütigkeit wird in den Schriftreligionen der göttliche Ursprung heiliger Schriften angenommen (IV). Dabei findet sich einerseits die Vorstellung eines überirdischen Urwortes vor aller irdischen Erkenntnis und Fixierung in heiligen Schriften. Der indische Veda soll, ehe er von menschlichen Weisen, den Rischis, erfaßt und weitergegeben wurde, in einer Himmelswelt existiert haben. Auch der Koran ist nach islamischer Auffassung ursprünglich, ob erschaffen oder unerschaffen, bei Allah vorhanden gewesen, ehe er nach und nach durch Gabriel dem Propheten Muhammad mitgeteilt wurde. Dem geschriebenen Wort geht vielfach die auf Offenbarung beruhende mündliche Tradition voraus. So weist z.B. die indische Bezeichnung der Veden als »shruti« (»es ist gehört«) im charakteristischen Unterschied zur christlichen Berufung auf das »es steht geschrieben« darauf hin, daß die irdische Urform des heiligen Veda-Wortes die mündliche, mit beispielloser Treue durch die Jahrhunderte erfolgte Überlieferung war, ehe »das Gehörte« schriftlich fixiert wurde.

Ein wichtiges Motiv zur Festlegung religiöser Überlieferung durch schriftliche Fixierung liegt in dem Bedürfnis, eine autoritative Urkunde göttlicher Offenbarung zu besitzen, um sie unabhängig von den menschlichen Offenbarungsträgern weiterzugeben. Die jeweils umlaufenden mündlichen Traditionen wurden gesammelt, gesichtet und schließlich autoritativ im Kanon fixiert. Das AT z.B. ist nach langer, etwa 1000 Jahre währender Entwicklung erst etwa 400 n. Chr. kanonisiert worden. Der Kanon des NT wurde gegen Ende des 2. Jhds. endgültig fixiert. Der buddhistische Kanon, Tripitaka, lag etwa im 3. Jhd. v. Chr. fest, und der Koran erhielt seine abschließende Fixierung unter Uthman, dem dritten Kalifen.
Da das Schriftwort jeweils aus einer bestimmten geistigen Welt und einer zeitgeschichtlich bedingten religiösen Atmosphäre entsprang, ist verständlich, daß das Wort in seiner einmaligen Gestalt zwar erhalten blieb, daß die religiöse Atmosphäre aber sich im Laufe der Zeit änderte und hinsichtlich des geschichtlichen Ursprungs der in der Schrift ausgesprochenen weltanschaulichen Meinungen neue Erkenntnisse gewonnen wurden, so daß mit wachsendem Abstand von den klassischen Glaubenszeiten einer Religion zugleich eine Diskrepanz zwischen den überlieferten Schriftworten und dem Denken und Erkennen des jeweilig gegenwärtigen Menschen entstand. Damit ergab sich allenthalben die Notwendigkeit der Auslegung der heiligen Schriften, sofern man von deren Ewigkeitswert überzeugt ist. Der Buchstabe des Textes gibt nie völlig eindeutig den religiösen, d.h. den zeitlosen Sinn wieder. Deshalb waren die Theologen aller Schriftreligionen zu allen Zeiten bemüht, den für zeitlos gültig gehaltenen Sinn der Textoffenbarung für die jeweilige Gegenwart herauszuarbeiten und darzustellen. Hier erwächst die Aufgabe der Exegese, die in allen Religionen mit heiligen Schriften verbunden ist, und die nicht selten die Anschauungen des Interpreten in die Texte hineindeutet. So entstand aus dem heiligen Buch des Anfangs eine neue Literatur der *Kommentare,* in denen um den lebendigen Sinn der jeweiligen heiligen Schrift gerungen wird. In Indien ist eine unübersehbare Kommentar-Literatur entstanden: Die Upanishaden stützen sich kommentierend und dabei völlig neue religiöse Ideen einer atman-brahman-Mystik vortragend auf die Veden. Diese Upanishaden aber bilden wiederum für große Kommentatoren wie Shankara (um 800 n. Chr.) und Ramanuja (um 1300 n. Chr.) die Grundlage ihrer Kommentare.
Eine besondere Literaturgattung bilden die in verschiedenen Religionen neben der heiligen Schrift herlaufenden *Traditionen,* durch die jene ergänzt bzw. interpretiert werden, und die, da man sie jeweils auf den Religionsstifter zurückführt, neben der heiligen Schrift autoritative Gültigkeit haben. Das ist z.B. im katholischen Christentum der Fall, wo Schrift und Tradition die beiden wichtigsten Quellen der religiösen Erkenntnis bilden. In Indien steht neben der Schrift (shruti) die Tradition (smriti), und im Islam kennt man neben dem Koran die sogenannten Hadithe (= die mündlichen Überlieferungen über den Propheten und seine Gewohnheiten), die in Traditionssammlungen fixiert wurden.

4. Rituelle Formeln (V)

Manche Religionen kennen *heilige Silben,* in denen für die Gläubigen göttliche Wirklichkeit vermittelt wird, wenn sie von ihnen meditiert und ausgesprochen werden. Das klassische Beispiel ist die indische heilige Silbe »Om«, von der es geradezu heißt: »Diese Silbe Om ist das Brahman«. Die als Mantra bezeichneten heiligen Formeln bilden einen unveränderlichen Lautkomplex, der im richtigen Rhythmus und vorgeschriebener Tonhöhe sowie in bestimmter geistiger Konzentration gesprochen werden muß, um geheimnisvolle Wirkungen hervorzubringen. Eine solche Formel ist z.B. die Savatri bzw. die Gayatri oder das Mantra vishnuitischer Sekten »Om Ramaya namah« (Om, dem Rama Verehrung).
Eine besondere Bedeutung hat das *Wort der Weihe.* Dies ist die Formel, durch die Gegen-

stände oder Personen mit einer numinosen Wirklichkeit in Beziehung gesetzt werden, die erhalten bleibt bei geweihten Objekten. Das Weihewort ist somit ein machtvermittelndes Medium. In diesen Zusammenhang gehören die zahllosen Opfersprüche, welche die Opferhandlungen begleiten, und die ihrem Wortlaut nach nicht verändert werden dürfen, wenn nicht der Zweck des Opfers vereitelt werden soll (→ »Religiöse Handlungsformen«). Segen und Fluch sind Sonderformen des Weihewortes: denn sie bedeuten magisch bewirkte Zuwendung von Glücksgütern bzw. das Erzeugen von Unheil aller Art durch die Magie des Wortes.

Auch *Reinigung* von kultischer oder sonstiger Befleckung, Absolution von Sünde und Schuld, sowie Beschwörung guter und böser Geister geschehen mit Hilfe fester Formeln.

Die von der Wirksamkeit der Formeln erwarteten Einwirkungen auf die Umwelt gehören weithin bereits in das Gebiet der *Magie.* Wir betrachten die Stellen im Erscheinungsbereich der Religion, an denen die Vermischung von Religion und Magie auf dem Gebiet religiöser Sprachformen leicht eintritt. Das *Gebetswort* ist eine elementare religiöse Ausdrucksform, die indessen leicht magisch interpretiert wird, wenn das Gebetswort in fest fixierter Gestalt zum automatisch wirkenden Mittel der Beeinflussung der Gottheit wird. In einem Gebet an die Göttin Tara (Mahayana-Buddhismus) kommt ein Zauberspruch vor, von dem es heißt: »Das ist der Hauptzauberspruch, den murmele er eintausendundachtmal bei einem Reliquien enthaltenden Heiligtum. Dann, wenn die Zahl voll ist, erblickt er die verehrungswürdige, edle Tara und erlangt die Erfüllung dessen, was er sich wünscht.« Hier ist das Gebetswort zum magisch zwingenden Machtwort geworden.

In manchen Kulten begegnet die sogenannte *Kultlegende* als sakramentales Wort. Auch hier liegt die Möglichkeit einer Beziehung zur Magie vor. Kultlegenden sind Erzählungen heilsgeschichtlicher Begebenheiten wie etwa der Einsetzungsbericht des christlichen Abendmahls, eine »historiola«, die bei dessen Feier rezitiert wird, und die im katholischen Kult die Wirkung der sogenannten Transsubstanziation, also der Wandlung von Brot und Wein in Leib und Blut Christi, hat. Auch hier bewirkt nach katholischem Glauben ein Fehler in der Rezitation (defectus ex parte formae), daß jene Wandlung nicht eintritt.

Da nach frühzeitlicher Ansicht der *Name* der Gottheit bzw. numinoser Mächte mit ihnen in einem wesenhaften Zusammenhang steht, so daß, wie im Dekalog befohlen, man ihn nicht »unnütz« gebrauchen darf, liegt hier wieder die Möglichkeit einer magischen Verwendung vor. Goethes Gedicht »Der Zauberlehrling« gibt treffend die Bedeutung des Namens für das Gelingen des Zaubers wieder:

»Hab ich doch das Wort vergessen,
Ach das Wort, worauf am Ende
Er das wird, was er gewesen.«

Das Wort ist die Namensformel, die magisch den Besen, der ein Diener geworden war, in sein früheres Sein zurückverwandelt.

Schließlich können auch *heilige Schriften* magisch verwendet werden. Schriftstellen zum Schutze bei sich zu tragen oder gar in Krankheitsfällen herunterzuschlucken, kennt man im Volksglauben vieler Religionen. An Türen und Wände werden Worte aus der heiligen Schrift befestigt, oder man läßt sie, wie in Tibet, als Gebetsflagge wehen. Die Gebetsmühlen des Lamaismus enthalten heilige Silben, vor allem das berühmte »Om mani padme hum« (= Verehrung dem Kleinod in der Lotosblüte).

Am deutlichsten sind diese magischen Tendenzen im Zusammenhang mit der christlichen Bibel. Auf der einen Seite diente und dient auch jetzt noch vielfach die Bibel als Orakelbuch zur Ergründung der Zukunft. Ähnlich wie auch die Chinesen aus dem kanonischen »Buch der Wandlungen« zu weissagen pflegten oder die Römer aus den sibyllinischen Büchern oder aus Vergil.

Noch krasser ist der magische Mißbrauch da, wo man das heilige Buch, vom Inhalt ganz abgesehen, lediglich als heiliges und daher machthaltiges und zauberkräftiges Ding benutzt – etwa zur Abwehr böser Geister. Hier besteht der Aberglaube, daß je älter das Exemplar der Bibel, um so wirkungskräftiger der Zauber ist. Wer das Vieh im Stalle vor dem Einfluß böser Geister schützen will, hängt eine Bibel im Stall auf. Justinus Kerner sagt von einer Amme:

»Manches Kind verhexte sie,
daß es zappelte und schrie,
bis man schob dem armen Tropf
eine Bibel untern Kopf.«

Aber nicht nur Böses wurde durch die Bibel abgewehrt, auch Gutes konnte durch sie herbeigeholt werden. In der Schweiz z. B. wurde nach dem »Handwörterbuch des deutschen Aberglaubens« mit dem ersten Brei, den das Kind zu essen bekam, ein aus der Bibel herausgerissenes Blatt in kleine Stücke zerrissen und gekocht, damit das Kind fromm werde.

5. Symbole

Unter den vielen Symbolarten gibt es Sprachsymbole, die in diesem Zusammenhang zu erwähnen sind. Zuvor aber bedarf es einer allgemeinen Definition des Symbols. Ich bestimme das Wesen des Symbols (VI) folgendermaßen: Symbol kann alles werden, was für ein Subjekt zu einer von sich selbst verschiedenen im Symbol gemeinten Sinnwirklichkeit in ein Verhältnis der Repräsentation gesetzt wird. Grundsätzlich besteht also keine Einschränkung der Symbolfähigkeit vom Gegenstand aus. Prinzipiell kann alles für menschliche Subjekte, für einzelne oder für Gemeinschaften, zum Symbol werden. Symbole werden gestiftet. Sie sind nicht von Natur aus Symbole. Durch das Symbol muß oder kann sich Begegnung mit heiliger Wirklichkeit ereignen bzw. ereignet haben und künftig immer wieder neu ereignen wie z. B. in Gen 28 von dem Stein berichtet wird, auf dem ruhend Jakob von der Himmelsleiter träumte, und der dann zum Kultsymbol, zum Malstein von Jakob geweiht wurde. Symbole sollen erlebte bzw. erlebbare Sinnwirklichkeit repräsentieren, d.h. im wörtlichen Sinne für ein Subjekt »vergegenwärtigen«. Symbole setzen, um als solche wirksam zu werden, ein Subjekt bzw. einen Kreis von Subjekten (Gemeinden, Völker) voraus, für die jene Gegenstände Symbolkraft haben. Damit wird also der Gültigkeitskreis von Symbolen seinem Umfang nach vielfältig differenziert: Während ein einzelner in einem Gegenstand oder in einem Ereignis ein Symbol sehen und erleben kann, bedeuteten Gegenstand und Ereignis für andere nichts. Dasselbe gilt für religiöse Kultsymbole, die, wie etwa das buddhistische Rad der Lehre oder das Kreuz im Christentum, für die betreffenden Religionen bzw. für ihre Gläubigen Symbolcharakter haben, während sie der jeweils anderen Religionsgemeinschaft nichts bedeuten. Davon abgesehen gibt es nun aber universelle Symbole, d.h. Ursymbole der Menschheit, die nicht nach Völkern und Religionen differenziert sind. M. Eliade und C.G. Jung haben davon eingehend gehandelt.

Kehren wir zu den *Sprachsymbolen* zurück. Die zuvor erörterten Mythen, die numinos bedeutsame Begebenheiten berichten, gehören zu ihnen. Auch das rationale Wort wird in der Religion oft zur symbolischen Aussageform. Wenn z.B. die Begriffe »Vater« und »Mutter« auf Gottheiten angewandt werden, so gelten sie gewiß nicht, wie es in den theogonischen Mythen oft erzählt wird, im wörtlichen und physischen Sinne. Gerade diese Symbolworte sind Ursymbole, weil sich mit ihnen religiöse Urerfahrungen der Menschheit verbinden: Erfahrungen der Elementarverbundenheit, des Geborgenseins, der Fürsorge usw. Diese Begriffssymbole meinen also eine »ganz andere« und deshalb adäquat nicht wiedergebbare Wirklichkeit zu deren erlebnishafter Erfassung.

Eine weitere Gattung von Sprachsymbolen in der Religion sind *Bekenntnisformeln.* Im Christentum nennt man solche Bekenntnisse Symbole: Symbolum Nicaenum, Athanasianum usw. Nicht theologisch aber religionswissenschaftlich müssen wir sagen, daß in den Bekenntnisformeln ein echtes Symbolverhältnis vorliegt; denn sie sind das in rationale Begriffsformulierungen (oft auch noch mythischer Art) gefaßte Glaubensbekenntnis, das der Repräsentation religiöser Wirklichkeit und Gewißheit dienen soll. Hier freilich weichen die Interpretationen der Konfessionen und Religionen von einander ab; denn ein Symbol ist solch ein Bekenntnis nur, wenn es ein Glaube ist qua creditur, nicht aber wenn es selbst Gegenstand des Glaubens ist (d.h. eine fides, quae creditur). Außerdem begegnet die Behauptung, daß Glaubensaussagen im Bekenntnis symbolisch zu verstehen seien der Kritik jeglicher Orthodoxie, die irrigerweise ein Symbol für weniger wirklichkeitsbezogen hält, also für »zu wenig«, »nur ein Symbol«. Orthodoxie ist geradezu erkennbar an diesem Mißverständnis des Symbolcharakters religiöser Aussagen.

B Texte

(I) Ich kenne jenen Berg Bachu, auf den sich der Himmel stützt: Er ist aus Tjhstein, 300 Ruten beträgt seine Länge. 120 Ruten seine Breite. Suchos, der Herr von Bachu, ist im Osten dieses Berges, sein Tempel ist aus Karneol. Eine Schlange ist auf dem Scheitel jenes Berges, 100 Ellen in ihrer Länge, davon sind vorn drei Ellen aus Feuerstein. Ich kenne den Namen dieser Schlange: »der auf seinem Berge, der in seinem Feuer« ist ihr Name. Aber zur Zeit des Abends wendet sie ihr Auge gegen Re (= den Sonnengott), da gibt's ein Stillstehen unter der Schiffsmannschaft (des Sonnenschiffes) und großes Staunen auf der Fahrt (über den Himmelsozean). Da beugt sich Seth ihr entgegen. Der Spruch, den er als Zauber sagt, (lautet): »Ich trete dir entgegen, damit die Fahrt in Ordnung kommt. Du, den ich von fern gesehen habe, schließe dein Auge! Ich habe dich gefesselt, ich bin der Männliche, verhülle dein Haupt, damit du wohlbehalten bist und ich wohlbehalten bin. Ich bin der Zauberreiche...« Dann geht das Auge des Re (das Sonnenschiff) ein zum Leben.

Ägyptisches Totenbuch, Kap. 108. Zitiert aus: Religionsgeschichtliches Lesebuch, 2. erweiterte Auflage (RGL), Heft 10, Tübingen 1928, 23

(II) Der Herr, der das Orakel zu Delphi besitzt (Apollo), sagt nichts und verbirgt nichts, sondern deutet an.

Heraklit, Fragm. 83. Diels, Vorsokratiker I,75

Die Sibylle, die mit rasendem Munde Ungeschminktes und Ungesalbtes redet, reicht mit ihrer Stimme durch tausend Jahre, denn der Gott treibt sie.

Heraklit, Fragm. 92. Diels a. a. O. I,65

(III) Da Jeremia wieder vom Topeth kam, dahin ihn der Herr Zebaoth, der Gott Israels gesandt hatte zu weissagen, trat er in den Vorhof am Hause des Herrn und sprach zu allem Volk: So spricht der Herr Zebaoth, der Gott Israels: Siehe, ich will über diese Stadt und über alle ihre Städte all das Unglück kommen lassen, das ich wider sie geredet habe, darum, daß sie halsstarrig sind und meine Worte nicht hören wollen.

(Jer 19,14 f.)

Und des Herren Wort geschah zu mir (sagt Hesekiel) und sprach: Du Menschenkind, weissage wider die Propheten Israels und sprich zu denen, die aus ihrem eigenen Herzen weissagen: Höret des Herrn Wort! So spricht der Herr: Wehe den tollen Propheten, die ihrem eigenen Geist folgen und haben keine Gesichte!

(Ez 13,1–3)

(IV) So haben wir (Allah) dir (Muhammad) einen arabischen Koran (als Offenbarung) eingegeben, damit du die Hauptstadt (Mekka) und die Leute in ihrer Umgebung warnst, und damit du (deine Landsleute) vor dem Tag der Versammlung warnst (dem jüngsten Tag), an dem nicht zu zweifeln ist.

(Sure XLII,7)

Und wir machten ihre (der nichtislamischen Schriftbesitzer) Herzen verhärtet, so daß sie die Worte (der ihnen gegebenen) Schrift entstellten (indem sie sie) von der Stelle wegnahmen, an die sie hingehören. Und sie vergaßen einen Teil von dem, womit sie gemahnt worden waren.

(Sure V,13)

Prajapati (»Herr der Geschöpfe«) war nämlich im Anfang dieser Welt ganz allein. Er wünschte: ich möchte etwas werden, ich möchte mich fortpflanzen. Er mühte sich ab, er erhitzte sich innerlich. Von dem Ermüdeten, Erhitzten strömten die drei Welten aus: Erde, Luftreich, Himmel. Er erhitzte (bebrütete) diese drei Welten: aus diesen Erhitzten wurden drei Lichter geboren: Feuer, der Wind, der da weht, und die Sonne. Er erhitzte diese drei Lichter: aus diesen Erhitzten wurden die drei Veden geboren, aus dem Feuer der Rigveda, aus dem Wind der Yajurveda, aus der Sonne der Samaveda.

Shatapatabrahmana 11,5,8,1; RGL² 9, Tübingen 1928, 99

Gleichwie, wenn man ein Feuer mit feuchtem Holz anlegt, die Rauchwolken sich rings umher verbreiten, ebenso fürwahr ist aus diesem großen Wesen ausgehaucht worden der Rigveda, der Yajurveda, der Samaveda, die Lieder der Atharvan's.

(Brihadaranyaka Upanishad 2,4,10)

Er (Allah) redet durch ein Reden, das eine ewige Eigenschaft von ihm ist, das andersartig ist als die Laute und Töne, und das eine das Schweigen und den Mangel ausschließende Eigenschaft ist: durch sie redet Allah, befiehlt, verbietet und teilt mit. Der Qoran ist das unerschaffene Wort Allahs; er ist in unseren Exemplaren geschrieben, in unseren Herzen behalten, mit unseren Zungen rezitiert, mit unseren Ohren gehört, ohne daß er ihnen vorläge (d. h. er hat seinen Sitz in Allah selbst).

An-Nasafi (1142). RGL² 16, Tübingen 1931, 82

(V) Das Wort, das alle Veden uns verkünden,
das jede der Kasteiungen uns sagt,
um dessentwillen man studiert die Veden,
das will ich künden dir in einem Laut, es heißt Om.
Das ist die Silbe, die das Brahman ist,
die Silbe ist das Höchste, das es gibt,
und was der Mensch begehrt, wird ihm zuteil,
was es auch sei, wenn er die Silbe kennt.

(Kathaka Upanishad 2,15 ff.)

Ein Ausspruch Ciceros lautet: »Si aedilis verbo aut simpuvio aberravit, ludi non sunt rite facti« (De har. resp. 23). So gewinnt der Wortlaut der Opferformel seinen selbständigen kultischen Wert. Diese Opferformeln haben eine ungeheure Stabilität. Die großen antiken Priesterreligionen bildeten für alle Nöte und Wünsche feste Opferformulare, so daß für die geringste Opferspende der Opferspruch feststand. Die umfassendste Sammlung solcher Opferformeln stellt der indische Yajur-Veda dar.

Gustav Mensching, Das heilige Wort, Bonn 1937, 115

Durch diesen Brief überantworte ich den unterirdischen Gottheiten und der Persephone Tibitis, die Tochter der Choirine, die mich beleidigt hat, dazu auch ihren Mann und ihre drei Kinder, zwei Mädchen und einen Jungen.

Griechische Verwünschung. Zitiert aus: RGL² 4, Tübingen 1927, 19

Der eventuelle Dieb einer Papyrusrolle wurde in Ägypten folgendermaßen verflucht: Jeder Mann aber von allen Fremdländern, der diese Rolle wegnimmt oder von mir entfernt, deren Leib soll nicht bestattet werden, ihnen soll kein Wasser gesprengt werden, sie sollen keinen Weihrauch riechen, kein Sohn und keine Tochter soll für sie eintreten, um ihnen Wasser zu sprengen; ihres Namens soll im ganzen Lande nicht gedacht werden; sie sollen die Sonnenstrahlen nicht sehen.

G. Roeder, Urkunden zur Religion des alten Ägypten, Jena 1923[2], 98

Die feierliche Devotion des Decius berichtet Livius: Wie ich die Formel ausgesprochen habe, so weihe ich für den Staat des römischen Volkes der Quiriten... mit mir die Legionen und Hilfstruppen der Feinde den Geistern der Toten und der Erde.

Livius VIII,5 ff. Zitiert aus: RGL[2] 5, Tübingen 1927, 5

Der Wille des Herrn ist das Gesetz der Gerechtigkeit; der Lohn des Himmels für die Werke, die hier in der Welt für Mazda geübt werden; das Reich schenkt Ahura demjenigen, der die Armen unterstützt.

Bekenntnis zu Zarathustra. Ahuna vairya, Yasna 27, 13. Zitiert aus: RGL[2] 1, Tübingen 1926, 7

Zum Buddha nehme ich meine Zuflucht.
Zur Lehre nehme ich meine Zuflucht.
Zur Mönchsgemeinde nehme ich meine Zuflucht.

Sogenannte »dreifache Zufluchtnahme« = Bekenntnisformel der Buddha-Gemeinde. Khuddaka-Patha 1; RGL[2] 11, Tübingen 1929, 129

Dies ist der *Erhabene,* Heilige, völlig Erwachte, der im Wissen und Wandel Vollkommene, der Pfadvollender, der Kenner der Welten, der unvergleichliche Bändiger der ungezähmten Menschen, der Lehrer der Götter und Menschen, Buddha, der Erhabene.
Wohl verkündet ist von dem Erhabenen die *Lehre,* die sichtbare, zeitlose, zum Kommen und Sehen einladende, zum Ziele führende, die den Wissenden, jedem für sich, verständlich ist.
Gut wandelt die *Jünger-Gemeinde* des Erhabenen, richtig wandelt die Jünger-Gemeinde des Erhabenen, in Gerechtigkeit wandelt die Jünger-Gemeinde des Erhabenen, pflichtgemäß wandelt die Jünger-Gemeinde des Erhabenen, nämlich die vier Paare von Menschen, die acht Klassen von Menschen; diese Jünger-Gemeinde des Erhabenen ist würdig der Opfer, würdig der Gastfreundschaft, würdig der Spenden, würdig der Verehrung, ein unvergleichliches Feld der Verdienstlichkeit in der Welt.

Erläuterung der »dreifachen Zufluchtnahme«. Samyutta-Nikaya LV,1. Zitiert bei: G. Mensching, Buddhistische Geisteswelt. Vom historischen Buddha zum Lamaismus (Texte), Baden-Baden 1955, 222 f.

(VI) Soweit das Ohr, soweit das Auge reicht,
Du findest nur Bekanntes, das Ihm (Gott) gleicht,
Und deines Geistes höchster Feuerflug
Hat schon am Gleichnis, hat am Bild genug.

(Goethe, Prooemion)

Die Symbole, die Mythen kommen aus einer allzu weiten Ferne, als daß sie sterben könnten: sie bilden einen Teil des Menschseins, und es bleibt unmöglich, daß sie irgendeinmal gar nicht auffindbar wären in einer das menschliche Dasein im Weltall wesentlich betreffenden Situation.

Mircea Eliade, Ewige Bilder und Sinnbilder, Olten und Freiburg i. Brsg. 1958, 2

(Es) muß erwähnt werden, daß, wie der menschliche Körper über alle Rassenunterschiede hinaus eine gemeinsame Anatomie aufweist, auch die Psyche jenseits aller Kultur- und Bewußtseinsunterschiede ein gemeinsames Substrat besitzt, das ich als das kollektive Unbewußte bezeichnet habe. Diese unbewußte Psyche, die aller Welt gemeinsam ist, besteht nicht etwa aus bewußtseinsfähigen Inhalten, sondern aus latenten Dispositionen zu gewissen identischen Reaktionen. Die Tatsache des kollektiven Unbewußten ist einfach der psychische Ausdruck der Identität der Gehirnstrukturen jenseits aller Rassenunterschiede. Daraus erklärt sich die Analogie, ja sogar Identität der Mythenmotive und der Symbole und der menschlichen Verständnismöglichkeit überhaupt. Die verschiedenen seelischen Entwicklungslinien gehen von einem gemeinsamen Grundstock aus, dessen Wurzeln in alle Vergangenheiten hinunterreichen.

C. G. Jung, Einleitung zu R. Wilhelm, Das Geheimnis der goldenen Blüte. München 1929, 16 f.

Die Ikone (in der Ostkirche) wird von den orthodoxen Theologen nicht als das Produkt der schöpferischen Phantasie eines menschlichen Künstlers, d.h. überhaupt nicht als Menschenwerk verstanden, vielmehr als Erscheinung des himmlischen Urbildes selbst. Die Ikone ist gewissermaßen ein Fenster, das zwischen unserer irdischen und der himmlischen Welt angebracht ist, ein Fenster, durch das die Bewohner der himmlischen Welt in unsere Welt herabschauen, und auf dem sich die wahren Züge der himmlischen Urbilder flächenhaft, also zweidimensional abdrükken.

Ernst Benz, Geist und Leben der Ostkirche. Hamburg 1957, 10 f.

Die Bilder in der Kirche repräsentieren diese Erscheinung Christi und der himmlischen Kirche inmitten der irdischen Gemeinde... So ist also in der Bilderfolge (der Bilderwand) die gesamte himmlische Kirche gegenwärtig und repräsentiert sich der Gemeinde.

(Ebd. 13)

C Ausgewählte Literatur

1. Mircea Eliade, Der Mythos der ewigen Wiederkehr, Düsseldorf 1953

2. Ders., Die Sehnsucht nach dem Ursprung, Wien 1973

3. Richard Hönigswald, Vom erkenntnistheoretischen Gehalt alter Schöpfungserzählungen, Stuttgart 1957

4. Hans-Joachim Klimkeit, Schöpfung. In: U. Tworuschka / D. Zilleßen (Hg.), Thema Weltreligionen. Ein Diskussions- und Arbeitsbuch für Religionspädagogen und -wissenschaftler, Frankfurt/München 1977

5. Gustav Mensching, Das heilige Wort, Bonn 1937

6. Franz Schupp, Mythos und Religion (Texte zur Religionswissenschaft und Theologie, Bd. 1), Düsseldorf 1976

Religiöse Sozialformen

UDO TWORUSCHKA

A Darlegung

Die nachstehenden Ausführungen wollen vom Standpunkt einer religionswissenschaftlich orientierten und somit transkulturellen Betrachtungsweise typische Sozialformen religiösen Verhaltens und seiner Institutionalisierung anhand von exemplarischen Beispielen dokumentieren.
Um überhaupt von Religion sprechen zu können, muß ein Minimum an Institutionalisierung vorhanden sein. Von der modernen Religionssoziologie anerkannt – vorausgesetzt sie beschäftigt sich mit religionsübergreifenden Themen – ist die in der Religionswissenschaft gängige Einteilung der Religionen in ethnische und Universalreligionen, die eine praktikable Ausgangslage für weitergehende religionssoziologische Fragestellungen bietet.

1. Ethnische Sozialformen

Beschäftigen wir uns zunächst mit einigen wichtigen Sozialformen im Bereich der ethnischen Religionsstruktur. Die Bezeichnung »Volksreligion« ist heute veraltet und vom Standpunkt der Völkerkunde aus abzulehnen. Mühlmann prägte stattdessen den elastischeren Terminus »Ethnos« bzw. »Ethnie« (Plural: Ethnien). Er versteht darunter »die größte feststellbare souveräne Einheit, die von den betreffenden Menschen selbst gewußt und gewollt wird. Eine Ethnie kann daher auch eine Horde, ein Klan, ein Stamm, sogar eine Kaste sein; was sie *de facto* ist, kann nur empirisch festgestellt werden, indem man versucht, in die kollektive Intentionalität einzudringen«. Ethnische Religionen sind von Universalreligionen soziologisch u.a. dadurch unterschieden, daß in ihnen »Religion« und »Staat« eine untrennbare Einheit bilden. In frühen Kulturen und in heutigen sogenannten Naturreligionen (besser: schriftlose Kulturen) lassen sich beide Größen überhaupt nicht voneinander trennen. Es gibt keine organisierte Religionsgemeinschaft als Institution in unserem Sinne. Ethnische Religionen sind immer deckungsgleich mit einer bestimmten Gruppe von Menschen, die entweder als Familie, Sippe, Klan, Stamm, Volk usw. organisiert sein kann. Diese soziologischen Typen stellen jedoch *keinen* einlinigen Entwicklungsgang dar. In Wirklichkeit sind die hier vorliegenden Prozesse viel komplizierter. Nach Mühlmann stellen Systembegriffe wie die oben genannten soziologische *Typen* dar, weil sie relativ unabhängig von sprachlichen und ökologischen Bedingungen in verschiedenen Kulturen anzutreffen sind. Anders verhält es sich dagegen beim »Volk«. Mit dem Erreichen dieser »Stufe« ist methodologisch auch die soziologische Betrachtungsweise um die historische zu ergänzen: »Die soziologische Ethnographie wird daher nicht den Ehrgeiz haben, die Entstehung und die konstitutiven Bedingungen, etwa der europäischen Völker zu erhellen. Ihre typenbildende, abstrahierende Methode reicht dazu nicht aus, sie muß die Aufhellung der hochkomplexen Bedingungen vielmehr dem Historiker überlassen«.
Dem Einzelwesen kommt in einer Ethnie bei weitem noch nicht die gleiche Bedeutung zu wie dem universalreligiösen homo religiosus. Es nimmt wie selbstverständlich an den Kultveranstaltungen seiner Gemeinschaft teil, und es ist so gut wie undenkbar, daß es sich davon löst (I).
Wichtig zu beachten ist die Tatsache, daß die Zugehörigkeit zu einer Ethnie gleichzeitig das religiöse Heil sichert; denn die Gemeinschaft befindet sich im positiven Heilskontakt mit den Göttern. Dieses Heil wird durch kultische Veranstaltungen aufrechterhalten. Daher bedeutet die Isolierung vom Kollektiv stets auch Trennung vom Heil. Der nicht im Kollektiv Geborgene erlebt eine *totale Verlassenheit* – total in dem Sinne, daß sowohl der Kontakt mit den Menschen, wie auch der mit den Göttern (als Folge davon) unterbrochen ist (Vgl. die Psalmen 38,7.12; 88;

9,19 usw.). Bisweilen wird der Verlassene mit einem »Pelikan in der Wüste«, einem »Käuzlein in Trümmern« oder mit einem »einsamen Vogel auf dem Dach« (Psalm 102,7.8) verglichen. In den alttestamentlichen Klagepsalmen finden sich für diesen Zustand oftmals solche Bilder aus dem Naturleben, die eindeutigen Verweisungscharakter besitzen. Sie sind Symbole der Widernatur und der Pervertierung naturgemäßen (kollektiven) Lebens (vgl. Udo Tworuschka, Die Einsamkeit. Eine religionsphänomenologische Untersuchung, Bonn 1974).

Die älteste Sozialform ist die *Familie.* Der Hausvater (pater familias) ist zugleich der älteste Priester der Religionsgeschichte. Noch heute trifft man solche Hauskulte in vielen Religionen an, z.B. im (ethnoreligiösen) japanischen Shinto. In den meisten japanischen Wohnungen gibt es einen kleinen Göttersims (kami-dana), der mit allerlei Attributen verziert ist. Der Tag beginnt allmorgendlich damit, daß sich der Fromme auf eine Matte setzt und die Hände zum Gebet gegeneinander hält, sich mehrere Male verbeugt und in die Hände klatscht, um die Aufmerksamkeit der Gottheit auf sich zu lenken und um ein stilles Gebet zu verrichten. Wohlhabende Familien besitzen sogar einen eigenen Tempel im Garten. [Vgl. das vom Japanischen Kulturinstitut (Köln) herausgegebene »Jahrbuch 1« (Köln 1970) mit Artikeln zum Shinto und dessen Kult- und Sozialformen.]

Wichtiger Bestandteil des Hauskultes ist die *Ahnenverehrung.* Hierbei liegt die Vorstellung zugrunde, daß Verstorbene nicht einfach tot sind, sondern sich nur in einer anderen Existenzform befinden und am Leben und Gedeihen der Familie unsichtbar teilhaben (II).

Auf der nächstfolgenden soziologischen Stufe erweitert sich die Familienorganisation zur Großfamilie, sodann zur Sippe, zum Klan und Stamm, ohne daß sich an der *grundsätzlichen Einheit* von Religion und Ethnie etwas grundlegend änderte. Text (III) verdeutlicht das Zusammenfallen beider getrennter Sozialbereiche am Beispiel der germanischen Religion.

Zweifellos gibt es in diesem sehr glatt und beinah idealistisch anmutenden Bild auch Ausnahmen: künstliche Gemeinschaften. Dies sind Sozialformen, die nicht völlig mit dem Verband der Ethnie deckungsgleich sind. Es handelt sich dabei um die *Altersklassen* (auch: Altersgruppe, -reihe) und *Männerbünde.* Aus der ersten Bezeichnung geht hervor, daß (gleichgeschlechtliche) Personen gleicher Altersstufe gemeint sind, die sich zu einem künstlichen *Bund* zusammengeschlossen haben. Gruppen gleichaltriger Jugendlicher mit je eigener Subkultur sind heutzutage als sogenannte »peer groups« zu beobachten (z. B. als Spielgruppen, Banden, Freizeitgruppen, Studentenkorporationen usw.). Bei Naturvölkern dagegen erfolgen solche Bünde nicht aus einem Geselligkeitstrieb heraus, sondern sind vielmehr gesellschaftlich gebilligte/geforderte Institutionen. Die Aufnahme in diese Bünde erfolgt nach Absolvierung gewisser »Übergangsriten«: nach einem Sterben im alten und einem Wiedergeborenwerden im neuen Zustand. Gleichzeitig initiierte Männer bilden eine Genossenschaft, die nun sozusagen einen »Staat im Staate« darstellt. Die Mitgliedschaft in solchen Bünden muß sich keineswegs gegenseitig ausschließen. Es erhöht bisweilen geradezu das Prestige des einzelnen, möglichst vielen Genossenschaften anzugehören. Andere *Geheimbünde* hüten jedoch ihre Geheimnisse mit äußerster Strenge und erlegen dem Adepten die Arkandisziplin auf.

2. Universalreligiöse Gemeinschaftsformen

Universalreligionen sind Religionen, die sich an den einzelnen wenden und dessen religiöse Unheilssituation aufheben wollen. Ausgangspunkt für eine religionssoziologische Betrachtung der Universalreligionen bilden zunächst die beiden folgenden Verhältnisse, die man nach Joachim Wach »Meister-Jünger-« und »Lehrer-Schüler-Verhältnis« nennt (IV).

Meister-Jünger-Beziehungen sind keineswegs allein für die Anfänge gestifteter Universalreligionen symptomatisch, sondern finden sich auch in vielen sogenannten Neureligionen. Die Struktur dieser Beziehung soll aber zunächst an klassischen Beispielen aufgezeigt werden. Im Mittelpunkt der Beziehung steht nicht irgendeine Lehre, sondern der Religionsstifter selbst, sein persönliches, heilvermittelndes Leben. Um ihn herum gruppieren sich die »Jünger«, wobei das Prinzip der *Kreisbildung* auffallend ist. Viele Stifter besitzen ihre Lieblingsjünger, aber auch solche, die ihnen ferner stehen. Jesu Lieblingsjünger war Johannes, dann kamen die »drei«: Johannes, Jakobus und Petrus (Mt 17,1), sodann die »Zwölf« und schließlich die »Siebzig« (Lk 10,1). Auch Buddha hatte einen Lieblingsjünger, Ananda, dazu einen engen Kreis von Hauptjüngern, sodann einen weiteren Kreis von 16 oder 18 und schließlich – parallel zu den christlichen »Siebzig« – sprechen die Texte von 500 Jüngern.

Die Einführung des Begriffspaares »Meister-Jünger« in die religionssoziologische Diskussion ist allerdings nicht unproblematisch. Unverkennbar sind beide Begriffe mit christlichem Anschauungsmaterial gefüllt, und es ist fraglich, ob dieser »Gefühls«-wert auch für andere Religionen zutrifft. Geht man die bedeutendsten Religionsstifter durch, dann machen sich solche Divergenzen bemerkbar. Von einer eigentlichen Jüngergemeinde kann, um nur ein Beispiel zu nennen, bei Muhammad kaum gesprochen werden. Der Islam nennt die sogenannten »Jünger« denn auch »Prophetengenossen« bzw. »Gefährten«. Es hat in der frühislamischen Geschichte eine Vielzahl von Versuchen gegeben, Definitionen darüber aufzustellen, wer eigentlich als Prophetengenosse gelten dürfe. Notwendig waren auf jeden Fall ein längeres Zusammensein mit dem Propheten, sowie die Teilnahme an seinen Feldzügen. Ferner gab es Rangunterschiede unter den Gefährten, die allerdings weniger mit der existentiellen Verbundenheit mit dem »Meister« zu tun hatten, als mit der Frage des Zeitpunktes ihres Übertritts zum Islam (vgl. Miklos Muranyi), Die Prophetengenossen in der frühislamischen Geschichte. In: Bonner Orientalistische Studien (N.S. Bd. 28, Bonn 1973).

Ich kann mich daher mit Menschings Hinweis [»Er (sc. Muhammad) war in dem eigentlichen Sinne kein Meister, sondern ein Prophet«] nicht zufriedengeben. Die hier auftauchende Schwierigkeit liegt in dem allzu idealistischen Meisterbild, dessen christliche »Gefühls«-grundlage auf andere Stifter normativ übertragen wird. Könnte es nicht sein, daß eine falsche Terminologie (Meister/Jünger) die tatsächlichen Verhältnisse eher verschleiert als aufhellt?

Dieselbe Problematik macht sich auch beim »Lehrer-Schüler-Verhältnis« bemerkbar. Im Unterschied zum vorgenannten Verhältnis ist es weniger an der Person des Lehrers interessiert, als vielmehr wesentlich an der durch ihn vermittelten Lehre. Die Beziehung wird von manchen als impersonal, sachlich bezeichnet, wenngleich sich persönliche Bindungen an die Person des Lehrers davon nicht ausschließen lassen. Der religiöse Lehrer vermittelt Kenntnisse, Fähigkeiten und Fertigkeiten; er übermittelt der nächsten Generation die »heilige Überlieferung«. Der mündliche Unterricht war bei den Indern, Muslimen und Juden gleichermaßen üblich.

Die im Textteil zusammengestellten Quellen (V) verdeutlichen diese an der Inhaltlichkeit ausgerichtete Beziehung. Sie stammen aus dem Bereich des Hinduismus, wo die Lehrer-Schüler-Relation seit alters von zentraler Bedeutung war. Ein weiterer Text (VI) aus dem Umkreis neuhinduistischer Bewegungen deutet einige wichtige Umwandlungen im Lehrer-Schüler-Verhältnis an. Sie sind bedingt durch die für den Hinduismus untypische Missionstätigkeit verschiedener Gurus. Das (einst) notwendige persönliche Verhältnis zu »seinem« Guru ist einer unpersönlichen hierarchischen Unterordnung in einer religiösen Organisation gewichen.

Anhand selbst zu findender Beispiele könnte versucht werden, diese beiden (aufgrund religions*geschichtlicher* Quellen gewonnenen) soziologischen Beziehungen auf ihre tatsächliche Brauchbarkeit für heute anzutreffende Verhältnisse zu überprüfen. Gibt es Überschneidungen? Ist die Dichotomie noch brauchbar? Wenn ja, muß sie vielleicht modifiziert werden?

3. Sekten

Dieser gewöhnlich negativ aufgeladene Begriff wird im Gegensatz zu einer »Kirche« (auf die dieses Kapitel nicht eingehen kann) bzw. einem anderen religiösen Großgebilde verwendet. Die ursprüngliche polemische Bedeutung auf seiten der Theologie kommt darin zum Ausdruck, daß im 19. Jhd. der Buddhismus und noch in unserem Jahrhundert der Islam als Sekten bezeichnet wurden. Sekten sind religiöse Gruppierungen, die sich von einem Großgebilde abgesondert haben (lat. sequi/secare). Sie zeichnen sich infolgedessen durch ihren Teilcharakter aus, indem sie bestimmte Lehren, Praktiken usw. ihrer Mutterreligion verabsolutieren, während sie andere vernachlässigen.

Die vorurteilsfreie soziologische Erforschung der Sekten geht hauptsächlich auf die grundlegenden Arbeiten von Max Weber und besonders Ernst Troeltsch zurück. Ihre vom Gegenpol »Kirche« her gebildete Typisierung wurde in der Folgezeit im angloamerikanischen Raum vor allem durch B. R. Wilson und R. Robertson u.a. maßgeblich weiterentwickelt. Moderne Religionssoziologen sehen in den beiden extremen Polen Kirche–Sekte weniger statische Fixpunkte als vielmehr Momente in einem Prozeß fortschreitender Institutionalisierung, den man abgekürzt auch als »Verkirchlichung« bezeichnen kann. Daher betrachtet man die Sekte heute überwiegend als instabiles Phänomen, das gewöhnlich in seiner Reinheit nur eine Generation existiert. Mensching hat in diesem Zusammenhang bereits sehr früh auf eine Dialektik aufmerksam gemacht, die darin besteht, daß aus einstigen (freiwilligen) »Wahlgemeinschaften« wieder »Geburtsgemeinschaften« werden.

Unterzieht man das Verhältnis Kirche-Sekte einer funktionalen Analyse, so läßt sich die Wirkung einer Sekte gegenüber der Mutterkirche 1. in ihrer reinigenden Funktion sehen (weil so extremes Dissidententum ausgeschlossen wird) und 2. als kritisches Korrektiv bezeichnen, da sie der Kirche reformerische Impulse vermittelt.

Besonders in sozialer Hinsicht ist die Analyse der Strukturen und Funktionen der Sekte interessant. Im gesellschaftlichen Leben der Sektenmitglieder läßt sich nämlich ein Wandel zur Statusverbesserung beobachten (VII, IX).

Die Sekte ist im wesentlichen durch folgende Merkmale gekennzeichnet: Ethisch-religiöse Leistung des einzelnen, Prinzip der Freiwilligkeit, religiöse Gleichheit, Rekrutierung aus sozialen Unterschichten, Protest oder Gleichgültigkeit gegenüber staatlicher Gewalt.

Vom Standpunkt einer religionswissenschaftlich-vergleichenden Religionssoziologie dagegen muß die Brauchbarkeit des Begriffes »Sekte« als nicht immer unproblematisch angesehen werden. Man konnte z.B. für neuere japanische Religionen nachweisen, daß der am Christentum gewonnene Sektenbegriff die dort anzutreffenden Verhältnisse nicht adäquat beschreibt.

Greifen wir einige weitere Beispiele heraus: Im *Christentum* ist immer dann von Sekte die Rede, wenn Sondergruppen bestimmte (volkskirchliche) Kriterien der Christlichkeit nicht erfüllen (VIII). Von der Sekte unterscheidet man »Freikirchen« – ein Begriff, der weniger über die Lehre als über die betreffende Organisationsform etwas aussagt. Für die im Unterschied zu ihnen bestehenden Volkskirchen liegt hier keine historische Bindung an ein Volk bzw. einen Staat vor.

Was den *Hinduismus* anbelangt, den es als einheitlichen Religionskörper nicht gibt, und der sich aus diversen Richtungen und Strömungen zusammensetzt, dürfte es kaum angemessen sein, z.B. die Shaivas (Anhänger Shivas) bzw. Vaishnavas (Anhänger Vishnus) als Sekten zu bezeichnen. Es gibt im Hinduismus keine Organisation, von der sich diese religiösen Gruppen abgespalten hätten. Vielmehr bilden sie alle zusammengenommen erst das, was wir (vereinfachend) Hinduismus nennen.

Aus den angedeuteten Schwierigkeiten ziehen manche Forscher die Konsequenz und vermeiden den Begriff »Sekte« überhaupt. Einige sprechen schlicht und nicht-wertend von »Religionen kleinerer Gruppen« (Michael Pye). Betrachtet man die heutzutage im Westen missionierenden asiatischen (hinduistischen/buddhistischen) Religionen angesichts der wissenschaftlichen Literatur, dann fällt auf, daß die Verfasser den Begriff Sekte so gut wie nie auf sie anwenden. Sie sprechen neutraler von »Neureligionen« bzw. religiösen »Neubildungen« usw.

»Religionen kleinerer Gruppen« sind dadurch charakterisiert, daß sie als Religion einer bestimmten Gruppe innerhalb einer mehr oder weniger komplex strukturierten Gesellschaft auftreten. Religionssoziologisch bedeutsam ist dabei der Charakter der *Isolation* und *Insulation,* auf die der Text (IX) hinweist. Zum Ausdruck gelangt diese Tendenz besonders in Berichten Jugendlicher, die eine Zeitlang Mitglieder asiatischer Neureligionen waren. An ihnen lassen sich die entstehenden Konflikte zwischen dem einzelnen und der Gesellschaft/Familie gut dokumentieren (X).

4. Ordensgemeinschaften

Besonders in mystischen Religionen finden sich durch die Religionsgeschichte hindurch Kloster-/Ordensgemeinschaften bzw. sogenannte »Bruderschaften«, die sich durch ihre »Abgeschiedenheit« von der Umwelt auszeichnen.

Der Verfasser hat sich 1974 in seiner Monographie »Über die Einsamkeit« mit den Ordensgemeinschaften auseinandergesetzt und mannigfaltige Strukturen der Einsamkeit aufweisen können. Da wir es bei den Ordensgemeinschaften mit einer spezifischen Einsamkeitsvariante zu tun haben (nämlich der »Abgeschiedenheit«), ist es notwendig, dieses Phänomen etwas genauer zu betrachten. Während das Faktum der »Alleinheit« in einer *temporären Gestimmtheit* gründet und als »episodische« (z.B. beim regelmäßigen Aufsuchen einsamer Orte bei den Religionsstiftern) und »sporadische« Variante (z.B. Gebetseinsamkeit) in Erscheinung tritt, haben wir es bei der »äußeren Abgeschiedenheit« mit einer Alleinheitsform zu tun, deren Ursprung eine *permanente Grundstimmung* ist, d.h. ein Grund- und Daseinsgefühl negativer Inhaltlichkeit. Die äußere Abgeschiedenheit, als bewußtes Getrenntsein von der phänomenalen Umwelt, hat ihre Ursache in einer pessimistischen Weltwertung und führt konsequent zur Schaffung einer »Sonderwelt« (K. Heussi). Religionsgeschichtlich tritt diese Abgeschiedenheit in den Formen der Individualstruktur (Anachorese, Inklusentum, Styliten usw.) bzw. als Communiostruktur in Erscheinung. Darüber hinaus gibt es Übergangsstrukturen (z. B. die altkirchlichen »Lauren«).

Ordensgemeinschaften propagieren ein *gemeinschaftlich*-abgeschiedenes Leben innerhalb eines geschlossenen Verbandes, der – bereits äußerlich sichtbar – durch Klostermauern in Erscheinung tritt. Hier wird also eine scharfe Trennung zwischen heiliger und profaner Welt vollzogen, die die Grundlage für die pessimistische (dominierend im Rahmen mystischer Frömmigkeit auftretende) Weltabwertung ist. Mit dem Leben in dieser heiligen Sonderwelt ist zugleich der Gedanke der Steigerung eigener Heiligkeit verbunden. Die religionsgeschichtlichen Ordensgemeinschaften weisen in ihren kulturellen Varianten des Mönchtums bestimmte Ähnlichkeiten auf, die stichwortartig aufgeführt werden:

– Trennung der Welt in heilige und profane Sphären
– Askese, ethische Verbote
– Freiwilligkeit des Ausscheidens aus der Welt und des Eintritts in die »Wahlgemeinschaft«
– Persönliche »Heiligkeit« der Ordensmitglieder
– Ordnung der Gemeinschaft durch »Regeln« (XI).

5. Kasten

Soziologisch betrachtet ist die Kaste eine Gruppe von Familien, die sich durch die Praxis des In-der-eigenen-Gruppe-Heiratens (»Endogamie«) gegenüber anderen, sozial entsprechend orientierten Gruppen absetzt. Kasten treten in hierarchisch, d.h. wertmäßig gestaffelter Gliederung auf. Sie sind keine Gemeinschaften, in die man auf der Basis der Freiwilligkeit eintreten könnte. Man wird vielmehr in die Kasten hineingeboren und hat bestimmte Kastenpflichten zu erfüllen (XII).

In den klassischen Schriften des Hinduismus ist von vier Hauptkasten (Brahmanen, Krieger, Adlige, Bürger) die Rede. Die religions*geschichtliche* Forschung betrachtete diese ideale Gliederung fälschlicherweise als reale und funktionale Sozialeinheiten. Die moderne Religionssoziologie hat aber nachweisen können, daß die klassischen Kasten keine tatsächlich funktionierenden Sozialformen sind, sondern lediglich »Symbole für Rangansprüche« (Mühlmann), die von den tausenden von existierenden »Unterkasten« erhoben werden. Gegen die zum Allgemeingut zählende Ansicht, nach der die Kasten den sozialen Aufstieg des einzelnen blockieren, muß auf die Tatsache hingewiesen werden, daß in vielen Unterkasten die Tendenz vorhanden ist, einen höheren Ranganspruch zu behaupten. Allein die Realität, in der es tellerwaschende und hoffnungslos untersoziale Brahmanen gab und gibt, widerlegt bereits die Annahme einer stabilen und immobilen Kasteninterpretation, die auf der Karma-Theorie beruht und wonach die treue Einhaltung der Kastengebote eine zukünftige Existenz in einem höheren Status verspricht. Übertretungen von Kastenvorschriften, Außerhalb-der-eigenen-Gruppe-Heiraten usw. finden vielfach in Wirklichkeit statt.

Der Ethnologe Mühlmann sagt zu dieser Spannung zwischen Theorie und Praxis: »Andererseits wird die Ideologie der Kasten durch die faktischen Übertretungen nicht etwa außer Kurs gesetzt, sondern es gibt das Wechselspiel zwischen verletzter Ideologie und sozialer Wirklichkeit, dergestalt, daß gerade die verletzte Ideologie mit ›kognitiver Dissonanz‹ reagiert, sich theoretisch verschärft, aber auch praktisch mit um so übertriebeneren Ritualdistanzen, sozialen Diskriminierungen und Deklassierungen antwortet«.

B Texte

(I) Besonders deutlich kommt dieses Selbstverständnis des afrikanischen Menschen dort zum Ausdruck, wo es – wie bei einem der modernen Entwicklung gegenüber aufgeschlossenen Politiker, wie Jomo Kenyatta – um eine veränderte Situation geht. Er beklagt, daß ›die Gikuyu nicht mehr sind, was sie einmal waren‹ und daß ›alles durcheinander ist‹. Der Grund dafür liegt in der Umkehr der traditionellen Orientierung des Stammesangehörigen. Während es von Hause aus die Gemeinschaft war, die ihn auch in seinem Personsein definierte, beginnt er jetzt von sich als einzelnem auszugehen und die Gemeinschaft als die Summe der kollektiven Einzelwesen zu verstehen. An die Stelle des ursprungsbestimmten Verständnisses der afrikanischen Gemeinschaft rückt das sich primär aus seinen Funktionen bestimmende kollektive Verständnis. Die Feststellung, daß der Gikuyu nicht mehr ist, was er einmal war, wird nur dann verständlich, wenn die Veränderung seines Gemeinschaftsverständnisses die Basis seines Selbstverständnisses überhaupt abgibt. Die abstammungsmäßige Zugehörigkeit ist mehr als das biologisch Aufweisbare. ... Die Werte, an denen er sich orientiert, sind in dieser Zugehörigkeit vorgegeben, Schuld und Schicksalserfahrungen des einzelnen leiten sich aus dem Bezugssystem des Ganzen ab. Kenyatta beschreibt dieses transpersonale Selbstverständnis u.a. so: »Keiner ist ein isoliertes Individuum. Seine Einzigartigkeit ist vielmehr eine Angelegenheit von sekundärer Bedeutung. Zuerst und vor allem ist er der Verwandte und der Zeitgenosse anderer. In diesem Sachverhalt gründet sein Leben sowohl in spiritueller wie in wirtschaftlicher Hinsicht nicht weniger als in biologischer. Sein tägliches Tun ist dadurch bestimmt, aber es ist zugleich auch die Grundlage seines Empfindens für moralische

Verantwortung und für soziale Verpflichtung.« Daß diese blutsgemeinschaftlichen Bezüge mehr sind als das, was an ihnen sozioanthropologisch auszumachen ist, wird dadurch deutlich, daß sie engstens mit den religiösen Vorstellungen des Stammes zusammenhängen. Wer sich isoliert, zeigt nicht nur ein konkretes Fehlverhalten, sondern setzt sich dem Verdacht der »schwarzen Magie« aus. Umgekehrt gilt es als eine besondere Ehrung, wenn ein Mann oder eine Frau mit dem Namen der Eltern oder eines Onkels oder einer Tante angeredet wird. Nicht was der Mensch von sich aus darstellt, sondern wessen Angehöriger er ist, ist das Wesentliche, was über ihn ausgesagt werden kann.

Horst Bürkle, Das Überzeitliche Korporative in afrikanischen Stammesreligionen. In: ZMR 60 (1976) 6

(II) Diese »Rückkehr zu ihm« bedeutet wirklich den Beginn einer noch mächtigeren Anteilhabe an *bo-Modimo* (Göttlichkeit) als zur Zeit, da der Mensch im Fleisch lebte. »Die Toten sind nicht tot: sie sind immer bei uns«. Und sie werden »Vertreter« MODIMOS, indem sie teilhaben an der Eigenschaft des *go dimelela,* die das MODIMO auszeichnet, nämlich alles zu durchsetzen, zu durchdringen, zu durchtränken. Denn nach afrikanischer Erfahrung »besteht die Gesellschaft nicht nur aus Männern, Frauen und Kindern, die in hierarchischen Gruppierungen zusammengeschlossen sind. Sie besteht auch aus *badimo,* den lebenden Toten, deren intime Verflechtung in die Einzelheiten des täglichen Lebens für genauso selbstverständlich angesehen wird, wie die alles durchdringende Zentralregierung in einem modernen Wohlfahrtsstaat... Im Denken der Sotho-Tswana sind sie genauso integral und alldurchdringend wie Äther für Naturwissenschaftler des 19. Jahrhunderts...«
Der eigentliche Unterschied zwischen den *badimo* und den Lebenden ist, daß sie in besonderer Weise am *bo-Modimo* teilhaben, dem Numinosen und Alldurchdringenden. Jenseits von ihnen und um sie herum, und doch in ihnen – jenseits, und doch das All durchdringend – ist MODIMO, die Quelle *(Motlhodi)* von bo-Modimo, der All-Erhalter.

Gabriel M. Setiloane, Christus heute bekennen. Aus der afrikanischen Sicht von Mensch und Gemeinschaft. In: Zeitschrift für Mission 2 (1976) 25 f. mit Auslassungen

(III) Immer blieb das Priestertum ein dem Staatswohl dienendes öffentliches Amt *(sacerdos civitatis).* Das durch den Kult mittels des sakralen Amtes vermittelte Heil, das durchaus aufs Diesseits gerichtet war, floß allen Thinggenossen zu. Daraus erklärt sich der nordische Begriff der Heiligkeit, der weit über den rein religiösen Bereich in die gesellschaftliche Ordnung und das Rechtswesen hineingreift. Jeder Angehörige der Kult- und Rechtsgemeinschaft war »friedheilig«, d. h. er genoß den Schutz der Gesellschaft gemäß den in ihr geltenden Gesetzen. Der Geächtete war vom Thing und vom Kult ausgeschlossen... Auf der Verbindung des politischen mit dem Kultamt beruhte der Glaube, daß der politische Führer jeweils die Verantwortung für die *salus publica* trug. So begreift es sich, daß die Burgunder den König (nicht den Oberpriester) nach Niederlagen oder Mißernten absetzten... Auch die Schweden sollen schlechte Jahre ihren Königen zur Last gelegt und sie, wenn sie es an den gebotenen Opfern fehlen ließen, in alter Zeit sogar getötet haben. Aus der öffentlich-rechtlichen Stellung des Kultwesens ergab sich andererseits für die Thinggenossen die Pflicht zur Teilnahme an den öffentlichen Kultveranstaltungen.

Walter Baetke, Die germanische Religion. In: K. Rudolph / E. Walter (Hg.), Walter Baetke – Kleine Schriften, Weimar 1973, 30

(IV) Die Gruppe, die der Gottesmann um sich zusammenzieht, kann als eine lose verbundene Vereinigung oder als eine festgeknüpfte Einheit erscheinen. Sie ist durch ein gemeinsames religiöses Erlebnis, dessen Wesen durch den Stifter geoffenbart und ausgelegt wird, zusammengeschlossen. Ein wachsendes Gemeinschaftsgefühl bindet einerseits die Mitglieder zusammen und hebt sie andererseits von jeder anderen Form sozialer Organisation ab. Eine solche Gemeinschaft soll ein *Kreis* genannt werden. Damit wird angezeigt, daß sie an einer Zentralfigur orientiert ist, mit der ein jeder Jünger in enger Fühlung steht. ...Die Jünger können als die Gefährten des Stifters betrachtet werden. Sie sind durch persönliche Ergebenheit, Freundschaft und Loyalität an ihn gefesselt. ...Die Anhänger können teilweise oder zeitweise das Gemeinschaftsleben teilen, das die neue Gruppe charakterisiert. Die Mitgliedschaft in der Gruppe kann einen vollständigen Bruch mit den gewöhnlichen Obliegenheiten des Lebens und einen radikalen Wechsel der sozialen und religiösen Beziehungen erfordern. Familien- und Verwandtschaftsbande sowie Treueverhältnisse verschiedener Art werden zumindest zeitweise gelockert oder auseinandergerissen. ...Der Kreis ist nicht streng organisiert, aber die Vielfalt der Individualitäten und Altersunterschiede sind Vorboten künftiger Aufgabenteilung unter den Mitgliedern. Selbst in den Anfangstagen erfreuen sich die hervorragenden Jünger besonderer Vorrechte und bilden den sogenannten »inneren Kreis«. ... Es ist bemerkenswert, daß das Leben der neuen Gruppe von Anfang an durch einfache Riten und religiöse Praktiken (Meditation, Gebet, Gesang, Ermahnungen) integriert wird. Diese können von bestehenden Kulten übernommen und gemäß dem neuen Erleben neu ausgelegt sein (das jüdische Kiddusch, das traditionell geübt, aber dann durch seine Jünger umgewandelt wurde, der Besuch der Kaaba durch Mohammed, die Belehnung mit dem heiligen Gürtel Zoroasters), oder sie können ad hoc geschaffen sein wie das buddhistische Patimokkha (Bekenntnis).

Joachim Wach, Religionssoziologie, Tübingen 1951, 152–155 mit Auslassungen

(V) Der – ausschließlich mündliche – Unterricht bestand darin, die Vorschriften in bezug auf rituelle Reinheit, richtiges Betragen, Opfern und Samdhya (Morgen- und Abendritual) zu lehren, dazu insbesondere Teile der vedischen Mantrasammlungen nebst den Aussprüchen der Brahmanas über die Bedeutung der Riten und Texte und andere einschlägige Erörterungen zur Kenntnis zu bringen. Das Studium, das für einen einzigen Veda zwölf Jahre dauerte, fing täglich nach Sonnenaufgang an. Lehrer und Schüler saßen dabei nördlich vom Feuer, ersterer nach Osten, letzterer nach Westen gewandt. Während des Studiums durfte niemand zwischen die beiden treten... Der Schüler war zu einer Anzahl von Observanzen verpflichtet: Keuschheit, eine bestimmte Haartracht; er durfte kein nacktes Weib sehen, nicht baden oder scharfe und salzige Speisen essen, nicht einmal ohne Not reden. Wenn er aus dem Dorf ging, mußte er es vermeiden, gewisse Dinge, die das Studium verhindern, oder richtiger, die seine »Heiligkeit« beeinträchtigen könnten (z.B. Verstümmelte, rohes Fleisch, eine Wöchnerin), anzusehen... Die Lehrzeit wurde mit einem Bad – nebst Haar- und Nagelschneiden – abgeschlossen: daher der Name Gebadeter für den Absolvierten.

Jan Gonda, Die Religionen Indiens Bd. I, Stuttgart 1960, 120 f. mit Auslassungen

(VI) Ein anderes enttäuschtes, doch weiterhin asiatischer Spiritualität aufgeschlossenes Premi (wörtl. Liebende, Ausdruck für die Eingeweihten) über Guru Maharaji: »Ich halte ihn schon deswegen nicht für einen Guru, weil ein Guru ein Meister ist, der einen vom Dunkel zum Hellen führt, aber nicht durch ... ein unglaublich aufwendiges Zeremoniell. Wenn jemand etwas wissen will auf einem geistigen Weg, dann sucht er sich einen Guru, und dieser Mann muß erst einmal gefunden werden. Je besser er ist, desto besser versteckt er sich. Es ist vollkommen neu und meiner Ansicht nach falsch, daß ein Guru irgend jemandem nachrennt und sagt: Hör mal, kostenlos mach' ich das, daß ich dich vom Dunkeln zum Licht führe. Daß irgend jemand von einem solchen Guru, der ihm nachgelaufen ist, zum großen Heil geraten wäre, hab ich noch nie gehört.« Verändert hat sich auch die traditionelle persönliche Beziehung zum Guru, denn kaum ein Mitglied der Mission hat seinen Meister ausführlich persönlich kennengelernt. Auf Großveranstaltungen ist er zu sehen, Mahatmas (wörtl. »große Seele«, beauftragte Stellvertreter des Guru) vertreten ihn – je ein Mahatma ist für Tausende Anhänger in einem Land verantwortlich –, man kann ihn auf Bildern und in Magazinen betrachten – einige Anhänger haben ihn bisher nicht einmal von Angesicht gesehen.

Michael Pakleppa, Divine Light Mission – Ein Modelfall. In: Materialdienst. Aus der Evangelischen Zentralstelle für Weltanschauungsfragen 7/1975, 99 f.

(VII) Die besonderen stimulierenden Faktoren der Sektenbildung findet man in den Belastungen und Spannungen, die innerhalb der gesamten Gesellschaft verschieden empfunden werden. Eine Veränderung der wirtschaftlichen Stellung einer bestimmten Gruppe (die vielleicht nur eine Veränderung der relativen Position ist), eine Störung der normalen Sozialbeziehungen, z.B. im Zusammenhang mit Industrialisierung und Urbanisierung, das Versagen des Sozialsystems bei der Integration bestimmter Alters-, Geschlechts- und Statusgruppen – all dies sind mögliche Stimuli für die Sektenbildung. Das sind die Bedürfnisse, auf die sich die Sekte bis zu einem gewissen Grade einstellt. Einzelne Gruppen werden durch irgendeinen sozialen Wandel zur Seite gedrängt; plötzlich muß ihre soziale Position neu interpretiert werden oder ihre Erfahrung muß in anders wertender Sicht verarbeitet werden. Unsicherheit, Statusangst, kulturelle Vernachlässigung erzeugen ein Bedürfnis nach Neuanpassung, das manchmal von Sekten befriedigt werden kann. Bei den verdrängten Gruppen kann es sich um Gemeinden handeln, um Berufsgruppen oder auch um verstreut lebende Einzelpersonen in ähnlich prekärer Lage.

Bryan R. Wilson, Eine Analyse der Sektenentwicklung. In: F. Fürstenberg (Hg.), Religionssoziologie. Soziologische Texte Bd. 19, Neuwied 1970, 320 f.

(VIII) Da uns ein Urteil über den persönlichen Glauben anderer verwehrt ist, müssen wir uns an die objektiven Maßstäbe halten und folgende Fragen an die betreffende Sekte richten:
– Welche Bedeutung hat die Heilige Schrift?
– Wie wird sie ausgelegt, wie verkündigt?
– Welche Sakramente werden gefeiert, und wie werden sie vollzogen und gedeutet?
– Bejaht die Gemeinschaft den Glauben an den dreieinigen Gott?
– Hat sie ein eigenes Bekenntnis, und wie verhält sich dieses zu dem altkirchlichen Glaubensbekenntnis?
– Gibt es ein geistliches Amt? Wer leitet die Gemeinde?
– Wie steht man zu Christen außerhalb der eigenen Gemeinschaft?

Nur wenn wir alle diese Gesichtspunkte beachten, können wir uns eine Meinung über eine Sekte bilden. Selbstverständlich steht uns kein Richteramt über die Sekten zu.

Aus: Evangelischer Erwachsenenkatechismus. Kursbuch des Glaubens, Gütersloh 1975², 1003 f.

(IX) Für den Fortbestand der Sekte ist es von größter Bedeutung, welche Beziehungen zur Außenwelt sie sich und ihren Mitgliedern erlaubt. ... Ihre Andersartigkeit muß sowohl ihren Mitgliedern als auch Außenstehenden immer klar bleiben. Diesem Zweck dienen vor allem zwei Mechanismen: Isolation und Insulation. Die Isolation kann bewußt angestrebt oder unbewußt akzeptiert werden. Sie kann eine nachbarschaftliche Isolierung sein, die gleichzeitig auch eine soziale Isolierung ist. ...

Die Insulation besteht aus Verhaltensregeln, die durch eine Verminderung des Einflusses der Außenwelt bei notwendigen Kontakten die Sektenwerte erhalten sollen. Die Insulation kann selbstverständlich eine latente Funktion der ethischen Forderungen der Sektenlehre sein, die in biblischen oder geoffenbarten Vorschriften ihre Rechtfertigung finden; ...Eine unterschiedliche Kleidung ist ein solches Mittel der Insulation... Die Gruppen-Endogamie (d.h. Heirat nur innerhalb einer Gruppe. Zusatz d. Hg.) ist eine gebräuchlichere Methode der Insulation.

Bryan R. Wilson, a. a. O. 326 f. mit Auslassungen

(X) Wer sich entschlossen hat, an dem »Vereinigungsprogramm« mitzuarbeiten und dazuzugehören – einen rechtlichen oder besonders hervorstechenden zeremoniellen Akt des Eintritts in die »Wahre Familie« gibt es nicht! – der befindet sich in einer neuen Situation, deren Tragweite ihm erst langsam bewußt wird. Er ist in eine geschlossene Intimgemeinschaft eingetreten, die nun die erste Stelle in seinem Leben beansprucht und die deshalb mehr oder minder radikal die Trennung von allen bisherigen familiären und gesellschaftlichen Bindungen verlangt... So fühlt sich der Neuling innerlich gedrängt, seinen individuellen Spielraum der Gemeinschaft zu opfern. Die Integration wird total. Damit hat er einen Schritt getan, der weder vom engeren Kreis seiner Verwandten und Freunde noch von der Gesellschaft insgesamt verstanden und akzeptiert wird. Er steht plötzlich in einem *effektiven Gegensatz zu seiner gesamten Umwelt.* Denn die »natürliche« Familie und seine bisherige gesellschaftliche Umgebung entläßt ihn nicht ohne weiteres, weder äußerlich noch innerlich. Es gibt erregte Szenen mit tiefgreifenden Vorwürfen, es kommt zur Verhärtung der Positionen auf beiden Seiten und zur Verunglimpfung der Gegenpartei... Eine normale Begegnung und ein ernsthaftes Gespräch mit den Menschen »draußen« ist aus all diesen Gründen kaum mehr möglich. Der junge Mensch befindet sich somit in einer bisher noch nicht erlebten *Isolation.* Die Folge ist sein zuweilen sehr befremdliches, ja psychisch unnormal wirkendes Verhalten bei der Konfrontation mit jenen, die ihm bisher am nächsten standen: Er wirkt apathisch, gehemmt und wie unter einer fremden Macht stehend, oder aber fanatisiert und »stur«. Diese Verhaltensstörungen sind der stärkste Ausdruck der innerlich vollzogenen Trennung von der alten Welt. Die neue Lage versucht der Neuling zu bewältigen, indem er sich einerseits ganz dem inneren Kreis der neuen »Familie« zuwendet und bewußt und willentlich dessen Ideologie übernimmt – aus Angst, sonst in ein uferloses Meer von Fragen und Zweifel zu geraten. Andererseits versucht er, durch eine gesteigerte missionarische Aktivität den Kontakt zur Außenwelt wiederzugewinnen. Das aber gelingt nicht recht, denn als »Missionar« begegnet er dem anderen nicht mehr auf gleicher Ebene, sondern steht als Wahrheitsbesitzer und Angehöriger einer Elitegruppe über ihm.

Orientierungen und Berichte der Evangelischen Zentralstelle für Weltanschauungsfragen Nr. 3 III/76 über die sog. »Vereinigungskirche« des Koreaners San Myung Mun, 8–10 mit Auslassungen

(XI) Für wohlüberlegtes Lügen in Angelegenheiten persönlichen Besitzes:
Ausschluß aus der Reinheit der »Vielen« für ein Jahr – und ein Viertel der Rationen.
Für ungerechte Mißgunst gegen einen Bruder:
sechs Monate ... – und für persönliches Rachenehmen das gleiche.
Törichtes Reden: drei Monate.
Jemanden beim Reden unterbrechen: zehn Tage.
Schlafen während einer Versammlung der »Vielen«: dreißig Tage.
Unnötige Selbstentblößung: sechs Monate.
Unschickliche Entblößung bei körperlicher Tätigkeit: dreißig Tage.
Spucken während einer Versammlung der »Vielen«: dreißig Tage.
Dummes Gelächter: dreißig Tage.
Verleumdung des »Nächsten«: Ausschluß für ein Jahr –.
Verleumdung der »Vielen«: Verbannung für immer.
Murren gegen die Gemeindeverfassung: Verbannung für immer –.

Strafgesetze aus der »Sektenrolle« von Qumran. Zitiert bei: John M. Allegro, Die Botschaft vom Toten Meer. Das Geheimnis der Schriftenrollen, Frankfurt/Hamburg 1957, 91

C Ausgewählte Literatur

1. Rainer Döbert, Systemtheorie und die Entwicklung religiöser Deutungssysteme. Zur Logik des sozialwissenschaftlichen Funktionalismus, Frankfurt 1973

2. Louis M. Dumont, Gesellschaft in Indien. Die Soziologie des Kastenwesens, München/Zürich 1976

3. Hans G. Kippenberg, Zu einem sozialwissenschaftlichen Verständnis religiöser Weltbilder. In: Religionsgespräche. Zur gesellschaftlichen Rolle der Religion, Darmstadt/Neuwied 1975, 65–94

4. Gustav Mensching, Soziologie der Religion, Bonn 1968² (klassisches Werk)

5. Ders., Soziologie der großen Religionen, Bonn 1966

6. Wilhelm Emil Mühlmann/Ernst W. Müller (Hg.), Kulturanthropologie, Köln/Berlin 1966

7. Wilhelm Emil Mühlmann, Ethnologie als soziologische Theorie der Interethnischen Systeme. In: René König/Axel Schmalfuß (Hg.), Kulturanthropologie, Düsseldorf/Wien 1972, 266–284

8. Religiöse Gruppen. Alternativen in Großkirchen und Gesellschaft... Im Auftrag des Deutschen ökumenischen Studienausschusses hg. von Joachim Lell und Ferdinand W. Menne, Düsseldorf/Göttingen 1976

9. Roland Robertson, Einführung in die Religionssoziologie, München/Mainz 1973

Religiöse Handlungsformen

UDO TWORUSCHKA

A Darlegung

Man spricht von Religion sinnvollerweise erst dann, wenn ein Minimum an Institutionalisierung und rituellen Praktiken vorhanden ist. Fragt man nach den Grundelementen religiösen Handelns, dann stößt man auf eine bestimmte Anzahl konstanter Bausteine, die sich jedoch in den einzelnen Religionen nach geschichtlicher Herkunft, Inhalt, Form, Funktion usw. differenzieren. Eine Elementarisierung dieser Vielfalt ist daher erforderlich, und es soll in der folgenden Auswahl das jeweils Exemplarische vorgestellt werden.

1. Rituelles Handeln

Die Begriffe Ritus, Ritual bzw. davon abgeleitete Adjektive haben in einzelnen Fachwissenschaften unterschiedliche Bedeutungen. (Sozial-)Psychologen sprechen von »Kanalisation«, wenn sie an den Vorgang der Festlegung bestimmter Bahnen menschlichen Handelns denken. Die Kulturanthropologen meinen mit Ritual bzw. Zeremonial mehr konkrete soziale und kulturelle Situationen. Sie denken an ein stereotyp ablaufendes Handlungsschema (die Grußformeln »Guten Tag« und »Auf Wiedersehen« sind bereits ein Ritual!), das vom Kind als kulturspezifisches »Modell« gelernt und wie selbstverständlich praktiziert wird. Nur auf diese Weise wird sinnvolles Miteinander-Handeln von Menschen überhaupt möglich; denn aufgrund von Ritualen ist die Aktion des einen Partners reziprok auf das Verhalten des anderen abgestimmt: Man empfindet sein Verhalten als »normal«. Zwischen menschlichen und tierischen Ritualen besteht ein auffälliger *formaler* Zusammenhang (vgl. die Kampf-, Rangordnungs- und Werberituale). Zugleich unterscheiden sich beide aber dadurch, daß menschliche Rituale nicht instinktiv und starr sind, sondern historisch entstanden (»gestiftet«) und inhaltlich variabel.

Es empfiehlt sich mit Walter Burkert, »Ritual zunächst ohne Rekurs auf ›Vorstellungen‹ als menschliches Verhalten zu beschreiben«. Eine wichtige Funktion des Rituals ist die *Mitteilung,* die aufgrund des absolut gesetzten Verhaltensmusters gegeben ist. »Als Mitteilung ist Ritual stets gesellschaftsbezogen, bedeutet Demonstration und oft auch direkte soziale Interaktion«. Zwischen allgemein-menschlichen und religiösen Ritualen besteht formal kein Unterschied. Im religiösen Ritual wird zusätzlich aber eine neue (vertikale) Dimension eröffnet, die durch den Begriff »das Heilige« anvisiert ist. Wiederum bietet sich Burkerts Definition an: »Religiöses Ritual ist ... eine Handlungsfolge, die das ›Heilige‹ signalisiert.«
Aus der Fülle religiöser Rituale werden im folgenden zwei bedeutende Typen ausgewählt: Opfer und Übergangsriten.
Daneben gibt es zwar noch eine Vielfalt anderer Riten, wie z.B. »Abwehrriten« gegenüber negativ-numinosen Mächten und »Reinigungsriten«, die sich auf dämonische Mächte und unreine Substanzen beziehen; doch diese und viele andere sollen hier nicht besprochen werden.

1.1 Opfer

Bis heute gibt es keine allgemein anerkannte Definition des Opfers. Zahlreiche Auffassungen stehen einander unvermittelt gegenüber. Sigmund Freud entwickelte die These vom »Vatermord«. Das deshalb eingesetzte totemistische Abendmahlssakrament stellt für ihn eine Ersatzhandlung dar, die den Mord repräsentiert und zugleich auf dem Wege der Reue sublimiert. Andere Forscher bestimmten das Zentrum des Opfers in der Stiftung einer Gemeinschaft, wieder andere vertraten die These einer »Statuserhöhung« durch das Opfer. Als monokausale Erklärungen sind die genannten Definitionen willkürlich, wenngleich sie bestimmte Aspekte durchaus zutreffend beschreiben dürften. W. Burkert erklärt neuerdings die Grund-

typen des Opferrituals aus »Grundsituationen des frühen Menschen« und charakterisiert sie »dank ihrer sozialen und psychologischen Funktionen als stabilisierende Faktoren kultureller Tradition« (I).
Eine *formale* Charakteristik des Opfers gibt der amerikanische Ethnologe Raymond Firth. Er betrachtet folgende Elemente als konstitutiv: 1. Die Gabe steht in personalem Verhältnis zum Geber; sie ist sein Eigentum.
2. Der transferierte Gegenstand besitzt für den Geber einen Wert.
3. Die Übergabe erfolgt auf freiwilliger Basis, nicht jedoch durch Zwang.
Den entscheidenden Unterschied zum Geschenk sieht Firth in der Tatsache, daß der Opfernde (Mensch) sich gegenüber dem Beschenkten (Gott) in einem niederen Status befindet (»asymmetrische Status-Beziehung«). Während außerdem ein Geschenk als emotional »neutral« gilt, wird das Opfer stets mit einem Gefühl der Achtung und des Respektes begleitet.
Eine ältere, heute vor allem im Raum des RU noch bisweilen anzutreffende Auffassung sieht im Opfer schlichtweg ein Geschäft, das mechanisch im Sinne von Gabe und automatischer Gegengabe abgewickelt wird. Dies ist das sogenannte »do-ut-des-Prinzip«: »Ich gebe, damit du geben mögest.« Ähnliche Formulierungen finden sich an verschiedenen Stellen der Religionsgeschichte; u.a. in Indien: »Gib mir, ich gebe dir./ Lege für mich hin;/ ich lege für dich hin./ Darbietung biete du mir;/ Darbietung biete ich dir.«
Auf den ersten Blick kommt uns dieses Prinzip religiös minderwertig vor, ja es scheint geradezu anmaßend, da wir christlicherseits von der Unverfügbarkeit und Heiligkeit Gottes ausgehen. Haben wir damit aber die Intention des »do ut des« richtig erfaßt?
Führen wir uns ein Beispiel vor Augen: Die zentrale rituelle Handlung der altindischen Veda-Religion war das Opfer. Der Fromme opferte, um materielle Güter, zahlreiche Nachkommenschaft, Gesundheit, Kriegsglück oder ein langes Leben zu erhalten. Nach der rationalistischen Opferauffassung stellt sich der Opfervorgang als kommerzielles Handelsgeschäft dar, das durch Berechnung und entsprechende Verzinsung charaterisiert ist. Nun haben aber die Religionswissenschaftler G. van der Leeuw und J. Pedersen darauf aufmerksam gemacht, daß wir die Opfer*gabe* mit viel zu modernen, nämlich europäischen Augen sehen und dabei die eigentliche Bedeutung des Lateinischen »dare« vergessen. Dare meint nämlich nicht so sehr ein Geben im Sinne von Veräußern, Verkaufen usw., sondern bedeutet wesensmäßig ein »Sich-in-Beziehung-Setzen« zu einem anderen. Die Gabe ist demnach nicht so sehr neutraler Gegenstand (obwohl sie dies natürlich auch ist), sondern Teil von mir selbst. Zwischen Geber, Gabe und Beschenktem wird ein festes Band geknüpft.
Ein bedeutsames, in der Religionswissenschaft und im Religionsunterricht aber mangels Popularität selten erörtertes Phänomen, ist der bei etlichen Naturvölkern anzutreffende »Potlatch«. Hierbei handelt es sich um ein zugleich religiöses, wirtschaftliches, soziales und rechtliches System, um ein großes »Geschenkverteilungsritual«, das man in letzter Zeit mit dem Begriff »Prestigewirtschaft« zu interpretieren versucht hat. Potlatch bedeutet wörtlich »eine Gabe geben« und spielt sich zwischen zwei Gemeinschaften ab, die anläßlich einer Zusammenkunft Geschenke austauschen. Der relativ neue Begriff »Prestigewirtschaft« lenkt dabei unseren Blick auf den allen menschlichen Gesellschaften innewohnenden Wunsch nach Prestige und damit zugleich auf die gesellschaftliche Zweiteilung in »Arbeitende« und berufliche »Müßiggänger« (Herrscher). Die in Text (II) gebotene Interpretation eines schweizerischen Ethnologen beleuchtet die wichtigsten Elemente dieses Rituals.

1.2 Übergangsriten

Im Leben des einzelnen und der Gemeinschaft, wie auch im Verlauf eines Jahres gibt es »kritische« Augenblicke, die von Riten begleitet werden müssen. Es finden sich Riten bei Geburt, Pubertät, Ehe, Tod, Saat und Ernte usw. Solche Übergangsriten weisen darauf hin, daß jede Periode menschlichen Lebens ihren unmittelbaren religiösen Bezug hat. Schon die Bezeichnung »Übergang« deutet an, daß die verschiedenen Stadien ineinander übergreifen und im Menschen ein *Kontinuum* vorhanden ist, das über den Tod hinausgreift bzw. rückwärts vor den Beginn des Lebens zurückverlängert werden kann.

Von besonderer Bedeutung sind die »Rites de passage« in den schriftlosen Kulturen, besonders im Zusammenhang der Pubertätszeit. Es genügt für einen Heranwachsenden nicht einfach, ein bestimmtes Alter zu erreichen, um eine bestimmte Stellung einzunehmen. Vielmehr muß er sich besonderer Weihen unterziehen. Solche Pubertätsriten legen den Initianden harte, bisweilen »unmenschliche« Prüfungen auf. Im Verlauf des Ritus, der sich oft mehrere Monate erstreckt, werden die Novizen in die heiligen Geheimnisse der Gemeinschaft eingeweiht. Ein wichtiges Merkmal dabei ist die Symbolik des Sterbens (Verlassen des alten Zustandes) und Wiedergeborenwerdens (Aufenthalt im neuen Zustand). Text (III) beschreibt solche naturreligiösen Vorgänge.

Aus einem völlig anderen religionsgeschichtlichen Milieu stammt Text (IV). Hier wird die Aufnahme des Menschen in die Gemeinschaft mit Christus auch im Bilde des Sterbens und Auferstehens gesehen.

Ergänzt werden soll der Gesamteindruck schließlich durch die Schilderung einer jüdischen Bar-Mizwa-Feier. Ihr kommt die Bedeutung zu, den jungen, religiös noch unmündigen Juden, in das Stadium seiner Verantwortbarkeit und religiösen Selbständigkeit zu überführen (V).

2. Heilige Zeit

Religiöses Handeln findet vornehmlich (aber natürlich nicht ausschließlich) zu bestimmten, »heiligen« Zeiten statt. Diese sind für den religiösen Menschen qualitativ von profaner (»normaler«) Zeit unterschieden, da sie mit der Welt des Heiligen in besonders enger Beziehung stehen. Der gewöhnliche Mensch empfindet diesen wesentlichen Unterschied nicht; und wenn, dann sozusagen nur »von außen«: als regelmäßig wiederkehrende sakrale Demonstration (z.B. Fronleichnamsprozession) gläubiger Zeitgenossen. Dies ist für den Frommen anders: Er weiß um die *besondere Struktur* der heiligen Zeit. Sie ist geweihte Zeit, die aus der Profanität »herausgeschnitten« ist.

Da ist zunächst die Zeit des Mythos: »in illo tempore« (in jener Zeit, damals). Gemeint ist die Zeit *vor* aller Zeit, als es (streng genommen) noch überhaupt keine Zeit gab. Für das mythische Bewußtsein ist die Zeit somit eingesetzt, d.h. »gestiftet«. Was vorher existierte, war Nicht-Zeit. Die Inder sprechen in diesem Zusammenhang von »a-kala« (wörtlich: Nicht-Zeit), andere Religionen benützen die Chiffre »Ewigkeit«, womit der Gegensatz zur Zeit im Sinne einer Anfangs- bzw. Endlosigkeit ausgedrückt wird. Eine Reihe von Mythen (u.a. der alttestamentliche Schöpfungsmythos) beginnen mit den stereotypen Worten: »Im Anfang...« und meinen damit keinen zeitlich fixierbaren Anfangspunkt, sondern eine qualitativ andere Seinsebene. Im lat. »principium« wird noch deutlich, daß Anfang ein dem Sein zugrunde liegendes, letztlich nicht-, bzw. vor-zeitliches Prinzip meint.

Heilige Zeit unterscheidet sich von profaner Zeit außerdem dadurch, daß sie *wiederholbar* ist. In den linearen Ablauf der profanen Zeit sind sakrale Zeitabschnitte eingeschoben, die den Zeitablauf *periodisch* unterbrechen: feste Gebetszeiten, Feste usw. Mircea Eliade hat darauf aufmerksam gemacht, daß die heilige Zeit »parallel« zur normalen Zeit verläuft. Sie ist nämlich aufgrund ihrer Kontinuität, d.h. der Verbindung zur vorherigen bzw. nachfolgenden Sakralzeit nur *scheinbar* von profanen Intervallen unterbrochen. Als Beispiel erwähnt Eliade die christliche Liturgie, »die mit der Liturgie des vorhergehenden und des nachfolgenden Sonntags verbunden (ist)... Sie ist mit der Zeit der vergangenen und der folgenden Liturgien verbunden...« Die profanen Zeitabschnitte berühren somit die numinose Zeit überhaupt nicht. Diese bildet aufgrund des erwähnten Kontinuums »im Lauf der langen Jahre und Jahrhunderte eine einzige ›Zeit‹«.

Für den naturreligiösen Menschen ist Zeit nicht gleich Zeit. Sogar der Tagesablauf ist in verschiedene Phasen mit jeweils *unterschiedlicher Zeitqualität* eingeteilt (VI). Außerdem gibt es Glücks- und Unglückstage, die in der Religionsgeschichte und vor allem im Volksglauben von Bedeutung sind. Bis hinein in die Zeitschriften- und Zeitungshoroskope wirkt das Prinzip der »Tagewählerei« heute nach. Die Institution des *Kalenders* ist sakralen Ursprungs und diente der Festsetzung günstiger/ungünstiger Tage. Auch die *Chronologie* hat religiöse Wurzeln: Bedeutsame Ereignisse dienen als Anfangspunkt religiöser Zeitrechnung: Die christliche Zeitrechnung beginnt von Christi Geburt an, die islamische von Muhammads Auswanderung nach Medina, die buddhistische von Buddhas Eingang ins Nirvana und schließlich die jüdische von der Weltschöpfung an, usw.

Die soeben erörterten Strukturen sollen nun noch am Beispiel der *Feste* konkretisiert werden. Viele Feste sind in der Religionsgeschichte auf die mythische Urzeit bezogen. Es ergibt sich dann der Zusammenhang von Mythos und Ritus. Der Mythos als Grundlage des Ritus realisiert vergangenes, in der Nicht-Zeit angesiedeltes Geschehen und aktualisiert es für die Jetzt-Zeit. Dies geschieht gewöhnlich mit Hilfe der Dramatisierung des mythischen Geschehens. In vielen Religionen sind manche Feste dagegen auf historische Ereignisse bezogen: Geburt und Tod Christi, Himmelfahrt, Muhammads Todestag usw. Text (VII) schildert eine indische »Weihnacht« und bietet bei allen Unterschieden auffällige Parallelen.

3. Heiliger Ort

Rituelles Handeln geschieht vorzugsweise auch an »heiligen« Orten, also an Plätzen, die (wie die »heilige« Zeit) aus der Profanität ausgesondert sind. Der Charakter des Separiertseins kommt im griechischen Wort für »Tempel« gut zum Ausdruck. Zunächst ist damit an kein eigentliches Kult*gebäude* gedacht, sondern einfach an einen aus dem profanen Raum ausgeschnittenen, sakralen Bezirk (temenos = der abgeschnittene Bezirk), in dem das Numen anwesend geglaubt wird.

Eine Vergleichbarkeit der Funktionen heiliger Orte liegt zwar nahe, doch unterscheiden sich die im Textteil erwähnten Beispiele vielfach durch die ihnen jeweils zugrunde liegende, spezifische Bedeutung, die auf eine divergente »Lebensmitte« hinweist.

Kultgebäude sind keineswegs überall in der Religionsgeschichte anzutreffen. Bei afrikanischen Kulturen sind sie so gut wie unbekannt. Auch die frühen indogermanischen Völker kannten zwar Kultplätze, jedoch keine Kultgebäude (VIII).

Das zentrale Kultgebäude des Islams ist die *Moschee* (wörtlich: der »Ort, wo man sich zum Gebet niederwirft«). Ein Vergleich mit der christlichen Kirche bietet sich an. Allerdings bestehen markante Unterschiede. Architektonisch lassen sich zwar die Mekka-Nische mit einer Miniaturapsis, der »Minbar« mit einer Kanzel und schließlich das »Minarett« mit einem Glockenturm vergleichen. Außerdem gibt es typische Reverenzhaltungen beim Betreten einer Moschee (Ausziehen der Schuhe, Abnehmen der Kopfbedeckung), die an vergleichbare Respektbezeugungen vor dem Eintritt in ein christliches »Kirchengebäude« erinnern. Dennoch: Die Moschee ist nicht im strengen Sinne Gotteshaus, sondern nur Versammlungssaal der islamischen Gemeinschaft. Der Islam besitzt nur ein einziges Heiligtum: die Kaaba in Mekka. Was die Reverenzbezeugungen betrifft, so urteilt Rondot: »Da das muslimische Gebet im Zustand vollständiger ritueller Reinheit ausgeführt werden muß, könnte doch der geringste Mangel an Sauberkeit im Innern der Moschee die Gläubigen jener Reinheit berauben, die sie durch Waschungen erworben haben; ihr

Gebet wäre dann nicht mehr gültig. Aus diesem Grund lassen Muslime und Nichtmuslime ihre Schuhe an der Pforte der Moschee zurück. Es handelt sich weniger um ein Zeichen des Respekts als um eine Vorsichtsmaßnahme, die die rituelle Reinheit der Stätte aufrechterhalten soll.«

Ungewöhnlich für unser Verständnis von sakralen Kultbauten ist der überaus »profane« Charakter der Moscheen. Sie dienen z.B. Schulzwecken. Außerdem stellen sie das Zentrum des gesellschaftlichen Lebens dar, da sie z.T. die öffentliche Verwaltung beherbergen. In ihrer Nähe befindet sich außerdem oft eine Armenküche usw. Insgesamt drängen sich viele Parallelen zur jüdischen Synagoge auf. Beim Gesamteindruck der Moschee sollte aber Rudolf Ottos berühmte Charakterisierung (IX) nicht außer acht gelassen werden.

Für den Hinduismus sind öffentliche Riten in den Tempeln nicht so bedeutend wie die alltäglichen *Hausriten.* Zwar gibt es unzählige Tempel in Indien, doch zeigt ein Vergleich mit der christlichen »Kirche« wiederum den Unterschied: Während die Kirche ein Ort gemeinschaftlichen Gebets ist, ist der Hindu-Tempel in erster Linie der Wohnort eines Numen, dem der Fromme seine Ehrerbietung erweist. Für den einzelnen Hindu ist der Tempelpriester weniger wichtig. Nur zu bestimmten Festen bzw. an berühmten Pilgerorten findet sich eine größere Menschenmenge ein.

Typisch für den Buddhismus sind die *Stupas,* d.h. Grabhügel, unter denen sich die Asche herausragender religiöser Persönlichkeiten befindet. Dieser Reliquienkult setzte sehr bald nach dem Tode Buddhas ein. Seine Reliquien galten als kostbare Talismane und sollten vor übernatürlichem Mißgeschick Schutz bieten. Berühmt ist die Pagode von Kandy (Ceylon), in der der heilige Zahn Buddhas aufbewahrt wird. Auf Java befindet sich das berühmte Bauwerk Borobudur (»viele Buddhas«), auf das sich Text (X) interpretierend bezieht.

4. Ethisches Handeln

Die Kulturanthropologie als Wissenschaft von den einzelnen (zumeist schriftlosen) Kulturen zeigt, daß zu den universalen, also: allgemein-menschlichen Konstanten bestimmte *Ordnungsvorstellungen* gehören. Diese schreiben vor, wie das Leben in der Gemeinschaft aussehen und wie sich der einzelne verhalten soll, kurz: was gut/böse, richtig/falsch ist. Ein Vergleich mit »Einstellungen« fremder Kulturen vermag überraschende Einsichten aufzudecken, wenn etwa der leistungsorientierte Westler einem die Betonung auf Müßiggang legenden Vertreter anderer Kulturen gegenübertritt. Während es in unserer Gesellschaft zu den Spielregeln gehört, andere zu übertrumpfen, lernt ein Kind der Hopi-Indianer, sich grundsätzlich *niemals* in den Vordergrund zu stellen.

Das Verhalten von Eltern oder Lehrern, die ein Kind ermuntern, irgend etwas möglichst als erster zu erreichen, gilt bei diesem Volksstamm als minderwertig, ja würde von ihm nicht einmal verstanden werden.

Wie sieht es nun im religionsgeschichtlichen Bereich aus, wobei es uns vornehmlich um die Universalreligionen geht. Hier herrscht, wie Gustav Mensching in seiner Untersuchung »Gut und Böse im Glauben der Völker« (Stuttgart 1950²) gezeigt hat, *keine* vollkommene Wertrelativität, sondern es gibt ethische Übereinstimmungen in den verschiedenen Religionen (→ Material zu den einschlägigen Einzelartikeln dieses Buches). Sodann: Sind die in den heiligen Schriften niedergelegten Gebote/Verbote auch heute noch von uneingeschränkter Gültigkeit? Oder ergeben sich Probleme angesichts der unausweichlichen Auseinandersetzung mit der Moderne?

Als betont orthopraxe Religion (XI) mußte sich besonders der Islam mit den Ansprüchen der Moderne auseinandersetzen. Ohne im einzelnen auf die bekannten fünf »Pfeiler« einzugehen, sei an zwei Beispielen versucht, die Spannungen zwischen religiösem Dogma und geschichtlicher Wirklichkeit zu zeigen. Es ist die Pflicht eines jeden Muslims, einmal im Leben nach Mekka zu pilgern bzw. jemanden in seiner Vertretung diese Wallfahrt unternehmen zu lassen. Bis heute ist der »hadjdj« das Symbol der Gleichheit und Zusammengehörigkeit der Muslime vor Allah und untereinander geblieben. Für Saudi-Arabien bietet die Wallfahrt hohe Devisen, zugleich konfrontiert sie den Staat aber auch mit ernsten hygienischen Problemen. Lange Zeit war Mekka ein gefürchteter Schauplatz von Epidemien, die nicht zuletzt auf die verwesenden Kadaver der Opfertiere und die erschütternden hygienischen Verhältnisse im allgemeinen zurückzuführen waren. Für viele islamische Staaten ergeben sich darüber hinaus aber auch Probleme in wirtschaftlicher Hinsicht. So erließen verschiedene Staaten Beschränkungen der Pilgerfahrten, um Devisen zu sparen, die der eigenen nationalstaatlichen Entwicklung sinnvoller zugute kommen. Eine politische Uminterpretation der Pilgerfahrt findet sich in Äußerungen des ehemaligen ägyptischen Staatspräsidenten Nasser (XII). Wählen wir als zweiten Pfeiler das Fastengebot, so wird an der Zusammenstellung der wenigen, doch exemplarisch ausgewählten Zitate rasch die erstaunliche Bandbreite an Interpretationsmöglichkeiten sichtbar, deren sich Vertreter des zeitgenössischen Islams bedienen. Die Deutungen sind im wesentlichen gesundheitsfürsorglicher, allgemeinethischer und wirtschaftspolitischer Natur (XIII).

Neu- und Uminterpretationen überkommener Handlungsmaxime finden sich auch im neuzeitlichen Buddhismus (→ Buddhismus-Artikel). Wie Ernst Benz in seinem materialreichen Buch »Buddhas Wiederkehr und die Zukunft Asiens« (1963) ausgeführt hat, liegen die Aspekte der Revitalisierung buddhistischer Werte vornehmlich im sozialpolitischen Bereich, wobei nicht selten Beziehungen zur marxistischen Religionskritik bestehen. Das zu den zehn alten Mönchsgeboten zählende Verbot des Diebstahls wird in sozialistischem Sinne uminterpretiert; »denn das Kapital ist nicht, wie manche Ökonomisten behaupten, die Frucht persönlichen Sparens, sondern die Summe der dem Produzenten entwendeten Anteile. Wo ist da ein Unterschied vom Diebstahl? … Der Buddhismus verdammt den Diebstahl in allen seinen Formen, welch schönrednerische Namen man ihm auch beilegen mag«. Weitere Beispiele, welche die Tendenz einer zunehmenden sozialverantwortlichen Auslegung buddhistischer Maxime verdeutlichen, finden sich in den einschlägigen Buddhismus-Kapiteln dieses Buches.

B Texte

(I) Das Tieropfer mit Fleischmahlzeit ist in den meisten altertümlichen Religionen so allgegenwärtig, daß man es eben darum zuweilen fast übersieht. Es stammt aus der Situation des paläolithischen Jägers: Töten um zu essen. Aggressives Jagdverhalten mit Waffengebrauch und Blutvergießen mußte den Männern andressiert und zugleich unter Kontrolle gebracht werden. Dies leisten vorbereitende Riten einerseits, Riten nachträglicher »Wiedergutmachung« mit Ehrung des Opfertieres andererseits; bezeichnende Details sind das Einsammeln und Deponieren der Knochen, die Erhöhung des Schädels, das Ausspannen des Fells. …

Andersartig ist das Reinigungs- oder Sühnopfer: ein Tier oder nicht selten auch ein Mensch, der Gemeinschaft zugehörig oder jedenfalls mit ihr in Kontakt gebracht, wird »hingeben«, ausgestoßen, vernichtet. Sprichwörtlich ist der »Sündenbock« des Alten Testaments (Lev 16,21), viel diskutiert sind die »Pharmakos«-Rituale in Kleinasien und Griechenland. Solche Rituale können regelmäßig institutionalisiert sein, sie kommen aber auch in außerordentlichen Notsituationen vor, Krieg, Hunger, Pest. Hier dürfte ein vormenschlicher Seelenmechanismus im Spiel sein, der in der Angstsituation atavistisch aufbricht: die Situation des von Raubtieren umkreisten Rudels… Es gibt nur ein Mittel, der Gefahr zu entkommen: sobald ein Mitglied der Gruppe – in der Regel ein junges oder aber ein altes, krankes – von

den Raubtieren gepackt ist, sind die anderen für diesmal gerettet. Die moralische Fragwürdigkeit des Vorgangs läßt eine doppelte Kompensation zu: man stilisiert das Opfer als abominablen »Auswurf«, oder aber man fühlt sich ihm zu tiefstem Dank und höchster Ehrerbietung verpflichtet.
Scheinbar in ganz anderer Lage, im Augenblick der Erfüllung tritt das Primitialopfer auf, die Hingabe der »Erstlinge« von Jagd, Fischfang, Ernte oder Beute... Im Vollzug des Aktes freilich kommt es darauf, wem da gegeben wird und wie, kaum an: die Gaben können irgendwo deponiert, sie können vernichtet werden. Wesentlich ist, daß sie dem unmittelbaren Verbrauch entzogen sind, und dies hat eine evidente soziale Funktion: In der Tat schafft der Erfolg des einzelnen eine Angstsituation besonderer Art, wenn alle Augen sich auf ihn richten; wer hat, dem kann genommen werden. Das Primitialopfer schafft einen schützenden Leerraum; die gierige. Frage gegenseitiger Eifersucht: »Wer kriegt als erster?« wird negativ beantwortet und eliminiert: kein Mensch ist hier »der erste«. Derjenige freilich, der diese Regel durchsetzt und die »Erstlinge« hingibt, bestätigt eben dadurch seine führende Rolle: Herrschaft durch Verzicht. Paradigmatisch ist die Situation Alexanders in der Gedrosischen Wüste: er gießt den einzigen Helm voll Wasser in den Sand; keiner hat zu trinken: eben dies stärkt seine Führung und die Solidarität des verzweifelnden Heeres. Fast alle menschlichen Gesellschaften waren und sind von Not und Mangel bedrängt; das Primitialopfer schafft, trotzdem, Solidarität in der Erhebung über wirtschaftlich-materielle Zwänge. ...
Der Angstsituation allgemein entstammt das Votivopfer, ob sein Anlaß nun Krieg, Pestilenz, teure Zeit, Reise, Seefahrt oder sonst eine Krise ist. Die Angst wird überwunden, indem die unbestimmte Bedrohung durch einen selbst bestimmten, vielleicht fühlbar schmerzlichen, aber begrenzten Verzicht ersetzt wird. Die Zeitdimension kommt hier in entscheidender Weise ins Spiel; durch Setzung eines Wenn–Dann wird die ungewisse Zukunft psychologisch bewältigt. Das Votivopfer, wennschon vielleicht nicht ganz unabhängig vom Mechanismus des Sühnopfers, ist insofern der rationalste und persönlichste der Opfertypen; es verbindet sich besonders leicht mit der Vorstellung eines personalen Gegenübers, mit dem der Weihende in einer do-ut-des Beziehung verbunden ist.

Walter Burkert, Opfertypen und antike Gesellschaftsstruktur. In: G. Stephenson (Hg.), Der Religionswandel unserer Zeit im Spiegel der Religionswissenschaft, Darmstadt 1976, 172–175 mit Auslassungen

(II) Sowohl Festessen wie Potlatch dienten dazu, gesellschaftlich wichtige Ereignisse zu dokumentieren; die Heirat eines Würdenträgers, die Geburt eines Kindes, das damit Erbe von Titeln, Wappenpfahl und entsprechendem gesellschaftlichen Rang wurde, den formellen Antritt einer Erbschaft oder eines durch entsprechenden Wappenpfahl symbolisierten Titels sowie die Auslösung und Wiedereinsetzung eines Kriegsgefangenen in seine bürgerlichen Ehren und Rechte. Die entsprechende Rezitation erfolgte mit großer Feierlichkeit. Wenn sie einen Titel betraf, enthielt sie eine Darstellung von dessen Ursprung, wobei nicht nur die Ahnenkette der früheren – oft mythischen – Eigentümer aufgezählt, sondern auch erwähnt wurde, ob der Titel von einem Jenseitswesen verliehen oder aufgrund kriegerischer Taten erworben worden war. Dazu wurde ein Großteil der legendenhaften Geschichte der betreffenden Lokalgruppe rezitiert, um die Berechtigung des Anspruchs auf Namen oder Privilegien nachzuweisen. Anschließend wurden die Gaben überreicht, wobei ein strenges Protokoll die Reihenfolge der Empfänger nach ihrer Ranghöhe regelte. Zu jedem Geschenk wurde die mythische Geschichte des betreffenden Privilegs rezitiert und mit dem Überreichen der je einzelnen Gabe von neuem bekräftigt. Alle anwesenden Gäste waren somit Zeugen dafür, daß jeder Anwesende mythologisch berechtigt war, sich als derjenige aufzuführen, als den er sich verstand. Das Überreichen der Gabe diente gewissermaßen als notarielle Beglaubigung einer nur mündlich überlieferten Urkunde. Deshalb konnte ein Adliger mit Anspruch auf ein Privileg dieses erst ausüben, wenn er einen Potlatch veranstaltet und dort formell seinen Stand und seine Privilegien geltend gemacht hatte. Vorher war er ein sozialer »Niemand«, der weder zum Potlatch eines anderen Adligen eingeladen wurde noch entsprechende Gaben erhielt. Jedes einzelne der Zehntausende von individuellen Rechten in den Kulturen der Nordwestküste (Nordamerikas, d. Hg.) wurde auf diese Weise übertragen und in Kraft gesetzt. Es handelte sich nicht nur um Recht auf Namen und Titel der Person, sondern auch um das Recht, Häuser und andere Besitzgegenstände zu benennen, das Recht, besondere Kultmasken und andere Kultsymbole zu tragen, das Recht, einen bestimmten Kult auszuüben, das Recht bestimmte Schnitzereien herzustellen und bestimmte Festgerichte zu kochen, anzubieten und zu verspeisen sowie das Recht, Kultplätze oder Handelsplätze zu benützen.

Wenn vorhin von der Sicherung der personalen und sozialen Identität und der totalen Selbstverwirklichung des Gastgebers die Rede war, so stellt sich nicht weniger das Problem der Identität und Selbstverwirklichung der Gäste. Diese wurden gesichert durch wechselseitige Rollenverkehrung, indem die Gäste ihrerseits einen Potlatch veranstalteten und ihre Gastgeber einluden. Indem die vormaligen Gäste ihrerseits im Protokoll die Titel und Privilegien der ehemaligen Gastgeber erwähnten, bekundeten sie noch einmal nicht nur ihre Zeugenschaft, sondern auch ihre Anerkennung dieser Ansprüche. Andererseits erwies der vormalige Gastgeber seinen vormaligen Gästen denselben Dienst, den sie ihm erwiesen hatten, dadurch, daß er die Rolle mit ihnen tauschte. ...

Die elementarste Form nicht-phonetischer sozialer Beziehung ist die Gabe. Indem ich gebe, gebe ich etwas von mir im doppelten Sinn: ich gebe etwas *von* mir, und: ich gebe etwas von *mir*. Damit verbinde ich mich mit dem Empfänger und allem, was an Heiligem und Profanem hinter ihm steht und selbst wieder mit ihm verbunden ist. Aber – und diese andere Seite ist ebenso wichtig wie die erste – auch indem ich *annehme,* gebe ich etwas von mir im Doppelsinn des Wortes: mit meiner Zustimmung zur Gabe eröffne ich dem Geber meine ganze innere und äußere Lebenswelt und verbinde mich so in mannigfaltiger Weise mit ihm. Hingeben und Annehmen sichern so in doppelter Weise eine persönliche Beziehung, deren Inhalt der Begriff »Prestige« andeutet.

Es ist eines der elementarsten Kennzeichen des Prestige, daß es die Menschen nicht nur *verbindet,* sondern sie auch *trennt.* Prestige als empirischer Tatbestand ist immer nur hierarchisch gegliedert. Prestige und Gleichheit schließen sich in jeder Gesellschaft, in der Geschichte überhaupt, aus. ...

Zunächst wenden wir uns jener Klasse zu, die an der Nordwestküste die materiellen Voraussetzungen für die Prestige-Transaktionen der Adligen erbringt: der Klasse der commoners, der Gemeinen. Wie nicht anders zu erwarten, sind es in erster Linie die commoners, die die Tauschgüter produzieren und bereitstellen und die Zurüstungen zum Potlatch vornehmen, ihre Arbeitskraft also dem Sippenoberhaupt zur Verfügung stellen. Prestige wirkt differenzierend. Aber andererseits hebt es Vereinsamung und Isolation auf. Als Mitglied seiner Sippe oder Lokalgruppe, die den Potlatch veranstaltet, nimmt jeder commoner, wie fern oder nah auch immer mit dem Sippenoberhaupt verwandt, als Gastgeber am Prestige des Häuptlings teil.

Peter Weidkuhn, Prestigewirtschaft und Religion. Überlegungen eines Ethnologen. Vortrag zur Eröffnung der XIII. Jahrestagung der Deutschen Vereinigung für Religionsgeschichte (DVRG) 16.–20. 3. 1975 Darmstadt. In: G. Stephenson (Hg.), a. a. O. 9–13 mit Auslassungen

(III) Diese Symbolik des Sterbens und Wiedergeborenwerdens tritt bei den Jünglingsweihen oft mit aller Deutlichkeit zutage. In vielen Teilen Afrikas werden die Jungen während dieser Periode weiß angemalt. Bei den Pangwe in Westafrika werden die Jungen, einige Tage bevor die Feierlichkeiten beginnen, mit einem Zeichen versehen. Das ist die »Weihe zum Tode«. Während der Zeit der Absonderung darf niemand die Jungen essen sehen. Es muß dies ganz im geheimen geschehen, da ja die Toten keine Nahrung zu sich nehmen. Einen Monat lang müssen die Jungen nackt und in absoluter Einsamkeit im Urwald zubringen. Einige Stämme gestalten die Weihe besonders dramatisch: Man gräbt ein Loch in die Erde und bedeckt es mit einer großen Tonfigur. Das Loch symbolisiert den Mutterschoß der Gottheit; daß die Novizen es durchschreiten, ist Zeichen ihrer neuen Geburt. Bei vielen afrikanischen Stämmen tragen die Jungen bei den Einweihungsfeierlichkeiten eine Maske, die einen Toten darstellt. Oft ist die Rede von einem Ungeheuer, das die Jungen verschlingt, bevor sie zu neuem Leben erweckt werden. Bei den Paraima-Zeremonien der Papua des Purarideltas spielt der kaiemunu eine Rolle, ein mythisches Wesen in Form einer aus Flechtwerk hergestellten ungeheuren Gestalt, in deren Bauch die einzuweihenden Jungen sitzen. Bei der Weihe müssen die Jungen von vorn nach hinten hindurchkriechen: das bedeutet, die Einzuweihenden werden verschluckt und wiedergeboren. Oft müssen sich die Initianden auch eine Zeitlang in eine besondere Hütte außerhalb des Dorfes zurückziehen. Diese Hütte symbolisiert den Bauch oder Rachen des Ungeheuers, das die Jungen verschlingt, bevor sie wieder dem Leben zurückgegeben werden. Die Hütte, in der die Jungen kürzer oder länger verbleiben, stellt nicht allein ein Ungeheuer vor, das den Einzuweihenden verschluckt, sondern zugleich den kosmischen Mutterschoß, in den er zeitlich zurückkehrt zu einer neuen Geburt in einen neuen Status, den des Erwachsenen. Bei verschiedenen australischen Stämmen werden die Novizen eine Zeitlang mit Baumrinde oder mit Zweigen und Blättern bedeckt. Auch dies symbolisiert sowohl den Eingang in den Tod als auch den Aufenthalt im Mutterschoß zur Vorbereitung einer neuen Geburt.

Th. P. Van Baaren, Menschen wie wir. Religion und Kult der schriftlosen Völker, Gütersloh 1964, 160

(IV) Oder wißt ihr nicht, daß wir alle, die wir auf Christus Jesus getauft sind, in seinen Tod versenkt worden sind? Wir sind also deshalb durch die Taufe in den Tod mit ihm begraben, damit – wie Christus von den Toten auferweckt worden ist durch die Herrlichkeit des Vaters – ebenso auch wir in einem neuen Leben wandeln.

(Römer 6,3–4)

(V) Wenn der Junge 13 Jahre und 1 Tag alt geworden ist, wird er *bar miswa,* »Sohn des Gesetzes«. Nach Ansicht der Rabbinen ist er nun verpflichtet, das jüdische Gesetz zu befolgen. Die Verantwortung für sein Tun und Lassen ruht nicht mehr länger auf seinem Vater.

Am Sabbat, der dem genannten Datum folgt, begibt er sich in die Synagoge, wo er als *bar miswa* »aufgerufen« wird, um die Toravorlesung, die Perikope der Woche oder einen Teil davon, selbst zu halten.

Die Aufgabe eines *bar miswa* ist bei den verschiedenen jüdischen Gruppen, hier und da ein wenig voneinander abweichend, durch die Tradition festgelegt: bald liest er eine Seite aus den Propheten, bald hält er eine kleine Ansprache. Das gilt als Beweis dafür, daß er selbständig »gelernt« hat. ...

Die ausgedehnte *bar-miswa-Feierlichkeit* in Synagoge und Haus verläuft in dieser Weise:

1. Der Junge wird vor die Tora gerufen, aus der er einen Abschnitt in hebräischer Sprache nach einer anderen Melodie an. ...
Melodie – vorträgt; meistens schließt sich die Prophetenperikope der betreffenden Woche nach einer anderen Melodie an. ...
2. Der Vater spricht die Lobpreisung.
3. In traditionsbewußten Gemeinden folgt jetzt eine kleine Ansprache, in welcher der

Junge zeigt, daß er sich erfolgreich mit der rabbinischen Literatur beschäftigt hat.
4. Beim nun folgenden Festmahl hält man ermutigende und ermahnende Ansprachen. Die Eltern geben einen Empfang, und man überreicht Geschenke.
5. In traditionsbewußten Kreisen trägt der Junge schon seit einigen Monaten seine *tefillin*. Von jetzt ab ist er dazu verpflichtet, sie jeden Morgen anzulegen (abgesehen von den Tagen, an denen man ohnehin keine Gebetsriemen tragen darf).
6. Besonders im Orient legt man Nachdruck auf das Tragen der *tefillin*. Am Mittwochabend findet eine feierliche »Lehrversammlung« im Hause des *bar miswa* statt. Der Junge muß vor seinem Lehrer und vor angesehenen Männern seine Kenntnis der rabbinischen Literatur beweisen. Am darauffolgenden Morgen wird er dann vor die Tora gerufen.

Jacob Soetendorp, Symbolik der jüdischen Religion. Sitte und Brauchtum im jüdischen Leben, Gütersloh 1963, 26–28 mit Auslassungen

(VI) Bei den Dayak (gibt es) fünf verschiedene Zeiten, deren besondere Bestimmungen den Ablauf eines Tages aufteilen, im vorliegenden Fall den Sonntag: 1. Sonnenaufgang: günstig für den Beginn einer Unternehmung. Zu dieser Stunde geborene Kinder sind glücklich; man darf aber zu dieser Zeit nicht zur Jagd, zum Fischen oder zu einer Reise aufbrechen, man wäre dann ohne Erfolg. 2. Gegen neun Uhr morgens: unglücklicher Moment; nichts, was man beginnt, glückt; wenn man sich aber auf den Weg macht, ist man vor Räubern sicher. 3. Mittag: besonders glückliche Zeit. 4. Drei Stunden nach Mittag: Zeit der Schlacht, glücklich für die Feinde, die Räuber, die Jäger, die Fischer, unglücklich für Reisende. 5. Gegen Sonnenuntergang: keine glückliche Zeit.

Zitiert bei: Mircea Eliade, Die Religionen und das Heilige. Elemente der Religionsgeschichte, Salzburg 1954, 439 f.

(VII) Gopalji rüstete für das Fest der Geburt seines Herrn und Gottes: Es war der siebte Krischnapakscha des Monats Schravana im Jahre zweitausendeinundzwanzig Vikram... Dieses Fest blieb der Höhepunkt im Ablauf des Jahres; seit er hierher gekommen war in die Stadt, in der vor vielen tausend Jahren sein Gott und Herr als Mensch geboren wurde, gehörte all seine Liebe Ihm und dem Andenken an Seine glorreiche Geburt. ...
»Wie schön der Herr ist« kam es Gopalji in den Sinn, als er die kleine metallene Figur des göttlichen Kindes wusch und bekleidete. Mit großer Liebe legte er ihm die festliche Robe aus gelber Seide um. Die kunstvolle silberne Wiege polierte er mit feuchter Erde und weichen Tüchern. Dann legte er das Kind auf seidene Kissen. Er steckte die Weihrauchstäbchen in den Halter und ordnete die vielen kleinen Schüsselchen und Geräte, die für die Puja, den Gottesdienst, nötig sind. ...
Es war fast Mitternacht. Gopalji nahm das heilige Buch zur Hand, aus dem er täglich las und in dem er alle Weisheit und Frömmigkeit, Philosophie und Lebensregeln fand. Als nun die Gnadenstunde gekommen war, die glückbringende Zeit mit günstigen Sternen, da klärten die Himmel sich auf, das Firmament strahlte, erleuchtet von zahlreichen Sternen: Die ganze Erde, die Städte und die Dörfer im Festschmuck, die Flüsse voll vom klaren Wasser, die Lotosblumen in den Teichen in prangender Schönheit, die Bäume des Waldes in Blüten, überall der süße Sang der Vögel und das Summen der Bienen. Ein sanfter Wind brachte süßen Duft – die heiligen Feuer flammten auf. Die Gemüter der Guten, so lange bedrückt von bösen Geistern und Dämonen, wurden froh. Als der ungeborene Herr geboren ward, da dröhnten Pauken im Himmel, die himmlischen Chöre sangen und spielten, die Elfen und Nymphen tanzten frohlockend. In freudigem Schauer taumelten die himmlischen Blütenblätter herab, die Wolken rollten leise wie die Wellen des Meeres. Als es Mitternacht ward, in un-

durchdringlicher Dunkelheit, da offenbarte sich der in allen Herzen wohnende Herr in seiner vollen Natur durch Devaki, die einer Himmlischen glich – wie der Vollmond am östlichen Himmel. – Das Kind erleuchtete mit seinem Glanz den Raum – so war Vasudeva, der (Pflege-)Vater Krishnas, gewiß, daß es der Herr Vishnu selbst war – und er schickte sich an, ihn mit reinem Sinn und gefalteten Händen tiefgebeugt zu preisen: »Du, Herr, hast Dich mir sinnenhaft gezeigt, der Du der Höchste bist, jenseits alles Stofflichen, voll Seligkeit und einzig, Alleserkenner. Obwohl in den Dingen, kannst Du doch nicht mit ihnen erkannt werden. In Dir ist kein Innen und kein Außen. Du bist in allem, und alles ist in Dir. In Dir ist Anfang, Bestand und Ende dieser Schöpfung. In der Absicht, diese Welt zu beschützen, o Herr und Herrscher aller, stiegst Du herab in mein Haus.«
Mit vor Rührung bebender Stimme hatte Gopalji so weit gelesen – nun brach er in Schluchzen und Weinen aus, in der Freude über die Geburt des Herrn.

Klaus Klostermaier, Christ und Hindu in Vrindaban, Köln 1968, 103–106 mit Auslassungen

(VIII) Im übrigen verträgt es sich nicht mit der Vorstellung der Germanen von der Erhabenheit der Himmlischen, Götter in Wände einzuschließen und irgendwie menschenähnlich darzustellen. Sie weihen ihnen vielmehr Lichtungen und Haine; und mit Namen von Göttern bezeichnen sie jenes geheimnisvolle Wesen, das sie nur in ihrer Verehrung und im Geiste schauen.

(Tacitus, Germania § 9)

(IX) In den hohen Kuppelbauten der späteren islamischen Kunst verbinden sich das Gewaltige und Erhabene als Schemata des Heiligen. Die hohe Kunst arbeitet nicht mit Beihilfe der Bildhauerei oder der Figurenmalerei, sondern mit dem Raum selbst und mit Räumen, die sie ordnet, teilt und kombiniert, und zugleich mit den Mitteln des Lichtes oder vielmehr des Halbdunkels, das sie wunderbar leitet, stuft und mischt, verstärkt und unterbricht. Mit beiden macht sie die Leere und das Schweigen redend, ohne Worte und stärker, als es Dome vermögen voller Bilder, Figuren, kultischer Sachen, die den Sinn zerstreuen und zugleich ihn ablenken und festhalten beim allzu Deutlichen und Begriffsnahen. Statt Altar und Tabernakel hat die Moschee den *Mihrāb,* die Mekka-Nische, die dem Ganzen die Blickrichtung gibt. Auch sie ein Leeres, aber ein so zwingend Beredtes, daß man immer aufs neue beim Betreten einer Moschee seinen Eindruck erlebt. Fast magisch zieht sie immer wieder das Auge an. Sie ist fraglos meist mehr als der bloße Mekka-Weiser. Sie ist ein *sanctum,* trotz der theoretischen Bestreitung; die feierliche Umrahmung um dieses Leere und Nichts beweist es, und durch dasselbe wird numinose Bezogenheit des Ganzen, ja numinose Gegenwart oder eigene Gegenwart vor dem Numen für das feinere Gefühl stärker lebendig als durch die derbe, allzu ausgesprochene Verdinglichung und Verholzung desselben in Reliquien oder Tabernakel, wie denn auch ein großer Dom, noch nicht ausgefüllt mit dem Bunten und Vielen des kultischen Apparates und der Ausstattung im einzelnen oder wieder davon frei geworden, rein in der Größe, herben Leere und Weite seines Baues und im Gewaltigen seiner baulichen Formensprache am feierlichsten ist. Die Hagia Sofia in Konstantinopel ist durch die Entfernung des großen szenischen Apparates des byzantinischen Kultes und überreichen Bilderschmuckes zwar ästhetisch ärmer geworden, aber daß sie von allen Bauwerken der Welt das numinoseste ist, das dankt sie gerade diesem »Leerwerden«.

Rudolf Otto, Das Leere in der Baukunst des Islam. In: Das Gefühl des Überweltlichen, München 1939, 258 ff.

(X) … abgesehen davon, daß buddhistische Klöster meistens auf Bergen angelegt wurden, benutzt man gerne steile Berge als Mittel geistig-religiösen Trainings, indem man sie ersteigt. Hier wird man auch an das gewaltige bergartige Bauwerk Borobudur auf

Java denken müssen, das wahrscheinlich im 14. Jahrhundert aus zahlreichen, übereinander sich aufbauenden Terrassen errichtet wurde und dessen vier untere Umgänge mit einer Fülle von Darstellungen aus der heiligen Geschichte und Legende des Buddhismus geschmückt sind. Der Sinn dieses künstlichen Berges liegt darin, daß der fromme Pilger im Durchschreiten dieser heiligen Wege und im meditativen Betrachten der Bilder allmählich zu den oberen, bildlosen Terrassen gelangt und damit zum Erlebnis des Nirvana, das durch die dort befindlichen Stupas symbolisiert ist.

Gustav Mensching, Die Religion. Erscheinungsformen, Strukturtypen und Lebensgesetze, Goldmann-Taschenbuch 882/83, 137

(XI) Obenan steht das pflichtgemäße Handeln, das geboten ist, dessen Verrichtung belohnt und dessen Unterlassung bestraft wird. Als nächst tiefere Stufe kennt der Islam das »Empfehlenswerte« oder Verdienstliche. Es handelt sich dabei um Dinge, die außer acht zu lassen nicht bestraft, die zu tun dagegen belohnt wird. Eine dritte Gruppe von Handlungen wird unter dem Begriff des »Erlaubten« zusammengefaßt. Es sind das Handlungen, die das Gesetz weder gebietet noch verwirft. Das Tun innerhalb dieser Kategorie wird nicht belohnt, das Unterlassen aber auch nicht bestraft. Zwei weitere Kategorien bezeichnen nun das ethisch Negative. Zunächst kommt das »Verwerfliche«, worunter Handlungen verstanden werden, deren Tun nicht bestraft, deren Unterlassen aber belohnt wird. Unter dieser Kategorie hat man sich alle die Handlungen vorzustellen, die zwar nicht geradezu strafbar sind, die aber vom religiösen Standpunkt aus zu mißbilligen sind. Dieses Mißbilligte zu unterlassen, ist daher eine Handlung, die Lohn nach sich zieht. Endlich als unterste Kategorie folgt das »Verbotene«, dessen Begehen bestraft, dessen Unterlassen belohnt wird.

Gustav Mensching, Gut und Böse im Glauben der Völker. 2., völlig neubearbeitete und erweiterte Auflage, Stuttgart 1950, 121

(XII) In andächtiger Sammlung vor der Kaaba fühlte ich, wie meine Gedanken alle Länder islamischer Prägung umfaßten, und ich sagte mir: unsere Auffassung von der Wallfahrt muß sich ändern. Der Besuch der Kaaba sollte nicht mehr eine Eintrittskarte ins Paradies sein oder der naive Versuch, sich die göttliche Vergebung zu erkaufen. Die Wallfahrt könnte eine ungeheuere politische Kraft haben. Die Weltpresse sollte sich dafür interessieren, nicht unter dem Gesichtspunkt der Riten und Traditionen, sondern indem sie die Wallfahrt als einen periodisch zusammentretenden politischen Kongreß ansieht, der jedes Jahr die leitenden Männer der islamischen Staaten versammelt: die Männer der Lehre, die *ulema,* die Schriftsteller und Kaufleute und Industriekapitäne, ebenso wie die Jugend, um die großen Linien einer Politik zu studieren, die allen islamischen Nationen gemeinsam ist.

Gamal Abdel Nasser. In: Pierre Rondot, Der Islam und die Mohammedaner von heute, Stuttgart 1963, 151

(XIII) Das Fasten soll der Ausgangspunkt für ein neues Leben sein; es soll uns lehren, keine Fehler mehr auf den Gebieten der physischen, psychischen oder Ernährungshygiene zu begehen. Das Fasten lehrt uns, unsere physischen Leidenschaften, wie Schlemmerei und Sinnlichkeit zu beherrschen, ebenso wie unsere psychischen Fehler: Zorn und Neid, Eifersucht und Haß.

Aussagen des Hygienikers H. Tlatli in seinem Artikel »Ramadan als Gesundheitskur«. Zitiert bei: Pierre Rondot, a. a. O. 133

Gott hat die Religion sehr einfach gemacht, und alle religiösen Verordnungen müssen erträglich sein. Der Islam ist eine leichte Religion, in der es keine Kasteiung des Leibes oder der Seele gibt... Wir sind eine mohammedanische Nation, das bedeutet, daß der Islam in Tunesien die Arbeit, die das einzige Mittel ist, um uns aus dieser rückständigen Lage, in der wir uns befinden, zu befreien, nicht behindern darf... Dies ist ein heiliger Kampf, ebenso wie der Kampf mit dem Schwert... Ich will nicht sagen, daß das Fasten nicht eingehalten werden solle – nein; es ist eine religiöse Verpflichtung, die ihr einhalten müßt. Doch wenn ihr während des Fastens eine Krankheit, eine Schwäche befürchtet ... da sagt euch nun Si Abdelaziz, daß die Religion euch ermächtigen kann, nicht zu fasten. Während dieser allgemeinen Mobilisierung, die ohne Aufenthalt und Hindernis fortgeführt werden muß, könnt und dürft ihr nicht die Arbeit unter dem Vorwand des Ramadan niederlegen. ... Auch ich sage euch, haltet das Fasten nicht, um euren Feinden begegnen zu können, die Elend heißen und Mangel, Erniedrigung und Verfall und Unterentwicklung... Daher arbeitet, arbeitet, und wenn ihr ins Paradies gelangen wollt und in die Nähe Gottes, arbeitet noch eine weitere Stunde, meldet euch freiwillig für die Gabe einer zusätzlichen Stunde... Die Religion muß geschmeidig sein und den Erfordernissen der Zeit folgen und dem Fortschritt der Jahrhunderte. Sie darf kein Hindernis auf dem Wege des Fortschritts, der Emanzipation und des Wohlstands sein.

Rede Burgibas. Zitiert bei: Pierre Rondot, a. a. O. 136 f.

Ein sozialistisches Land betrachtet den Staat als den größten Diener des Volkes und schreibt vor, daß der Staat das Kernstück der Produktion, der Arbeit und des Aufbaus sowie der Hauptfaktor für ständigen Fortschritt ist. Aber trotz aller dieser Erwägungen überschritt die offizielle Arbeitsdauer aller Staatsbeamten und Angestellten keine vier Stunden täglich, d.h. von zehn Uhr vormittags bis zwei Uhr nachmittags, aus Achtung gegenüber dem Monat Ramadan und zur Ehrung der Pflicht des Fastens. Stellt euch vor, was der israelischen Wirtschaft passierte, wenn die Regierung den Entschluß faßte, nur eine Woche lang die Hälfte der täglichen Arbeitsstunden nutzlos verstreichen zu lassen, geschweige denn einen ganzen Monat? Jedes kapitalistische Land, das diesen Schritt unternimmt, selbst nur für die Dauer einer Woche, würde unmittelbar von einer ernsten Wirtschaftskrise heimgesucht.

Sadiq al-Azm, Selbstkritik nach der Niederlage (arab.), Beirut 1972[4], 52

C Ausgewählte Literatur

1. Peter Gerlitz, Die Religionen und die neue Moral. Wirkungen einer weltweiten Säkularisation, München 1971

2. Gustav Mensching, Gut und Böse im Glauben der Völker, Stuttgart 1950[2]

3. Ders., Die Religion. Erscheinungsformen, Strukturen und Lebensgesetze, München 1962 (Goldmann-Taschenbuch 882/83)

4. Wilhelm Emil Mühlmann, Umrisse und Probleme einer Kulturanthropologie. In: W.E. Mühlmann/Ernst W. Müller, Kulturanthropologie, Köln/Berlin 1966, 15–49

5. Peter Rohner (Hg.), Mitmenschlichkeit – eine Illusion? Die Weltreligionen im Blick zur Gemeinschaft, München 1973 (Hierin die Beiträge von R. Paret, H. Bürkle und U. Mann)

Anhang

Personenregister

Sachregister

Autoren

Hoheisel, Karl, Dr.; Buchholzstr. 3, 5300 Bonn-Ippendorf. Privatdozent für Vergleichende Religionswissenschaft an der Universität Bonn.

Loth, Heinz-Jürgen, M. A.; Gneisenaustraße 6, 4000 Düsseldorf 30. Magister der Vergleichenden Religionswissenschaft.

Mensching, Gustav, Dr. Dr. h. c.; Moselstraße 9, 5300 Bonn-Bad Godesberg. Em. Professor für Vergleichende Religionswissenschaft an der Universität Bonn.

Nagel, Tilman, Dr.; Germanenstr. 42, 5300 Bonn-Bad Godesberg. Professor für Islamische Philologie und Islamwissenschaft an der Universität Bonn.

Röhr, Heinz, Dr.; Winterbachstraße 30, 6000 Frankfurt. Professor für Evangelische Theologie (Kirchen- und Religionsgeschichte) an der Universität Frankfurt.

Schmucker, Werner, Dr.; Ehemalige Merler Bahn, 5309 Meckenheim-Merl. Professor für Islamkunde und Arabistik an der Universität Bonn.

Tworuschka, Monika, Dr.; Ostlandstraße 49, 5000 Köln 40 (Weiden). Dr. der Islamkunde.

Tworuschka, Udo, Dr.; Ostlandstraße 49, 5000 Köln 40 (Weiden). Wissenschaftlicher Assistent für Evangelische Theologie und ihre Didaktik (Spezialgebiet: Vergleichende Religionswissenschaft) an der Pädagogischen Hochschule Rheinland, Abt. Köln.